• 二十一世纪“双一流”建设系列精品教材

大学生心理健康与人生发展

（教师指导用书）

肖 宇 何媛媛 等 编著

西南财经大学出版社
中国·成都

图书在版编目(CIP)数据

大学生心理健康与人生发展:教师指导用书/肖宇等编著.—成都:西南财经大学出版社,2022.12
ISBN 978-7-5504-5668-6

Ⅰ.①大… Ⅱ.①肖… Ⅲ.①大学生—心理健康—健康教育—高等学校—教学参考资料 Ⅳ.①G444

中国版本图书馆 CIP 数据核字(2022)第 224905 号

大学生心理健康与人生发展(教师指导用书)

DAXUESHENG XINLI JIANKANG YU RENSHENG FAZHAN(JIAOSHI ZHIDAO YONGSHU)

肖宇　何媛媛　等 编著

责任编辑:金欣蕾
责任校对:陈何真璐
封面设计:墨创文化
责任印制:朱曼丽

出版发行	西南财经大学出版社(四川省成都市光华村街 55 号)
网　　址	http://cbs.swufe.edu.cn
电子邮件	bookcj@swufe.edu.cn
邮政编码	610074
电　　话	028-87353785
照　　排	四川胜翔数码印务设计有限公司
印　　刷	郫县犀浦印刷厂
成品尺寸	185mm×260mm
印　　张	19.5
字　　数	452 千字
版　　次	2022 年 12 月第 1 版
印　　次	2022 年 12 月第 1 次印刷
印　　数	1— 1000 册
书　　号	ISBN 978-7-5504-5668-6
定　　价	45.00 元

序言

心理健康教育是提高大学生心理素质、促进其身心健康和谐发展的教育，是高校人才培养体系的重要组成部分，也是高校思想政治工作的重要内容。为深入学习贯彻习近平新时代中国特色社会主义思想和党的二十大精神，推动全国高校思想政治工作会议精神落地生根，切实加强高校思想政治工作体系建设，进一步提升心理育人质量，2018 年 7 月 4 日，中共教育部党组印发了《高等学校学生心理健康教育指导纲要》(教党〔2018〕41 号)。按照《高等学校学生心理健康教育指导纲要》的要求，西南财经大学先后组织心理健康教育骨干教师编写教材《大学生心理健康教育与人生发展》并开发建设了“大学生心理健康教育与人生发展”在线课程，科学规范教学内容、丰富教育教学形式。为进一步改善“大学生心理健康教育与人生发展”课程教学效果，提升教学质量，我们编写了本书，期望能为教师教学、学生自学提供参考和有益指导。

本书紧紧围绕打造集知识传授、心理体验与行为训练为一体的心理健康教育课程教学的要求，对《大学生心理健康教育与人生发展》各章节教学内容进行梳理，并提供一些有效的教学模式和教学方法指导；设置了形式多样的板块，如导入、互动设计、内容拓展、课程思政、难点厘清、案例、成长案例、习题等，体现了本书注重理论与实践相结合，对教学指导性强的特点。

肖宇负责全书的策划和总体设计，何媛媛、宋晓莉负责修改、统筹定稿。全书分工如下：第一章由何媛媛、倪灵运编写，第二章由苟洪英、何媛媛编写，第三章由李鸣编写，第四章由周国波编写，第五章由王保、臧文君编写，第六章由方从慧编写，第七章由赵萍萍编写，第八章由周利云编写，第九章由马春蓉编写，第十章由宋晓莉编写，第十一章由宋晋编写，第十二章由孔丽娟编写，第十三章由严霞编写，第十四章由刘亚琨编写。

在本书的编写过程中，西南财经大学马克思主义学院给予了指导与帮助，重庆理工大学邹姝姝在本书修改过程中给予了支持和协助。西南财经大学出版社为本书的出版付出了辛勤的劳动。在此，向相关人员表示衷心感谢。在本书编写的过程中，编写人员参考了不少专家学者的研究成果，由于篇幅有限，不能一一致谢，在此一并感谢。由于编写时间仓促、编者水平有限，疏漏之处在所难免，恳请同行专家和广大读者提出批评和建议，以便我们今后修订和完善。

编者

2022 年 11 月

目录

第一章　大学生心理健康导论

第一节　大学生心理健康概述

【导入】

大学生心理健康教育作为高校思想政治教育的重要内容，承担着提升社会主义接班人心理健康素养的重任。进入新时代以来，党和国家越发重视我国大学生心理健康教育理论和实践质量。

由于大学生对心理健康知识的了解存在不够系统、全面的问题，因此，本书的主要目标，是用更生动、鲜活的案例和最新的心理健康研究成果，配合《大学生心理健康教育与人生发展》教材做进一步的知识延展，希望带领处于人生最具可塑性时期的大学生朋友们，共同探索心理学及心理健康的奥秘。

大学阶段是掌握专业知识技能和实现个人自我发展的重要时期，本书将聚焦于自我发展的领域，如自我评价、社会适应、人际交往、情绪管理、生命教育等，借助心理学知识，帮助每个人更全面、健康、均衡地发展自己。

【互动设计】

题目：课前小调查。

步骤1：教师提问："曾经上过心理课的同学请举手。"在举手的学生中，教师随机请几名学生分享自己对心理健康的理解。

步骤2：教师提问："你看过哪些与心理相关的电影、剧集？有什么感悟？"

步骤3：教师提问："你身边有没有发生过和心理健康相关的故事？如果有，请简单地用几句话分享给大家。"

步骤4：教师提问："关于我，你们有没有什么好奇的？"教师可以适当暴露自己的一些"有趣的事"，拉近和学生之间的距离。教师也可以分享自己是因何种原因而成为心理健康课程教师，借此引导出教学的目的。

一、心理健康的定义

健康不仅指强健的体魄。1989年，世界卫生组织将健康表述为："一个人只有在身体、心理、社会适应和道德四个方面都健康，才算是完全健康的人。"由此可知，人的健康包括身体健康、心理健康、社会适应良好和道德健康四个部分。

2001 年，世界卫生组织对心理健康的定义为："心理健康不仅仅是指没有患上心理疾病，更可视为一种幸福状态，在这种状态中，每个人认识到自己的潜力，可以应付正常的生活压力、有效地从事工作并能够对社会做出贡献。"由原国家卫生计生委、中宣部等 22 个部门联合发布的《关于加强心理健康服务的指导意见》（国卫疾控发〔2016〕77 号）将心理健康定义为："人在成长和发展过程中，认知合理、情绪稳定、行为适当、人际和谐、适应变化的一种完好状态。"

不少研究显示心理健康能促进寿命延长，改善身体健康，提高生命质量。心理健康也是大学生建立良好人际关系、提升创造力、实现良好发展的基础。

【内容拓展】

当今，人们对心理健康的理解有以下四个新观点：

（1）心理健康是人的一种相对的状态。

（2）心理健康是人较长一段时间内的持续的心理状态。例如，一个人偶尔会出现异常心理或行为及轻微的情绪失控，如果他能恢复正常，则不能认为这个人的心理是不健康的。

（3）人的心理健康可以用一系列具体标准来描述，但这种描述通常是对人的一种全面的理想要求，人不一定能全部做到。

（4）人们对心理健康的理解逐渐趋于多元化，人们认为造成心理不健康的因素并不是单一的，而是身体、心理和社会共同作用的结果。

二、大学生常见的心理健康问题

1. 生活适应问题

进入大学后，学生在吃、穿、住、行等方面都要独立自主。有的学生自理能力较差，不习惯住校；来自外省的学生对饮食不适应，对家乡十分思念；等等。这些会让他们有一种苦闷的情绪。

2. 学业问题

（1）学习压力大。有些学生会感到知识匮乏和创新能力不足，对前景很迷茫，从而觉得学习压力大。

（2）学习动力不足。有些学生因为没有考上理想的学校，对所学专业缺乏兴趣，从而缺乏学习热情和动力。

（3）学习目的不明确。有些学生由于学习目的不明确，有厌学情绪。

（4）学习注意力不集中。进入大学后，有些学生感到学习注意力不像中学时代那样集中，不知道自己喜欢什么、该怎样规划时间。

（5）学习动机功利化。有些学生对专业课、基础课不重视，只是一味考取各种证书。

3. 情绪问题

（1）抑郁：主要表现为对人和事感到悲观、失望，经常失眠或嗜睡等。

（2）焦虑：出现自信心、自尊心缺乏，失败感增加等情况。

（3）自卑：觉得自己不如别人，不敢与人交往。

（4）冷漠：对外界的刺激不关心。

4. 人际关系问题

（1）人际关系不适。进入大学，面对新的人际关系，有些学生会感到不适。

（2）社交不良。部分学生缺乏表达自己的能力与勇气，既想参与社交活动又担心失败。

（3）个体心灵闭锁。有些大学生缺乏人际交往经验，会表现得不自信。

5. 情感问题

（1）爱情的困扰。有些学生会感到情感迷茫。

（2）友情的困扰。有些学生看不清友谊与爱情，不能很好地把握与异性交往的尺度。

（3）亲情问题。有些学生与家长沟通出现问题，关系比较疏离。

6. 性教育问题

（1）性生理适应不良。由于性教育的不足，一些学生不能正确认识自我，会产生耻辱感。

（2）性心理问题。这些问题主要表现为学生对性与爱的困惑、由于担心性行为所引起的后果而产生的心理压力等。

7. 特困生的心理健康问题

特困生的心理健康问题也值得重视。部分“双困生”不能走出家庭经济的困境，从而影响了健康心理的形成。

【内容拓展】

2019年年底暴发的新型冠状病毒肺炎（简称“新冠肺炎”）疫情让部分大学生感到焦虑。在2020年春季学期，为了阻断新冠病毒向校园蔓延，教育部要求延期开学。大学生都经历了假期延长、长期居家、减少外出、暂停社交，无法到校参加各项正常的教育教学活动。“宅”在家里，一些大学生可以很好地安排自己的生活；而另一些大学生则感到枯燥乏味，经常通过玩游戏、看电视等方式虚度宝贵的大学时光。

大学生正处在世界观、人生观、价值观尚未完全成熟的阶段。疫情的反复，信息的纷繁复杂，学习生活节奏时不时被打乱，这些都要求大学生懂得心理健康的重要性，高度重视心理健康，学会科学地调节自己的情绪状态，合理安排时间，加强身体锻炼，从而在变动中找到稳定感和充实感。

三、大学生心理健康的重要性

心理健康是大学生成才的基础。

（1）心理健康可以促进大学生全面发展健康的心理品质；是大学生将来走向社会，积极从事社会活动和不断向更高层次发展的重要条件。

（2）心理健康可以使大学生克服依赖心理，增强独立性。上大学后，学习、严格的纪律、生活环境，使大学生必须从靠父母转向靠自己。因此，大学生必须注重心理健康，增强独立性，积极主动适应大学生活。

（3）心理健康是大学生取得事业成功的坚实心理基础。择业竞争使大学生产生困惑和不安定感，因而，大学生要注意保持心理健康，培养良好的心理素质，锻炼自己的社会交往能力，敢于面对困难、挫折与挑战。

（4）心理健康有利于大学生培养健康的个性心理。大学生的个性心理特征，是指他们在心理上和行为上经常稳定地表现出来的各种特征，通常表现为气质和性格两个主要方面。当代大学生的心理特征普遍表现为思想活跃、善于独立思考、参与意识较强、朝气蓬勃等。

【课程思政】

党中央高度重视人民群众的心理健康，国家多个部委、各地政府相继出台相关政策，切实做好公众心理健康服务。2019 年 7 月，国家卫生健康委员会（以下简称“国家卫健委”）推出《健康中国行动（2019—2030 年)》，以促进人民重视心理健康。同年 12 月，国家卫健卫、中宣部等 12 个部门联合制定并印发了《健康中国行动——儿童青少年心理健康行动方案（2019—2022 年）》，进一步加强儿童青少年心理健康工作。同年，各地政府响应健康中国行动，发起多项心理健康服务活动。2020 年，国家相关部门发布了一系列针对新冠肺炎疫情背景下心理工作开展的相关文件，如《关于印发新型冠状病毒感染的肺炎疫情紧急心理危机干预指导原则的通知》《关于加强应对新冠肺炎疫情工作中心理援助与社会工作服务的通知》《新冠肺炎疫情心理疏导工作方案》《新冠肺炎患者、隔离人员及家属心理疏导和社会工作服务方案》；国家卫健委等七部门联合印发《入境人员心理疏导和社会工作服务方案》。2020 年 9 月，国家卫健委发布《探索抑郁症防治特色服务工作方案》，鼓励社会心理服务试点地区探索开展抑郁症防治特色服务；10 月，在国家卫健委倡导下，全国组织开展主题为“弘扬抗疫精神，护佑心理健康”的世界精神卫生日宣传活动。

【内容拓展】

哈维格斯特提出青年期心理发展的任务，主要是发展独立性和人生观，以及建立同龄团体。

（1）青年期的同龄团体的建立：学习与同龄男女之间的交往方式，学习作为男性或女性的社会任务及角色。

（2）独立性的发展：认识自己的身体构造，有效地使用自己的身体；从精神上独立于父母或其他人；具有在经济上自立的自信；选择职业并为其做准备；做好结婚及家庭生活的准备；发展作为社会一员所必须具备的知识、技能和观念。

（3）人生观的发展：发展并做出富有社会性责任的行为，学习作为行动指针的价值观和伦理体系。

四、大学生保持心理健康的途径

1. 培养良好的人格品质

首先，大学生应该正确认识自我，培养悦纳自己的态度，扬长避短，不断完善自己。其次，大学生应该提高自己对挫折的承受能力，对挫折有正确的认识，采取理智的应付方法，树立科学的人生观，积极参加各类实践活动，丰富人生经验。

2. 养成科学的生活方式

科学的生活方式是指生活有规律、劳逸结合、科学用脑、坚持体育锻炼、少饮酒、不吸烟、讲究卫生等。

3. 加强自我心理调节

大学生应正视现实，学会自我调节，充分发挥主观能动性去改造环境，例如，大学生应保持浓厚的学习兴趣和求知欲望，保持乐观的情绪和良好的心态，保持和谐的人际关系，保持良好的环境适应能力等。

4. 积极参加业余活动，发展社会交往

大学生应培养多种兴趣，发展业余爱好，积极参加各种课余活动，通过社会交往实现思想交流和信息资料共享，从而不断地丰富和激活自己的内心世界。

5. 求助专业人士

大学生在必要时可求助有丰富经验的心理医生、心理咨询人员和心理老师；还可通过学习心理学方法和技巧，建立自强自立的信心，保障心理健康。

【内容拓展】

“少年强，则国强；少年弱，则国弱；少年胜于欧洲，则国胜于欧洲；少年雄于地球，则国雄于地球。”梁启超先生这一名言激荡着一代代年轻大学生的心灵。

1906 年，国学大师王国维在他的文章《论教育之宗旨》中对教育的目标做出了清晰的解释：“教育之宗旨何在？在使人为完全之人物而已。何谓完全之人物？谓人之能力无不发达且调和是也。人之能力分为内外二者：一曰身体之能力，一曰精神之能力。发达其身体而萎缩其精神，或发达其精神而罢敝其身体，皆非所谓完全者也。完全之人物，精神与身体必不可不为调和之发达。而精神之中又分为三部：知力、感情及意志是也。对此三者而有真善美之理想：“真”者知力之理想，“美”者感情之理想，“善”者意志之理想也……”

大学生心理健康教育就是引导学生正确认识义和利、群和己、成和败、得和失，培育学生自尊自信、理性平和、积极向上的健康心态，促进学生心理健康素质与思想道德素质、科学文化素质协调发展。

【小结】

人的健康包括身体健康、心理健康、社会适应良好和道德健康四个部分。心理健康的理想状态是指保持性格完好、智力正常、认知正确、情感适当、意志合理、态度积极、行为恰当、适应良好的状态。

大学生正处在世界观、人生观、价值观尚未完全成熟的阶段。面对纷繁复杂的信息，大学生就更需要懂得心理健康的重要性，学会科学地调节自己的情绪状态，合理安排时间，加强身体锻炼，在变动中找到稳定感和充实感。而大学心理健康教育的目的是引导学生正确认识义和利、群和己、成和败、得和失，培育学生自尊自信、理性平和、积极向上的健康心态，促进学生心理健康素质与思想道德素质、科学文化素质协调发展。

【习题】

1. 大一学生小关，在读大学时，觉得考大学是唯一目标。但进入大学后，小关一直不适应大学的学习生活，发现对学习没有多大兴趣，常常坐在寝室里发呆。分析一下小关可能存在什么样的学习困难？又该怎样帮助他改善学习状态，提升心理健康水平？

2. 回顾在新冠肺炎疫情暴发期间你的情绪状态，谈谈当时你是如何度过的？现在，你如何看待自己当时的这些情绪？

第二节 大学生心理健康的标准

【导入】

《中国国民心理健康发展报告（2019—2020）》指出，2020 年国民对心理健康状况的意识增强，表现乐观，需求多重，但地区和人群差异明显，包括以下几个方面：

（1）心理健康意识有所增强。心理健康意识体现为认识到心理健康工作的重要性。2020 年调查中 94.0% 的调查对象认为心理健康工作是重要的，与 2008 年 87.9%的占比相比，提高了 6.1 个百分点。

（2）对未来心理健康状况表现乐观倾向。在预测未来 5 年心理健康状况的变化时，人们普遍表现出乐观的倾向。在评估自身的变化时，有 67.9%的人认为自己在未来 5 年心理健康状况会变好，有 18.5%的人认为不会变，有 13.6%的人认为会变差。

（3）对心理健康知识的需求多重。人们会在七个心理健康知识领域中选择三个领域。具体来看，选中率最高的是自我调节，大约七成调查对象选择了这个领域，这说明人们普遍意识到自己在维护心理健康中的责任与作用，希望提高自我调节的能力。选中率居第 2 位的是人际交往，大约六成调查对象选择了此领域，这说明人们重视人际交往，希望增加这方面的知识和提高这方面的技能。女性在各项心理健康知识需求上的选中率均高于男性，表现出对心理健康知识更强的需求。

值得注意的是，青年群体对心理健康知识有更强的需求，且 18~25 岁组的心理健康指数低于其他各年龄段，45 岁及以上组高于其他各年龄段。抑郁水平则呈现随年龄增大而降低的趋势。这一结果显示，青年期的心理健康问题较为多发，需要重视青年心理健康问题的预防与干预。

【互动设计】

关于心理健康的标准，国内外研究成果颇丰。本书主要列举了七条紧扣大学生心理健康的标准，浅显易懂，具有较强的指导意义。在课堂教学中，教师可以让学生思考心理健康的标准是什么，让学生结合自己的经验举例，再结合七条标准进行研讨。

一、心理健康的七条标准

随着时代的发展，人们对健康的认识也不断发展变化。健康不仅仅是没有生病和没有痛苦，还包括身体、心理和社会各方面的完好状态。社会经济的发展促进了人们生活水平的不断提高，人们在身体健康方面的需求已经得到了基本的满足。与此同时，由于生活节奏的加快、社会竞争的加剧，人们的心理健康状况不容乐观。于是，人们开始越来越重视并关注自己的心理健康。那么，什么是心理健康呢？心理健康是一个相对的概念，没有一个绝对的界限，并不像生理健康那样可以被具体和精准地测量。

精神分析心理学的创始人弗洛伊德把心理健康定义为“爱和工作的能力”。荣格认为理想的心理健康是有意识地指挥和引导潜意识的力量。马斯洛认为心理健康者是自我实现、充分发挥个人天性的人。近些年的研究者，则从社会和个体两种角度阐释了心理健康：从社会角度看，心理健康是指人们在扮演社会角色和完成群体生活任务时，充分发挥功能；从个体心理角度看，心理健康是指主观满意、知足。

心理健康标准是心理健康概念的具体化，但心理健康的标准问题迄今仍是有争议的问题。随着时代的发展和人们知识经验的不断丰富，人们对心理健康的理解和认识也在不断发展。而且，每一个国家和地区都有它特定的文化、传统，我们切不能盲目地以自己的习惯和标准来要求身边的人。对于大学生来说，大学生特有的年龄阶段和角色特征，决定了大学生的心理健康既具有普遍特征又具有独特性。概括起来，大学生可以从以下七个方面来对自己的心理健康状况进行判断：

1. 第一条标准：能正确认识自我和接纳自我

知人者智，自知者明。心理健康的基础和起点就是，你能否正确地认识自己，并接纳自己真实的样子。一个心理健康的人能从各方面较为客观地了解自己的性格和能力，同时也能接受自己的优缺点，并做出恰当的、客观的评价，对自己有较为合理的、满意的期待和规划，不会对自己有过于严苛和不恰当的要求。一个心理健康的人会努力发展自身的潜能，对自己力所不能及之处也能安然接受，能够体验到自己存在的价值，因而对自己总是满意的。

【成长案例】

小玲是一个来自小镇的大一女生。她在县城的高中成绩很好，名列前茅，受到同学们的倾慕和老师的认可。来到大学后，发现同学们一个个都那么优秀，小玲突然找不到自己的位置了。过去那个熟悉的“自己”到哪里去了呢？那个自信、散发着光彩的自己，似乎找不到了，而现在的自己，在讲台上做报告很紧张，自认为英语口语不太好，也没有什么特长，就连在寝室里也常常接不上话。小玲觉得现在的自己很平庸，一点光彩都没有。面对这样的自己，小玲不禁自我怀疑起来。她不喜欢现在的自己，越来越怀念过去的自己。

这个例子，在大学一年级新生中常见，不少同学或多或少都有着小玲的影子。进入大学，来到一个全新的环境，你的参照对象发生了变化，评价标准也由单一的成绩变得更加多元。在这个阶段，正确地认识自己尤为重要。在正确认识的基础上，不盲目怀疑和否定自己，而是坦然接受自己的状态，才能够更好地在大学实现自我成长和取得进步。

【内容拓展】

对自我接纳，通常我们会有以下几种误区：

误区一：自我接纳意味着不思进取、自我放纵，不再为目标努力。实际上，自我接纳是对自己的优点和缺点不加批判地承认，接受自己当前的样子。

误区二：自我接纳意味着无视自己的缺点。实际上，自我接纳是承认和接受自己的一切，包括缺点和不足。

误区三：自我接纳的人，不再感到烦恼和不快乐。实际上，自我接纳不是没有烦恼，而是能够接受自己的烦恼。

误区四：自我接纳是盲目地自我膨胀，是一种自恋。实际上，自我接纳会为一个人带来稳定的高自尊，并非自我膨胀和自恋。

2. 第二条标准：能保持和谐的人际关系

人际交往对于即将进入社会的大学生来说尤为重要。它是个体正常的心理需要，也是大学生融入集体、走向社会的必备能力之一。在与人交往中，我们应尊重他人，接纳他人与自己的差别，与他人良好地沟通和交往，能应对生活中的人际冲突。

有学生会认为，保持和谐的人际关系就是从来没有矛盾，因此变成了“好好先生”；或者担心发生冲突而压抑自己，不敢表达自己的真实想法和情绪。其实，和谐的人际关系，并非指从来没有矛盾，也不是指表面的客气，而是指在人际交往中，不以自我为中心，尽量做到自然、真诚、平和。

【内容拓展】

中国传统文化源远流长，博大精深，其中蕴含着非常丰富的和谐思想。早在先秦典籍《尚书·舜典》中就有“八音克谐，无相夺伦，神人以和”的记载。中国传统和谐思想主张“和为贵”，宽和处世，从而创造人际和谐的社会环境。《尚书·尧典》中，就有人与人之间应当如何和谐相处的记载。孔子提出了“和为贵”的价值取向，而且提出了忠、孝、诚、信、敬、爱、仁义、道德等准则。孔子提出“君子和而不同，人小同而不和”（《论语·卫灵公》），可见，孔子所提出的理想人格是善于“以宽厚处世，协和人我”，从而创造和谐的人际环境。孟子也十分重视人与人的和谐关系，提出“天时不如地利，地利不如人和”（《孟子·公孙丑下》），并以他的“性善论”为基础阐述他的“人和”思想，认为只要把人的先天本性推及每个人，就能建立“老吾老以及人之老，幼吾幼以及人之幼”（《孟子·梁惠王上》）的和谐社会，从而实现“人不独亲其亲，不独子其子”（《礼记·礼运》）的大同社会。

3. 第三条标准：有良好的适应能力

适应能力是指个体与现实生活和谐相处的能力。现实是客观的，它有时候并不完全符合我们的期待。比如一些北方的学生来到南方的大学，可能会不喜欢这里的天气，吃不惯食堂饭菜，甚至不喜欢这里的方言。假如寝室里大多是当地人，只有自己是外地人，这样的感觉就更明显了。若具备良好的适应能力就能够接受这些，哪怕自己不喜欢，也能够以平和的心态面对，并努力改变自己的期望来适应。有些学生很快就喜欢上了当地食堂的口味，学着吃当地的饭菜，努力学习方言，也适应了寝室里的环境。在这个过程中，我们需换一个角度，把适应当作一种学习和成长的过程，从舒适圈跳出来，不怨天尤人。只有这样，我们才能在不那么“完美”的环境中获得成长与发展。

【难点厘清】

适应和保持自我并不冲突，适应也并非从众。适应是以一种平和的心态接受外在环境的各种变化，努力让自己和外在的变化处于和谐的状态。但适应并非不加选择，作为大学生，需要明辨周围的环境，择善从之。

4. 第四条标准：具有顽强的意志

顽强的意志是指个体在自觉、坚持、果断、自制力等方面都有较好的表现，能够正确地对待学习、恋爱、就业、生活及家庭等各方面出现的困难，能够积极应对成长过程中遇到的挫折和困境。在大学阶段，学生需要磨炼出顽强的意志力，成长也意味着走出舒适圈。在将来的学习、社会实践、找工作的过程中，他们必定会遇到各种挫折。顽强的意志力是大学生克服困难，不轻言放弃，不被失败打垮的基础。

【内容拓展】

意志是人类特有的心理现象，也是人的意识能动性的表现。其主要特征：①明确的目的性，即意志行动总是自觉确定和执行目的行动。②与克服困难直接相联系，即只有克服各种困难才能实现预定的目的。③直接支配人的行动，即意志主要是为完成一定的目的任务而组织起来的行动。它对行动的调节既可表现为发动和进行某些动作或行为，也可表现为制止和消除某些动作或行为。

中国自古就有关于意志力的研究。孟子曰：“天将降大任于是人也，必先苦其心志，劳其筋骨，饿其体肤，空乏其身，行拂乱其所为，所以动心忍性，曾益其所不能。”荀子曰：“骐骥一跃，不能十步；驽马十驾，功在不舍。锲而舍之，朽木不折；锲而不舍，金石可镂。”苏轼曾经说过“古之立大事者，不惟有超世之才，亦必有坚韧不拔之志”。孔子提出“志”的概念。在教育学生的过程中，孔子善于观察学生的志向，并肯定一个人需要有独立的意志。《论语·子罕》中讲道：“三军可夺帅也，匹夫不可夺志也。”孔子认为，一个人要想成功，首先要有伟大的抱负和坚定的信念。“不可夺志”的“志”指的是独立、不可被剥夺的意志。“匹夫”是指普通人。普通人虽不是贵族，但也不该被他人的意志左右。孔子的话语具有深刻且清晰的意义。无论意志是否受到客观条件的制约，一个人都应具有不被他人制约的独立意志。孔子称“吾十有五而志于学”，其中“志于道”最为重要，“志于学”是“下学”，“志于道”是“上达”，即“下学而上达”。孔子经常鼓励他的弟子谈自己的“志”。

5. 第五条标准：具有良好的情绪控制能力

大学生处于青年期，情绪情感体验丰富深刻，波动较大。良好的情绪状态意味着，我们能够较好地管理自己的情绪，具有较强的情绪调节能力。举例来说：当大学生小玲去面试社团被拒绝时，她虽然有些低落，但并没有当场大哭，或者回寝室一睡不起，不理同学。她给好友打电话倾诉了这个事情，之后就恢复了平静。她既能适当宣泄又能合理克制，这就是良好的情绪状态。

【内容拓展】

《中庸》中有“喜怒哀乐之未发，谓之中；发而皆中节，谓之和。中也者，天下之大本也；和也者，天下之达道也。致中和，天地位焉，万物育焉”。“发而皆中节”是说，我们的情绪也是可以发泄的，但发泄要恰到好处。

6. 第六条标准：具有完整和谐的健康人格

人格是个体在社会化过程中形成的独特的身心组织。大学生应当在大学阶段对自己各方面有较深入的了解和准确的评价，并在此基础上努力完善自己的人格。这条标准里，有完整、和谐两个概念。“完整”是指方方面面都比较健康，而不完整就是指这个人可能存在一些缺失，就像一个木桶有一块短板，就会制约他的整体发展。比如：一个人要是特别孤僻，不管是友善的人，还是不友善的人，他都统统回避，不与人交往，那他会拒绝可能发生的亲密关系和友爱关系，对自己的发展和个人幸福形成限制。“和谐”是指这个人的人格各方面都没有太多的冲突，他的内在比较平和、稳定。假如他有非常高的成就动机，但他在能力方面有些欠缺，而他的性格特征又属于非常严格、要强的类型，那么他的内在可能就会有很多自我打击、自我冲突。这种不和谐就可能导致心理问题。当然，我们也要看到，所谓的完整，不是一个绝对化的概念，只能是相对的，也是自我成长的一个方向。

【内容拓展】

健康人格是指主体在社会实践活动中受社会环境影响与制约所形成的客观准确的自我估价、自我接纳，在与他人和睦相处的过程中，不断调节自身、拓宽自我，使其朝着向上、积极的方向不断发展的人格。拥有健康的人格能使主体保持自身的完整与和谐，健康人格并不是一个静态的、永久不变的概念，它的内涵将紧紧跟随时代发展变迁得以动态地、丰富地拓展。

我国学者李柞山对大学生的健康人格理论进行了调查研究，结果显示，大学生认为健康人格特征的重要性依次是：诚信、自信、责任心、健康、尊重他人、自尊、上进心、自爱、人际关系良好、自立、自强、能正确面对挫折、有抱负和理想、心胸宽广、有道德、有正确的人生观和价值观、宽容、热爱生活、尊老爱幼、能倾听和接受别人的意见、乐观开朗、有爱心、热爱祖国、有创新精神、好学、热情、有正义感、关心他人、勤奋刻苦、勤俭节约。许金声教授认为：智慧力、道德力与意志力是健全人格应具备的三要素。刘善仕教授认为：“所谓健康人格就是个性心理结构的各亚结构以及各要素都基本确立和形成，具有协调各种矛盾与冲突的能力，使之无论对他人、对社会、对自己都能表现出一种既符合社会规范和社会发展要求的一般原则，又能充分地体现自身独立的心理状态和行为倾向及行为风格，充分发挥自己的潜能和创造力，实现自我价值的健全而成熟的人格。”祁立刚认为：“健康人格是个人在其生活经历中以其生活方式和生活风格逐步建立起来的一种自我意识，是人的世界观、心理素质、道德修养等方面的综合体现和重要标志，也是人能够准确把握自己、寻找适合自己发展的社会位置以及获得他人尊重和好感的基础。”

7. 第七条标准：心理行为符合年龄特征

人的心理发展和年龄密切相关：年龄阶段不同，心理行为特征也不同。心理行为与年龄特征相符是心理健康的一项指标。中国文化中有“少年老成”一说，指年纪小的人成熟稳重，显得像阅历深的长者。然而，若本该是天真的年龄却显得非常成熟，有可能是在那个阶段没有一个足够安全的环境来享受童年。过于懂事，可能是因为缺乏任性的机会，从来不敢表达自己真实的需求，不敢给父母增添一丁点麻烦，也不得不把自己很真实的一面隐藏起来。当今社会我们在夸赞一个女性好看时，常常会使用“看起来就像少女”这样的语句。这种现象让我们反思：也许我们并没有看到每个年龄阶段所呈现出来的独特气质和美。

【小结】

随着生活节奏的加快、社会竞争的加剧，人们开始越来越重视并关注自己的心理健康。心理健康是一个相对的概念。对于大学生来说，大学生特有的年龄阶段和角色特征，决定了大学生的心理健康既具有普遍性又具有独特性。大学生可以用七条标准来判断自己的心理健康状况。通过学习心理健康的标准，大学生能够更清晰、具体地了解心理健康所涵盖的内容，并有意识地在这些方面进行自我校准、自我提升。但切不可随意给自己贴标签。心理健康并不是一个目的地，而是一个历程，一个方向。

【习题】

1. 结合心理健康的标准，谈谈你对自己目前的认识。

2. 你在自我接纳方面做得怎么样？请结合实际，说说作为大学生应该如何更好地自我接纳。

第三节　常见心理障碍及其应对方法

【导入】

心理障碍与心理健康一样，是一种状态，也是一种过程，并不断地变化发展。这种状态和过程伴随着主体与自我、与他人、与现实环境的互动，心理健康表现为互动的协调、一致、正常、和谐，而心理障碍则表现为互动的不协调、不正常、扭曲甚至分裂。目前，国内外常用的心理障碍分类与诊断标准有三个：世界卫生组织（WHO）所发布的《疾病和有关健康问题的国际统计分类》（第十版）（ICD-10）的第5章《精神与行为障碍》、美国精神医学学会（APA）所发布的《精神障碍诊断与统计手册》（第五版）（DSM-V）、《中国精神障碍分类与诊断标准》（第三版）（CCMD-3）。

同其他社会人群相比，大学生并非心理疾患的高发人群。针对有关大学生心理问题较为严重的说法，一些专家学者指出，要谨慎评估当代大学生中存在的心理问题。目前，同其他社会人群相比，大学生并不是心理疾患的高发人群。

长期从事大学生心理教研工作的首都经贸大学杨眉副教授说，近年来她一直在呼吁，要科学客观地对待大学生心理问题。大学生处于身心成长发育的关键阶段，开始独立生存，自然面对自我意识，这个过程自然会在心理上造成影响。但这是每一个个体成长都会经历的问题，绝大多数问题是正常性而不是反常性的。我们强调大学生心理问题，是因为他们正处于个人成长的关键阶段，是将来社会建设的栋梁，而不是因为他们是心理疾患的“高危人群”。

专家提出，对大学生心理状态，要采取积极性发掘而不是消极性暗示的态度，相对性而不是绝对性地看问题。杨眉副教授说，人是一个比较混沌、模糊的主体，很难用数字测量，又极易受误导和暗示。因此，不能凭几个案例、几个问卷的结果就轻易下结论。大学生心理问题突出，是因为他们受到的社会关注度高。在社会飞速进步的大变迁时代，所有人都不断地面临心理挑战和压力，我们不能简单说这一群体比别的群体问题多。中国人民大学的王振民教授则说：“大学生心理问题提出来是一大进步，但是要掌握分寸，实事求是就是分寸。”

【互动设计】

心理障碍离大学生的日常生活既远又近。远，是因为达到心理障碍诊断标准的大学生是少数；近，是因为心理障碍与心理健康之间并没有绝对的分界线。就算没有罹患抑郁症，但几乎每个人体验过低落、沮丧、挫败等情绪。所以，教师在设计这堂课时，可以在引入阶段让学生对几种常见的心理障碍说出自己的第一印象或者关键词。教师可以根据学生的看法，有针对性地讲解其中某一种或两种心理障碍，重点在于消除偏见，让学生正确看待心理障碍，形成积极求助的意识。

心理障碍是指“所有够得上诊断标准的心理上的疾病”，是由生理的、心理的或者社会的原因引发的，在认知、情感、行为等方面的紊乱或者异常，导致我们感受到强烈的痛苦，或者社会适应功能受到损害，没有能力按照社会认可的方式行动。从心理健康到心理障碍是一个连续谱，我们每个人都处在这个连续谱上。如果我们将绝对的心理健康标识为白色，而绝对的心理障碍标识为黑色的话，那么我们大多数人都游离在连续谱中间的“灰色地带”。《中国国民心理健康发展报告（2017—2018 年）》指出：“有 11% ~ 15%的人心理健康状况较差，可能具有轻到中度的心理问题。”大学生需要了解常见的心理障碍，但切勿对号入座。如有需要，建议到专业机构就诊。

【内容拓展】

“污名”一词译自“stigma”，是指对弱势群体贴标签，使他们所具有的特质为社会所不接纳或不期望的现象。我们要注意大学生对心理障碍是否也存在污名。心理障碍污名与心理求助的耻辱性评价的容忍性态度关系最为密切。一个学生对心理障碍的自我歧视和公众歧视越严重，越不愿意自我暴露心理障碍，对心理求助的耻辱性评价的容忍性态度就越消极，越有可能对心理求助感到耻辱而阻碍心理求助行为的发生。因而这也提示我们，要想提高大学生心理求助率，就有必要消除大学生对自己心理障碍的自我歧视感和公众歧视感，让大学生在遭遇心理障碍的时候，敢于自我暴露。

一、抑郁症

抑郁症是一种以显著而持续的低落情绪为主要表现，并伴随着思维和行为异常的心理障碍。其典型症状表现在三个方面：①情绪低落；②躯体症状，比如失眠、精力减退，容易感到疲倦；③思维缓慢。但即使有了这些表现，也不能就给自己下结论。因为考试而失眠，因为失眠而思维缓慢，因为思维缓慢而导致考试差、情绪低落，这都是正常的反应。只有症状达到了很严重的程度，影响了正常生活，才有可能是抑郁症。

【内容拓展】

一些学生认为，只要患了抑郁症就可能导致自杀，或者认为自杀的人都是患了抑郁症。其实，抑郁症和自杀并没有必然的因果关系。早在19世纪末，就有学者提出，自杀并不是一种简单的个人行为，而是对正在变化的社会的反应。由于社会、文化的不稳定状态，破坏了对个体来说非常重要的社会支持和交往，因而削弱了人们生存的能力、信心和意志，这时往往导致自杀率明显增高。导致大学生产生自杀意念的影响因素是多方面的。然而，抑郁和自杀意念有相关性。自杀意念影响因素路径分析结果显示，抑郁自评得分可直接影响自杀意念，表现为抑郁自评得分越高，自杀意念也越强烈。在所有影响因素中，抑郁自评得分影响程度最高，是导致自杀的主要影响因素。

二、焦虑症

焦虑症表现为持久的焦虑情绪，既可能是对未来事件、以前过错、工作表现、身体健康等具体事件的强烈担忧，也有可能焦虑的原因根本不存在，或者不明显，发作时常伴有头晕、心悸、呼吸急促、出汗等躯体表现。焦虑是一种指向未来的情绪反应，是由紧张、担心、恐惧等多种感受交织在一起的情绪状态，常发生在人们遇到新情境或新问题时。大学生中，一些学生有社交焦虑的情况，他们害怕上课当众回答问题、做小组展示等，担心被人评价和指指点点；还有些学生总觉得自己不可爱，别人不喜欢自己。严重的情况下，这些学生不仅回避社交，甚至回避一切人多的地方，包括地铁、公交和教室。因为他们觉得和人待在一起非常紧张，乃至有出汗、脸红的反应。这样一学期下来，不仅影响正常的人际关系的发展，还不利于身体健康和学业。

【内容拓展】

焦虑症的一般分类如下：

1. 慢性焦虑

（1）情绪症状：在没有明显诱因的情况下，患者经常出现与现实情境不符的过分担心、紧张害怕，这种紧张害怕常常没有明确的对象和内容。患者感觉自己一直处于一种紧张不安、提心吊胆、恐惧、害怕、忧虑的内心体验中。

（2）自主神经症状：头晕、胸闷、心慌、呼吸急促、口干、尿频、尿急、出汗、震颤等躯体方面的症状。

(3) 运动性不安：坐立不安，坐卧不宁，烦躁，很难静下心来。

2. 急性焦虑发作（惊恐发作）

(1) 濒死感或失控感。在正常的日常生活中，患者几乎跟正常人一样。而一旦发作时（有的有特定触发情境，如封闭空间等），患者突然出现极度恐惧的心理，体验到濒死感或失控感。

(2) 自主神经系统症状同时出现，如胸闷、心慌、呼吸困难、出汗、全身发抖等。

(3) 一般持续几分钟到数小时。发作通常很突然，发作时患者意识清楚。

(4) 极易误诊。发作时患者可能会拨打120急救电话，去看心内科的急诊。尽管患者看上去症状很重，但是相关检查结果大多正常，因此往往诊断不明确。发作后患者仍极度恐惧，担心自身病情，往往辗转于各大医院各个科室，做各种各样的检查，但不能确诊，既耽误了治疗也造成了医疗资源的浪费。

三、强迫症

强迫症是以不断重复出现的强迫思维和（或）强迫行为为主要症状的一种心理障碍。患者可能竭力抵抗，却控制不住自己要那么想、那么做，甚至越是抵抗，强迫思维和强迫行为越是强烈。这让患者感到极度焦虑、痛苦不堪，但又无能为力，严重影响自身的正常学习、社交等。每个人可能都体验过强迫的症状，比如在新冠肺炎疫情期间，我们会反复洗手，或者老是担心没洗干净。有些学生因为生病，或者曾经遭遇过车祸，而对细菌或者安全检查非常敏感。只要没有达到疾病的诊断标准，这些只是一些常见的强迫倾向。但是如果这些反复的、失控的思维和行为已经严重影响到我们的正常生活，比如每天洗手几十次、洗衣服几个小时，导致没有办法正常学习、生活，就需要去医院检查了。

【成长案例】

小林从高中开始就出现了强迫症症状。一开始，他对家里的一些清洁用品感到不适，比如清洁厕所所用的洁厕剂。他还对学校的化学实验用品感到害怕。上完化学实验课后，他会反复回想试剂会不会溅到自己身上，因为他觉得溅上化学试剂的地方会被腐蚀。当小林在家的时候，他会远离洁厕剂放置的地方。尽管如此，小林还是会时不时去想有没有溅到这些东西。后来，让小林焦虑的东西逐渐增加，比如任何生活用品掉到地上，他都会觉得很脏，要反复清洗。如果是便宜的东西，他就会直接扔掉。小林也会在焦虑的时候去洗手。通过反复洗手，他才会逐渐平静下来。有时候，小林也会觉得自己是不是焦虑过度了，因为他发现室友会若无其事地使用掉在地上的梳子，而自己有时候明知道已经洗干净手了，但还是无法控制地再去洗手。

小林在父母的陪同下去了一家综合医院的心理卫生门诊，医生诊断结果为强迫症，并要求小林按医嘱服药。在经过一段时间的服药治疗后，小林的强迫症状明显缓解。

【内容拓展】

近年来，在各种媒体上我们经常会看到“强迫症的福音”这样的说法，这反映出不少人对强迫症症状有误解。一些人认为强迫症就是喜欢、享受把东西摆放整齐的那种舒适，但实际上强迫症患者并不享受，因为他们的行为有一种“被迫”的感觉。强迫症患者并不是带着一种舒适、自在的感觉去洗手、打扫卫生、整理东西，而是被一种焦虑的情绪驱动着。如果不去做那些“检查”“打扫”等事情，他们会觉得很难受，甚至极其痛苦。正是因为如此，强迫症患者的生活受到了很大的影响，他们可能每天要耗费大量的时间来做这些不必要的“仪式”，导致生活得很焦虑和疲倦。

四、人格障碍

人格障碍是个体呈现出来的，明显偏离文化背景的，内在的、持久的、稳定的心理行为模式。人格障碍患者对自我、他人及事件的感知和解释以及人际交往和情绪反应等均显著地与所处文化环境不相适应，但其思维、语言、智力等均无明显缺陷。患者一般能正常应对日常工作和生活，甚至有可能在某方面有杰出表现，能理解自己的行为并预测其后果，也能在一定程度上理解他人对自己行为的评价。但是，患者所表现出来的情绪不稳、自制力差、追求完美、关注自我等特征让其在人际交往和感情生活中常常受挫。

【内容拓展】

根据《精神障碍诊断与统计手册》（第五版），笔者整理出以下九种人格障碍的类型，以便学生了解：

1. 偏执型人格障碍

偏执型人格障碍有以下特征：对挫折与拒绝过分敏感；容易长久记仇，不肯原谅实际或想象出来的侮辱、伤害或轻视；猜疑，把他人无意的或友好的行为误解为敌意或轻蔑；好斗以及顽固地维护自己的权利；有将自己看得过分重要的倾向，自以为是，惯于把失败和责任归咎于他人；有将与自己直接有关的事件以及世间的形形色色都解释为“阴谋”的无根据的先占观念。

2. 分裂样人格障碍

分裂样人格障碍有以下特征：常常有奇异的信念，或与周围的人有不相称的行为，他们相信一些不切实际的理论（如透视力、心灵感应、特异功能等）；言语怪异，如说话经常离题、用词不当、繁简失当、表达意见不清；行为怪异，如服饰奇特、不修边幅，经常出现不合时宜的行为；对人冷漠，对亲属也不例外，缺失温暖体贴；多单独活动，主动与人交往仅限于生活或工作中必需的接触，除一级亲属外，没有亲密的朋友或知己。

3. 分裂型人格障碍

分裂型人格障碍有以下特征：感情冷淡，很少与他人交流，不愿意表达自己的情感，对于他人对自己的意见和想法漠不关心，喜欢单独行动，不喜欢与其他人同行协作；经常沉醉于一些不切实际的幻想，会经常性地进行自省；对于一些公认的规则和习惯，并不认可，一般都是抱着无所谓的态度，不愿意受到规则的限制。

4. 反社会型人格障碍

反社会型人格障碍有以下特征：高度攻击性，有重度暴力倾向；无羞愧感，对自己的不当行为不感到羞愧；行为无计划性，性格冲动，具有随意性；社会适应不良，在个人生活风格和人际关系方面具有明显的异常。

5. 表演型人格障碍

表演型人格障碍有以下特征：自我戏剧化，总是以夸张的方式表达自己的感情；易受暗示，容易被他人或环境影响；不停地追求刺激，以获得他人赞赏；期望成为他人注意的中心；与人交往时往往带有不恰当的挑逗行为；对自己的外表过分计较。

6. 自恋型人格障碍

自恋型人格障碍有以下特征：感到自己无所不能；沉迷在无穷的成功、权力、才气、美丽的爱情幻想中；相信自己是独一无二的；对赞美成瘾，听不进去反面的话；缺乏共情的能力；常常嫉妒他人和相信他人嫉妒自己；表现出一种高傲自大的行为或态度。

7. 回避型人格障碍

回避型人格障碍有以下特征：缺乏社交能力；习惯否定自己；过分敏感和自卑，自尊心缺乏；总担心被他人拒绝，对别人的评价极其在意，尤其是对负面评价更是敏感。

8. 依赖型人格障碍

依赖型人格障碍有以下特征：同意让他人为自己生活中大多数重要事情做决定；将自己的需求附属于所依赖的人，过分顺从他人的意愿；不愿对所依赖的人提出即使是合理的要求；过分担忧不能照顾自己，在独处时感到不舒服或无聊；易陷于被关系密切的人抛弃的恐惧中，害怕失去。

9. 强迫型人格障碍

强迫型人格障碍有以下特征：做事总是小心翼翼，要求所有事都十全十美；刻意追求细节，经常反复揣摩一件不重要的事情，苛求完美，使自己陷于紧张、不安、焦虑的处境中。

五、精神分裂症

精神分裂症是一种严重的心理障碍，其特征表现为思维、知觉及行为上的紊乱。精神分裂症患者缺乏逻辑思维，不能准确感知世界，不能正常生活和工作。精神分裂症主要包括五类症状，即妄想、幻觉、思维（言语）紊乱、行为紊乱以及情感表达受限。妄想是指个体认为真实但极不可能且通常完全不可能的想法。幻觉是一种不真实的体验，幻听和幻视是两种常见的幻觉。思维（言语）紊乱表现为个体的思维和言语缺乏连贯性和逻辑性。例如，个体毫无逻辑地从一个话题突然转到另一个完全不相关的话题上，或者完全答非所问，你问他“你叫什么名字”，他可能回答说“我正在商场里买东西”。行为紊乱是指可能出现没有明确诱因的、无法预计的异常行为。例如，一个幻想着自己在被恐怖分子追击的人，可能突然在大街上大喊大叫、狂奔。情感表达受限是指在情绪表达上的严重缺失或减少，表现为迟钝、冷漠。例如，个体对家人态度冷淡，对别人的痛苦无法产生共鸣。

对于心理障碍，只要我们进行科学治疗和积极应对，是可以好转甚至痊愈的。接受系统而充分的医学治疗是重度心理障碍患者的首要选择。有研究表明，药物治疗是控制抑郁症、精神分裂症等的方便、有效、快速的手段。有些患者因为担心服用药物后可能出现的不良副作用而产生抵触心理，进而中断服药，造成治疗不充分，复发可能性加大。

除了接受系统的药物治疗，辅助心理治疗或心理咨询也很重要。医学治疗和心理治疗或心理咨询相结合，既能帮助患者调整他们对待心理障碍的态度，增强信心，又能帮助他们释放和消化引起心理障碍的被压抑的情绪，从而改善人际关系。

在治疗的同时，患者还需要主动调整心态，适度地进行运动锻炼，寻求社会支持。我国台湾一位已故女作家曾说，她家住台南，却每周要去台北看病，只因为她患的是抑郁症。似乎这是一个需要遮掩的疾病。如果大家有这种“担心家丑外扬”的心态，可能就会耽误治疗。其实，心理学界普遍将心理问题看成精神上的“感冒”，不论是身体还是精神患病，都是正常的事情。心理疾病不可怕。真正的强者，是那些看到自己的弱点，并勇于向他人求助的人。每个人也都会有自己的弱点，不管你是否让它展示出来，它都在那里。如果你把它藏得越深，它越可能在不经意间影响你、伤害你。我们应正视它的存在，接纳它的存在，更要积极、乐观地去和它相处。

【小结】

心理障碍是指“所有够得上诊断标准的心理上的疾病”，是由生理的、心理的或者社会的原因引发的，在认知、情感、行为等方面的紊乱或者异常，导致我们感受到强烈的痛苦，或者社会适应功能受到损害，没有能力按照社会认可的方式行动。从心理健康到心理障碍是一个连续谱，我们每个人都处在这个连续谱上。本节主要向学生介绍一些较为常见的心理障碍，如抑郁症、焦虑症、强迫症、人格障碍和精神分裂症。心理障碍就像我们身体的疾病一样，只要我们进行科学治疗和积极应对，是可以好转甚至痊愈的。接受系统而充分的医学治疗是重度心理障碍患者的首要选择。同时，患者还需要根据具体情况，进行心理治疗或心理咨询，并主动积极地调整心态，适量运动，寻求人际支持。

【习题】

1. 你的室友小林最近总是闷闷不乐，不怎么搭理人。你通过侧面了解，得知小林的父母正在办理离婚。你觉得小林得了抑郁症吗？为了更好地帮助小林，你可以做些什么？

2. 你听妈妈说起邻居的孩子近来有点奇怪，原本是一个 16 岁的阳光少年，最近突然不说话，一个人闷在家里，不洗澡，穿得很邋遢，偶尔还会喃喃自语。邻居叔叔和阿姨非常担心。你会给邻居叔叔和阿姨什么样的建议呢？

【参考文献】

[1] 江光荣. 中国国民心理健康素养的现状与特点［J］. 心理学报，2021（2）：182-198.

[2] 昌敬惠. 新型冠状病毒肺炎疫情下大学生心理健康状况及影响因素分析［J］. 南方医科大学学报，2020（2）：171-176.

[3] 明志君. 心理健康素养：概念、评估、干预与作用［J］. 心理科学进展，2020（1）：1-12.

[4] 常蕾. 新冠肺炎流行期针对大众心理健康的建议［J］. 中国心理卫生杂志，2020（3）：282-283.

[5] MALHI G S，MANN J J. Depression［J］. Lancet，2018，392（10161）：2299-2312.

[6] HUANG Y，WANG Y，WANG H，et al. Prevalence of mental disorders in china：a cross-sectional epidemiological study［J］. The Lancet Psychiatry，2019，6（3）：211-224.

[7] 王国维. 王国维哲学美学论文辑佚［M］. 上海：华东师范大学出版社，1993.

[8] 童辉杰. 常见心理障碍评估与治疗手册［M］. 上海：上海教育出版社，2007.

[9] GARLOW S J，ROSENBERG J，MOORE J D，et al. Depression，desperation，and suicidal ideation in college students：Results from the American Foundation for Suicide Prevention College Screening Project at Emory University［J］. Depres Anxiety，2008（6）：482-488.

[10] 赵军. 大学生自杀的社会因素分析：以涂尔干的自杀社会因素理论为视角［J］. 北京青年政治学院学报，2011（1）：25-28.

[11] 蒋传发，邹亚超. 大学生心理健康教育（微课版）［M］. 北京：人民邮电出版社，2018.

[12] 傅小兰，张侃，陈雪峰. 心理健康蓝皮书：中国国民心理健康发展报告（2019—2020）［M］. 北京：社会科学文献出版社，2021.

第二章　大学生自我认识

第一节　自我意识概述

【导入】

大学生自我意识的发展对其心理健康有着重要的影响作用，国内外的很多学者都把自我意识作为心理健康标准的一个重要指标。因此，如何促进大学生自我意识的发展与完善，并进而维护大学生的心理健康，成为高校心理工作者必须开展的一项工作之一，也是大学生自我成长的主要任务之一。早在古希腊时期，“认识你自己”这句刻在神庙上的名言就激励着人们不断探索自我、实践自我、超越自我。德国著名作家约翰·保罗说：“一个人的真正伟大之处，就在于他能够认识自己。”由此可见，正确认识自己对一个人来讲是至关重要的。然而，认识自己并非易事，明朝大儒王阳明说“破山中贼易，破心中贼难”，一个人的自我并非如同一幅画一样，能清清楚楚、明明白白地展现。自我意识是立体的、多面的，也是变化的。每个人总有一些念头、情绪是隐藏起来，不易察觉的。大学生在成长过程中，已经积累了不少关于自我的认识和体验，但由于社会经验不足，大学生还需要不断地学习如何正确、客观、全面地认识自己，形成健康的自我意识。

【课堂互动】

题目：20 个“我”。

目的：让每个学生深入了解自己的独特性。

步骤 1：在一张空白 A4 纸上写出 20 句“我是一个……的人”。尽量选择一些能够反映个人风格的语句，如“我是一个开朗的人”，避免对籍贯、性别等进行描述。这可能要花一些时间和精力，但是认真填写之后，你会有更多的收获。

步骤 2：请对你写下的 20 句话做下列归类：

（1）生理的我（包括长相、身材、身体素质等）。

编号：________________

（2）心理的我（包括性格、能力、情绪状态等）。

编号：________________

（3）社会的我（包括道德品质、人际交往能力等）。

编号：________________

步骤3：评估一下对自己的20项描述是肯定的还是否定的。肯定的描述记+1分，否定的描述记-1分，将所有的项目得分加起来，得出一个总分。如果总分大于0，大体上表示你对目前的自己还比较满意；如果总分小于0，大体上表示你对目前的自己还不满意。

小结：做完测试之后，你是否对自己有了更清晰的认识呢？根据当前的测试结果，有哪些是你喜欢的，哪些是你不喜欢的？哪些是你愿意接纳的，哪些是你不愿意接纳的？通常而言，大家可能对自身积极的方面都是乐于接受的，而对于自身的消极方面都比较回避。其实，世界上的每个人都不是完美的，也都是独一无二的。只要不断探索自己、更全面地认识自己，就能更好地成长和发展。

一、自我意识的概念

自我意识是指个体对自己的各种身心状态的认识、体验和愿望，具有目的性和能动性等特点，对人格的形成、发展起着调节作用。自我意识与心理健康息息相关，自我意识越成熟、越完善的人，其自我认知、自我体验和自我控制越能够协调一致地工作。他们对生活中的负性事件的认知比较客观，情绪体验较适度并能积极地进行调解和控制。他们表现出较强的心理承受能力和自我调节能力，因此他们能够较好地维持心理健康。而自我意识不成熟的个体，由于对自身无法正确地认识，也就无法客观地分析、评价生活中的各种事件，因此可能导致心理方面的困惑，甚至久而久之出现心理问题。

【内容拓展】

自我意识作为一种对象性存在，首先是以哲学概念的形式出现的。从苏格拉底将太阳神庙中的圣谕“认识你自己”奉为其哲学观的圭臬起，西方哲学探讨的注意力开始由世界的结构方式向人本身和人的知识本身转化，由对象意识向自我意识转化，由对外界的思考转向对“我”的追问。马克思在实践的基础上理解自我意识，人和对象、主体和客体的统一，包括两者在意识中的统一，即自我意识和对象意识的统一。1890年，詹姆斯在《心理学原理》一书中把自我意识引入心理学领域。此后，诸多心理学家对其概念、结构、发展因素和自我意识的发生等一系列问题进行了探讨。直到20世纪80年代，心理学领域中的自我意识概念才逐渐清晰。

【成长案例】

小明是一个大一新生，他对大学生活充满了向往。由于从小喜欢运动，个子也很高，他加入了学院的篮球队。同时，他想让自己的大学生活更丰富和充实，积极报名加入了好几个社团。但到了期中，学习压力越来越大，篮球队的训练也占用了不少时间，几个社团布置的任务较多，导致他没有足够的时间学习。他越来越疲惫和迷茫，力不从心，有时候晚上甚至失眠。夜深人静的晚上，他开始思索：这是我理想中的大学生活吗？我适合什么？我是一个什么样的人？小明在深夜里的这份内心的追问和自我意识有关。自我意识是指人对自己身心状态以及自己与客观世界关系的觉察和体验。它不是与生俱来的，也不是一成不变的。小明报名参加篮球队，是基于他对自己的认识：从小爱运动。但是当他越来越疲惫和迷茫，他开始去思索自己适合什么、想要什么、是一个什么样的人，这表明随着环境和境遇的变化，一个人的自我意识也会有一些调整。

二、自我意识的分类

自我意识是一个多维度、多层次的复杂心理系统，可以依据不同的标准进行划分。

1. 生理自我、心理自我和社会自我

从内容上看，自我意识可以划分为生理自我、心理自我和社会自我。生理自我包括对面孔和嗓音的感觉、基于图像的表征、本体感觉以及基于运动的身体表征，关注特定的身体部分（如面孔、手臂、手、嗓音等）或整个身体以及身体各个部分之间的空间关系，反映了一种低水平的自我感知，是自我的生物基础。心理自我是自我意识的核心内容，主要指个体精神层面的特征，例如对自己的人格特征、特质、能力的认知和加工等，也涉及自我知识，包括自传体记忆信息、情景记忆知识以及自我的第一人称视角等，是相对于生理自我加工而言的一种高级自我加工。而社会自我则较多是一个人对自己在各种社会关系中的角色、地位、权利、义务、责任等的认识。我们熟知的白雪公主的童话故事中，那句“魔镜魔镜，谁是世界上最美丽的人”，就意味着白雪公主的继母的自我意识是建立在生理自我之上的。只有她最美，她才能够快乐。

【内容拓展】

叫自己名字的声音作为一个特殊的听觉刺激，对个体有着极其重要的意义，往往能够自动化地、无意识地被我们的大脑捕捉。在鸡尾酒会中，尽管与会者很难分辨嘈杂环境中来自不同个体的声音信息，但他们往往对叫自己名字的声音非常敏感，这就是经典的鸡尾酒效应。为什么个体在嘈杂的环境中很难分辨各种声音刺激，但对自己的名字非常敏感呢？因为自己名字的独特性及其重要意义在这一效应中起着重要作用。

“千锤万凿出深山，烈火焚烧若等闲。粉骨碎身浑不怕，要留清白在人间。”明朝于谦的这首诗，用石灰石来象征仁人志士无论面临着怎样严峻的考验，都从容不迫、视若等闲的人格品质。现在讲立德树人，用榜样的力量激励自己，就是让自己的心理自我更加成熟、深刻、坚韧，在做自己的基础上，又能够受到激荡、洗礼。后来的大儒王阳明就是深受于谦的激励，少年时便到于谦祠写下流传至今的对联，让人感动：赤手挽银河，公自大名垂宇宙；青山埋白骨，我来何处吊英贤。这就是“教育是用灵魂唤醒灵魂”的最好例证。

2. 现实自我、理想自我和投射自我

从观念上划分，自我意识可以分为现实自我、理想自我和投射自我（也叫镜中自我）。现实自我是个体基于自己目前的立场和现状，对现实生活中自己方方面面的认识。而理想自我则反映出一个人的志向和追求。周恩来总理年少时曾有这样的豪言壮语：为中华之崛起而读书。理想自我足够坚定，可以成为理想信念的助推力。但我们也要看到，一个人的理想自我是否有稳定的现实支撑。周总理有着伟大的理想，他一直踏踏实实、十分努力地朝着他的理想自我迈进。我们要谨防理想太遥远，现实却跟不上这种情况。投射自我是指个体在想象中认为自己在他人心中的形象，以及他人对自己的看法。

【课程思政】

中国传统文化一向强调立志的重要性。所谓立志，是指立下志愿，树立志向，找到理想的目标和方向。我们不断去探索、寻找一个清晰、明确且坚定的理想自我的过程，也是立志的过程。我们立志必须要从大处去立，要从我们的心灵深处去立，要以有益于全人类社会的心态去立。立志固然要深远，但不能把自己的妄想当作自己的志。当我们去实践自己志向的时候，要脚踏实地地去实行。清朝的中兴功臣曾国藩如此立志："君子之立志也，有民胞物与之量，有内圣外王之业，而后不忝父母之所生，不愧为天地之完人。故其为忧也，以不如舜不如周公为忧也，以德不修学不讲为忧也。是故顽民梗化则忧之，蛮夷猾夏则忧之，小人在位贤才否闭则忧之，匹夫匹妇不被己泽则忧之，所谓悲天命而悯人穷，此君子之所忧也。若夫一身之屈伸，一家之饥饱，世俗之荣辱得失、贵贱毁誉，君子固不暇忧及此也。"如果我们真有这样的志，然后再根据自己的能力去寻找自己的志向，这样即使达不到自己的志，但只要我们真心诚意地去做，都会有所成就。

投射自我是人们想象他人对自己的评价而由此产生的自我认知。在日常的生活、学习和工作中，人们观察他人如何看待自己，然后将他人的观点同化到自我概念之中。在这个过程中，一些人的评价比另外一些人的评价起着更大的作用，比如家人、重要的朋友、尊敬的师长等。投射自我过程包含三个要素：首先，人们想象自己在他人面前表现得如何；其次，人们想象他人如何评价这一表现；最后，人们会体验到对这一评价的情绪性反应，比如骄傲或害羞等。在这三个要素中，体验和情感非常重要，会直接影响到投射自我的形成。

【成长案例】

在著名的伤痕实验中，志愿者被分别安排在没有镜子的房间里，并被告知：他们将通过化妆，变成一个面部有疤痕的丑陋的人，然后在指定的地方观察和感受不同的陌生人对自己产生怎样的反应。心理学家请化妆师在每位志愿者脸颊上精心地涂抹上逼真的疤痕。被化好妆的志愿者被分别带到了各大医院人来人往的候诊室。实验结束后，志愿者们的感受出奇地一致。他们普遍认为，众多的陌生人，对面目可憎的自己都非常厌恶、缺乏善意，而且总是很无礼地盯着自己的伤疤看。然而，这些志愿者脸上其实并没有伤痕。因为在让志愿者看到自己脸上的"疤痕"后，化妆师以"定妆"为借口，用棉纱把化妆出来的假疤痕和血迹已彻底擦干净了。伤痕实验告诉我们，当一个人实际上并没有疤痕，但他心中有疤痕时，他就会认为别人是以"有疤痕"的方式看待自己的，这就影响了他与别人的互动。把这个实验的结论放在大学生身上，也很有启发性。一些大学生常常觉得别人看不起自己，但我们需要问自己：是别人看不起我，还是我自己看不起自己？

3. 自我认知、自我体验和自我调控

从形式上划分，自我意识可以分为自我认知、自我体验和自我调控。自我认知是从认知层面出发，是个体对自己各方面的认识。自我体验是从情感层面出发，是伴随着一个人对自己的认知和评价进而产生的内在感受。我们常常说的自尊心、自卑感、自我满意度等就是自我体验。自尊感是自我体验最重要的一个方面。自我调控是从意志层面出发，指个体对自身心理和行为的主动支配和掌控的过程。比如，当一名大学生立志成为优秀的人，那么他的理想自我可能是一个成绩优秀、人际关系良好，积极参加社会实践活动、身体健康的青年。那么，为了向理想自我迈进，他就需要很好地进行自我调控。当他想玩游戏的时候，他需要克服这种冲动而去自习。当他能够战胜自己的玩耍的欲望，克服了困难，他就能获得较高的自尊感。

【内容拓展】

自尊，也称自尊心、自尊感，它包含个体对自己的总体评价或者说个体的自我价值感或内在价值观，以及个体正面评价自己或喜欢自己的程度。作为个体重要的人格特质，自尊不仅对一个人的良好心理及未来发展具有重要作用，对整个社会及人类发展也有举足轻重的影响。心理学家威廉·詹姆斯（William James）于1890年首次提出了自尊的定义，他认为自尊作为对自我价值的感受，取决于其实际成就与潜在能力的比值，并提出了著名的公式：自尊=成功/抱负。随着研究的深入，研究者开始从不同的角度给出自己旳定义：一是从认知的角度出发，将自尊定义为个体对自我知觉的总和，包括自我概念、自我意象和社会概念；二是从情感体验的角度来解释自尊，认为自尊是个体对自我情绪的感觉，是对自己的喜欢程度。国际自尊心理协会执行理事长布兰登（Branden）认为，自尊是人们能自信地应对生活中的基本挑战时的一种体验和坚信自己拥有幸福生活权利的意志，它对人们的生活有着本质上的促进作用，它与人们正常健康的发展密不可分，它有助于人们了解自己存在的价值。他明确地把能力和价值感作为自尊中两个同等重要的成分。

关于自尊的研究非常多，通俗意义上讲，一个有着恰当自尊的人，其对自己的情感总体上是正向的、积极的、喜爱的，对自己的评价总体上是有价值的、有能力的。就算生活中不时受挫，其也不会一味地否定自己、厌恶自己。

【难点厘清】

传统研究认为高自尊水平比低自尊水平具有更强的社会适应性。但是后来更多的研究发现，自尊水平并非越高越好。由此，研究者提出脆弱型和安全型两个高自尊种类。脆弱型高自尊的个体有着不确定、不稳定的自我价值感，他们的自尊是建立在容易受到挑战的不切实际的积极自我观点之上的，具有这种自尊的个体会不断地去寻求积极自我观念，甚至会以牺牲他人为代价进行自我保护和自我增强。当受到环境变化的威胁时，他们会失去自信，产生不安全感。为了减轻这种不良的心理体验，对外他们会采取自我保护、自我提升甚至是言语攻击等应对策略，对内他们会出现心理和行为障碍。与此相对，安全型高自尊者有比较实际的自我观念，他们比较自信，他们这种积极的、不轻易发生变化的自我价值感起源于满足核心的心理需要，而不是获得特定结果，与积极的内在自我价值感保持一致，认可自己的消极方面。

自我意识的各个方面，不是相互割裂的，而是相互关联、相互影响的。随着自我认识的深入，自我意识也会越来越深刻和全面。新时代的大学生，在信息时代，更要用科学的方法认识自己，不仅要认识自己的成长历程，更要探索自己在心理、人际、能力、社会关系和责任等各方面的特点，把握优势，弥补短板。

【小结】

自我意识是指个体对自己的各种身心状态的认识、体验和愿望，具有目的性和能动性等特点，对人格的形成、发展起着调节作用。自我意识与心理健康息息相关。自我意识是一个多维度、多层次的复杂心理系统，可以依据不同的标准进行划分。从内容上划分，自我意识可以分为生理自我、心理自我和社会自我；从观念上划分，自我意识可以分为现实自我、理想自我和投射自我（也叫镜中自我）；从形式上划分，自我意识可以分为自我认知、自我体验和自我调控。自我意识的各个方面不是相互割裂的，而是相互关联、相互影响的。

【习题】

1.“志不立，天下无可成之事。一个人的理想只有同国家的前途和民族的命运相结合才有价值，一个人的追求只有同社会的需要和人民的利益相一致才有意义。新时代青年只有胸怀忧国忧民之心、爱国爱民之情，才能准确定位自己的人生目标和奋斗方向。”请结合以上这段话，谈谈你对理想自我的认识。

2. 请用两周的时间，每天花十分钟简单记录你的“自我认识、自我体验和自我调控”，两周后做一个小结，看看是否增进了你对自身的了解。

示例如表 2-1 所示。

表 2-1　示例

日期	自我认识	自我体验	自我调控
2022. 3. 11	今天是周日，我去图书馆看了一整天的书，感觉挺充实的。原来我也可以一个人愉悦地度过周末	开心、充实，觉得自己很不错	下午犯困的时候，稍微出去逛了一圈，晒晒春天的太阳，又精神百倍了
……	……	……	……

第二节　大学生自我认识的发展

【导入】

多大的孩子能够认识自己？

个体在早期是无法认识自己的，也无法区别自己与外界的事物。婴儿会把自己身体的某个部位当玩具。儿童的自我意识随着年龄的增长而不断发展，儿童也因家庭环境和教育的不同而具有不同的自我意识。研究者阿姆斯特丹的“点红实验”证明 24 个月的婴幼儿已经具有了自我意识。实验的被试者是 88 名 3~24 个月大小的婴儿。实验开始，在婴儿毫无察觉的情况下，主试者在其鼻子上涂一个无刺激红点，然后观察婴儿照镜子时的反应。研究者假设，如果婴儿在镜子里能立即发现自己鼻子上的红点，并用手去摸它或试图抹掉，表明婴儿已经能区分自己的形象和加在自己形象上的东西，这种行为可作为自我认识出现的标志。

研究者发现，婴儿对自我形象的认识要经历三个发展阶段。第一个阶段是游戏伙伴阶段：6~10个月。此阶段，婴儿对镜中自我的映像很感兴趣，但认不出他自己。第二个阶段是退缩阶段：13~20个月。此阶段，婴儿特别注意镜子里的映像与镜子外的东西的对应关系，对镜中映像的动作随着自己的动作的变化而变化更是好奇，但似乎不愿与“它”交往。第三个阶段是自我意识出现阶段：20~24个月。这是婴儿在有无自我意识问题上的质的飞跃阶段。这时，婴儿能明确意识到自己鼻子上的红点并立刻用手去摸。

那么，人类之外的动物有自我认识能力吗？1970年，盖洛普首次研究了黑猩猩并证实其具有自我认识能力。四只黑猩猩分别面对镜子，起初它们都认为镜中的是另一只同类，对着它跳跃、叫喊、恐吓或者伸出手做臣服状；三天后，情况出现变化，它们开始对着镜子检查口腔、梳理额头的毛发甚至做各种鬼脸；十天后，分别将它们麻醉，并在其眉弓和耳朵上标记上红点，当它们恢复意识并面对镜子时，会反复地用手触碰这两处的红点。由此可见，黑猩猩也具备初级认识自己形象的能力。

【互动设计】

为了更好地让学生结合自己的生活来了解自我认识的发展过程，教师可以在上一次课结束前布置一项小任务：让学生和父母进行沟通，请父母讲讲他们成长中的故事。如果父母有照片，可以结合照片来分享故事。在听父母讲故事的过程中，学生需要去关注与“自我意识”“自我认识”等相关的点。在本堂课的开始，教师可以请学生自愿分享，调动课堂氛围，增进学生之间的相互了解。需要注意的是，教师需要保持一种接纳、相对中立但又较积极的引导立场，对于学生分享的内容不做评判。如果分享的内容收到一些负面的反馈，教师需要进行积极引导。

大学生的主要任务除了学习，还包括自我成长。自我成长的一个重要基础是大学生能够更加全面、客观地认识自己。只有正确地认识自己，认识自己在社会发展中的地位和作用，才能真正激发自我成长的内在期望和要求，从而为自己树立明确的成长目标和计划，客观地指引着自己的学习、生活和工作。

一、自我认识的三个层面

1. 客观地认识自己

要做到正确认识自己，最根本的就是客观地认识自己，核心是以实事求是为标准，不盲目地听信他人的观点和看法，也不歪曲事实。日常生活中，我们经常看到一些家长“恨铁不成钢”，动辄批评孩子“笨”，这个认识显然不客观，潜移默化下会给孩子造成不恰当的自我认识。

2. 全面地认识自己

客观认识自己还不够，还需要全面认识自己。所谓全面认识自己，是既要看到自己的长处，又要看到自己的不足。以点概面、以偏概全，会导致两极化的体验，比如盲目自卑或自负，影响人的自我发展与完善。人无完人，全面地认识自己要做到在看到自己好的一面时不骄傲自负，进而思考如何在原有基础上精益求精；当发现自己的不足之处时，能够客观分析其中的原因，并努力去改进自己的不足。

3. 发展地认识自己

一切事物都是发展变化的，人作为自然界的一种生物同样也处在不断发展变化之中，因而对个体的自我认识也应当是发展变化的。发展地认识自己就是在客观、全面认识自己的基础上，不仅能够正确认识之前的自己、认清当下的自己，还能够根据过去与现在的自己，通过发展的眼光预测将来可能的自己。这种可能的自己为自我发展预设了发展的目标，引导当下的自己朝着可能的目标前进。当然，一旦僵化地看待自己，就容易落入"自证预言"的陷阱（自证预言是一种在心理学上常见的现象，指人会不自觉地按自己已知的预言来行事，最终令预言发生）。

二、自我认识从何而来

现实中关于自我的认识来源于很多方面，自我认识也会受到很多因素的影响，特别是个人的成长经历、他人反馈和评价、和他人的比较、自我知觉和自省等。

1. 个人的成长经历

每时每刻我们都在经历着、体验着生活。有些经历是平淡的、习惯性的，如涓涓细流，平静无波，比如对于大学生来说，就是每天去上课、吃饭、自习、参加社团活动；有些经历是独特的，或者具有一定挑战性、冲击性，如波涛汹涌的江河，比如突然恋爱、失恋、重要考试失利等。这些经历中，有些经历可能让人羡慕，带来巨大的成就感，而有些经历则可能让人沮丧，自我怀疑。不论是成功还是失败的经验，对自我认识都有一定的影响。成功的经验往往会帮助自己强化某种正面认识，增加自我效能感，让人变得自信；而失败的经验可能会动摇一些自我认识，产生自我怀疑，甚至可能造成一种自卑感。

2. 他人的反馈和评价

我们可以通过别人的反馈和评价来认识自己。别人如同我们的一面镜子，通过他人对我们的反应就可以知道我们是什么样的，尤其是"重要他人"对我们的自我概念的影响更为深远。如果我们身边的重要他人，如亲人、老师、亲密朋友对我们的态度常常是忽略的，或是不支持的，便会加深我们的焦虑，使我们对自己产生怀疑。如果孩子从小生活在一个充满鼓励的环境中，父母认可、欣赏孩子的优点，并直接表达出来，那么孩子可能更自信。

3. 和他人的比较

我们常常会通过和他人的比较来确定自己的长处、优势和缺点、劣势等。比如，你不知道你自己对某个技能的学习速度快还是慢，好还是不好，你可以通过观察同班同学，或你喜欢或仰慕的人，是不是比你学得更快、更好，由此判断自己的学习处于什么阶段。对于大学生来说，常见的问题在于参照群体发生了变化。高中时相对固定的参照群体变成了来自天南海北的大学生，让不少学生感到迷茫。过去引以为傲的技能在对比之下，可能显得平淡，而思维、习惯的种种差异也会造成冲击。对于刚入学的大一新生来说，需要认识到参照群体与过去相比已发生较大变化，进而调整自己的期待，避免僵化的、过高的期待带来不必要的自我怀疑。

另外，当我们处在一群与自己有着非常类似特质的人群中，我们就会更多地考思自己的个性特征。例如你正处于一群和你的民族身份不同的人群中，你会更注意到自己的民族身份。然而，如果你和本民族的人在一起，你很少会注意到自己的民族身份与特点。

4. 自我知觉和自省

16 世纪法国哲学家笛卡尔的名言“我思故我在”为人们所熟悉。生而为人，我们除了被动地接受生活洪流所带来的冲击，还可以主动地思考和反省，并通过感知、观察自己的行为和心理活动来了解自我。比如，你注意到你经常去图书馆看书，享受沉浸其中的滋味，你就会知道你是一个爱读书的人。又比如，你突然注意到你不由自主地喜欢跟某一位同学接触，当你思索为什么你会喜欢和这位同学在一起，发现是因为这位同学善解人意，你据此总结出原来你是一个特别需要被人理解的人。

【课程思政】

我国自古以来就有自省的传统。子曰：“见贤思齐焉，见不贤而内自省也。”（《论语·里仁》）。见贤思齐，以别人的长处和优点为鉴，来补己之短、提升自己；见不贤而内自省，以别人的过失为鉴，避免自己犯错。这种方法可以应用于个人学习、生活、工作的各个方面。要用好这一方法，首先要谦虚，其次要好学，再次要消除偏见，最后要善于沟通。

内省指个人向内心世界寻求答案。适当的内省可以促进个人的自我了解和觉察，但过分内省反而会降低自我认识的准确度，甚至可能会造成思虑过重、钻牛角尖。过分内省主要是指人对某些人、物或某些想法过度关注，从而陷入迷惑。个人在内省的时候，重点应该放在体验和感受自己的内心想法和情感，通过体验去了解自己，切勿反复分析和纠结。内省的重点在于“我的想法是什么”“我感受到了什么”，而不是“我为什么这样想”“我为什么会有这样的感受”。

三、大学生自我认识的发展特点

1. 自我认识不断扩展和深化

进入大学校园后，大学生的自我认识更具有自觉性和主动性，大学生心理活动的深度、发展速度都远远超过中学阶段。除了对自己外貌、体重、言行举止等外在特征的关注之外，大学生更看重自己的性格、人际关系、能力素养等内在表现。大学生往往从更深、更全面的角度认识自己，更注重从内心深处评价自己，但是也更容易感受到理想自我和现实自我之间的冲突。

2. 自我认识的水平存在年级差异

受个体身心发展特点的影响，不同年级的大学生在自我认识的水平上存在着差异，会随着年级的增高而趋于成熟。大一学生处于从高中生到大学生的转变中，在学习方式、环境和人际交往等方面都脱离了原有熟悉的环境，需要重新审视自我，寻找自己的位置，因此对自我的认识往往会处于混乱、迷茫到重新认识的过程。大二、大三学生则逐渐适应大学生活，整合了各方面的新信息，进一步稳定和深化自我认识。大四学生临近毕业，需要对自己的未来做出合理规划，可能又会出现新的反思和重整。然而，经历的每次变化所带来的自我审视，都不是彻底打破原来的自我意识，而是在原有的自我意识的基础上，不断丰富和完善。

3. 自我体验深刻、丰富且敏感

大学生的自我体验深刻且丰富，但是大学生容易对别人的言行和态度过于敏感，如果封闭自己，将丰沛的情感体验闭锁在内心发酵，就可能导致内心体验的起伏较大，两极化明显。总体体现为：大学生取得成就时容易产生全面的自我肯定，自我感觉非常好，遇到挫折时又容易产生全面否定的情感体验，觉得自己一无是处，甚至产生自暴自弃的极端情绪和认知；对他人的评价过度在意，一点点指责和否认都可能导致自我怀疑，动摇自己原本的自我认识。

4. 自我评价能力提高

自我评价是自我认识的核心。进入大学后，随着知识面的拓展和新的生活经验的积累，大学生对自己的评价能力显著提高，更加客观全面。大部分学生能够通过对心理相关课程的学习，跳出固有思维，从一个更全面、客观的立场审视自我评价，逐渐调整一些不合时宜、不合理的评价，以便更好地认识自己。

5. 自我调控能力提高

走进大学校园，在经历了人际、生活等各方面的角色转变之后，大学生自我控制能力有了很大提高，其自觉性、坚持性、独立性和稳定性得到显著发展。中学阶段，学校往往不允许学生自由使用电脑和手机，因为那时候自我调控能力相对较弱。到了大学阶段，大部分学生的自我调控能力都得以提高，能够较好地进行自我管理。然而，也有一部分学生在自我调控能力方面有所欠缺，无法适应大学阶段的自主学习。在无人监督的情况下，少部分学生沉迷于游戏、逃课、作息混乱……这些行为说明他们在自我调控方面存在问题，无法很好地控制自己的冲动，无法调动自己的资源和能力，为自己的目标添砖加瓦。如果任由感官享乐指挥我们的行为，那我们也就沦为感官享乐、冲动欲望的奴隶。

【内容拓展】

自我调控属于人格建构中的一个既具有生物学基础又有心理学因素的因子，是指个体如何处理冲突、调节冲动，使自身达到或建立起一种良好的稳定状态的能力。自我调控的能力在婴儿出生后就逐渐发展起来，受先天和后天因素的影响，与情绪、认知、行为及人际交往密切相关。例如，情绪冲动是三岁左右幼儿的正常特点，但随着儿童年龄增长，比较健康的儿童能够较好地控制自己，但有的儿童则不能，甚至发展为情绪和行为问题，这与个体的调控机制相关。

关于自控力有一个经典的实验，叫作“棉花糖测试”，它是 19 世纪后期，斯坦福大学的沃尔特·米歇尔（Walter Mischel）在幼儿园里进行的一系列实验。实验中，实验人员将三四岁的孩子独自留在房间里，在他们面前放了一个盘子，盘子里有一粒棉花糖，然后称自己有事要离开。实验人员在离开前会叮嘱孩子说，他们有两种选择：如果坚持一小会儿（15 分钟），等大人回来时还没有吃掉棉花糖的话，就会额外获得一粒糖的奖励；但如果实在想吃，也可以选择按铃并立刻吃掉棉花糖。

孩子们抵御棉花糖诱惑的过程是痛苦的，一些孩子甚至没有等到按铃，就很快地吃掉了糖，还有一些孩子不断地拿起糖又放下，或者捂住眼睛、踢桌腿，但最终还是按铃并吃掉了糖（那些最终选择了吃糖的孩子，平均坚持时间不到 3 分钟）。在所有的孩子里，有大约三分之一的孩子成功地抵御了诱惑，在 15 分钟后得到了另一粒糖的奖励。

沃尔特·米歇尔对这些孩子进行了多年的跟踪研究。在大约 20 年后，他又联系上了 600 多名当年的实验参与者，并调查了他们各方面的发展情况。他发现，当年是否抵御住了棉花糖的诱惑，和他们日后的人生有着紧密的联系。那些成功抵抗诱惑的孩子，会拥有更好的学业成绩、更高的学历，更不容易有物质滥用问题。我们往往会认为，智商是成绩变好的最重要因素。然而，研究发现，自控力远比智商更能准确预测孩子未来的学业成绩。

四、大学生自我认识的发展规律

1. 自我意识的分化和统一

在大学阶段，自我概念不再是原本笼统的整体“我”，出现了“主观我”与“客观我”的分化和“理想我”与“现实我”的分化。大学生的“主观我”会观察和评价着“客观我”，而“理想我”也促进了“现实我”的改变和发展。自我意识的分化是大学生自我意识开始走向成熟的标志。这个过程使得大学生自我反思增多，关注自己的内心世界和行为，对自己产生更多好奇，渴望被理解、被关怀；同时也产生了迷茫、不安、焦虑、欣喜等多种情绪。

自我分化和矛盾必然会带来认知不协调，产生困惑甚至痛苦的感受，而这些感受会促使大学生努力寻求解决方法，以求得自我意识的统一。一般有三种做法：一是努力改善“现实我”，使之逐渐接近“理想我”；二是修正“理想我”中某些不切实际的标准和要求，使之与“现实我”趋近；三是放弃“理想我”而迁就“现实我”。第一种方法是“奋斗者”的姿态，用坚强的意志力不断克服问题，实现自我成长，逐渐趋向于“理想我”。第二种方法是“反思者”的姿态，灵活调整自己的认知来适应现实。最后一种方法虽说类似于“躺平者”的姿态，但如果在精力耗竭、心力交瘁的时候，放手休息一段时间，也不失为一种自我保护的策略。

总之，由于存在着个体差异，大学生自我意识的分化、矛盾、统一的过程并不是绝对的，每个人自我意识统一的时间和模式都不相同。按照心理健康的标准，只要个体的自我比较完整、协调、充实、有力，那么就是健康的状态。

【难点厘清】

“理想我”是向往的自我，与“现实我”是有差异的。从小我们也被教育要树立理想，理想就包含了“理想我”。“理想我”就像一座灯塔，能够激励我们不断朝向目标航行。当“理想我”是一个知性、饱读诗书的形象时，个人就会因占用过多时间追剧、逛街感到内疚不安，从而调整自己的学习、娱乐时间，制订读书计划，加入读书团体，让读书这件事成为生活中重要的安排。然而，“理想我”并非越完美越好。当“理想我”过于脱离实际，并显得僵化时，可能让大学生产生严重的挫败情绪，进而无法接受“现实我”，一蹶不振。

【内容拓展】

几乎每个有所成就的人都有清晰、具体的“理想我”。最典型的是富兰克林。他曾说“人生的意义在于不断地超越自我”。这个不断超越的“自我”，就是“现实我”。他曾用13个美德来要求自己，这13个美德即他的“理想我”。在他的著作《自律的典范》中，可以看到富兰克林是如何一步步变成传奇而又伟大的人物的。他的方法并不复杂，就是罗列出他希望获得的品质，在一定的时间内集中精力对某一个品质进行连续练习，直至养成习惯，然后再以同样的方法开始培育下一个品质，直到13个美德全部养成。富兰克林曾说：“我做了一个小本子，每页写上一个美德。每页都用红笔画7行，每一行代表一星期的每一天，所以每一行写上代表星期几的字母。然后用红线把这些直行分成13条横格，每一个横格的最上方写上代表每一个美德的一个字母。在横格所对应的直行里，我会标上一个小黑点，表示我在检查当天的美德情况时发现的问题。我决定每个星期着重注意一项美德，每项美德轮流练习。”

富兰克林用着高度的坚守与执行力，来履行他的13种美德，逐渐使“现实我”与“理想我”统一起来。这是富兰克林从“现实我”向“理想我”迈进的方法。我们也可以用正确的方法、顽强的意志、坚持不懈的精神来不断缩小“现实我”和“理想我”的差距。

2. 独立意向与依附心理的矛盾

刚刚成年的大学生独立意向比较明确，强烈要求能够自主做出决定，但由于缺少相应的社会经验，缺乏独立解决问题的能力，在经济上也不能完全独立，容易对父母、老师存在依附心理。

【成长案例】

小玲家庭经济条件较好，父母在沿海经商。小玲在很小的时候就跟着妈妈一起在店里做生意，甚至表现出出众的经商才能，得到众多阿姨、叔叔的赞扬。大学期间，小玲也没少“折腾”，她通过自己的才能，不仅挣够了生活费，还有不少盈余，让不少同学羡慕。更重要的是，小玲从中感受到了自己的价值，乐在其中。所以，小玲打算毕业后继续创业做生意，她的人生偶像是董明珠那样能干的女性。但是小玲的父母希望女儿能够考公务员，或者回当地当老师，过一种安稳、平静的生活。在这种情况下，小玲面对着父母的苦心和好心，既想反抗，但又担心让父母失望，真不知道怎么办才好。在这种冲突下，她的情绪也不太好。

其实，每个孩子在成长的过程中，一方面，他们会逐渐整合社会、父母的价值观念；另一方面，他们也必然要发展出更强的独立性。对小玲来说，她通过成长的经历、他人的反馈、内省等，形成了比较完整和成熟的自我认识，了解自己热爱的事情，有自己的“理想我”。但由于父母的期待和她不一致，她还缺乏足够的勇气面对这种冲突。或许，小玲可以多与父母沟通，因为父母的初心也是希望她过得幸福，那么她可以尝试去说服父母，或者给自己一个尝试的时间限制，通过行动让父母放心。

3. 交往需要与自我闭锁的矛盾

一方面，大学生存在强烈的人际交往需要，渴望建立亲密关系；另一方面，大学生又存在自我闭锁趋向，戒备心使得他们不愿意轻易向人吐露自己的真心。这种冲突使得他们在人际交往中存在着阻碍，也使得他们感到孤独和痛苦。

【小结】

大学生的主要任务除了学习，还包括自我成长。自我成长的一个重要基础是同学们能够更加全面、客观地认识自己。自我认识包括三个层面：客观、全面和发展地认识自己。大学生的自我认识不断拓展和深化，自我认识的水平存在年级差异，自我体验深刻、丰富且敏感，自我评价和自我调控能力也得到提高。大学生自我认识呈现出一定的发展规律。

【习题】

1. 请你回忆自己的成长经历，根据自我认识的来源，用事实举例简要说明，并填写在表 2-2 中。

表 2-2　自我认识的来源

成长经历	他人的反馈和评价	和他人的比较	自我知觉、自省

2. 你的“理想我”是什么样子，有没有一个清晰、明确的形象？请在脑海里勾勒你的“理想我”，与小组成员分享；同时，谈谈你计划通过哪些方式慢慢向“理想我”靠近。

第三节　大学生自我认识的偏差与调适

【导入】

我们对自己的认识和看法，会影响情绪、人际关系、行为等方方面面。如果我们对自己的认识不准确，甚至与客观事实有较大偏差，就可能造成一些困扰。比如一些存在社交焦虑倾向的学生，他们对自己的认识常常是这样的：“在这儿我会犯错”“我不行”“我很傻”。其实这些想法或多或少都有失偏颇，但由于这些想法根深蒂固，当出现社交情境时，他们对自己的歪曲认知就会自动浮现在脑海，会把注意力转移到自身，转向社交焦虑的表现、症状和“社交无能”上面。当他们越是注意他们的内部感觉和缺点，就越容易强化自我意识，外部情境看起来就越具有威胁性或危险性。以下是一位大二同学的自我描述：

“我记得很清楚，那是大二的一节高数课上，当时我听着听着，脑子里突然有个念头：以前欣赏我的老师再也没有正眼看过我一下，我感觉在他眼里我一直都是个包袱。而在此时，他正在微笑地看着另一位女生，她成绩很好。想到这里，我的眼睛开始不听使唤了，开始排斥他的目光，不愿意和他的目光接触。几分钟之后，他肯定意识到我的不自然，于是冷冷地看了我一眼。几秒钟之后，他的目光很快地移开了，而我唰地一下脸红了。天哪，为什么我在这个时候又脸红，我觉得自己像别人眼中的小丑。”

大家可以看到，这位同学对自己的认识显然是有严重偏差的，因此导致了较为明显的社交焦虑。

【互动设计】

主题：背上留言板。

道具：A4 白纸每人一张、彩笔、胶条、背景音乐。

步骤 1：教师给每位学生分发 A4 白纸一张、彩笔一支、双面胶带若干，让学生用双面胶带将 A4 白纸粘贴好，然后贴到每个人的背上。

步骤 2：限时 5~10 分钟。每位学生在室内随意走动交流，分别给 5~8 位其他同学背上留言。两位学生之间不能直接交换留言，写上对他/她的认识、优点、缺点、建议、最想对他/她说的话等（签名则遵循自愿原则）。教师可以播放合适的背景音乐，营造气氛。

步骤 3：时间到后，教师示意大家停下，让学生取下自己背上的留言，按小组围坐成团，分享每个人背上的留言。可以分享别人给你写了些什么，大家眼中的你和自己认为的你是一致的吗？面对他人对你的评价做何感想？通过参加这个活动你还有其他感受和发现吗？

教师解说 1：很多时候，我们在认识自我或者处理问题时，总会出现“当局者迷，旁观者清”的现象。因为我们对自己的认识往往具有局限性、主观性、片面性，这些让我们不能比较客观、全面地看到自我或问题的真相。而这时处在客观、中立位置的人往往能比较清晰、通透地看待整个事情或者问题的来龙去脉。如果我们可以学习从多个角度、多个方面看待自我和周围的世界，就能避免过度极端和钻牛角尖，得到一个更全面和真实的认识。

教师解说 2：每个人都需要得到外界的积极关注。伴随着积极关注的是对自我关注的需求，我们需要某种程度、某种方式上对自己的好感，否则就容易陷入自我怀疑和痛苦中。

补充说明：这是一个比较好的认识自我和探索自我的活动，但是由于其具有一定的开放性，需要学生之间具有良好的关系，彼此接纳、相互关爱，所以一般可在主题活动的中后期选用。另外，在活动正式进行之前，教师最好强调组员要秉持真诚、客观和负责的态度来对待，只有这样才能使活动的初衷得以有效实现，同时也避免有的学生受到一些不必要的伤害。

一、大学生常见的自我认识偏差

大学生自我认识在总体上表现出自我肯定、协调发展的趋势，自我认识水平较高，认识内容也逐渐丰富和深刻。但由于处于心理快速发展、趋于成熟而又未完全成熟的阶段，加之社会竞争加剧、就业压力增大等原因，大学生的自我认知很容易产生偏差，给自己的学习和生活以及成长带来负面影响。

1. 过度自卑

自卑感是日常生活中常见的一种心理现象，是一种因过多地自我否定而产生的自惭形秽的情绪体验。人们最初是从文学或哲学的角度来探讨自卑感的。著名的文学家、《红与黑》的作者司汤达是第一个使用“自卑感”一词的人，他认为“自卑感是卓越的人类的灵魂疾病”。心理学家阿德勒最先对自卑感给予高度关注，他认为“人类存在着普遍的自卑感，自卑感是人类发展的根源，自卑感决定着人类的行为。人类所有的行为都是为了克服自卑感，追求优越”。其实，人人都体验过自卑感，比如当你英文口语不太流利，结结巴巴地回答问题，而你的同桌则用一口流利标准的英语赢得了老师的赞赏和同学的羡慕。对比之下，你可能在一瞬间觉得自己不够好，产生了自我否定的感觉，这就是大学生常见的自卑体验。

自卑感对个体有着积极性和消极性两方面的影响：适度的自卑感能激励个体战胜前进道路中的艰难险阻，超越自我；消极影响可能导致妒忌、多疑、胆怯、狂躁、自我否定、恐惧、压抑、忙乱等情绪和状态。对于大学生来说，长期过度的自卑感会严重影响身心健康发展，因此我们要直面自卑：一方面更加客观全面地看待自己，不盲目和全面地自我否定；另一方面要化自卑为动力。如果能够善用自卑，自卑不仅不是障碍，它还可能成为一种激发我们前进的动力。

【内容拓展】

阿德勒（Alfred Adler，1870—1937）出生于维也纳一个富商家庭，他自幼家庭生活优越，但不幸的是，他因患软骨病而身材矮小并且行动不便，而且有严重的视力问题。而他的哥哥不仅体格健壮，而且成绩优秀，一直是公认的模范儿童。哥哥的优秀给阿德勒造成了很大的压力，导致很长一段时间，他在学校一直是以“某某的弟弟”而出名。不仅哥哥使他感觉有压力，其他孩子也让他有压力，别人都那样健康并且活跃，只有他因身体状况限制而有很多事情不能做。此外，他的学习成绩一般，而数学尤其差，他的一位老师甚至建议他父亲训练他做鞋匠，这一切使他感觉自卑并且不快乐。为了克服自卑，阿德勒一面努力学习，一面强迫自己参加体育活动。后来，不仅他的成绩赶了上来，而且他的身体也有了明显好转。渐渐地，他为自己赢得了自尊和伙伴们的接纳。在这个过程中，阿德勒发展了对同伴群体的喜爱。在他以后的学术观点中，他一直强调家庭内外儿童交互作用关系对孩子发展的重要性。

阿德勒儿时克服自卑、超越自身的经历对他以后的学术生涯有重要影响。例如，他后来从器官缺陷入手研究人格发展的动力。又如，他从出生顺序入手研究人格等。就连他学医这件事本身也与他4岁时一场严重的肺病有关，就是那场差点夺去他生命的疾病，使他从小立志要当医生。

阿德勒特别强调个体心理发展过程中社会文化的作用，和弗洛伊德聚焦于“本我”不一样，阿德勒聚焦于对“自我”的研究，同时强调社会影响大于生理影响，以及个人后天努力可以超越遗传影响。他的研究还包括出生顺序、早年记忆等内容。在研究大量临床个案的过程中，阿德勒发现，一个人要摆脱心理疾病获得心理健康，需要做的是在人与人的关系中承担自己的责任，学会与他人合作并共享。

【练习】

有不少学生会出现这样的现象，比如自己明明想加入一个团体，但脑海里冒出一个声音：我没有什么特长，别人不会欢迎我。上课的时候老师提问，明明知道答案想要举手，却担心万一说错了让别人笑话。这就是自我否定。如果习惯于自我否定，就会对我们的成长和进步造成阻碍，也容易导致自卑和自我封闭。

习惯于自我否定的学生，常常会在行动前冒出打击自己、否定自己的想法，也常常在遇到挫折的时候，对自己进行贬低和打压。这种自我打击的想法往往是从小耳濡目染而来的。如果小时候你身边的人经常批评你，同时又忽略你的努力，忽略你取得的微小进步，久而久之，你就“学到”了这样的方式，并且习惯于以这样的方式来对待自己。哪怕你现在身边已经没有批评你的人了，但当你做什么事情时，你脑子里也会回响着那些声音。

几种方法可以帮助我们逐渐克服自我否定，变得自信：

第一，反思性的思考。其实，我们的大脑里常常会冒出各类想法，有些想法是比较符合客观真实的，有些想法可能会不太合理。我们需要学会反思，接受客观的现实，抛弃不合理想法。一个小技巧：就像观察视频上的“弹幕”一样观察你脑海里的声音。

第二，练习自我支持的对话。比如当你想要加入一个社团的时候，你脑海里自动冒出的想法是“优秀的人那么多，我肯定不行”，那此刻就要及时叫停这种充满着自卑色彩的想法，试着对自己说，不论如何，只要尝试就必有所获。

习惯于自我否定的人，往往会体验到自卑和压抑，这时，需要识别脑中的声音；然后，通过反思性思考和自我支持对话来不断练习调整。

2. 自负

自负是指个人高估自己的能力和长处，忽视自己的缺点和不足，把别人看得一无是处。具体表现为盲目乐观、不听劝谏，遇到挫折时不善于自我反省，总是抱怨周围的人。俗话说，“自知者明”“人贵有自知之明”“满招损，谦受益”。中国的文化讲究谦虚，不自夸和自满。其实，不自负并非过度谦虚、谦卑，更不是自我贬低，而是用一种平和的心态和平常的态度看待自己和他人，不因一时成绩而出现情绪的大起大落，也不在态度和观念上出现两极化评判。另外，自负的人可能会在与人相处中显得狂妄，甚至贬低别人，因此常常遇到人际关系方面的困难。作为大学生，不论曾经取得何种成绩，也不论来自哪个地方、家境如何，都应该保持一种平和谦虚的心态与人相处，这样才能更好地成长。

【难点厘清】

自豪是个体相对于任务标准而对自己的行为结果做出评价的一种情感。当人们将注意力指向自我，对事件进行内部归因，并对事件结果产生积极的自我表征时，就会产生自豪感。自豪也不是一个单一的感觉，它包含自大自豪和真实自豪两种成分。这两种成分和两种社会地位的获取方式对应，前者对应支配的获取方式，后者对应声望的获取方式。基于支配的策略是指个体通过强制力、强压以及暴力等反社会方式获得社会地位。基于声望的策略是指依靠亲社会行为获得社会地位。真实自豪者倾向于采用声望策略获得社会地位，自大自豪者倾向于采用支配策略获得社会地位。从这个意义上看，真实自豪感是健康的、积极的，有利于一个人和周围的人之间的共赢和合作，而自大自豪感则和自负在一定程度上类似。

二、大学生自我认识偏差产生的原因

1. 心理发展阶段的影响

大学生正处于青春期向成年早期过渡的特殊时期，心理认知水平尚未完全成熟，在一定程度上缺乏理性、客观性、全面性和深刻性。从我国的实际情况来看，高考的重压，使中学生无暇过多地思考自我的具体问题，学习和考大学成为这个阶段最主要的生活方式和生活目标。升上大学后，学习压力较中学阶段减轻了许多，大学生有了更多的时间和精力参与各种活动，并在活动中探索自我，寻求自我了解与自我追寻。因而，大学阶段成为当代青年确立自我同一性的重要阶段。

2. 归因方式的影响

归因是指个体在认知过程中，从自己的主观感受与经验出发，将别人和自己的行为或事件的发生归于某种原因的过程。心理学家海德认为，此处的原因可分为内部原因和外部原因。内部原因是指存在于行为者本身的因素，如情绪、态度、人格、能力等；外部原因是指行为者周围环境中的因素，如他人的期望、奖励、惩罚、命令，天气的好坏，工作的难易程度，等等。若对内外因进行了错误的归纳，把本该属于外因的事件归于内因，就会产生负面的自我评价，把本该属于内因的事件归为外因，又会看不到自己的问题。大学生要建立正确的自我意识，就要更科学、合理地进行归因。

【内容拓展】

归因理论由社会心理学家海德于 1958 年提出。归因是指人们对自己或他人的行为进行分析，推论出这些行为的原因的过程。归因方式影响到以后的行为方式和动机。

1958 年，海德在他的著作《人际关系心理学》中，从通俗心理学的角度提出了归因理论，该理论主要解决的是日常生活中人们如何找出事件的原因。海德认为人有两种强烈的动机：一是形成对周围环境一贯性理解的需要，二是控制环境的需要。为了满足这两种需要，普通人必须要对他人的行为进行归因，并且通过归因来预测他人的行为，唯有如此才有可能满足“理解环境和控制环境”的需要。因此，普通人和心理学家一样，都试图解释行为并且从中发现因果关系。只是普通人的归因并没有什么科学方法，他们更多地依靠理解和内省。

海德认为事件的原因无外乎两种：一是内因，比如情绪、态度、人格、能力等；二是外因，比如外界压力、天气、情境等。一般人在解释别人的行为时，倾向于性格归因，而在解释自己的行为时，倾向于情境归因。

海德还指出，在归因的时候，人们经常使用两个原则。一是共变原则，它是指某个特定的事件在许多不同的情境下和某个特定结果相联系，该事件不存在时，其结果也不出现，我们就可以把结果归于该事件，这就是共变原则。比如一个人老是在考试前心情很糟糕，其他时候却很愉快，他就会把心情不好归因于考试。二是排除原则，它是指如果内外因的某一方面足以解释事件，我们就可以排除另一方面的归因。比如，一个人总是和别人闹别扭，不论是室友、社团同学还是小组的队友，我们在对他的行为进行归因的时候，就会排除外部归因，而归于内部因素。我们或许会认为他缺乏人际交往技能，或是他的性格有一些问题等。

3. 家庭的影响

家庭中的互动和教育是完成个体心理和行为塑造的重要环节。父母的教育理念和教育方式对于个体信念、价值观的成长具有重大而深远的影响。过于看重成绩的家庭氛围，会让孩子把自己的价值等同于分数，把自我意识全部建立在“我是一个成绩好的学生”上面。过于严苛的家庭，可能会导致孩子丧失自我，缺乏主见，唯唯诺诺；过于溺爱、缺乏有力教导的家庭，可能会导致孩子以自我为中心、目中无人；过于忽略孩子的家庭，可能会导致孩子散漫、迷茫。作为大学生，我们可以反思，自我意识在哪些方面受到了家庭的影响。同时，我们也要看到，任何影响都有两面性，不能持抱怨和责怪的心态，而应从当下的自我调整做起，在接受事实的基础上完善和提升自己。

4. 学校与社会文化的影响

学校是个体社会化的重要基地，影响着个人社会化的水平和性质。与学校老师、同学的关系也在很大程度上影响个体对自我的接纳和认同。在学校的个体体验、在集体所处的位置和扮演的角色是大学生自我同一性形成的重要影响因素。社会文化也对个体的自我意识影响深远。在我们的传统文化里，奉行着谦虚、内敛的品格，集体荣誉大于个人利益，这有助于集体自我和社会自我的发展；而部分西方文化则可能更多地鼓励个体勇于展示自我，独立自主，这有助于个人自我的发展。中国文化中谦虚、谦让的优良品质在欧美国家则可能被误会为不自信、不懂得争取机会。如果大学生不明白传统文化，不懂得其内涵和意义，则可能认为这样是不好的，那样是好的，就会导致自我意识的扭曲。因此，个体在认识自我和听取他人对自己的评价时要考虑双方所处的社会文化。

【小结】

新时代背景下，大学生自我认识在总体上表现出自我肯定、协调发展的趋势，自我认识水平较高，认识内容也逐渐丰富和深刻。但大学生的自我认知很容易产生偏差，给自己的学习和生活以及成长带来负面影响。常见的大学生自我认识偏差包括过度自卑、自负等。大学生自我认识偏差的产生原因是多方面的，包括大学生所处的心理发展阶段的影响、归因方式的影响、家庭的影响、学校与社会文化的影响等。

【习题】

1. 请结合自我认识偏差谈谈你对自己的理解。
2. 你认为目前的哪些观念和行为在阻止着你成为想要成为的人？

【参考文献】

[1] 岳彩镇，黄希庭，彭玉，等. 投射自我研究述评 [J]. 西南大学学报（社会科学版），2008（6）：16-21.

[2] 张劲松. 儿童的自我调控能力 [D]. 上海：华东师范大学，2006.

[3] 石乾福. 浅谈自我观点在投射自我中的作用 [J]. 时代教育（教育教学版），2008（8）：234.

[4] 刘雷. 生理自我与心理自我加工的行为与电生理研究 [D]. 大连：辽宁师范大学，2018.

[5] 耿晓颖. 论大学生自我意识的完善与发展 [D]. 长春：东北师范大学，2008.

[6] 张荣荣. 大学生自尊对情绪表达的影响 [D]. 上海：上海师范大学，2019.

[7] 王友明. 当代大学生自我意识结构性缺失与社会责任感培育 [D]. 长春：东北师范大学，2004.

[8] 肖宇. 大学生心理健康与人生发展 [M]. 成都：西南财经大学出版社，2019.

[9] 田国秀. 团体心理游戏实用解析 [M]. 北京：学苑出版社，2010.

[10] 王宇航，白羽. 大学生心理健康教育与实训指导 [M]. 杭州：浙江大学出版社，2013.

[11] 李锦云. 大学生心理健康辅导 [M]. 北京：北京大学出版社，2010.

[12] 夏翠翠. 大学生心理健康教育：慕课版 [M]. 北京：人民邮电出版社，2019.

[13] AMSTERDAM B. Mirror self - image reactions before age two [J]. Developmental Psychobiology, 1972（4）: 297-305.

[14] 郭明净. 论自我认识、自我教育与自我发展 [D]. 福州：福建师范大学，2015.

[15] 杨眉. 健康人格心理学 [M]. 北京：首都经济贸易大学出版社，2016.

第三章　大学生自我成长

第一节　自我接纳

【导入】

澳大利亚人尼克·胡哲天生没有四肢，可是却成为“走”遍世界的励志演讲大师。就是这位被称为“海豹人”的小伙子，凭借自己的努力获得了会计和财务规划双学位，并创办了两家非营利机构和一个基金会，以帮助更多有需要的人。

积极乐观的尼克·胡哲给许多人带去信心和勇气，用他独特的人生给世界注入不平凡的声音。不少人都感叹他由内而外的自信、幽默——有些身体健全的人尚且自怨自艾，悲叹生活的艰难与不易，为什么他却能笑对与生俱来的身体残缺，并绽放让人惊叹的生命光彩？究其原因，主要是尼克·胡哲对自己有足够的接纳。他接纳自己的所有，尤其是接纳自己的身体残缺，接纳身体残缺带给自己的种种不便，以及接纳因此与他人完全不同的特别的生活方式。而正是这种对自己的无条件接纳，使尼克·胡哲迸发出令人惊叹的人格魅力，激励了全球无数在痛苦和黑暗中迷茫的生命。

【互动设计】

题目：我欣赏我自己。

目的：让学生不带评判意味地看待自己的身体。

步骤1：教师根据班级总人数，将学生分为若干个小组，每组有8~10人，可以播放一些轻柔的音乐。

步骤2：教师先给学生5分钟的时间思考一下：你对自己身体上哪些部位是不满意的（如眼睛、鼻子、嘴巴、肤色、体质）。然后，教师让学生将自己的想法写到纸条上。教师可以引导学生认识到人都不是完美的，每个人都有自己满意的部分，但也有不满意的地方。

步骤3：等学生写完了，教师邀请3~4位学生到讲台上来，让他们将自己不满意的身体部位说出来。（注意仅限于生理上的特征，并且是越形象、越生动越好，不需要解释原因。）说完后，每位学生要大声说一句话：“虽然是这样子，我还是喜欢我自己，欣赏我自己！”台下的学生可以用掌声对这种态度表示鼓励。

步骤4：教师随机抽取几名学生谈谈在本次活动中的收获以及自己的建议。教师须对学生在活动中的积极表现给予肯定，并告诉学生：试着从身体上接纳自己可以是一个起点，但不是终点，我们可以在日常生活中的方方面面来练习自我接纳。

一、什么是自我接纳

自我接纳，是指个体对自我及其一切特征采取一种积极的态度，简而言之就是能欣然接受现实自我的一种态度。自我接纳包含两个层面的含义：一是能确认和悦纳自己身体、能力和性格等方面的正面价值，不因自身的优点、特长和成绩而骄傲；二是能欣然正视和接受自己现实的一切，不因某种缺点、失误而自卑。自我接纳是评估个体心理健康的一项重要标准。自我接纳是人类在解决生存和繁殖问题的过程中演化形成的。

二、自我接纳与幸福感

不能自我接纳的人，常常无法体验到充分的幸福感和成功感，甚至还会有深深的自卑感，无论他们在客观上显得多么优秀和成功，都是如此。

此外，当一个人自我接纳程度不够高时，他将花费更多的精力去处理内心的纠结、冲突和自责，从而影响他个人能力在社会竞争中的发挥，在获取物质财富、情感关系和个人成就方面自然也就大打折扣。而以上三个因素与一个人的幸福感是息息相关的。那些自我接纳程度较高的人，有着稳定的自我观，可以对自己做出客观现实的评价，信任自己的想法和感觉，那么他们在人际关系中就会更加游刃有余，也更容易获得幸福感和成功感。此外，不可否认的是，由于人类单一个体的弱小，那些善于与他人合作的人的社会适应性会更好，这无疑会反过来促进一个人的自我接纳程度的提高。

【内容拓展】

澳大利亚昆士兰大学心理学家布洛克·巴斯蒂安（Brok Bastian）博士在《情绪》（*Emotion*）杂志上发表过一篇文章，认为人们越是感到社会不够接纳自己，他们的负面情绪就越严重，幸福感越低。当人们感到社会不接纳自己时，那往往是他不能自我接纳的内心现实的外化。比如一个自认为是失败者的人，在开始做某事之前就总是担心自己将再次失败，并由这种担心发展出焦虑的情绪来。众所周知，焦虑之下人最容易犯错，于是他一次次地证明了自己是失败者。以此类推，一个总是担心自己不受欢迎的人，由于过多在意周围人的反应而显得紧张不安，或太希望被人喜欢而曲意逢迎，或总是释放类似“我是不受欢迎的人”的信息而被别人的潜意识接收到，最后别人真的就不喜欢他了。

三、自我接纳与自尊

自我接纳与自尊的概念很相似但是并不相同。自尊的概念多与情感相联系，是指对自我进行评价后产生的情感体验。自我接纳是指对各方面的实际的自我悦纳。大量研究表明自我接纳与自尊紧密相关，相互影响。自尊不是在封闭的自我意识中形成的，而是在与周围的人们相处中，通过注意他们对自己的评价、态度，并把这些作为标准内化在自己的心理结构基础上形成的。可以说，自尊形成的基础是个体对自己的客观认识和接纳。自尊需要得到满足，将会使人感到自信，体验到自我价值，从而产生积极的自我肯定。

【内容拓展】

丁真在和谢霆锋的综艺《百姓的味道》中贡献了许多金句。

他们坐在树下聊天，谢霆锋问他想不想离开这里，他说："不愿意，也不喜欢。这里就是我的家。"

谢霆锋仰头看到了天上的飞鸟，问："你羡慕它们吗？你看它们多自由。"

丁真："不羡慕。"

谢霆锋："为什么？"

丁真："因为我也很自由。"

这种极强的内在满足感，使丁真不需要靠优越感等外在虚荣来满足自己，所以面对自己有的东西或者缺的东西他都很坦然。这个时候的丁真，他的内心世界一定是富足的，能够坦然地面对自己的一切，好或不好、拥有或者缺失，不过分追求表面的浮华，不为此伤神焦虑。

当个人处于高自尊状态时，其进行自律的目的是获得真实自己的自我价值感，完善自我。在自律过程中，其所获得的感受是非常愉悦、和谐的，所以自律成功的可能性也会大幅度提高。

四、自我接纳的误解

1. 自我接纳等同于一切都好

"等我考上研究生，我就接纳自己了；等我找到好工作，我就接纳自己了……"这些话的潜台词就是：现在的自己还不够好，所以无法接纳。然而，好坏其实是一个相对客观的价值判断，而接纳与否是自己对此的态度，是要抗拒自己的一些缺点，还是以平和的方式来相处，并尝试改变？所以，接纳是一种相对比较成熟和中性的状态，并不与"好或不好"直接相关。接纳自我，并不代表你认为自己的一切都是好的，比如当你遇到不如意的事，你接纳了它，并不代表你就喜欢、享受它，而是停止与自己的对立，让自己有空间去改善。可见，自我接纳是一个超越了"好或不好"和"喜欢或不喜欢"的概念，它不完全依赖于外部条件，是一种更成熟的自我相处状态。

【内容拓展】

美国社会心理学家费斯廷格在其于 1954 年发表的《论社会比较》中指出，团体中的个体都具有一种估价自己的驱动力，在缺乏客观的、非社会标准的情况下便会以他人作为比较的尺度，通过对比来确定自我价值。

研究发现，在社会比较的过程中，人们选择比较对象时往往是与自己的自然、社会特征最为接近的群体，比较的过程是个体有意无意地参照群体的反应，以确定自身的观点、情绪、行为等是否恰当的过程。当自己的反应或状态与别人出现差距时，人们会产生偏离焦虑，在心理上出现不平衡。

作为同一所学校的同龄人，大学生很容易将周围的同学作为自己社会比较的对象。当双方的外貌、身高、体重、性格、能力、成绩、家庭条件等参考因素出现差距时，大学生会出现情绪波动，进而产生负面行为，如攀比心理产生的冲动性消费，或是由于自卑而产生人际退缩。

大学生应意识到，评价一个人的标准是多维度多方面的，要系统综合地去判断，取长补短，只有这样才能克服攀比心理和自我否定，做到真正的自我接纳。

2. 自我接纳意味着不改变

“我经常熬夜，但是熬夜有损身体健康，我是接纳熬夜呢？还是改变熬夜的习惯呢？”接纳自己熬夜这个习惯，就是承认这个已经发生的客观现实，否则就容易停留在批判指责自己的状态。我们会发现很多学生对自己熬夜的事实深恶痛绝，但不愿改变。我们也可能误认为接纳一个糟糕的习惯就会让这个习惯一直持续。其实，接纳就是保持一种平和的态度，承认既定事实的发生，甚至带着些许好奇去理解自己为什么熬夜。只有在不批评自己的前提下，才更能够看清楚自己每一个行为背后的需求和情绪，能够更容易做出改变。而这才是接纳自我的意义。因此，自我接纳恰恰是帮助我们发生有效改变的积极前奏，能让我们在一种喜悦平和的状态下开启成长与向上之路。

3. 自我接纳就是自我放纵

有些人会担心自我接纳是一种对自己的放任，认为对自我的一切都采取积极的态度意味着我们犯了错误也不再自我惩罚。还有些人则担心所谓的“自我接纳”，不过就是安于现状或不负责任的借口，比如做出一些伤害自己健康的行为，却仅仅用一句“我要自我接纳”就应付过去。从上文中自我接纳的含义可知，自我接纳的最终目的是让个体正视并拥抱真实的自己，然后在现有基础上整装出发，去进一步完善自己。

【内容拓展】

“躺平”一词的兴起，一方面源于大众对“内卷”的厌烦和逃离，另一方面是文化内部自身规律性发展的结果。很多人把“躺平”与自我接纳混淆，其实真正的自我接纳不是为了“躺平”，而是为了避免“内耗”，避免因“种种的不接受”而造成的精神内耗。内耗会影响情绪，让人陷入自责、内疚、焦虑等情绪中不能自拔，更容易让人产生自我怀疑，贬低自己的价值。其中，让人痛苦的并不是问题或者痛苦本身，而是这种对自己的对抗。所以，“精神内耗”不是要强的表现，而是“不智慧”的代名词。

真正的自我接纳是要学习接受自我，接受今天的自我，接受当下的自我，接受成功的自我，接受失败的自我，接受碌碌无为的自我，接受悔恨、内疚、痛苦的自我。人们只有消除了精神内耗，才会得到内心的平和与安宁，才会轻装上阵，不断朝着理想迈进。因此，自我接纳绝不是消极的“躺平”，而是饱含了许多生命中真正的智慧。

五、如何学会自我接纳

1. 停止与自己的对立，接纳自己的处境

我们很多的不接纳都源于对处境的懊悔和与自己的对立。针对这一点，积极心理学家塞利格曼提出了我们要克服的“三个P”（三个假象），它们分别是个人化（personalization）、永久化（permanence）和普遍化（pervasiveness）。

个人化是指个体认为发生的坏事全是自己的错。著名社会心理学家乔纳森·海特在《象与骑象人》中讲道：“你内心最能听懂的并不是内疚与自责，而是对自己的爱。要知道，你所责备的自己，也正是那个要去改变的自己。”

永久化是指我们常常会高估负面事件或情绪的持续时间。心理学家曾调研热恋中的学生，问：如果你跟你的恋人分手了，两个月之后你的心情会是怎么样的？学生都觉得自己肯定会一直非常痛苦。然后，心理学家又去调查那些真正分手两个月的学生，发现他们根本没有那么难受。

普遍化是指人刚刚遭遇不幸的处境时，会认为不但这件事情是个灾难，而且自己所有其他方面也完了。比如一次考试失败，就觉得自己此生都是失败的。

“三个P”是阻碍我们与自己和解的屏障。如果我们能克服对事件自责、永久化和普遍化的思维方式，接纳自己就有章可循了。

2. 停止苛求自己，接纳自己的错误

我们每个人内心都有一个理想的自我，这个理想的自我通常都很完美，聪明、美丽、优秀、智慧、高效等。所以一旦犯错误，我们就容易觉得自己一无是处，前途暗淡。我们都深知理想与现实之间存有差异，却总把自己当成例外，不愿接纳，那我们到底该如何面对自己的错误呢？心理学家克里斯汀·奈弗教授提出过一个理论——自我关怀，其核心理念是：你看自己，应该跟看自己的一位好朋友一样，要学会去关怀、呵护自己。我们看朋友总是比看自己更客观，你不会觉得朋友是神，也不会觉得朋友一无是处。那么对自己，也应该这样。奈弗说，自我关怀能给你自信的所有好处，但是又不会有过度自信的任何坏处，是一个特别值得掌握的心理技能。

3. 以成长性思维对待自己的弱点和不足

杨绛先生曾经在《走在人生边上》一书中写道：我们每个人都很难达到十全十美，人毕竟是血肉之躯，带些缺点，更富有人情味。可见，人皆有不足，否则便失去了人的可爱之处。当然，对自己的弱点和不足坐视不管也不是我们有为青年的风格，这时候建立一种成长性思维就尤为重要了。成长性思维是斯坦福大学德韦克教授提出的一个重要理论，其核心理念是：现在如何并不是最重要的，重要的是如何发展。比如遇到一次演讲比赛失败，可以再接再厉，通过刻意练习，一定会在原有基础上有所提升。拥有成长性思维的人会用发展性的眼光看待自己的不足，把目光聚焦在改变和提升的方法上，而不执着于给自己贴“擅长或不擅长”的标签。成长性思维可以让我们发展出对世界更灵活的接纳方式。

【小结】

自我接纳是指个体对自我及其一切特征采取一种积极的态度。但生活中我们对它有着不少误解，比如：认为自我接纳等同于一切都好，自我接纳意味着不改变……大学生应做到停止与自己的对立，接纳自己的处境；停止苛求自己，接纳自己的错误；以成长性思维对待自己的弱点和不足。

大学生处于自我意识形成的关键期，其心理健康的重要条件之一就是要有正确的自我评价，能够做到对自己的认识比较客观全面，能够摆正自己的位置，能够正视自己的优缺点，对优点感到欣慰而又不狂妄自大，对弱点不回避并能够努力改进，接受自我、欣赏自我，并在此基础上发展自我，不断完善自我。

【习题】

1. 大山里住着一个能预知未来的老人，据说他能回答任何人提出的问题。

有个年轻人很不服气，想愚弄这个老人，他捉了一只小鸟，藏在身后，问："我手中的小鸟是活的还是死的？"这个年轻人想：如果老人说小鸟是活的，我就把它掐死；如果老人说是死的，我就松手让它飞掉。

老人严肃地看着这个年轻人说："生命就掌握在你的手上！"

年轻人当即愣了，从身后缓缓拿出小鸟，放了出去。

你读完这个故事，结合本章内容，有什么体悟？

2. 作家劳伦斯·彼德曾经这样评价一些著名歌手：为什么许多名噪一时的歌手最后以悲剧结束一生，究其原因，就是因为，在舞台上他们永远需要观众的掌声来肯定自己。但是由于他们从来不曾听到过来自自己的掌声，所以一旦下台，便会觉得凄凉，觉得观众把自己抛弃了。

你如何评价你的能力？结合自身谈谈关于自我接纳的误区，以及其对你生活、学习的影响。

第二节　自我成长心理学理论：马斯洛需求层次理论

【导入】

现今，"00 后"已经成为大学校园里的主要力量，他们的成长环境、教育水平等因素决定着他们与"80 后""90 后"在思想、能力、行为、习惯上存在着不同的群体特点。他们容易接受新鲜事物，求知欲望更强，能够充分运用互联网等新媒介进行信息的收集和交流。依据马斯洛需求层次理论，我们来看看当代大学生的特点：

1. 生理需求

大学生的生理需求有四个方面：①饮食。饮食价格影响着生活成本，饮食质量影响着身体情况。②住宿。住宿环境的不断改善、人性化的管理服务等影响着学生的行为。③贫困生的基本生活。家庭经济困难导致贫困生在大学里游走于学业与打工之间。④性心理。随着身体的不断成熟，部分大学生具有了性意识和性需求。

2. 安全需求

高校是学生群体集中居住和学习的场所，大学生的生命、财产安全、食品安全，以及思想、道德、隐私、网络言论等方面的安全尤为重要。

3. 爱和归属感需求

对于刚步入大学的学生而言，他们第一次离开父母，来到一个陌生的城市，进入一所陌生的大学，融入一个陌生的班集体。只有对他们多关心和理解，才能让大学生尽快转变角色，适应新环境。

4. 尊重需求

大学生需要不断提高自身综合素质，通过学习、活动等方式，提升自我的思想认识、学习能力、交流能力。他们渴望得到他人的尊重，关心老师、同学对自己的看法，希望得到他们的鼓励、支持和关心。

5. 自我实现需求

大学生拥有更为主动的自我认知意识。为了实现自我实现的需求，大学生需要正确认识自我和客观评价自我，形成健康的价值理念、行为方式、学习习惯和文化素养。

【互动设计】

题目：马斯洛需求层次理论在日常生活当中的应用。

目的：让学生对马斯洛需求层次理论有一个基础性的理解。

步骤1：

教师讲述以下案例：小张刚参加工作时，对衣、食、住、行的需求是最强烈的，认为赚钱最重要，生存最重要。当这个低层次的需求被满足后，他会有更高的追求，例如需要有更好的人际关系，与同事有良好的沟通。工作时间久了，他又需要得到同事和领导的认可。当一个人完全能够胜任工作，能够自给自足、独立生活，他会有精神层面的追求。比如，通过参与社会活动、向社会捐赠、做义工等方式为改变社会做出贡献。

步骤2：教师将学生按8~10人一组进行分组，让学生讨论在这个案例中小张每个层次的需求是什么。

生理需求：食、性……

安全需求：安全、秩序……

归属需求：友情、归属……

尊重需求：尊重、认可……

自我实现需求：实现自我价值，包括学习、发展、创造力和自觉性……

步骤3：

教师让学生思考自己的需求是什么，并写下来分享：________________

一、什么是马斯洛需求层次理论

从人的毕生发展视角来看自我成长，心理学家从不同的视角提出了各种理论，美国心理学家亚伯拉罕·马斯洛（Maslow）在1943年发表的《人类动机的理论》一书中提出的需求层次理论是其中具有代表性的一种。在马斯洛看来，人类价值体系存在两类不同的需求：一类是沿生物谱系上升方向逐渐变弱的本能或冲动，称为低级需求；一类是随生物进化而逐渐显现的潜能或需求，称为高级需求。马斯洛需求层次理论把需求从低到高分成生理需求、安全需求、爱和归属感需求、尊重需求和自我实现需求五种（见图3-1）。

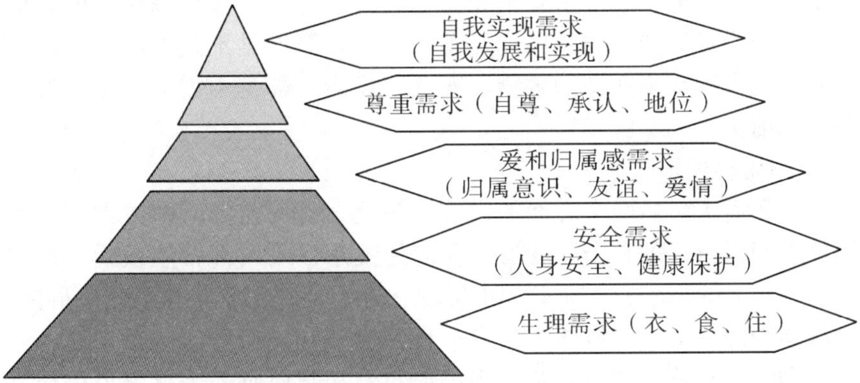

图 3-1　马斯洛需求层次理论

马斯洛认为，每个人都存在这五种层次的需求，但在不同时期表现出来的各种需求的迫切程度是不同的。人最迫切的需求才是激励人行动的主要原因和动力。低层次的需求基本得到满足以后，它的激励作用就会降低，高层次的需求会取代它成为推动行为的主要原因，如此按层级上升，驱动人类不断成长。人的最高需求即自我实现就是以最有效和最完整的方式表现他自己的潜力。

人并非只有单一的需求，随着时间、情境的变化，需求也在不断地发生着变化。然而，不同时期和情境，都有一种需求占主导地位，而其他需求处于从属地位。例如，从未离开过家的大一新生对安全需求有较高的需求；当适应大学的学习和生活后，大二、大三的学生的爱和归属感需求以及尊重需求就开始凸显；随着时间的推移，一些大学生也会面临两难问题：到底是听从父母的期待和安排，还是按照自己的兴趣和志向发展自己、突破自己？而这个矛盾本身就隐藏了情感需求和自我实现需求的冲突。

1. 生理需求

生理需求是人最基本的需求，是指人对于维持生命的基本物质的需求，比如对水、食物、空气、睡眠的需求等。如果这些需求任何一项得不到满足，人类的生理机能就无法正常运转。从这个意义上说，生理需求是推动人们行动最首要的动力。只有这些最基本的需求满足到维持生存所必需的程度后，其他的需求才能成为新的激励因素。这就解释了为什么吃饱了才有力气读书，睡好了学习效率才高，可见，“废寝忘食”“悬梁刺股”并不是长久之计，要学会安放并照顾好自己生理上的需求。

2. 安全需求

安全需求比生理需求高一个层级，是指对安全、稳定、保护、免受威胁和混乱等的需求。马斯洛认为，整个有机体是一个追求安全的机制，人的感受器官、效应器官、智能和其他能量主要是寻求安全的工具，甚至可以把科学和人生观都看成满足安全需求的一部分。

安全需求主要包括对人身安全和健康保护的需求，是人内心深处一种对秩序、常规、稳定、可确定性和可预见性的需求，比如人身安全、家庭安全、个人资产安全、身处和平安全的环境等。当安全需求不能得到满足时，个体会为了获得安全感而产生应激反应。在世界上寻求安全和稳定的努力还有一些范围更广的方面，这些方面见于一种极为常见的偏爱：偏爱熟悉的事物，而不是不熟悉的事物；偏爱已知的事物，而不是未知或不熟悉的事物。安全感作为一种基本需求，是人类开展其他活动的基础和前提。

3. 爱和归属感需求

这一层次的需求包括两个方面的内容。一是友爱的需求，即人人都需要与亲友之间、同伴之间保持一种和谐、融洽、友爱的关系，人人都希望被爱、被关心，也有去爱、关心别人的需求；二是归属的需求，即一种归属于某个、某些群体的需求，希望成为群体中的一员，在群体中获得一种归属感和支持感。一般来说，一个人能够感受到爱和牵挂，感受到温暖和在乎，他对爱和归属感的需求就可以被满足。如果一个人总是感到被排挤、被漠视，甚至被歧视、被欺辱，则他的爱和归属感需求是没有被满足的，会感到孤独与痛苦。因此，一方面，我们需要学会给予他人爱和鼓励，帮助他人实现爱和归属感需求；另一方面，我们自己也要积极选择与作为，在适合自己的群体里绽放，在健康的关系中成长，在这个过程中满足自己对爱和归属感的需求。总体上来看，这个层面的需求比生理上的需求更细致，它和一个人的经历、教育和所处文化环境息息相关。

4. 尊重需求

尊重需求主要指个体的能力和成就得到社会认可，具体表现为对实力、成就、独立、声望、荣誉、赞赏等的需求。个体对尊重的需求可分为内部尊重和外部尊重。其中，内部尊重是指自己尊重自己的需求，自己能够有胜任感，充满信心，能独立自主；外部尊重是指被他人尊敬的需求，能得到他人的信赖和高度评价。这两部分是相辅相成的，一个自重的人才能够得到他人的尊重，而来自他人的尊重也会反过来提升个体的自我尊重。马斯洛认为，尊重需求得到满足，能使人对自己充满信心，对社会满腔热情，体验到自己活着的用处和价值。

对大学生而言，首先要学会的就是避免过度依赖外界评价，同时慢慢培养对自己的信任和尊重，这个循环需要从我们内部先建立起来，学会接纳并肯定自己的成长。如果大学生急于求成，就有可能错把虚荣或金钱当作尊严，从而错过了本该踏踏实实成长的阶段。

5. 自我实现需求

自我实现需求是最高层次的需求，它是指实现个人理想、抱负，发挥个人的能力到最大程度，完成与自己的能力相称的一切事情的需求。每个人的潜力不同，自我实现的标准与理想也是不同的。因为自我实现的路径本就千差万别，不必看到别人画画，自己就着急买画板，他人有他人的路，你有你的可能，静下心来自我成长，才是自我实现最近的路。而当个体逐渐成为独特的自己、自己期望的那个人，他会感到最大的快乐。此外，马斯洛还专门指出："自我实现是一个程度问题，是许多次微小进展一滴一滴积累起来的。"从这个角度上说，自我实现不是结果，而是过程，是一个不断选择、不断完善、不断接近最好的自己的过程。

根据马斯洛需求层次理论，这五种基本需求是相互联系，并且是按照层级依次排列的，通常只有在前一层次的需求得到满足之后，人才会发展出对下一层次的需求。比如，只有当基本的生存需求得以充分满足时，个体才会关注安全需求；只有在一个和平稳定的社会，人们才会有精力关注尊重需求。但这个顺序并非一成不变。当个体有着坚定的理想信念时，理想信念可能会超越较低需求，直接驱动人们践行自己的理想。例如，革命者哪怕忍饥挨饿，生命安全受到威胁，也会坚守着理想。新冠肺炎疫情暴发期间，白衣战士们离开自己家乡去援助他人，并不是他们不害怕，而是他们的自我实现需求在驱动着他们逆行。

马斯洛还指出，生理需求、安全需求、爱和归属感需求以及尊重需求又被称作低级需求或者说缺失性需求，是我们不能忽略的需求，但是一旦这些需求得到基本满足，我们就要向上追求更高的需求。自我实现需求，就是这个更高的需求，它又被称为成长性需求，是我们源源不断的动力所在。此外，低级需求是有限的，而高级需求是无限的。低级需求有限是因为人受自身身体条件的限制，只有一个胃、一个身体，一晚上也只能睡一张床；高级需求无限是因为精神不受束缚，有着无限的发展潜能。因此，比起物质的限制，人在精神方面的需求有着非常广阔的空间和更绵延的影响力。了解了这一点，我们就能明白自我实现需求的重大意义，它能帮助我们活出更有价值的人生。

【内容拓展】

自我实现的人是指那些能够充分发挥自己潜能的人，也是指那些在生活中富有创造性的人。马斯洛选择了一批他所认为的自我实现者进行调查。研究结果发现，不论是在政要名流中还是在平民百姓中，不论是在富人中还是在穷人中，都能够找到自我实现的人，而这类人身上的很多品质是一致的。具体包括以下几点：

（1）正确认识现实的能力。他们能够正确判断现实，对虚假的和欺骗性的事物非常敏感，能够诚实地提出自己的观点。

（2）愉快地接受自我、他人和自然。他们勇于承认自己的缺点，接受现实的自我。同时，他们也用幽默和容忍的态度接受他人的缺点和人类生存的现实条件。

（3）自发性创造欲。在日常活动中，他们能够非常主动地进行自发性创造活动。

（4）完成工作的使命感。他们把全部注意力集中于自己正在进行的事业，而把个人感情或个人需求置于其后。

（5）自主性。他们富有智慧和独立精神，既不屈从于强权，也不盲从于他人。

（6）好奇心和体会。他们对生活中很多事物都好奇，并且，每一次经验都能使他们产生新的体会，不论是日落时的彩霞或是盛开的鲜花，都会使他们产生强烈的体验。当他们再次看到那些美景时，他们仍会产生新的感受。

（7）与人为善的待人方式。他们对身边的伙伴和其他人都有一种普遍的认同感。

（8）感情深厚的人际关系。他们的人际关系中充满着深厚的感情和爱。

（9）享受孤独。在与他人保持着良好人际关系的同时，他们也能够愉快地享受一人独处的时光。对于他们而言，这种“孤独”有着重要的意义。

（10）幽默感。这里的幽默感指的是一种拿自己开玩笑的特殊能力，用和风细雨式的讽刺方式指出人的各种弱点，但从不出口伤人。

（11）高峰体验。所有的自我实现者都曾经报告过，自己在达到上述境界时会产生一种体验，即在短时间内感到无比欣喜，感受到了自己生命的价值，感受到一种从未有过的力量、和谐、平静、光明和美好。马斯洛把这种感觉称为高峰体验。

自我实现，如同尼采所说的“成为你自己”。真正的自己，隐匿于潜力当中。当潜力得到淋漓尽致的发挥时，真正的自己便浮现在眼前。

二、马斯洛需求层次理论对大学生的启示

首先，大学生应该将自我的重心放到自我实现的层面，至少应在安全需求层次之上。拥有更高层次需求的大学生越有机会萃取出自我价值的精华；而轻易放弃目标、将自身置于较低层次需求的人，可能得不到升华。一方面，大学生要照顾好自己的缺失性需求，不过度苛求自己；另一方面，大学生不要只停留在过度追求感官体验的需求中，应努力感知知识的重量，培养自己的兴趣爱好并不断挖掘自身潜能，在参与过程中发挥个人的潜在能力，实现个人理想。

其次，根据马斯洛需求层次理论，如果将低层次的所有需求比作这个地球的话，那么自我实现的需求便是整个宇宙，自我实现、自我超越是无止境的。大学生衡量人生价值时，不应只看自己得到了什么，而应看自己对国家、对社会、对他人做了些什么有意义的事，这才是价值体现。在大学时代，大学生应努力学习，刻苦钻研，做一个对国家、对社会有用的人，这是大学生自我实现的重要途径。

【小结】

本节详细介绍了马斯洛需求层次理论的主要内容和基本内涵。该理论把个体的需求分为五种基本需求：生理需求、安全需求、爱和归属感需求、尊重需求，以及自我实现需求。同时，本节也介绍了这些需求之间的关系。大学生应照顾好自己的缺失性需求，同时在自我实现的需求上不断攀登迈进。

【习题】

1. 大学生甲受父母离异的影响，由一个自觉学习的好孩子变得上课容易走神、不按时完成作业。乙同学因教师对其公开指责而厌恶上课、经常逃学玩游戏。甲、乙两同学的学习成绩都下降了。运用马斯洛需求层次理论，谈谈甲、乙同学的需求是什么？如何引导甲、乙同学，让他们的需求得到满足？

2. 李老师充满喜悦与希望地来到一所学校当班主任。工作了一段时间后，她发现全班28名学生，有20名学生对学习没有兴趣，都非常喜欢玩乐、闲聊、看电视等，对非课本的内容很感兴趣，就是不愿意在课堂上静下心来好好学习。请运用马斯洛需求层次理论谈谈如何调动学生学习的积极性。

第三节 自我成长心理学理论：埃里克森心理社会发展阶段理论

【导入】

关于自我成长的心理学理论，除了马斯洛需求层次理论，埃里克森心理社会发展阶段理论在学界也有非常重要的影响。

（1）生活时代背景：埃里克森生活在一个剧烈变动的时代，他经历了两次世界大战。在20世纪三四十年代，资本主义国家经历了严重的经济危机，生产萎缩，市场萧条，大批企业破产，大量劳动者失业。这些社会问题对人们的心理造成巨大的冲击，致使精神疾患发病率急剧上升。同时，第二次世界大战使得许多人流离失所，无家可归，心理上失去安全感和归属感。

（2）埃里克森生平介绍：埃里克森的生父在他诞生之前就离家出走了。在他三岁时，母亲嫁给了一个儿科医生。大学预科毕业后，他开始从事艺术专业。1927年，他受聘于维也纳一所规模较小的学校。在那里，弗洛伊德的女儿安娜·弗洛伊德征求他是否愿意接受培训当儿童精神分析者，埃里克森接受了安娜的提议。安娜的精神分析理论与他父亲的理论不同，在诸多方面都具有独特的创建，这对埃里克森产生了深刻的影响。

（3）哲学思想渊源：埃里克森深受存在主义哲学的影响。在此影响下，埃里克森把人的生命周期看成一个整体，指出在心理发展的每一个阶段都存在一种“危机”，这里所说的危机并非灾难性的事件，而是指发展中的一个重要转折点。他认为人的每个阶段的发展也是能动的辩证发展过程：每个阶段并非直线式向前发展，危机若得不到适当解决可能停止发展也可能倒退。其在心理社会发展阶段理论中也提出“基本的人性力量”或“品质”，希望能更深地理解如信仰、希望、仁爱这些普遍价值的形成根源。

【互动设计】

题目：人生发展阶段。

目的：梳理大学生人生阶段，了解其特点。

步骤1：教师将学生按照8~10人一组进行分组，并给每个小组发放随堂练习卡片（如图3-2所示）。

步骤2：每组学生开展讨论，根据自己的记忆和人生经验，发挥自己的想象，试着将人生设计为若干阶段，标注每个阶段的起始和结束的年龄。

步骤3：每组学生需对每个阶段命名，并简要描述每个阶段的主要发展任务、所遇到的困难等。

步骤4：每个小组选一名成员进行信息分享。

随堂练习——人生发展阶段

第（　）组　　小组名称：

可以采用形象的方式画出来

年龄段	名称	发展任务	发展中的困难

图 3-2　随堂练习卡片示例

一、埃里克森心理社会发展阶段理论概述

埃里克森在人格发展理论方面，继承了弗洛伊德的阶段理论（详见本书第四章第二节），同时又发展了这一理论。他注重社会环境在人格发展中的作用，关注人格在生理成熟与社会需要之间的互动而呈现出的终身发展过程。埃里克森集中研究了家庭、学校、社会文化对儿童人格形成的影响，认为人格的发展贯穿于人的一生。他提出了“生命周期：同一性的渐成说”（心理社会发展阶段理论），认为：每一个阶段都有特定的心理任务需要解决；在每一个发展阶段都呈现出一种独特的冲突或一种对立的矛盾，成功解决上一阶段的冲突会使个体能够更好地面对下一阶段的冲突；而冲突得到积极解决，自我就会增强，人格就会得到进一步健全。他认为心理社会发展有八个阶段，这八个阶段的先后顺序不变，普遍存在于不同的文化中，是由遗传因素决定的。

二、埃里克森心理社会发展阶段理论的八个阶段

埃里克森心理社会发展阶段理论的 8 个阶段及人格发展结果见表 3-1。

表 3-1　埃里克森心理社会发展阶段理论的 8 个阶段及人格发展结果

阶段	年龄	积极结果	消极结果
信任和不信任之间的冲突	婴儿期 0~18 个月	能够感受到内在的美好，信任自己和他人，积极乐观	只有消极感受，不能信任自己和别人，悲观
自主性和羞耻与怀疑之间的冲突	幼儿期 18 个月~3 岁	能够用意志与自我控制做出适当行为和决定	僵化，过度自我审查，多疑，羞耻感强
主动性和内疚感之间的冲突	学龄期 3~6 岁	能够主动设立目标，积极主动完成任务	对设立目标和成就有罪恶感和迟疑
勤奋和自卑之间的冲突	小学期 6~12 岁	学习专注力高，并为完成学习任务感到自豪	认为自己没有完成学习任务的能力，消极怠工
同一性和角色混乱之间的冲突	青少年期 12~18 岁	自我的各角色间存在一致性和持续性，对未来有信心	自我各角色间不存在一致性，感到迷茫
亲密和孤独之间的冲突	成年早期 18~24 岁	在理智成熟和情感丰沛两者之间能适当平衡	逃避亲密的人际关系，只维持表面关系
繁殖和停滞之间的冲突	成年期 25~65 岁	对于工作和生活都充满创造性，张弛有度	丧失工作兴趣，人际关系差
自我整合和失望之间的冲突	老年期 65 岁至死亡	内部充满秩序、意义，对人生感到满足	对死亡充满恐惧，感觉悲苦，没有实现自己的人生目标

1. 信任和不信任之间的冲突

0~18 个月是我们心理社会发展的第一个阶段。我们在这个阶段面临的发展危机是信任和不信任之间的冲突。婴儿虽然不能从理性上明白很多东西，但是通过感受、肢体来与世界互动。这些互动过程没有被编码为语言，也无法用语言来讲述，但是构成了我们最初的情感底色。当养育者，比如妈妈，对婴儿的需求回应及时、恰当，婴儿会对世界产生一种基本的信任感，觉得世界是安全的。

【内容拓展】

婴儿与主要的养育者建立安全的依恋关系是非常重要的。而在安全依恋中，安全感被视为个体对重要他人的可得性和反应的一系列期待，也就是安全基地图式。安全基地图式包括认知、情感和行为三个部分。这三个部分一开始是在养育者恰到好处地回应下逐渐产生的，而当婴儿逐渐长大后，这种内在的安全基地图会影响与伴侣之间的亲密关系。行为部分是指个体可以寻求伴侣的帮助，通过寻求支持以得到安慰和稳定情绪。认知部分是指依恋对象是可得的和支持的，会维持个体对他人的积极信念，并减少被拒绝、批评和怀疑的忧虑。情感部分是指在获得依恋对象的帮助后，会得到安慰和解脱。

2. 自主性和羞耻与怀疑之间的冲突

18 个月~3 岁是我们心理社会发展的第二个阶段，也被称作幼儿期。我们在这个阶段面临的发展危机是自主性和羞耻与怀疑之间的冲突。这个阶段的幼儿已经不再完全被动，而是可以自己走、推、拉、说话等，还特别喜欢说“不”。妈妈让幼儿吃某个食物、让他去睡觉、让他不要继续玩这个玩具，这个阶段的幼儿可能会拒绝、反抗，因为他们有了自己的喜好和主张，他们也不想像个机器人一样听话。当家长可以在一定规则的前提下允许孩子表达他们的自主性，让他们可以跟随自己的内心来做一些决定，他们就会获得意志力、自我控制的品质。

【成长案例】

小晨的妈妈很担心小晨受伤、生病。小晨两岁时想要自己从台阶上跳下去，妈妈却说“不要跳，会摔倒”。为了保护儿子不受伤、不生病，妈妈在小晨的成长中无微不至。小晨上大学后，发现自己和同学相比有一个很大的不同，就是同学们都知道自己想要做什么，可以做选择，而自己却不清楚，也不知道怎么做才是对的，只能模仿别人，甚至希望父母可以继续为自己做决定。

案例分析：不难看出，小晨妈妈对孩子过于管控，让孩子在本来应该发展自主性的阶段受阻，逐渐弱化了小晨这方面的能力。

3. 主动性和内疚感之间的冲突

3~6 岁是我们心理社会发展的第三个阶段，也被称作儿童期。这个阶段的大部分孩子都会在幼儿园里，也和同龄儿童有了互动。我们在这个阶段面临的发展危机是主动性和内疚感之间的冲突。这个阶段的儿童身心都得到很大的发展，更富于想象力，在很多方面都表现出主动参与和尝试的愿望。如果父母或老师能鼓励他们的主动性和想象力，在保证安全的前提下让他们尽可能去探索，他们就能够没有内疚感地学会主动与坚持。

这个阶段的孩子是好奇宝宝，有着用不完的精力。他们想要去探索，满足自己的好奇心。他们想试试自己骑车能有多快，想知道自己有多大能耐。如果家长所制定的规矩太多，限制太多，甚至否定、讥笑儿童的探索行为，那么他们会逐渐觉得自己在犯错，就会被内疚感困扰，觉得自己没有价值，只适合服从。

【成长案例】

在一个年轻人很喜欢的网站上有一位喜欢荒野求生的女性。她热爱挑战，喜欢在工作之余独自带上摄影装备去一些荒无人烟的山区生存，尝试钻木取火、自制衣服和鞋子、捕鱼等，完全打破了人们对女性天生柔弱的刻板印象。她动手能力非常强，而且就地取材，能创造性地利用自然界的东西来达成目的。除此之外，她还学会了开飞机。她在自己的视频中口述，从 8 岁的时候自己就骑马上山采药，跟随家人去了全国各地的大山，非常适应并喜欢山里的生活。她的自信、乐观、有活力和创造性，有一部分原因就是从小在一个自由的空间成长，有足够的自由来探索世界，所以她现在能够在获得一份体面工作之余，继续坚持自己的热爱。

4. 勤奋和自卑之间的冲突

6~12 岁是我们心理社会发展的第四个阶段，也被称作小学期。这个阶段的儿童的发展任务是获得勤奋感而克服自卑感，体验着能力的实现。勤奋感占优势的儿童，顺利地解决了发展的危机，其人格中就形成了能力的品质；反之，则在人格中形成无能感。他认为，如果小学儿童在求学过程中所体验到的是成功多于失败，那么成功的体验会给他们带来勤奋的感觉，即对自己以及自己的能力具有良好的感觉，形成了勤奋感和对自己力量和能力的信任感，使他们的竞争意识不断增强。失败的体验则会带来消极的自我意象和无能感，即会使儿童产生一种无能的感觉和自卑感，对今后的创造与生活都期望不高，这将会阻碍他未来的学习。

本阶段也是儿童自我成长的决定性阶段，好的教师在这一阶段对儿童的影响很大。因此，该阶段对儿童自信心的培养对其未来生活具有决定性的作用。真正的自信心不但会引导儿童走向成功，还会为其在生活中取得更大的幸福和满足铺平道路。此外，自信心还能产生令人意想不到的“涟漪”效应：自信心强的儿童，在战胜危机的同时，还有可能获得其他许多优秀品质，如充满自信地迎接挑战，应对压力，发展自己的创造力等。

5. 同一性和角色混乱之间的冲突

12~18 岁是我们心理社会发展的第五个阶段，也被称作青少年期。这个阶段的青少年发展的主要任务是基本确立自我同一性并避免角色混乱。自我同一性的发展是持续一生的过程，终止于老年期对自我人生的回顾与整合。在青少年阶段，确定积极的自我同一性显得尤为重要。如果在这个探索的过程中，确立了基本的职业倾向，不断探索自己是谁，拓展并整合自己的各个角色，就形成了健康的自我同一性；相反，如果在这个阶段不清楚自己是谁，不知道未来想做什么，对自己未来的角色有混乱感，也不愿意去尝试与厘清，则容易出现角色混乱。而且，在生产力发展水平较低的时期，个体定义自我身份是相对简单、被动的。但随着社会经济的发展，人口流动加速，竞争日益强烈，个体在对自己身份进行确认时产生了不明确性，这样自我同一性问题就逐步表露出来了。

“自我同一性”这一发展任务在人生不同阶段也有不同的特点和侧重点。在青少年期，由于生理、心理的成熟，个体开始考虑“我是谁”“我要成为怎样的人”“我要怎样做才能适应社会”等人生问题；在开始迈入社会的阶段，个体的主要任务是对职业、社会各类角色的适应和认同；在成年中期，个体的人生目标与价值观已经确定并更加成熟，他们的自我同一性是处在持续发展、调整和不断完善的阶段；到了成年晚期，即老年期，他们开始投入时间和精力去应付和适应这些变化、挑战，开始重新思考人生，对自我进行整合与接纳。

【内容拓展】

詹姆斯·马西亚提出青少年同一性发展的四种情形：同一性达成、同一性早闭、同一性扩散、同一性延缓。

(1) 同一性达成：表明个体考虑了各种实际选项，做出了选择，并实践选择。在结束高中学习生活之前，似乎没有学生能够达到这种情形。跨入大学校门的学生也需要花一定的时间做出决定。对一些成年人来说，在他们生命中的某一阶段，也许会达成稳固的自我同一性；之后，还可能放弃前一种自我同一性，而形成新的自我同一性。对某一个个体而言，自我同一性即使达成，也不意味着一成不变。

(2) 同一性早闭：个体过早地将自我意象固定化，没有考虑各种选择的可能性，而停止了对同一性的探求。同一性早闭的青少年往往缺乏主见，遵从他人的目标、价值观和生活方式。同一性完成过早的人，会显得刻板与肤浅，不会沉思，应变能力差，但很少会忧虑。这类人倾向于与父母保持密切的关系，并采纳父母的价值观。他们喜欢有组织、有秩序的生活，尊重权威。

(3) 同一性扩散：和同一性拒斥联系在一起。个体很少“发现自己”，不知道自己是谁，不知道自己想做什么，没有明确的发展方向。经历着同一性扩散的青少年无法成功地做出选择，或者他们会逃避思考问题。他们缺乏兴趣，孤独，对未来不抱希望，或者可能很叛逆。他们宁可塞着耳塞听音乐或睡觉，也不愿意接触父母和老师。

(4) 同一性延缓：表示青少年延迟做出个人生活或职业的选择和承诺。在一个复杂社会，在这个“延期偿付”的阶段，青少年势必会经历自我同一性危机。而今，这一阶段不再被称为危机，因为对大多数人来说，自我同一性的达成是一个逐渐缓慢的内化探索过程，而不是外在的急剧变化。延期选择很正常，而且是健康有益的。

延期偿付和自我同一性达成都被认为是健康的。青少年亲自去做一些试验，摒弃不适合的东西，发现适合自己的生活方式，寻找根源。这些是建立牢固自我同一性的重要部分。

6. 亲密和孤独之间的冲突

18~24 岁是我们心理社会发展的第六个阶段，也被称作成年早期。在这个阶段，我们的发展危机是亲密和孤独之间的冲突。这里的亲密是指一种能够与他人建立深入关系，并承担关系中的责任的能力，表现在多类关系中，尤其是恋人、伴侣之间。建立亲密关系是我们成长过程的重要任务，如果能在这个过程中学会付出与信任，我们也就收获了爱的能力；反之，则有可能逃避亲密的人际关系，变得越发孤独。要注意的是，这个发展任务并不是以结婚与否来衡量是否完成。如果没有完成这个发展任务，没有获得爱的能力，不会爱，不能付出与接受爱，那么婚姻中的伴侣也可能成为“亲密的陌生人”。

【难点厘清】

在这个时代，人们的发展任务有总体滞后的趋势。很多大学生并没有完成自我同一性的确立，依然在探索中。同时，大学生也要逐渐开启建立亲密关系的发展任务。部分大学生虽然为孤独而苦恼，但由于害怕受伤害而回避与人深交。流行语“认真你就输了”就反映出这个阶段的发展受阻，这是缺乏建立亲密关系能力的表现。

7. 繁殖和停滞之间的冲突

25~65 岁是我们心理社会发展的第七个阶段，也被称作成年期。在这个阶段，我们的发展危机是繁殖和停滞之间的冲突。当然这里的繁殖不仅是指生育孩子，也包括其他创造性、奉献性的产出。而如果一个人既没有生物上的繁殖，也没有精神上的贡献，就有可能遭遇中年危机，丧失生活的意义感，从而陷入停滞。

【课程思政】

1921 年，北京协和医学院迎来了首批医学生。一名刚 19 岁的瘦弱女孩子叫林巧稚。做一名救死扶伤的医生，是她来北京的初衷。1929 年，林巧稚从北京协和医科大学毕业。随后，她被协和医院录用，并担任主治大夫。1933 年，她到英国访问。在那里，她为外国妇幼领域的先进技术所震惊。在该领域，中国还是一片空白，而英美同行早就开始剖官产，做试管婴儿实验；在良好的无菌环境下，妇女能够安全分娩。

从 20 世纪 50 年代开始，林巧稚开始负责为妇女接生。有人做过专门的统计，林巧稚一共接生了 50 000 多名婴儿。在手术台上，她站立了十几万个小时。在讲台上，她站立了数十年。她一生勤奋，为了撰写研究心得，翻阅了大量的资料。在特殊年代，年近七旬的她事事自己动手。没有助手，没有家人，她靠着顽强的毅力，支撑了过来。

林巧稚一生没有结婚，她把生命都献给了医学。她没有孩子，却接生了 50 000 多名婴儿，所以被人们称为“万婴之母”。1980 年，她代表中国医学界出访亚洲。各国人民热烈地出来迎接。她将欧美发达的剖官产技术传到了第三世界国家。在那些生产力落后的地方，她还拯救了无数难产孕妇的性命。

8. 自我整合和失望之间的冲突

65 岁以后到死亡是我们心理社会发展的最后阶段。在这个阶段，我们的发展任务是通过自我整合来抵御失望。如果一个老人有过对社会的贡献和充实的生活，回顾一生的时候感觉满意，确信自己已经比较好地解决了生活中的各种问题，就可以体验到完美感和成就感，就能够坦然面对当前的衰老和未来的死亡；相反，如果回顾一生，觉得无所作为，无所获得，又时日无多，再无法弥补，就会觉得失望不甘，从而沮丧，惧怕死亡。老年人对死亡的态度直接影响下一代儿童时期信任感的形成。因此，第八阶段和第一阶段首尾相连，构成一个循环或生命的周期。

埃里克森认为，人的自我意识的发展，必须经历这八个阶段，每个阶段都不可逾越，但时间早晚因人而异。此外，任一危机解决的结果不是一成不变的，因为后面的发展阶段有其自身的相关问题，也可以为新的发展和可能结果提供改变的机会。我们学习埃里克森的心理社会发展阶段理论，并不是为了遗憾曾经的缺失，而是明白我们是如何成长至今以及我们当下的烦恼和困惑产生的源头，这样我们就不必盲人摸象，而是可以有章可循。找到了问题，答案就会浮现出来。

【小结】

心理学家埃里克森提出，人的心理社会发展会经历 8 个阶段，包括 4 个童年阶段、1 个青春期阶段和 3 个成年阶段，每个阶段都有相应的核心任务。如果这个阶段的危机能够被积极解决，就可以获得一种积极的人格特质；相反，若是这个阶段的危机没有被有效解决，则可能会导致一种消极的人格特点并且影响以后的发展。人终其一生都与各种机会和限制发生相互作用，并逐渐发展成长。任何时候，只要我们愿意，都可以对自己的发展做出新的决定，拥有不一样的人生。

【习题】

电影《阿甘正传》通过对格林鲍镇智力低于常人的阿甘以奔跑的方式成为人生赢家的讲述，让观众深切地体会到阿甘顺从、善良、执着、坚持等良好的个性品质。

这些品质不仅成就了他自己，还扭转了周围人灰暗的人生。请你结合埃里克森心理社会发展阶段理论，谈谈哪些方面促成了阿甘健康人格的发展和健全，也开启了他成功而常人难以复制的人生之路。

第四节　自我意识的完善

【导入】

曾国藩作为晚清时期的一位重要人物，与李鸿章、左宗棠、张之洞并称“晚清中兴四大名臣”。年轻时的曾国藩并没有显露出太多过人之处。他性格傲慢、脾气暴躁，曾经和同僚大打出手。后来，曾国藩立下了“学做圣人”之志，开始了自我完善之路。

第一步：立坚忍不拔之志。曾国藩立志考科举，即便数次落榜，仍不移志，最终完成“居庙堂之高”的目标。

第二步：有强悍的执行力。曾国藩每天从起床到睡觉，一整天的时间都在进行自我监督，会用楷书将当天的一举一动都工工整整地写进日记里，然后细细回忆检索自己哪里做得不对，哪里做得比之前好，对不好的地方严加反省。他给自己定下每日任务：楷书写日记、读史书十页、记茶余偶谈一则。

第三步：不断地反思、不断改过。曾国藩认识到年轻时的自己有三大缺点：性格浮躁、傲慢自大、与人交往虚伪不实。性格浮躁就要静下心来。他认真写日记，下定决心缩小自己的社交圈，将节约出来的时间用来学习和自修以改变朋友对自己的看法。傲慢自大就要放下身段。他认识到自己的不足，出现问题先从自身找原因，认识到错误立马登门道歉，恳求对方原谅。与人交往虚伪不实就要有一说一，诚实待人。他与朋友谈论诗文，实事求是，适可而止，不狂妄自大。

曾国藩的自我完善之路成就了他传奇的一生。康熙皇帝曾说“学贵初有决定不以之志，中有勇猛精进之心，末有坚贞永固之力”。自我完善的道路不是一帆风顺的，需要我们有远大志向，并为此付诸行动，坚持不懈，不断总结反思，不断改正。

【互动设计】

这项互动设计需要授课教师提前1~2周布置一项任务，然后在此基础上进行分享讨论。任务如下：

在1~2周内，学生结合自己的实际情况，设定一项挑战任务。这项任务对自身而言必须具备一定的难度，需要付出一点努力、毅力或勇气才能完成，同时不能超出自己的能力范围。比如你上课喜欢看手机，那就可以设定挑战任务为：上课时手机静音并放在书包里。如果你对社交有些焦虑，则可以设定挑战任务为：每天主动对人说话至少一次。学生可在睡前记录完成或未完成的情况，以及自己的反思、感受和进展。

在课程中，教师可以让学生先在小组内分享自己的挑战情况，再由小组推选成员向全班学生分享。最后，由教师结合课程的知识点进行升华和总结。

一、健康的自我意识的标准

自我意识是个体精神生活的主体，影响个体的认知、情感、意志和信念等方面。自我意识在很大程度上决定了个体的精神健康状态，而健康的自我意识能够促进个体的全面发展。健康的自我意识主要包括以下标准：

1. 准确的自我定位

准确的自我定位是指个体能够准确地进行自我认知和自我评价；能客观地看待自己的优势与不足，既不过分夸大，也不消极贬低；能准确认识自己所属的社会角色、社会地位以及所应承担的责任。

2. 积极的自我接纳

积极的自我接纳是指个体能够在客观认识自我的基础上，坦然接纳自己的不完美。

3. 正确的自我体验

自我体验是指个体对自身的认识所引发的内心情感体验，是个体主观我对客观我所持有的一种态度，包括自尊感、自信感和自豪感等。正确的自我体验要求个体对某事件所体验到的情感符合客观规律，如做错事感到内疚、成功时感到自豪等。

4. 有效的自我控制

有效的自我控制是指个体能够采取有效的方式对自己的行为进行调节，如抑制冲动行为、抵制诱惑、完成行为计划等。

二、自我意识的完善是大学生的重要成长目标

大学生正处在青年时期，中国的未来属于青年，中华民族的未来也属于青年。习近平总书记高度重视青年工作，并寄语广大青年，“要坚定理想信念，培育高尚品格，练就过硬本领，勇于创新创造，矢志艰苦奋斗，同亿万人民一道，在矢志奋斗中谱写新时代的青春之歌”。

理想指引人生方向，信念决定事业成败。没有理想信念，就会导致精神上“缺钙”。大学生自我意识完善的过程就是青年学子价值观形成的重要时期。中国梦是全国各族人民的共同理想，也是青年一代应该牢固树立的远大理想。中国特色社会主义是我们党带领人民历经千辛万苦找到的实现中国梦的正确道路，也是当代青年应该牢固确立的人生信念。

2014 年 5 月 4 日，习近平总书记在北京大学同师生代表座谈时，对广大青年树立和培育社会主义核心价值观，提出“勤学、修德、明辨、笃实”八字要求。2018 年 7 月 2 日，习近平总书记同团中央新一届领导班子成员集体谈话时提出 16 字箴言，他要求广大青年在弘扬和践行社会主义核心价值观中“勤学、修德、明辨、笃实、爱国、励志、求真、力行”。

从八字要求到 16 字箴言，字字句句都饱含习近平总书记对新时代青年“修德”的严格要求和殷切期望。“广大青年人人都是一块玉，要时常用真善美来雕琢自己，不断培养高洁的操行和纯朴的情感，努力使自己成为高尚的人。”2017 年 5 月，习近平总书记在中国政法大学考察时如是说。当代大学生定当牢记总书记嘱托，自觉按照党和人民的要求锤炼自己、提高自己、完善自己，做到志存高远、德才并重、

情理兼修、勇于开拓，在时代大潮中建功立业。

三、自我意识完善的途径

1. 正确认识自我，增强自我定位的准确性

“人贵有自知之明”，全面而正确的自我认知是完善自我意识的基础。首先，我们要能自我定性，了解自己的性格、特长、兴趣、爱好，以及家庭对自己的影响等。如果一个人能够全面、正确地认识自我，客观、准确地评价自我，就能确立合适的理想自我。其次，我们要自我反思，经常进行自我反思是进步的前提。除此之外，大学生还要尽力拓宽生活范围，增加生活阅历，扩展交往空间，积极参加活动，扩大社会实践，从而找到多种参考系，并凭借这些参考系来多方面、多角度地认识自我。大学生要学会将通过各种途径获得的关于自我的信息进行分析、综合与比较，从而实事求是地全面评价自己。大学生要学会用发展的眼光、辩证的方法看待自己和他人。比较的视野越广阔，方法越科学，自我定位就越恰当，就越能充分发挥自己的聪明才智，从而实现自己的人生价值。

【内容拓展】

1. 学会复盘

复盘，围棋术语，也称“复局”，是指对局完毕后，复演该盘棋的记录，以检查对局中招法的优劣与得失关键。复盘源于重复，但是它比重复更高级，它需要你去反思，去认知，去打破自己已有的认知框架，不断汲取新事物新知识，再与现在的认知组成新的联系。

（1）复盘是一个认知不断重组的过程。

中国作家陈祖芬说过“一味承袭昨天，便不能在明天的世界里生存”。与时俱进的思维其实就是一个不断复盘不断认知重组的过程。就像中国唯一一位女性诺贝尔奖得主屠呦呦博士，在长达40年的研究过程中，她不断地改进实验、不断地升华经验，在复盘行为中取得了突破性进展。这种行为成就了她。

（2）学会复盘，提高效率。

首先，在复盘的过程中，我们需要回顾之前所做的事情。我们要学会深入思考在这些环节中思维和行为是否有不足之处，不断地去反思和总结，探究现象背后的深层次原因，掌握事物存在的某些规律。

其次，复盘的形式多种多样。我们可以复盘他人，复盘团体。不管是大事还是小事的复盘，都需要及时性。还有一种是事后复盘，就是在整件事情发生以后进行经验的概括、认知的重组和精进。事后复盘强调整体对部分的影响。

最后，在反思和总结时，不管采用的是什么样的方法，我们都需要保持开放客观的心态。

2. 九宫格日记

九宫格日记非常结构化、标准化，适合我们用以每天梳理自己的生活，从而提升自控能力。比如：

（1）最重要的一件事。

抓住每天最重要、最核心的一件事情，有利于我们更好地了解自己的生活状态，

把握前进的方向。

(2) 本应该做，却没有做的事情。

我们在前进的路上是否有偏差和遗漏？有哪些明明重要却被我们抛之脑后的事情呢？找出这些事和背后的原因，同时要思考是因为被其他的事情挤占掉了相应的时间，还是这件事本来就不重要。

(3) 本不该做，却做了的事情。

是哪些事情打乱了原本的计划？原因是什么？这件事重要吗？如果不重要，下次就避免吧；如果重要，就将其列入清单里。

(4) 健康清单。

记录昨晚的睡觉时间和今天的起床时间。昨晚的睡眠质量怎么样？是什么事情拖延了睡觉的时间？今天早起了吗？今天的锻炼计划完成了吗？

(5) 基本信息。

记录今天的日期、星期、天气、节日、总体心情等。

(6) 每日打卡。

今天的打卡任务完成了吗？打卡时的心情也顺便记录下来吧。

(7) 今天新尝试。

试着发现每天的不同。鼓励自己尝试新鲜事物，今天和昨天有哪些不同呢？

(8) 向前推进的工作。

工作和学习里还有一些持续很久的事情，今天有什么新进展吗？又有哪些反馈和思考呢？

(9) 明日小窍门。

总结今天的经验，并将一些小窍门留给明天。另外，这个格子也充当着备忘录的角色，把担心明天会忘记的事情写在里面。

格子里的内容因人而异，大家可以根据自己的实际情况替换。大家也可以将九宫格简化成田字格。但无论是哪种日记方式，都是为了让我们在每天的生活小事中找到意义，分辨重要性，化繁为简，看清前行的道路。

2. 积极的自我接纳

自我接纳，是指个体对自我采取一种积极的态度。积极的自我接纳就是指能欣然接受现实自我的一种态度。积极的自我接纳包含两个层面的含义：一是能确认和悦纳自己身体、能力、性格等方面的正面价值，不因自身的优点、特长和成绩而骄傲；二是能欣然正视和接受自己现实的一切，不因存在的某种缺点、失误而自卑。自我接纳是人类在解决生存和繁殖问题的过程中演化形成的。

不能自我接纳的人，常常也无法体验到充分的幸福感和成功感，甚至还会有深深的自卑感，无论他们在客观上显得多么优秀和成功。那些明明脸蛋漂亮、身材修长的女孩却总是想去整容，那些明明已在大企业身居要职收入不菲的男性却依然感到低微渺小，这都是不能自我接纳所致。

3. 战胜自卑，树立自信和自我效能感

自卑是一种消极的自我评价或自我意识，自卑感是个体对自己能力和品质评价偏低的一种消极情感。自卑产生的根源就是人们不喜欢用现实的标准或尺度来衡量自己，而相信或假定自己应该达到某种标准或尺度。

首先，必须正确认识自己。这是树立自信心的一个重要前提，只有正确认识自己的优点、缺点，知道自己的长处，才能很好地树立起自信心。

其次，必须从各方面培养自己的能力。好的能力、素质是一个人树立自信心的条件。只有培养好自己的能力、素质，才能在生活中更有把握，自信心也会随之增强。

最后，树立自信心，理想是基础。只有树立了远大的理想之后，才会萌生出作为精神支柱的自信心，才会有为之奋斗的动力。因此，理想是树立自信心的基础。

【案例】

2019年的动画电影《哪吒》的导演饺子在大学所学专业是药剂学，但出于对动画事业的热爱，他一直在自己的事业上坚持了下来，最终创作出了成功的作品。这个选择本身就是回应自我同一性这个议题中“我是谁，我要去向哪里”。在这里，最重要的一点是不空谈，不怨天尤人，而是有实实在在的行动。现实中，有些大学生会抱怨自己的专业不符合期待，也会有一些美好的梦想，但不愿意对自己的梦想付出努力，不去仔细了解自己喜欢的行业的情况，也不为未来做准备。这样并不是坚持梦想，而是在逃避。

4. 积极控制自己，勇于超越自己

(1) 自我控制。

自我控制是个体主动采取适当方式去改变自己的心理品质、特征及行为的心理过程。大量研究表明，人们普遍存在着屈从于短期诱惑的倾向，愿意为了获得即时效用而放弃更为显著的长期收益，这可能导致人们沉溺于吸烟、饮酒等，损害自己的健康、生产力和幸福感，甚至给社会带来危害。

丧失自我控制最常见的形式是成瘾和拖延。拖延通常被定义为“将重要的任务推迟到更晚进行，即使这种做法没有必要甚至会产生不好的影响”。拖延已经成为困扰当今大学生的一大难题。手机短视频和游戏充斥了一些大学生的日常生活，而需要付出艰辛、长期努力的学业任务则被不断延后。虽然不少大学生对自己的拖延行为会产生内疚和不幸福感，但也难以克服。

有效的自我控制是自我意识完善的根本途径。在个体控制自我的过程中，延迟满足是一个重要的能力。延迟满足是指个体为了更有价值的长远结果而甘愿放弃眼前即时满足的抉择取向。比如，个体给自己定下写完作业再玩游戏的规则，就是一种延迟满足。斯坦福大学的棉花糖实验表明，能够做到延迟满足的个体的自我控制能力更强，他们能够在没有外界监督的情况下适当地控制、调节自己的行为，抑制冲动，抵制诱惑，坚持不懈地保证目标的实现。后续追踪结果也显示，那些做到了延迟满足的小孩，也大多获得了更高成就。

大学的学习更多是依靠个人的自觉和主动。在安逸享乐面前，大学生要有意识地锻炼自己延迟满足的能力，尽量理性地对事件的重要程度排序，优先完成有价值的事情，而不因一时安逸耽误重要事情。此外，大学生也要学会一些加强自我控制能力的小技巧，如利用承诺机制、同伴效应、自我激励因素等，通过不断实践和改进，强化自我控制能力。

（2）自我超越。

自我超越是个体需要终身努力和奋斗的目标。个体认识自我、接纳自我、调控自我都是为了更好地完善和超越自我。在超越自我的过程中，个体要勇于走出舒适圈，让自己接受未知的挑战。

舒适圈，又称心理舒适区，是指个体所熟悉的心理状态和习惯性的行为模式，个体在这种状态或模式中会感到安全和舒适。在舒适圈内，个体有自己熟悉的环境、熟悉的人群，可以做能力范围内的事，很少有变化，感到轻松、自在。

个体踏出舒适圈，往往会因为不熟悉的变化和挑战而感到陌生、恐惧和不安。这种不舒适会让个体想要退回到舒适圈内。舒适圈能够帮助人们维护自我形象，建立心理防御屏障，稳定情绪，起到一种避风港的作用。但是，如果个体一直停留在舒适圈内，就会安于现状、故步自封，丧失拓展自身能力的机会。能力将在不知不觉间倒退，甚至出现温水煮青蛙效应。

【内容拓展】

自证预言是一种在心理学上常见的现象，意指人会不自觉地按已知的预言来行事，最终令预言发生；也指对他人的期望会影响对方的行为，使得对方按照期望行事。

在心理学上，“自证预言”是存在的，人并非被动地受环境影响，而是主动地根据个人的期望，做出相对性的思想及行为反应，而使期望得以实践。

“自证预言”亦可作为运气的成因之一。当我们渴望某一件好事情发生时，会倾向于找寻符合该期望的正面信息，而那些正面信息又诱发我们找寻更多的正面信息，使我们变得越来越乐观和充满自信，行为上也变得更积极，大大地提升了成功的机会。相反，如果我们越担心坏事情的发生，便会越留意不利的信息，不利信息越多，心情越加焦虑不安，行动消极、被动或过度保护自己，最后更容易诱发坏事情的发生。

例如，你自认不是读书的材料，即使有时间也不会去温习功课，因为你认为读了也不会懂，当然考试一塌糊涂，然后你对自己说：“果然我不是一个读书的材料!”这个概念放在管理学上就有这样的演绎：有人对你说你跟这个下属合不来，你就会不知不觉地专挑对方的缺点来看，越看越不顺眼，结果大家因小事而反目，完全不能合作，预言便实现了。相反，假如你相信下属是能干的，你自然会多给他机会去发挥，他犯错了你会包容，结果他也不负你所望，成为一个出色能干的人。

【小结】

自我意识在很大程度上决定了个体的精神健康状态，而健康的自我意识能够促进个体的全面发展。健康的自我意识的标准包括准确的自我定位、积极的自我接纳、正确的自我体验、有效的自我控制。自我意识的完善是一生的课题，也是大学生的重要成长目标。自我意识的完善包括四方面的内容：一是正确认识自我，增强自我定位的准确性；二是积极的自我接纳；三战胜自卑，树立自信和自我效能感；四是积极控制自己，勇于超越自己。

大学生自我意识的发展与完善，需要在接纳自己的基础上，看到成长的空间和潜能，不断在自我实现的需求上获得满足。这个过程包含：自我认知、自我评价、自我改造、自我完善。大学生很难一开始就明确自己的方向，只有在做的过程中去发现，勇敢地尝试、体验、付出、努力。自我本不是一个固定的形态，每一天的沉淀，都会逐渐积累，成为自我的一部分，让我们的生命愈加饱满。

【习题】

1. 在西点军校考试的前夜，麦克阿瑟感到非常焦虑，这时他母亲走过来对他说："我的儿子，你必须相信你自己，否则没有人相信你。只要你抛弃了内心的怯懦，你就一定能赢。尽管你没有把握成为第一，你也必须做最好的自己。"当西点军校的考试成绩公布时，麦克阿瑟名列第一。后来，他成为美国著名的将军。结合案例谈谈你的体验和感受，再想想在大学生活中你将如何完善自我意识。

2. 小琴小时候不喜欢自己的母亲，因为母亲脾气暴躁，小琴常常因为作业没有写好，或者不知道的原因，就被莫名其妙地打一顿，这导致小琴胆小的性格。哪怕小琴长大了，母亲也不打她了，但小琴总是觉得别人都很苛刻和挑剔。在大学，小琴是班干部，在一次整理资料的过程中，遗漏了一个同学的信息。后来班主任发现了，让小琴重新补充资料。小琴当时情绪很崩溃，觉得自己太差劲了，一点点小事居然都做不好，她认为班主任再也不会信任她了。

谈谈小琴真正的困难点是什么。她如何做才能建立自我同一性和完善自我意识？

【参考文献】

[1] 姚良爽，连帅磊，孙晓军. 社交网站体像比较对女大学生抑郁的影响：有调节的中介效应分析［J］. 中国临床心理学杂志，2018，26（4）：780-783，787.

[2] 孙灯勇，卢碧丹. 自我接纳：概念、测量及影响［J］. 心理研究，2017，10（6）：60-67.

[3] 陈琼琼. 论电影《超脱》的孤独与救赎［J］. 电影文学，2019（4）：146-148.

[4] 令小雄，李春丽. "躺平主义"的文化构境、叙事症候及应对策略［J］. 新疆师范大学学报（哲学社会科学版），2022（2）：1-16.

[5] 郑霞. 大学生攀比现象透视与引导策略研究［D］. 大连：大连理工大学，2009.

[6] 海特. 象与骑象人［M］. 李静瑶，译. 杭州：浙江人民出版社，2012.

[7] 彼得森. 积极心理学［M］. 徐红，译. 北京：群言出版社，2010.

[8] 马斯洛. 自我实现的人［M］. 许金声，刘锋，译. 北京：生活·读书·新知三联书店，1987.

[9] 马斯洛. 人的潜能和价值：人本主义心理学译文集［M］. 林方，译. 北京：华夏出版社，1987.

[10] 孟庆涛. 马斯洛需求层次理论在本科教育中的应用研究［J］. 包装世界，2017（6）：92-93.

[11] 刘璐.《夜色温柔》中迪克堕落的马斯洛需求层次理论分析［D］. 青岛：中国海洋大学，2015.

[12] 姚佳纯. 马斯洛需求理论下的现代社区规划设计思考 [J]. 规划师，2015，31 (1)：140-144.

[13] 陈方超. 述评埃里克森心理社会发展阶段理论形成的渊源 [J]. 科教文汇 (上旬刊)，2010 (7)：158，160.

[14] CAPPS D. The decades of life：relocating Erikson's stages [J]. Pastoral Psychology，2004 (1)：16.

[15] SLATER C L. Generativity versus stagnation：an elaboration of Erikson's adult stage of human development [J]. Journal of Adult Development，2003 (1)：53-58.

[16] FRIEDMAN H S，李维，张诗忠. 心理健康百科全书 · 人格卷 [M]. 上海：上海教育出版社，2004.

[17] EVANS R I. Dialogue with Erik H. Erikson [M]. New York：E. P. Dutton，1969.

[18] 周芳. 农村留守儿童情感缺失问题研究 [D]. 武汉：华中师范大学，2018.

[19] 丁艳华. 母婴依恋关系的影响因素及其对幼儿期认知和行为发展作用的研究 [D]. 上海：复旦大学，2012.

[20] 王娥蕊. 3~9 岁儿童自信心结构、发展特点及教育促进的研究 [D]. 大连：辽宁师范大学，2006.

[21] 勾金华. 大学生自我同一性危机研究 [D]. 上海：上海大学，2014.

[22] ADAMS G R，GULLOTTA T P，MONTEMAYOR R E. Adolescent identity formation [M]. New York：Sage Publications，1992.

[23] ALBERTS C，MEYER J C. The relationship between Marcia's ego-identity statuses and selected personality variables in an African context [J]. International Journal for the Advancement of Counselling，1998，20 (4)：277-288.

[24] BARBER L K，MUNZ D C，BAGSBY P G，et al. When does time perspective matter? Self-control as a moderator between time perspective and academic achievement [J]. Personality and Individual Difference，2006 (46)：250-253.

[25] 刘何雁. "冰山理论" 在纪录电影中的应用 [D]. 济南：山东师范大学，2016.

[26] 江楠楠. 大学生同一性发展特点和机制研究 [D]. 上海：华东师范大学，2011.

[27] 韩晓峰，郭金山. 论自我同一性概念的整合 [J]. 心理学探新，2004 (2)：7-11.

第四章　大学生人格发展

第一节　人格概述

【导入】

源远流长、博大精深的中国传统文化，在数千年漫长发展中不断塑造和培育的正面人格，或者说集体人格，就是被历代中华儿女广泛接受并尊崇的君子人格。“君子”一词早在西周时期已经流行，到了春秋末期，孔子在构思和传布儒家学说时，对“君子”的内涵进行了改造，赋予其许多优秀道德的意蕴。“君子喻于义，小人喻于利”“君子坦荡荡，小人长戚戚”“君子和而不同，小人同而不和”“君子尊贤而容众，嘉善而矜不能”，如此等等。

在孔子的君子人格观念里，君子首先要“修己”，使自己拥有良好的品德、高尚的修养，躬行仁，恪守礼。其次要以己推人，不仅要求自己，还要向世人传达君子的高尚品德，从而推动国家社会向前发展。而在实际践行的过程中，孔子一直秉承“中庸”之德，辩证地看待人和物，以至于达到中庸的境界。在孔子与其弟子的话语中，也处处体现“中庸”二字，比如文质彬彬、知行并重、仁智统一等，奇妙之处在于孔子想表达的“恰到好处”之意，不偏不倚。君子有仁亦有礼，以礼修饰仁；君子有智亦有勇，以智节制勇。这样的道德标准不仅塑造了文质彬彬的君子，还使社会处于和谐安宁的氛围中。

孟子继承了孔子仁智统一的观点，但是孟子最终的落脚点是人性本善，也就是性善论。孟子认为，君子应以仁义礼智存心，通过内心的自觉，建立一个独立的君子形象。以仁善出发，孟子将善视为人的本能，通过简单推导，得出君子人格的境界是由内心的仁义带来的情感满足，“仁之实，事亲是也，义之实，从凡是也，智之实，知斯二者弗去是也。”（《孟子》）由此可见，孟子认为，孝敬父母、顺从兄长这些仁义的根本是君子的“良知”和“良能”。所以，将君子的各种品德归为“善”是孟子君子人格思想的精髓。

曾子吸收孔子思想，首先在“克己”上做到“吾日三省吾身”，反省自己的实践行为是否切合于道，而做出“道”的这一举动，可以理解为礼。曾子还讲“义”，他认为君子修身必须有正义，修身律己、弘扬正气是君子必有的品格，没有正义感的人，在处理问题时会找错方向甚至为所欲为，真正的君子是以义来判断“可为”和“不可为”之事。从重礼到重义，体现了曾子对孔子思想的传承。

【互动设计】

题目：此“人格”非彼“人格”。

目的：更加明晰人格的内涵。

步骤1：随机问一些学生，让他们先谈谈听到“人格”这个词的体验和理解。

步骤2：把8~10名学生分为一组，让他们结合教材内容对“人格”的内涵进行研讨，比如对“有人格魅力”“不要侮辱我的人格”的理解。

步骤3：每组学生选一名代表进行分享和讨论。

小结：通过这个活动，让学生能分辨心理学上所讲的“人格”这个词与我们的生活用语中使用的“人格”的区别；让学生对什么是人格、人格和性格的关系，以及人格是否会改变等这些话题产生兴趣并引入正文。

一、什么是人格

人格又称个性，这个概念源于希腊语 persona，原来主要是指演员在舞台上戴的面具，类似中国京剧中的脸谱，后来心理学借用这个术语来说明在人生的大舞台上，实实在在的真我，即真实的人格，它可能和外在的面具截然不同。

人格是一个人带有倾向性的、本质的、比较稳定的心理特征（兴趣、爱好、能力、气质、性格等）的总和。一个人的人格表现在知、情、意等心理活动的各个方面，包括个人的认知能力的特征、行为动机的特征、情绪反应的特征、人际关系协调的程度、态度和信仰的体系、道德价值的特征等。一般来说，人格是在一定社会历史条件下，通过社会实践活动形成和发展起来的。一个人的人格是对他过去的整个生活历程的反映。人格的形成也和人的生物遗传因素有关，因为人与人的个别差异从婴儿诞生的第一天起就有所表现。作为区别人与人的不同特征的人格，正是在这种先天生物学差异的基础上，在某种社会文化环境的影响下，通过不断的社会性内化过程而逐渐形成起来的。

【难点厘清】

气质是儿童早期个体差异的最早表现，刚出生的新生儿会表现出不同的气质特点，如有的比较安静，有的常常哭闹。气质不仅涉及情绪、遗传和环境，还涉及外部行为的特征。

1. 气质类型理论

最早的气质类型说，可追溯到希波克拉底的体液说，盖伦在此基础上进一步提出气质的四种类型：多血质、黏液质、胆汁质、抑郁质。巴甫洛夫指出高级神经活动具有强度、灵活性和平衡性，并划分出四个基本类型：强、不平衡型，强、平衡、灵活型，强、平衡、不灵活型，弱型。除此之外，研究发现气质的生理基础还有多巴胺受体和5-羟色胺转运体等。

20世纪60年代后期，托马斯和切斯等人把儿童的气质分成九个维度：活动水平、节律性、反应阈限、趋避性、持久性、注意力分散度、注意广度、适应性、反应强度和心境，并根据个体在每个维度上的表现，把气质分成三个类型：容易型、中间型和困难型。

2. 气质与人格的关系

气质和人格都可以用来研究个体差异。研究者在定义气质时往往会从情绪、活动性、反应性等方面进行解释。气质是人格的潜在成分，其形成主要受社会生活经验的影响，它包含了价值、信念、态度等。

气质可以影响和塑造人格。首先，气质影响人们对环境的态度及环境中产生的行为，这种态度及行为模式很容易内化为人格结构，气质影响人格就是调节环境；其次，环境影响个体的强度、持续时间和恒定性会因为气质特质的不同而发生变化；最后，气质可以组织具有一定刺激意义的环境来实现对人格的塑造，获得一定的稳定性，使个体产生对活动和环境的一定偏好。此外，人格维度本身是一种刺激来源，可以影响个体行为。人格模式会接受刺激的影响，又可引起接近或逃避具有一定刺激负荷的活动，从而影响气质特质。

罗斯巴特认为气质上的个体差异影响着婴儿期与童年期的发展，这些个体差异会随着气质的发展形成人格的核心。

总之，气质与人格是关于个体差异的两种不同的概念，气质是人格发展的生物基础。气质是先天就有的，并会在个体与环境的相互作用中受到影响，而人格是在生物基础上、受后天环境的影响而形成的。儿童早期个体差异可用气质来代表，随着个体社会化的发展，人格更适合用来研究个体差异的表现。

【内容拓展】

“人格”一词在生活中有多种含义：有道德上的人格，它指一个人的品德和操守；有法律意义上的人格，它指享有法律地位的人；有文学意义上的人格，它指人物心理的独特性和典型性。在心理学上，由于心理学家各自的研究取向不同，他们对人格的看法也有很大差异。我们认为，人格是构成一个人的思想、情感及行为的特有统合模式，这个模式包含了一个人区别于他人的、稳定而统一的心理品质。

二、人格的特征

1. 独特性

人格的独特性是指人与人之间在心理与行为上各不相同，由于不同的遗传因素、生存及教育环境，各自形成了独特的心理特点。人与人没有完全一样的人格特点，所谓“人心不同，各有其面”，这就是人格的独特性。但这并不意味着人与人之间的个性毫不相同。在人格的形成和发展中，既有生物因素的作用，又有社会因素的作用。人格作为一个人的整体特质，既包括每个人与其他人不同的心理特点，也包括人与人之间在心理、行为上相同的方面，如每个民族、阶级和集团的人都有其共同心理特点。人格是共同性与差别性的统一，也是生物性与社会性的统一。

2. 整体性

人格的整体性是指一个人的能力、情绪、需要、动机、兴趣、态度、价值观、气质、性格以及体质等部分是一体的，不是割裂的单个的部分。人格的整体性是心理健康的重要指标。比如，精神分裂症患者的心理和行为就像失去指挥的管弦乐团，他/她可以看见、听见、思考、行动，但是如活在幻想中的人，看见的事物是我们常人看不见的，听见的内容是我们常人听不见的，做出的行为往往也令人难以理解。

【成长案例】

小玉在成长过程中一直非常看重学习成绩。从小学到高中，她在成绩方面，都是佼佼者。上大学后，小玉对学习成绩的要求丝毫不放松，尤其对数学类课程十分看重，认为数学类课程是她优秀的重要证明，其他都不重要。小玉上课很认真，课后也积极复习、做练习、问问题。随着大学第一次期末考试时间的临近，小玉发现自己越来越焦虑，她想要考出高分，但难以集中精力复习，晚上常常翻来覆去睡不着。

案例分析：人格各种心理成分协调发挥作用对于个人应对生活困难非常必要。如大学生在应对考试时，一般会有一定程度的考试焦虑。在准备考试期间，许多大学生会变得注意力高度集中，学习动机、学习能力增强，学习效率也大幅提高，这也是人格各成分作为一个整体发挥作用的表现。从案例中我们可以看到，小玉是具备较好的学习能力的，但她对取得优异成绩的动机过强等因素，影响了她人格各种心理成分整合协调发挥作用，逐渐呈现出失眠、难以集中精力的情况。

3. 稳定性

人格具有稳定性。个体在行为中偶然表现出来的心理倾向和心理特征并不能表征他的人格。俗话说，“江山易改，本性难移”，这里的“本性”就是指人格。当然，强调人格的稳定性并不意味着它在人的一生中是一成不变的，随着生理的成熟和环境的变化，人格也可能或多或少地发生变化，这是人格可塑性的一面。正因为人格具有可塑性，才能培养和发展人格。

【成长案例】

小明不仅在学校善于交往，喜欢结识朋友，是班级里的活跃分子、大家的开心果，在校外也喜欢交际、喜欢聚会。但我们发现他在医院看望生病的亲人时，显得异常安静。他的人格特征是外向、喜爱社交，安静不算是他的人格特征。因为安静这个特征，并不具备跨情境性，只有在非常特殊的时候会显现。再比如，小宇翻看初中毕业同学录，发现不少同学的留言是这样的：书生气、很聪明、有礼貌、性格温和，标准好男生，很受女孩欢迎。十年过去了，小宇到了工作岗位，他的同事看到这个描述，发现和现在的小宇几乎一模一样。这就是人格的跨时间性。随着年龄的增长，儿童时代的人格特征往往变得日益明显。

【内容拓展】

人格的稳定性并不意味着人格是一成不变的，而是指较为持久的一再出现的定型的东西，并不排除其具有发展和变化的可能性。人格变化有两种情况。第一，人格特征随着年龄增长，其表现方式有所不同。比如，同是焦虑特质，在少年时代表现为对即将参加的考试或即将考入的新学校心神不定，忧心忡忡；在成年时表现为对即将从事的一项新工作忧虑烦恼，缺乏信心；在老年时则表现为对死亡的极度恐惧。也就是说，人格特征以不同行为方式表现出来的内在秉性的持续性是有其年龄特点的。第二，对个人有重大影响的环境因素和机体因素，如移民、严重疾病等，都有可能造成人格的某些特征，如自我观念、价值观、信仰等的改变。

4. 社会性

人格的社会性是指个体会在与他人的交往中不断社会化、不断习得社会经验和行为规范，形成价值观。当我们处于一个社会环境中，这个环境下的行为道德规范、价值观念、信念体系、社会风俗等，都影响着我们如何看待自己和他人，如何做出行为反应。在学校里，我们也常常可以看出北方人、南方人等有不一样的特征，虽然每个人都不同，但一方水土养一方人，不同的环境会造成不同的影响，而这个影响又会和个体自身的性格交互作用，形成他独特的人格特征。

【案例】

孟子的母亲，世人称她孟母。孟子小时候，居住的地方离墓地很近，孟子学了些祭拜之类的事，玩起办理丧事的游戏。他的母亲说："这个地方不适合孩子居住。"于是，孟母将家搬到集市旁，孟子又学起商人做生意的样子。他的母亲又想："这个地方还是不适合孩子居住。"孟母又将家搬到学宫旁边。孟子学会了在朝廷上鞠躬行礼及进退的礼节。孟母说："这才是孩子居住的地方。"就在这里定居下来了。等孟子长大成人后，学成六艺，获得大儒的名望。后来，大家就用"孟母三迁"来表示人应该接近好的人、事、物，从而学到好的习惯。

5. 功能性

人格还具有功能性。在面对挫折与失败时，坚强者能发奋拼搏，懦弱者会一蹶不振。当人格功能失调时，就会出现软弱、无力、失控的情况。从这一角度来讲，人格会起到决定一个人命运的作用，也就是我们常说的"性格决定命运"。

【内容拓展】

人格对认知与智力的影响是人格心理学家非常重视的课题，因为它体现了人格的功能性。一些研究者总结一系列研究结果后认为，同样聪明的儿童，由于人格不同而在问题解决上的成绩明显不同。

20 世纪 80 年代末期，德韦克等人指出，持能力增长观的个体将成就情境看成提高自身能力的机会，把对任务的掌握和自身能力的发展作为追求的目标，是一种控制定向。持能力整体观的个体则将成就情境看成对自身能力的一种检验和测量，关心的是如何获得高成就，以证明自己的胜任力，避免低能的评价，是一种无助定向。

所以，控制定向的儿童倾向于将问题看作一种挑战，在遇到困难时更能采取坚持的态度；无助定向的儿童倾向于自我中伤，产生消极情绪，在困难中屈服。当两组儿童面临困难问题时，控制定向的儿童能更加专注地思考问题，提出新的问题解决策略；而无助定向的儿童则怀疑自己的能力，变得厌烦，从事无关活动。因此，控制定向的儿童会出现"失败后的成果"结果，无助定向的儿童则会出现"失败后的失败"结果。这一研究结果说明，不同人格特征会影响到人的思维方向，进而影响到人的行为结果。人格教育的目的就在于，增强健康人格的功能性，使人在生活中，特别是在逆境中，获取积极的行为结果。

三、人格的影响因素

人格是由遗传与生理因素、原生家庭、学校与社会文化共同影响和塑造的。

1. 遗传与生理因素

心理学家在对同卵双生子的研究中发现，即便是被分开抚养，他们之间的相似性也大于异卵兄弟姐妹，这意味着遗传的作用显著；在脑科学的研究中，科学家也发现人类的一些稳定性的行为表现存在生物学基础。遗传是人格不可缺少的影响因素，对人格的作用程度因人格特征的不同而异：通常在智力、气质这些与生物因素相关较大的特征上，遗传因素较为重要；而在价值观、信念、性格等与社会因素关系紧密的特征上，后天环境因素比较重要。同时，人格的发展过程是遗传与环境交互作用的结果，不存在“全或无”的情况，遗传因素影响人格的发展方向及形成。

【内容拓展】

弗洛德鲁斯等人于1980年对瑞典的1 200名双生子做了人格问卷的测验，结果表明同卵双生子在外向和神经质这两个人格特征上的相关系数均为0.50，而异卵双生子在这两个人格特征上的相关系数分别为0.21和0.23。这说明同卵双生子在外向和神经质上的相似性要明显高于异卵双生子。一项有关高中生的双生子研究，共对1 700名学生施测了《加州心理调查表》（CPI），这一人格调查表包括18个分量表，其中有一些与社会密切相关的人格成分，如支配性、社会性、社交性、责任心等。结果仍是同卵双生子比异卵双生子具有更高的相似性。坦巴斯（Tambs）等人于1991年用艾森克人格问卷对双生子家庭进行了一项研究。他们检验了110个家庭，共有811名被试者，获得了同卵双生子和他们家庭的数据。数据显示，独立的遗传效应对外倾人格的贡献有29%，而非独立的遗传效应的贡献为24%。

20世纪80年代，明尼苏达大学对成年双生子的人格进行了比较研究。在这项研究中，有些双生子是一起长大的，有些双生子则是被分开抚养的，平均分开的时间是30年。结果是同卵双生子的相似性比异卵双生子高很多，分开抚养的与未分开抚养的同卵双生子具有同样高的相关性。

2. 原生家庭

家庭是指以婚姻和血缘为纽带的基本社会单位，包括父母、子女及生活在一起的其他亲属。“原生家庭”一词突出在“原生”，它与“家庭”这一概念有些许不同，是指个人出生后被抚养的家庭，是指个体学习情感经验的最初场所。在这个环境中，个体开始进行最初的生理、心理、情绪情感层面的学习。它通过多个渠道塑造青少年的个性，培养他们把控个体自身情绪的能力，影响他们人格的成长与人际交往模式。

20世纪60年代，著名的心理学家鲍姆莱德通过研究发现，父母教育孩子的方式分为三大类。30年后，麦克毕和马丁在他的研究的基础上，提出了第四种教养方式。这四种教养方式分别为权威型、专制型、放任型和忽视型。而不同的教养方式会养出不同性格的孩子。他们的这个研究也被称为性格遗传研究。

（1）权威型。

权威型父母对孩子有所要求，且对孩子的情感也非常接纳。孩子在跟父母相处时虽然会觉得父母有时候比较严厉，但从来不会怀疑父母对自己的爱，不管什么时候感觉到的都是可靠和安全。权威型父母虽然认为自己在孩子面前应该有身为父母的权威，但同时他们对孩子也非常理解和尊重。看到孩子遇到困难了，他们会用温柔包容的方式来安抚和帮助孩子。

他们的严厉多体现在奖惩分明上面，会鼓励孩子做得好的部分。孩子做错了事，他们也会给予批评。这是一种非常健康的教育方式，在这种环境下长大的孩子通常独立性和自信心都比较强，他们相信这个世界的美好，也相信自己的能力，即便偶尔受挫也能很快恢复。

（2）专制型。

专制型父母会要求孩子绝对服从自己，希望子女按照自己的设想和要求去做。他们会对孩子提出各种各样的要求，如果孩子完不成或做不好，他们就会失望、发脾气，可能还会对孩子实施惩罚。

他们对孩子的情感反馈是拒绝的。在这种家庭氛围中长大的孩子因为父母的严格要求，在学校时会是各个方面表现都不错的学生。他们会时常感到焦虑，觉得自己不行，如果遇到挫折了会产生强大的情绪反应，很难快速调整好自己。

（3）放任型。

放任型父母对孩子非常宽容，几乎不做任何要求，孩子想干什么就干什么，只要他开心，孩子对父母是予取予求。孩子犯错了，他们不会去引导、教训，甚至还会包庇放纵。

在他们眼里，自己的孩子永远都是对的，是好的，而在这样的环境中养出来的往往是“熊孩子”。与此同时，因为父母把孩子照顾得太好了，所以孩子在很多方面都很依赖别人，即便自己能做或者能学会也不会去动手，做事缺乏毅力，经常是三分钟热度。

（4）忽视型。

忽视型父母虽然有一个父母的身份，但根本没尽过父母的责任和义务。他们对孩子完全是放养型养育，不了解孩子的动向，不关心孩子的情绪，对孩子的行为也不做任何要求。孩子稍微跟他们说两句话，他们就表现得不耐烦，可能经常采取给钱的方式来打发孩子，却很少去参加孩子的家长会，也不会在休息时陪孩子参加课外活动。他们对孩子几乎没有关心。在这样的环境中长大的孩子多数具有较强的攻击性，跟其他人很难友好相处，而且情绪起伏不定，在认知和行为上可能还会存在一些问题。

四种类型父母的教养方式见图 4-1。

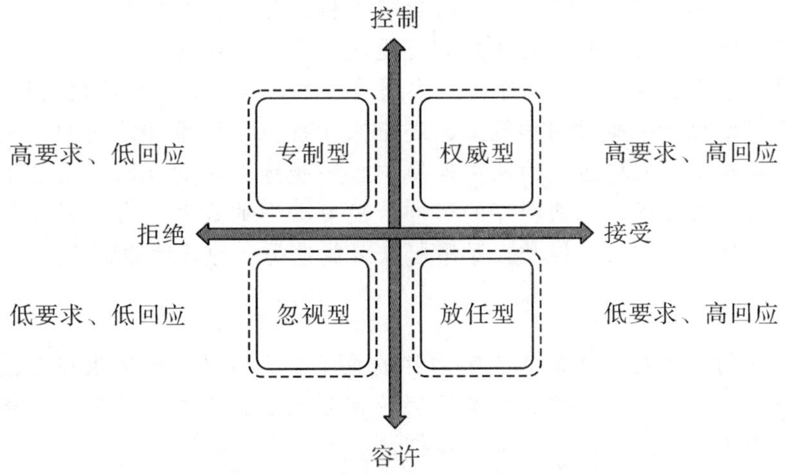

图 4-1　四种类型父母的教养方式

很多心理学研究采用了观察法和访谈法去研究原生家庭，但是所得的结果证明原生家庭与我们的发展相关，但不是因果关系，不能绝对性地证明现在的我们就是原生家庭造成的。而且虽然原生家庭对我们的成长的影响力很大，但是还有其他因素影响我们的成长。当我们去了解原生家庭的问题，并且开始尝试改变时，也就开始重新掌握自己的人生道路。

【案例】

小玲生活在一个父母常年争吵的环境中。从她记事开始，父母就常年吵架，甚至动手打架、摔东西。母亲的情绪波动较大，她不知道自己什么时候做了什么事就会让母亲发火，招致责骂。她总是小心翼翼，对周围的环境非常敏感。有时候寝室同学稍微大声说话，她心里都会"像地震一样晃动一会儿"，有时候别人不经意的一句话，都会让她难过很久。我们不难发现，小玲的家庭环境与她敏感的性格有着重要的关联。

【内容拓展】

一个成年人健康的人格状态是自信，能够保持对世界的好奇，拥有发挥创造力的能力，能够关心外界和陌生人的利他之爱，拥有和他人进行良好互动的合作能力。

为什么有些朋友比较缺爱，总是在一段关系里，渴望别人对自己无条件、真心的爱？因为他们在本该得到原生家庭的爱的时候，得到的不够，甚至没有。

在心理学研究领域，儿童从胎儿到 7 岁这一时期被称为"萌芽期"，这是一个人成长的黄金时期。

心理学家麦肯侬在研究早期童年经验对人格影响时指出：早期的亲子关系定出了行为模式，塑造出一切日后的行为。儿童刚来这个世界的那几年，和原生家庭的回应与互动，对健康人格的形成和成长至关重要。他需要得到来自父母的稳定的正向反馈。

早期经验对人格的影响很大，然而需要注意的是，它与人格的形成并不存在一一对应的关系，且早期经验并不是单独对人格产生影响，而是与其他因素比如同伴关系、学习经历等共同交互作用，从而影响人格的形成。我们需要用积极的态度看待，而不是消极地认为“都是过去的问题造成了今天的自己”。

尽管原生家庭、早期经验对个人的发展有影响，但是，心理学之所以能够繁荣，就在于它不仅发现了一些影响和规律，还带来了疗愈、调整和改变的方法。最后要说的是，早期经验对人格造成的永久性影响也不是绝对化的，因为人在不断发展变化，一些过去无法接受、无法释怀的影响，随着心理的成熟也会被释怀。小时候可能对父母的打骂怀恨在心，但长大了聊起来可能也是一种好玩的记忆。

【案例】

电影《风雨哈佛路》中的主人公丽丝的童年令人心痛，她出生在贫民窟，父母又双双吸毒，还染上了艾滋病，母亲还有精神分裂症。小丽丝常常忍饥挨饿，在学校也成了被嘲笑的对象；因为饥饿，她打过黑工、捡过垃圾……

后来，父亲进了收容所，母亲改嫁、去世。小丽丝决定用知识改变自己的命运，但已经 17 岁的她，身上贴满了各种污秽的标签，面试总是失败。

她攥着仅有的一枚硬币，赶到最后一所学校时，却因迟到错过了面试时间。山穷水尽之时，她壮胆拦住面试老师：“我能占用你十分钟吗?”

面试老师被她的悲惨遭遇打动，当场录取了她。

她努力付出，一点点抢回了失去的时光。最终，她名列前茅，考入哈佛大学，并争取到了一等奖学金。

就算丽丝生在那样的家庭里，她也从不抱怨。她说：“有妈的地方就有家。”她还说：“就算你是世界上最差劲的妈妈，就算在世人眼里，你是人见人怕的瘾君子，我依然那么爱你。”她没有抱怨原生家庭给她造成的不幸，而是勇敢地奔向光明，最终她成功了。

3. 学校与社会文化

在美国教育史上有这样一个非常著名的实验：美国心理学家罗森塔尔某天考察某校，随机从每班抽 3 名学生共 18 人写在一张表格上，交给校长，极为认真地说：“这 18 名学生经过科学测定全都是智商型人才。”事过半年，罗森塔尔又来到该校，发现这 18 名学生的确超过一般学生，再后来这 18 人全都在不同的岗位上干出了非凡的成绩。这就是著名的“罗森塔尔效应”。这个实验说明，老师、权威的期待和关爱会影响学生的发展。学生需要老师的关爱，他们会朝着老师期望的方向发展。

【内容拓展】

费尔德曼等人发现，学生对老师的期望效应也存在，这样的期望对学生和老师都有影响。在一个学习实验中，那些期望自己被一个出色的老师教育的学生，比对老师期望低的学生觉得老师更出色和有趣。此外，这类学生在实际上学到的东西也更多。在一个后继实验中，费尔德曼和普罗哈斯卡录制了一些老师的录像并且让观看者评价他们的表现，当给某个老师分派的学生通过非言语行为传达出积极期望时，该老师被评价为最有能力。

在课堂上也存在这种效应。一个由贾米森领导的研究小组对四个高中班进行了实验研究，这四个班的一门课程由一位新调来的老师教授。在个人访谈中，他们告诉其中两个班的学生其他所有学生和研究者对这位新老师评价很高。研究发现，与对照班级相比，被赋予了更高期望的学生在上课时听得更专心。在学期末，他们也获得了更好的成绩并评价老师讲得更清楚。看来，一个班里的学生对老师的态度和老师对学生的态度同样重要。

学校里的同伴群体对学生的人格发展也有着很大的影响。男生们会玩相同的游戏，女生们聊着彼此感兴趣的话题。部分大一新生的苦恼在于，寝室里的人聊天自己搭不上话，缺乏共同的话题，感觉被排斥，很孤独。为了更好地融入群体，大部分学生会有意无意地接受那个群体的习惯和亚文化。对于这部分的影响，青年学生需要有批判性思维，既能够积极适应，又不过于跟风。

社会文化也承担着塑造人格的功能，比如谦虚、孝顺是中华文化强调的重要品质，我们会表现出与西方文化不一样的集体人格特点。

【内容拓展】

对双生子及有血缘关系的家庭和收养家庭的研究发现，基因的影响大约可以解释人格特性中50%的个体差异。共享环境影响——包括共享家庭影响——只能解释0~10%的人格差异。那么，剩下的40%~50%由什么来解释呢？哈里斯认为，答案是同伴的影响。孩子们比较关注的其实不是父母怎么想，而是他们的同伴怎么想。请思考一下：

学前儿童经常会拒绝尝试某一种食物，即使父母要求也不行。但是一旦他们和一组喜欢这种食物的孩子一起吃饭，他们就会有所改变。

尽管吸烟者的孩子更可能吸烟，但是最主要的影响仍然来自同伴。这些吸烟的孩子大多有一些吸烟的朋友，向他们介绍吸烟的快乐，并给他们提供香烟。

移民家庭的孩子通常偏好新环境中同伴的语言与习惯。如果回到祖国，他们可能会转换回国内的传统文化，但是其内心深处仍然接受同伴的文化。

【小结】

人格是人们日常生活中经常使用的词语，包含了多重含义，有法律意义上的、道德意义上的、文学意义上的、社会学意义上的，等等。心理学上的人格是对英文单词 personality 的翻译，该单词由拉丁文 persona 一词引申出来，意指面具。心理学沿用面具的含义并将其转意为人格，显示人格具有像舞台上根据角色要求所戴的面具一样的“外壳”，表现为一个人外在的人格品质；当然，在面具之下，还有一个人由于某种原因隐藏起来的人格内在特质，这也是一个人的真实自我。人格具有整体性、独特性、稳定性、社会性、功能性等特性。人格说明了一个人的心理状况与发展水平，是在遗传、成熟、教育、环境等先后天因素的交互作用下形成的。不同的遗传环境、生存及教育环境，形成了不同的心理特点。

大学生不仅要有健康的体魄、高尚的思想道德素质、扎实的科学文化知识，而且还要有健全的人格。大学生身心发展正处于青年期，不仅身心会发生急剧的变化，自我意识也将由分化、矛盾冲突逐渐走向统一，这是大学生人格发展、完善的重要时期。每位大学生都应关注自己的人格状况，积极主动地塑造自己，逐步使自己的人格走向健康、完善。

【习题】

1.“幸运的人一生都在被童年治愈，不幸的人都在治愈童年。”你如何看待这句话?

2. 小花在初中时转学到一个新的学校，因带着方言口音，常常被同学取笑、孤立。小花在初中三年几乎没什么朋友，逐渐变得独来独往，不习惯与人亲近。上大学后，她与你分到了同一个寝室，你可以做些什么帮助她?

第二节　人格理论

【导入】

人是复杂的，千百年来，古今中外的人充满了好奇，想要去解释和预测人的言行。智者对其中的奥妙进行总结，形成了不严谨的经验或较为严谨的理论。司马光在他主编的《资治通鉴》里把人分成四类：圣人、君子、小人和庸人。中国儒家传统推崇君子，君子的人格特征是什么？如何获得这些特征？千百年来也有很多论述。我们可以也可以把它看作广义的“君子”人格理论。中国传统文化中讲的五行相生、五行相克，将各种人格融合总结，用五行来区分，即木、火、土、金、水五种人格，这种区分不是绝对的，而是可以相互转化，相生相克，相互共存，是对人格特征认识和分析的一种理论体系。

西方心理学里的人格理论尝试从不同的角度去理解人这种复杂的动物，建立了不同的理论流派。这些理论研究最重要的目的是为研究者提供指导，并将已有的发现组织起来，对那些至今还无人证明或观察的行为和心理学现象做出预测。同时，我们也需要区分科学的理论与信念。人格理论强调理论与研究的相互影响。这些将指导研究者对重要的领域进行调查，解释已有的发现，并对新现象进行预测。同时，这些理论以系统的、可重复的观察为基础。

【互动设计】

题目：人格测试准不准。

步骤1：教师引导。

你在黄昏时分外出散步，发现一间屋子。你从一扇向西的窗户往里看，你的视线突然被屋内的某样东西吸引，吸引你的东西是（　）。

A. 冰箱　B. 微波炉　C. 锅　D. 砧板

步骤2：让几位学生分享自己的答案，说出选择的理由，以及答案与自己某些特点的联系。

步骤3：教师公布答案。

步骤4：让学生分享看到这个答案的体验和心情。

小结：除了星座、血型等娱乐化的投射测试，市面上还有很多其他娱乐化的投射测试，如选择什么动物、物品代表了你的什么性格，就如同上面的例子一样，测试的内容和结论之间根本没有关系，并不能反映出你的人格特点。原因除了概率因素，还有期望效应，当你认为自己属于某种类型时，你会在言行上有意无意地做出那种类型要求的举动，如一个生性叛逆的小学生做了班长，他变得负责、自律，还被大家认为具有领导才能。今天的课程我们就来看看不同流派对人格理论的理解和认识。

一、精神分析流派

精神分析流派也称“精神动力学派”，由奥地利著名精神分析心理学家弗洛伊德提出。该理论主要包含人格的结构、动力、适应及发展四个部分。在结构上，人格是一个整体，包含本我、自我和超我三个彼此交互影响的部分。

本我由人的先天本能、基本欲望构成，代表生物学遗传力量，受“唯乐原则”支配；自我是个体出生后在现实环境中分化发展出来的理智部分，代表后天的学习和经验，遵循“现实原则”；超我是道德化了的自我，包含自我理想和良心，是人格中最文明的部分，追求“完美原则”。本我、自我和超我三者相互调节，和谐运作，就会形成一个发展正常、适应良好的人；三者失去平衡或长期发生冲突，就会导致个体适应困难，甚至演变为心理异常。

在动力上，一切作用于人格的能量都来自本能。人体有多少种需要，就有多少种本能。人体是个复杂的能量系统，操纵人格运转和作用的能叫性力（又称心理能、“力比多”）。它主要向躯体提供并储存能量。他认为，人格的动力状态是由能量在整个人格结构中的不同分布决定的，而一个人的行为则取决于其所具有的动力状态。

人的全部行为都受无意识的本能支配。无意识是人格结构的最深层部分，包括不在意识中出现的心理活动和曾经是意识领域却被压抑起来的心理活动。在适应上，人格处于适应状态就会有快乐的情绪体验；不适应就会引起痛苦的情绪体验，即焦虑。他认为，焦虑分真实性、神经性和道德性三种，根源分别是外部世界、本我和超我。焦虑是可以自我防御的。人格发展主要是本能的发展，本能的根源在于身体的紧张状态，多集中在身体的某些部位，称为动欲区。他将人格发展划分为口唇、肛门、性蕾、潜伏和生殖五个时期。每个时期都有与性有关的特殊的矛盾冲突，每一时期获得的经验决定了他的人格特征。总之，弗洛伊德建立了第一个系统的人格理论体系，标志着西方人格心理学的开始，对现代哲学、伦理学、文学以及社会学都产生了重大影响与冲击。不足之处在于他夸大了性力的作用，他的偏激的还原论，把人还原为动物；他还过分强调无意识内容，贬低意识理性的作用；他的理论和假设缺乏可操作性，难以通过实证加以验证；等等。

【互动设计】

邀请学生根据图 4-2 讲故事：图中女生为什么掩面？她的情绪是什么？

引导学生了解：精神分析理论背景下的投射测验，是给予一个模糊的情境，让人们较为容易地像他所关注的现象一样暴露自己的内心状态、过去的生活经验、情感、个性倾向等。

图 4-2　掩面的女子

二、人本主义流派

第二次世界大战结束后，西方一批学者掀起了人本主义心理学运动，形成了人本主义人格理论，强调人的成长过程和责任。其代表人物有马斯洛、罗杰斯和罗洛·梅等。

美国著名心理学家马斯洛对弗洛伊德的精神分析学（第一思潮）和华生的行为主义（第二思潮）进行了突破和扬弃，形成了心理学的“第三势力”，被誉为“人本心理学之父”。其人格理论中主要包括自我实现、高峰体验和需要层次。首先，自我实现是个体在成长中其身心各方面的潜力获得充分发展的历程与结果，这是马斯洛人格理论的中心。马斯洛认为人有自我实现的潜能，从而达到人性的最高境界。自我实现是一种充分发挥人的潜能和积极向上的人格学说，构成西方行为科学的基础理论。他关注人格特点对自我实现的推动与促进作用，并概括了相关的人格标准和心理特征。其次，高峰体验是指个人在追求自我实现时所体验到的一种接近顶峰而又超越时空的自我的心灵满足感与完美感。马斯洛认为，自我实现本身就是奖赏，是一种“高峰体验”和极度欢乐状态，一种不可思议的或海潮汹涌般的情感，或与自然合一的欢乐感。最后，需求层次是马斯洛动机理论的核心。他认为，个体成长发展的内在力量是动机，而动机由多种不同性质的需求组成。马斯洛把人类的需求概括为生理、安全、爱和归属感、尊重和自我实现五个需求层次。需求的满足是由低层向高层不断发展的。低层的需求得到了基本满足，高一层的需求才会出现。当所有的需求层次相继满足以后，自我实现的需求才能充分表现出来。总之，马斯洛人格理论的影响远远超过了心理学范畴，涉及管理学、经济学、教育学和伦理学等领域。它的不足之处是脱离了一定的社会生活条件，片面强调以个人为中心的自我实现，忽视了个人对社会的服务和贡献。

中国传统文化中的人性观也认为人有一种基本的趋向和追求，即向上向善的趋向。中国古语讲“人之初、性本善”。儒家所有成就理想人格的手段不过是要人们复归本性，即善性、仁性。

【内容拓展】

美国当代著名的人本主义心理学家罗杰斯以“性本善”为出发点和目标，把人的发展看成充分发挥机能的过程，认为人们具有自我实现的倾向。他称其是“个人奋力实现与保护自己的自我结构”。罗杰斯坚持“以人为中心”，相信人的潜力是巨大的，强调人的主观经验和自我实现潜能，认为人生可以自己把握。在他看来，人格是由自我组成的。人格动力源于人的自我实现的需要。每个人都有正向关怀的需求：希望得到他人的爱、接纳、温暖、肯定和尊重的强烈需要。在自我实现目标的驱动下，人会向更好的方向发展。个体能得到正向的他人关怀，才能发展出正向的自我关怀，形成独立和成熟的人格。在罗杰斯看来，好的人生，是一种过程，而不是一种状态；它是一个方向，而不是终点。达到自我实现的人比其他任何时候更聪明、敏锐、机智和强健，是富有创造性的人。罗杰斯对人性的乐观态度对于推动心理研究做出了积极贡献，其理论来源于实践，又指导实践，有很强的实用价值。然而，罗杰斯的人格理论忽视了与社会、与人互动的意义和存在价值，将情绪体验视为自我选择的重要标准，忽视了人的理性和目的性。

三、行为主义理论

行为主义理论强调，人格是个人习惯系统的最终产物。独特的经历使每个人都形成了具有个人特点的对外在刺激做出反应的独特方式，所以形成了不同的人格。行为主义看重外部环境刺激。在中国传统文化中，孔子的儒家思想以“仁”为核心，以“礼”为形式，认为“移风易俗，莫善于乐，安上治民，莫善于礼”，孔子“克己复礼”的“克己”则强调个体的人对自己欲望的约束。由此可见，周公、孔子等儒学文化思想家以圣人的智思，制定了行为规范。

现在很多家庭、学校也在使用行为主义理论来塑造人，比如幼儿园的老师会说：“老师最喜欢听话的好孩子”“老师最喜欢乖乖睡午觉的孩子”。当孩子们做出符合老师期待的行为时，老师发根棒棒糖作为奖励，这就是行为主义理论中的强化，即用一个正面的刺激来加强某一个行为再次出现的概率。大家可以想象，通过不断给予这些奖励，孩子们可能就更容易出现“听话”“安静睡觉”等行为。

【内容拓展】

替代性强化是班杜拉提出的社会学习的重要理论，是指一种榜样替代的强化。一般来说，学习者如果看到他人成功的行为、获得奖励的行为，就会增强产生同样行为的倾向；如果看到失败的行为、受到惩罚的行为，就会削弱或抑制发生这种行为的倾向。这样一来，对榜样行为的强化，通过学习者的观察、体验而可以转化为学习者自身的动机。这样一来，学习者不必亲自经历奖励或者惩罚，也会习得观察到的行为。有些大学生可能在成长过程中，看到同伴因表现得友善、分享，或者考出好的成绩，受到家长、老师的称赞，进而模仿了这样的行为或者渴望习得这样的行为。

四、特质理论

特质心理学家假定，人格特征具有跨时间、跨情境的稳定性。不同的人有不同的特质，或者在某一些特质上有不同程度的差异。特质研究者通常没兴趣预测一个人在某个特定情境下的行为。相反，他们想要预测那些得分处在特质连续体上某一范围内的人有什么样的典型行为表现。特质研究者通常不注重查明行为机制，更关注描述人格和预测行为。重要的特质理论家有高尔顿·奥尔波特、莫雷和卡特尔。

高尔顿·奥尔波特是第一个被公认的特质理论家，他提出了共通特质研究法和个人特质研究法，提出了核心特质和次级特质的概念，以及机能自主性和本体性。莫雷的工作重点是了解“心因性需要”，这是人格的基本要素。卡特尔使用因素分析法，致力于确定构成人格的基本特质有多少种；近期的研究支持人格有五个基本维度（“大五”因素模型）。明尼苏达多项人格测验、16PF测验都属于这种类型。

对特质流派的批评者认为特质测量不能够很好地预测行为，且没有证据支持跨情境的一致性。而人格特质的辩护者认为只要特质与行为能够得到准确测量，就可以发现它们的关系，另外，他们认为“由特质解释的行为编译数量是相当可观和重要的”。

【内容拓展】

在对特质人格的探索过程中，心理学家菲斯克将人格因素分为5个方面。1961年，学者图普斯（Tupes）和克罗斯特尔（Christal）用词汇学方法对8个不同群体的人格的特质变量进行了再分析，发现了外向性、随和性、尽责性、情绪稳定性、智慧或文化5个相对稳定的人格特质因素。之后，许多学者的人格研究形成了“大五”因素模型（big five factor model）。

随后，学者的认识逐步达成共识，认为这5个人格特质是：外倾性（社交性）、宜人性（利他性）、情绪性（适应性）、开放性、尽责性（道德感），即所谓的“大五”人格特质（big five personality traits）。1989年，麦克雷和可斯塔（McCrae&Costa）编制了“大五”人格因素测量量表。之后，该量表在世界很多国家获得验证，我国一些学者也参与了相关研究，至今被广泛应用于职业心理、管理心理、工业心理等研究领域，显示其具有跨文化的普遍性。特别是“大五”的人格维度与工作绩效之间存在相关性，可用于预测未来的工作表现，对人员选拔具有重要参考性。其不足之处在于，理论假设不够充分明确，虽然也体现了人格的静态性，但仅得自5个因素分析的外部观察，不足以充分理解人格和构建人格模型；同时也未能涉及人格最具魅力的动态性。

【内容拓展】

古罗马医生盖伦提出的四种气质类型就属于最早的类型理论。他根据希腊医生希波克拉底的“体液说”提出了四种气质类型，即多血质、胆汁质、抑郁质、黏液质。《黄帝内经》是中医重要典籍，它将五行与人体形态、体质、人格特征等属性进行联系，提出“五行人”并推演出“阴阳二十五人”学说。“阴阳二十五人”包含了理论驱动式、演绎式的人格理论，不同于西方数据驱动式、归纳式的人格理论，因此具有重要的理论价值。

【互动设计】

“你需要别人喜欢你和欣赏你，但你通常对自己要求苛刻。虽然你在个性上的确有一些弱点，但你通常能够设法加以弥补。你在某些方面的能力并没有得到充分发挥，所以还未能变成你的优势。从外表来看，你是一个讲求自律和自制的人，但内心常常焦虑不安。有时候，你会强烈地怀疑自己是不是做出了正确的决定或正确的事情。你倾向于让自己的生活有所改变和变得丰富多彩，在遇到约束和限制时你会感到不满。你很自豪自己是一个能够独立思考的人，如果没有令人满意的证据，你不会接受别人的观点和说法。不过，你也觉得在别人面前过于直言不讳并不是明智之举。有时候你很外向，比较容易亲近，也乐于与人交往，但有时候你很内向，比较小心谨慎，而且沉默寡言。你有很多梦想，其中有一些看起来相当不切实际。”

教师让学生用0~10分表示以上这段话的描述与他们自身特点的符合程度。实际上，上面这段话是从网络上对12个星座特点的描述中，每个星座摘取了一句话凑成了这段话。教师进而引出巴纳姆效应的概念：人很容易相信一个笼统的、一般性的人格描述特别适合他。即使这种描述十分空洞，他仍然认为反映了自己的人格面貌。教师借此引导学生正确看待星座测验等。

五、认知理论

认知理论认为，每个人人格的不同是由人们信息加工的方式不同引起的。乔治·凯利是个人建构理论的早期开创者。他认为，人有着去认识世界的本能。他把人比喻为科学家，总是力求更好地预测将要发生在他们身上的事，他把这一过程中使用的认知结构称为个人建构。凯利还认为，心理问题源于焦虑，焦虑是由人们不能预测的事件引起的。《周易·系辞上》中的“仁者见之谓之仁，智者见之谓之智”也就是这个道理。

认知心理学家描述了几种认知结构以解释个体差异和个体内部信息加工过程。最重要的认知结构是有关我们自己的认知表征。研究结果表明，当某一信息与我们自己有关系，我们能更容易地知觉到或回忆出。有关未来自我的认知表征会影响人的行为。

阿尔伯特·艾利斯是从认知角度对心理治疗进行探讨的早期倡导者。他认为，当人们使用非理性观念时就会出现情绪问题。理性情绪疗法就是帮助来访者看到他们自己用了什么样的非理性观念并用合理的管理方式对情绪进行管理。在自我指导训练中，来访者学会用更恰当、更积极的内心独白取代原来消极的内心独白。凯利用行为项目网技术来测量人们在建构方面的差异。

认知流派对人格探讨的贡献之一就是其强有力的实验背景。其主要问题在于，认知心理学家使用的概念都比较模糊，另一个问题在于，是否有必要总是用认知去解释行为。认知学派没有一个概括的模型把所有研究工作组织起来。

【内容拓展】

理性情绪疗法是艾利斯于20世纪50年代创立的，他认为人的情绪和行为障碍不是由某一激发事件（activating event）直接引起的，而是由经受这一事件的个体对它不正确的认识和评价所引起的信念（belief），最后导致在特定情景下的情绪和行为后果（consequence），这被称为ABC理论。

通常认为情绪和行为后果的反应直接由激发事件引起，即A引起C。而ABC理论指出，诱发性事件（A）只是引起情绪及行为反应的间接原因，而人们对诱发性事件所持的信念、看法、解释（B）才是引起人的情绪及行为反应（C）的更直接的原因。

按照理性情绪疗法的观点，人们有不计其数的信念，它包括认知、想法和主意等。这些信念是影响认知、情绪和行为结果的直接和主要因素。尽管看起来好像是诱发性事件引起结果，但B处于A与C之间，是A的更直接的原因。人们总是按自己的信念认识A，并按照带有偏见的信念和一定情绪结果去认识和体验A。因此，人们实际上从来不会体验到没有信念（B）和结果（C）的诱发性事件（A），而没有诱发性事件（A）也体验不到信念（B）和结果（C）。信念可以有不同的形式，因为人们有各种各样的认知形式。在理性情绪疗法中，主要关注的是合理的信念和不合理的信念，前者导致自助性的积极行为，而后者则会引起自我挫折和反社会行为。

【小结】

不同流派对人格产生的根源有自己的解释，并给出了相应的概念、假设、观点和原则。本节从精神分析流派、人本主义流派、行为主义理论、特质理论、认知理论五大流派进行了人格理论的介绍。精神分析流派认为人格是由本我、超我、自我组成的。人本主义流派认为人的成长以需求为基础，每个人都希望成长，发挥自己的潜能。特质理论认为个体所具有的神经特性，有支配个人行为的能力，使得个人在变化的环境中给予一致的反应。认知理论认为，人格差异是由于人们对信息加工方式不同造成的。

这些人格理论对于大学生理解“我是怎样的人”具有重要作用。大学阶段正处于认识自我、理解自我、发展自我、完善自我的重要时期，大学生通过科学的渠道认识自己，可以发现更好的自我，对身心健康发展有着重要意义。

【习题】

1. 为什么平时严谨、严格要求自己的A同学会有通宵打游戏、完全不学习的行为？

2. 晓珍打电话约朋友吃饭，但是朋友拒绝了，于是她担心自己是不是做了什么让朋友不高兴的事，所以才拒绝她的邀请。晓珍发现，自己在人际关系中常常患得患失。你觉得这可能是什么原因？

第三节　健康人格塑造

【导入】

传统文化中的修身观，和健康人格塑造有类似之意，都是通过一些正确的方法，让一个人的内心状态、人际关系和外在行为日趋成熟，并能够发挥自身潜能，成为有用之才。《大学》提到，上至君子圣人，下至平民百姓，都需要修身。党的十八大以来，习近平总书记在多次会议讲话中引用“吾日三省吾身”“见贤思齐，见不贤而内自省也”等著名论断，并在其著作中都提到修身的重要性。

已全面建成小康社会的中国，目前急需的是能够促进人们情感丰富和境界提升的精神食粮，中国古代的修身文化就是这样的精神食粮，在提升人们道德修养的过程中发挥着关键作用。

修身思想是在先秦时期初步形成的，经过儒家先贤们不断发展与完善，形成了一整套内容丰富的修身体系，在修炼自身、修炼与他人相处之道等方面都有独特的理论建树。在修炼自身方面，修身思想主张个体进行内省，力求做到“吾日三省吾身”，深刻剖析自我，养成“反求诸己”的内省习惯；强调个体应具有坚持不懈的毅力，即便在逆境中也要做到修身养性。在修炼与他人相处之道方面，修身思想奉行忠恕之道，强调不应把自己不愿意做的事情强加给别人，发展自己不能以损害他人的利益为前提，要培养“达己达人”的利他情怀。此外，修身思想不光重视自身善，还强调社会善，认为个体应做到“独善其身”与“兼济天下”，将个人理想与社会理想有机统一。

传统儒家的修身思想虽远隔千年，但在当下一点也不过时。挖掘其时代价值对于提高国民文明程度和增强社会文化软实力具有重要意义。

【互动设计】

授课教师提前准备好课件，上面写着以下 24 个词语。授课教师可以选择只呈现词语，也可以把它的注解也呈现出来。

（1）创造力（creativity）：善于寻找新颖独特且行之有效的解决方案。

（2）好奇心（curiosity）：爱好探索、发现，对外界事物充满兴趣。

（3）开放性思维（open-mindedness）：考虑问题全面而透彻，不会妄下结论。

（4）好学（love of learning）：喜欢学习、掌握新的知识和技巧。

（5）洞察力（perspective）：有良好的洞察力，博闻强记；擅长给别人意见和建议。

（6）勇敢（bravery）：不怕挑战、痛苦甚至痛苦，在逆境中仍能坚持自我。

（7）毅力（persistence）：善始善终，迎难而上。

（8）正直（authenticity）：坦荡无私，勇于承担，矫饰造作。

（9）热情（zest）：富有激情，能量充沛，感到人生无限精彩。

（10）善良（kindness）：与人为善，助人为乐，慷慨大方。

（11）爱（love）：善于分享，与人亲近，拥有并珍惜与他人建立的亲密关系。

（12）社交能力（social intelligence）：善于体察自己与他人的情绪，懂得顾及他人感受。

（13）公平（fairness）：公平待人，一视同仁，不抱偏见与歧视。

（14）领导力（leadership）：带领团队完成任务，注重维系成员之间的和睦关系。

（15）责任心（teamwork）：忠心集体，有归属感，恪尽职守。

（16）宽恕（forgiveness）：原谅他人，无报复心。

（17）谦虚（modesty）：不夸大自己的价值，不妄自尊大。

（18）谨慎（prudence）：谨言慎行，不擅自做决定，不冒无谓的风险。

（19）自我调节（self-regulation）：合理把控自己的情绪和行为。

（20）欣赏美（appreciation of beauty）：善于发现自然、艺术、科学乃至生活点滴中的美好。

（21）感恩（grateful）：对拥有的一切心怀感激，乐于通过言行来向他人表达感谢。

（22）希望（hope）：对未来满怀积极的期待，相信会实现美好的愿望。

（23）幽默（humor）：可以为他人带去欢乐，擅长开玩笑、说笑逗趣。

（24）精神信仰（religiousness）：追求一个更高的目标，并有坚定的信念能付诸实践。

教师可播放轻柔的音乐，让学生先默默地看这些词语，让思绪自由流淌；然后让学生选出前3~5个词语作为自己的“招牌优点”，就像是餐厅有自己的招牌菜一样。教师可解释：“你的招牌优点就是你最擅长、使用起来毫不费力的特质。如果你是右利手，使用招牌优点就像请你用右手写自己的名字一样轻松。”

在了解招牌优点是哪些后，教师可以让学生反思一下：过去人生中经历挫败与困境时，你有使用到这些招牌优点吗？这些招牌优点如何帮助你走出困境？例如：小张的招牌优点是好学，当他反思检视过去经历的困境时，才意识到，原来这是过去帮助他走出困境的支柱。在新冠肺炎疫情期间，疫情让小张很焦虑，但“好学”的特质让他大量阅读科学文献去了解这个病毒，他也听了许多和心理健康有关的线上讲座，并阅读许多书籍，这些知识带给他力量和安定，让他知道可以如何面对疫情。

一、什么是健康人格

健康人格是人格研究中逐渐产生并形成的。众多定义公认健康人格者能有意识地控制自己的生活，具有自我同一性，能正视现实，具备情绪调节能力，有责任感，有目的性，有创新和开拓精神等。乔拉德认为：“健康人格是人行动的方式，这种方式由理智引导并尊重生活，因此人的需要得以满足，而且人的意识、才智，以及热爱自我、自然环境和他人的能力都将得以发展。”奥尔波特在研究中写道：“健康人格不受无意识理论的控制，也不受童年心灵创伤或冲突的控制。心理健康者的功能发挥是在理性和意识水平上进行的。这意味着控制他们的力量是实际影响他们生活的那些因素，并且他们的定向依据是当前以及自己对未来的目标。”

【内容拓展】

早在20世纪20年代，人格心理学家奥尔波特就在自己对健康人格的研究中提出了“成熟人格”的概念和模式，这被后人如舒尔茨当作最早的健康人格模式。

在奥尔波特之后，又有许多心理学家提及健康人格的概念，他们中不乏在心理学界颇有声望的学者，如新精神分析学派的领导人物荣格、心理学第三势力的代表人物罗杰斯和马斯洛等。由于心理学理论研究传统的影响，人格研究中对健康人格的研究始终处于从属地位。

1977 年，美国当代心理学史学家杜安·舒尔茨的《成长心理学》一书出版，其中介绍了 7 种健康成长模式。1978 年，美国心理学会建立了第 38 分支学会——健康心理学分会，并创办了《健康心理学》杂志。健康心理学研究旨在助人调适生活，预防疾病，提升病后复建工作的功效。健康心理学的确立有效地推进了健康人格的研究。与此同时，健康人格的培养与教育也受到更多的关注。

二、关注人格中的积极品质

积极心理学的研究不同于传统心理学，它着力于对积极情绪、积极关系和积极品质的研究，尤其关注人格中的积极品质。对大学生来说，要塑造健康人格，不断发现、强化自身的积极品质是一条切实可行之路。

积极品质是指有竞争力的品质，是个人认知、情感、行为的体现，是能够促进个人实现自我、追求成就和有价值生活的内在的、稳定的、具有道德含义的人格特质。积极心理学所倡导的积极品质本就根植于人的心灵之中，是人类大脑进化的产物，当代物质文明发展迅速，越来越富裕的社会生活为人们积极品质的实现和开发提供了现实基础。与传统竞争社会中的人性需求相比，人们越来越意识到人性的积极向上，以及人与人之间的博爱、互助的重要性，从而追求高质量的生活方式。

三、精神分析流派的健康人格观

1. 弗洛伊德的结构理论

弗洛伊德的结构理论把人格分为本我、自我和超我三个结构。本我、自我和超我三者之间相互作用、相互联系。本我不顾现实，只要求满足欲望，寻求快乐；超我按照道德准则对人的欲望和行为多加限制；而自我介于本我和超我之间，它以现实条件实现本我的欲望，又要服从超我的强制规则，它不仅必须寻找满足本我需要的事物，而且还必须考虑到所寻找的事物不能违反超我的价值观。因此，自我扮演着协调和管理的角色：一方面设法满足本我对快乐的追求，另一方面要使行为符合超我的要求。所以，自我的力量必须强大到能够协调它们之间的冲突和矛盾，否则，人格结构就处于失衡状态，久而久之导致不健全人格的形成。健康人格的基本特征为：能认识自己，能接纳自己，能对自身的能量做建设性分配。

在以上的过程中，弗洛伊德认为“升华”是非常成熟和具有建设性的方式。升华是指被压抑的原始冲动或欲望另辟蹊径，用符合社会认同的建设性方式表达出来，把原来的能量与愿望转移到另外的、社会能接受的、有利于文明发展的对象上，并因此而有所作为。举例来说，针对富有攻击性的孩子，办法是让他们参加对抗性比较强的体育项目，让他们在激烈的竞技中展示能力、消耗热量。再比如，针对处在青春期性萌动的孩子，办法是让他们全力投入学习，课余多参加集体活动和文艺活动，从而让孩子心有所悟、施展才华、释放能量。

司马迁在《史记》中描述道：“古者富贵而名摩灭，不可胜记，唯倜傥非常之人称焉。盖文王拘而演《周易》；仲尼厄而作《春秋》；屈原放逐，乃赋《离骚》；左丘失明，厥有《国语》；孙子膑脚，《兵法》修列；不韦迁蜀，世传《吕览》；韩非囚秦，《说难》《孤愤》；《诗》三百篇，大底圣贤发愤之所为作也。”这就是升华的表现。而司马迁自己就是一个升华的典范：他在承受了宫刑之后写出了流芳千古的《史记》。

2. 阿德勒的健康人格模型：具有社会兴趣的人

社会兴趣是指对社会怀有积极的看法，并对增进社会福利怀有强烈的兴趣，相信自己能与他人友好合作以共同增进社会利益，并能与大家一同造福社会。阿德勒认为，从自然的观点来看，人是一种天生非常柔软的动物，离开社会的保护，人类就不可能进化。因此，作为一种社会存在，为了保护自己的持续发展，每个人都必须在适应社会环境的过程中发展自己的精神器官。在这个过程中，健康的人就发展出了社会兴趣，它的产生帮助人补偿了自身的软弱性。

阿德勒认为“合作”是贯彻“社会兴趣”这一理念的具体行动。是否合作不仅是一个人心理健康与否的标志之一，也是预测一个人心理健康水平高低的指标之一。生活作风是一个人在追求某一特殊优越目标的奋斗过程中建立起来的，具体的生活作风表现为人们如何生活以及如何处理问题和与人交往。

在阿德勒的框架下，我们可以从培养自己具备快乐、同情和谦虚等特质入手，不断提升自己的社会感与合作能力。

四、存在–人本主义学派的健康人格观

1. 弗兰克的健康人格模型：寻求生活意义的人

生命的意义感是一种生命有价值，生活有目的、有方向感的主观体验。和一般人所认为的不同，生命的意义感不是玄妙而无用的。研究表明，生命意义的缺失将妨碍个体的自我认同，与低自尊、焦虑、抑郁甚至自杀风险相关。生命意义缺失的体验将激发起个体强烈的重构意义的动机，引导人们投入意义寻求的努力中去。心理学家弗兰克在1946年创立了意义疗法，他认为，具有健康人格的人是能寻求生活意义的人。而寻求生活意义，是指超出自我中心，达到超越自我，使自我全神贯注于追寻和实现生命的意义与目的上。其实人对意义的需求远远超过了意义对人的需求，意义感不仅具有重要的成长功能，还具有十分重要的心理保健功能：具有选择自己态度的自由；能负责任地对待自己的生活；有意识地控制自己的生活，不受外在力量左右；超越了对自我的关心，把生活目标指向未来；对工作有献身精神；具备给予爱和接受爱的能力；为自己缔造有意义的生活。

2. 帕尔斯的健康人格模型：此时此刻的人

帕尔斯发现，每一个有机体都趋向于整体性和完整性，如果在发展过程中因为某些原因遭到阻止或受到伤害，那人格的整体就受到了破坏，会出现“未完成的事”，而完成“未完成的事”会成为人格发展的驱动力。人们被这些未完成的事驱使，并按照自己的价值观对这些未完成的事按照重要性依次排序，并进行自我调节。

帕尔斯认为一个健康的人能了解并接纳自己的冲动和渴望；不断地觉察当前；学习承担责任，应对问题；以自我支持取代环境支持；能克服挫折，发掘潜能。每个人不一定都拥有明天，但都实实在在地拥有当下，所以我们应活在当下，对当下负责，让自己的身体和头脑、目标与现实完成整合，并最终实现自己目标。

【内容拓展】

正念的英文名是mindfulness。什么是正念呢？作为大学生，又该如何学会用正念的方法帮助自己？

我们首先需了解心理学上的正念的定义。正念减压疗法创始人卡巴金博士的定义是：正念是以一种特定的方式来觉察，即有目的地觉察，在当下不做任何判断，人的思想不再漫无目的地发散、妄想，而是把内在和外在的意识体验专注于当下的事物。卡巴金博士强调正念是一种心理过程。

根据卡巴金博士的定义，正念的特点总结如下：

第一，觉察。

大家可以静坐或者其他方式有目的地关注自己的身体，比如关注身体的某个部位、关注呼吸等。但是请大家注意，这种关注并不是一个刻意的任务，而是要放松。

第二，关注当下。

“活在当下”是一句大家常说的话，但人们的思绪经常飞到过去和未来。大家可通过觉知呼吸，让自己的意识回到当下。在觉知呼吸时，加上不断觉知身体和意识的体验，人们飘忽不定的意识和思绪就会不断回归到当下。

第三，不做评判。

在日常生活中，大家总是对自己的想法、感受做出各种评判，但正念的过程恰好是不做评判。比如你觉察到自己的头有点痛，那就带着一种接纳的态度，而不是抱怨、指责、抗拒或担忧。如果你浮现出一个念头，比如“今天上午的高数课我又没有听懂”，请不要继续与这个念头纠缠，而是把注意力回到呼吸上，不做任何是非对错的判断。

根据这三点，大家可以在任何时候安静地坐下来，闭上眼睛，自然呼吸，去觉知身体、觉知呼吸，抱着接纳的心态，在当下体验一切的发生。久而久之，你的情绪会变得更稳定、平和，专注力也会增强，有益于身心健康。

3. 马斯洛健康人格模型：自我实现的人

马斯洛用“自我实现者”这个概念描述他所认为的具有健康人格的人。他概括道：“自我实现的定义是各式各样的，但一致同意的坚实核心还是能看到的。所有的定义都含有：承认并表述了内部核心或自我实现，即那些天赋能力、潜能、完善的机能、人类和个人实质有效性的现实化。它们全都意味着极少出现不健康、神经症、精神病、人类和个人基本能力的减退或丧失。”

他概括了自我实现者的特点：对现实和环境的认知能力较强，并能和它们安然相处；能接受自己、他人与自然；内心生活、思想、行为自然、率真；遇事以问题为中心，而不以自我为中心；较能够且喜欢独处；比较独立自主；能够接受与欣赏新奇的事物或经验；有神秘或高峰经验；较能建立久远的人际关系；具有较强的民主性格特质；能够清楚地分辨出手段与目的的不同；有着不带敌意而富于哲理的幽默；比较具有创造性；较能超越各种对立性而达到统整状态。马斯洛同时指出，自我实现者并不是完美无缺的人，他们也有弱点甚至缺点。

五、健康人格的塑造

大学生健康人格的塑造是指个体在一定的社会环境下，通过吸收一定的社会文化，经过自身的努力和社会、学校教育的影响，使自身人格逐步健康化的过程。大学生健康人格的塑造要服从人格发展的规律和我国现代化建设与社会进步的现实需要。具体来说，可从以下几方面进行：

1. 树立人格榜样，获得人格认识

首先，中华民族的优秀传统文化和伟大的民族精神应该成为大学生健康人格自我塑造的必修内容。其次，每个国家、民族突出的文化精神值得我们学习。如俄罗斯人的大无畏精神和创新精神。再次，学习英雄人物、先进模范的高尚人格。如屈原、岳飞的爱国精神，包拯、海瑞的刚正廉明，雷锋的乐于助人，焦裕禄的无私奉献精神等。最后，以现实生活中具有优秀人格的人，如身边的同学、朋友、亲人等作为榜样，取其精华作为自己的目标，锲而不舍，经过长期努力，最终实现自己的健康人格目标。

2. 加强自我修养，追求高尚人格

自立、自信、自尊、自强是大学生健康人格的四大基础，也是未来创造型人才的必备素质。一是培养自立意识。自立是指个体从自己过去依赖的事物里独立出来，对自己的承诺和行为负责的过程。二是培养自信心。自信心是指个体对自己的积极肯定和确认程度，是对自身能力、价值等做出正向认知与评价的一种相对稳定的人格特征。三是保持自尊。自尊是指个体要求社会、集体和他人尊重自己的社会地位和荣誉的心理倾向。它和自我接受、自我肯定、自我赞许相联系。四是有自制力。自制力是指一个人自觉地调节和控制自己行动的品质。自制能力强的人，能够选择正确的行动动机，调节行动目标和行动计划，理智地控制自己的欲望，对不正当的欲望坚决予以抛弃。

3. 科学认识自我，优化人格整合

为了有效地进行人格塑造，大学生应该充分了解自己的人格状况，深刻理解动机，明确人格塑造的目标、内容、途径、方法。认识自我是改变自我的开始。人格塑造也就是优化人格整合，达到人格的健全。人格整合，是指随着个体心理的成熟，人格的各个方面逐渐由最初的互不相关发展到和谐一致状态的过程。这个过程一要扬长避短，二要择优汰劣。扬长避短就是使自己良好的人格品质在生活实践中进一步发扬光大、日趋巩固，尽量克服不良的品质；择优汰劣就是选择良好的人格品质作为自己努力的目标，针对自己人格上的缺点、弱点予以纠正。

4. 学习科学知识，提高文化素养

学习科学知识，提高文化素养的过程就是人格优化的过程。荣格有句名言："文化的最后成果是人格。"培根也有句名言："知识就是力量。"各学科知识的全面掌握是人格健康发展的智力基础，对此，培根的论述很深刻："读史使人明智，读诗使人灵秀，数学使人周密，科学使人深刻，伦理学使人庄重，逻辑修辞之学使人善辩，凡有所学，皆成性格。"当代大学生应博览群书，做到科学与人文并重。

5. 投身社会实践，崇尚人格践行

实践是人格发展的必由之路，一个人的勤奋、坚韧、乐观、细致等人格特征都是长期实践锻炼的结果。大学生应积极参加各种有益身心健康的实践活动。一个人的言行往往是其人格的外化，反过来一个人日常言行的积淀成为习惯就是人格。例如一个人有刷牙、梳头、洗手、勤换衣服、常剪指甲等习惯，这就反映了他具有"讲究卫生"这一人格特质。因此，塑造健康人格要从眼前的小事做起，无数个小事可"聚沙成塔"，最终构建成优良的人格大厦。

6. 积极锻炼身体，丰富业余生活

人格发展的过程是体质、心理因素与智力因素协同作用、相互促进的过程。健康的体质是人格健全发展的物质基础。大学生在学习之余，应加强体育锻炼，培养广泛兴趣，养成良好的生活习惯，参加各种有益的社会公益和文体活动。大学生应在丰富的业余生活中陶冶性情，增长见识，增进人际沟通，使自己的生活丰富多彩，身心更加健康。

7. 主动融入集体，发展人际关系

健康人格的发展、塑造过程，是个体社会化的过程，是与他人、集体、社会相互作用的过程。集体是健康人格塑造的土壤，塑造健全人格必须发展良好的人际关系：尊重社会习俗、理解他人的需要、真诚地赞美他人、多与他人沟通、保持自尊和独立等。友好和谐的人际关系可以使个人的情感得到陶冶，归属与爱的需要得到满足。

8. 正视社会现实，积极适应环境

对环境的不同态度，常可影响到大学生的人格特征。大学生在学习、生活过程中应对现实生活持正确的态度。一帆风顺时不要骄傲；处于逆境时不要怨天尤人，审时度势、树立战胜艰难险阻的勇气和信心，积极适应环境。大学生应使自己在顺境中健康成长，在逆境中磨炼意志，逐步达到人格健康化的目标。

9. 把握正确尺度，防止"过犹不及"

凡事都有"度"，大学生在人格塑造过程中应把握辩证法，否则就会"过犹不及"，适得其反。具体说来，应该是：自信而不自负，自谦而不自卑，勇敢而不鲁莽，果断而不冒失，稳重而不犹豫，谨慎而不怯懦，豪放而不粗俗，好强而不逞强，活泼而不轻浮，机敏而不多疑，忠厚而不愚蠢，干练而不世故，等等。人格"度"的把握还表现在不同的人格特质要协调发展，做到"刚柔兼济"，这样才能形成合理、和谐的人格结构。此外，还要因人因时因地表现人格特征，即所塑造出的人格应有韧性，有较强的应变、适应能力。

【小结】

健康人格是指各种良好人格特征在个体身上的集中体现。对健全人格的理解因人性观、价值取向及方法论的不同而各异：弗洛伊德认为正视并建设性满足自己的人才是具有健康人格的人，阿德勒认为具有社会兴趣的人才是具有健康人格的人，弗兰克认为具有健康人格的人是能寻求生活意义的人，帕尔斯认为一个健康的人是活在此时此刻的人，马斯洛认为一个健康的人是自我实现的人。

具有健康人格的大学生更具有创造性、更能自我实现、更能不断发掘自身潜能、拥有的主观幸福感更强。因而，大学生健康人格的塑造要服从人格发展的规律和我国现代化建设与社会进步的现实需要，具体可从以下几个方面进行：树立人格榜样，获得人格认识；加强自我修养，追求高尚人格；科学认识自我，优化人格整合；学习科学知识，提高文化素养；投身社会实践，崇尚人格践行；积极锻炼身体，丰富业余生活；主动融入集体，发展人际关系；正视社会现实，积极适应环境；把握正确尺度，防止“过犹不及”。

【习题】

1. 小明比较内向，虽然知道性格内向、外向都有其优势，但是他特别想做出一些改变，尤其是在需要公开发言的场合，小明往往不敢主动发言。如果你是小明的朋友，你会给他提出一些什么建议？

2. 小花知道阅读可以增强自己的内涵，健身可以帮助自己拥有健美的身材，但是她坚持一段时间后就会中断，这令小花很自责，认为自己是没有毅力的人。这样的想法令小花在接下来一段时间难以再投入阅读与健身。如此反复，小花觉得很痛苦。她可以如何调整？

【参考文献】

[1] 迈尔斯. 社会心理学 [M]. 张智勇，乐国安，侯玉波，等译. 北京：人民邮电出版社，2010.

[2] 黄希庭. 人格心理学 [M]. 杭州：浙江教育出版社，2002.

[3] 许燕. 人格心理学 [M]. 北京：北京师范大学出版，2009.

[4] 夏翠翠. 大学生心理健康教育 [M]. 北京：人民邮电出版社，2017.

[5] 董世军，冯文艺. 君子人格塑造的自我教育路径探析 [J]. 佳木斯职业学院学报，2018 (6)：227.

[6] 夏凌翔，黄希庭. 青少年学生的自立人格 [J]. 心理学报，2006，38 (3)：382-391.

[7] 田园，明桦，黄四林，等. 2004 至 2013 年中国大学生人格变迁的横断历史研究 [J]. 心理发展与教育，2017 (1)：30-36.

[8] 杨薛雯.“90 后”与“80 后”大学生人格特质比较研究 [D]. 上海：华东师范大学，2010.

[9] 辛自强，辛素飞，张梅. 1993 至 2009 年大学生焦虑的变迁：一项横断历史研究 [J]. 心理发展与教育，2011 (6)：648-653.

[10] 格里格，津巴多 [M]. 王垒，等译. 北京：人民邮电出版社，2003.

[11] 杨眉. 健康人格心理学 [M]. 北京：首都经济贸易大学出版社，2016.

[12] 梁宁建. 当代认知心理学 [M]. 上海：上海教育出版社，2003.

[13] 卢宣伊. 大学生蓬勃发展的优势性格和自我力量 [D]. 西安：西安石油大学，2017.

第五章　大学生生涯规划

第一节　大学生生涯规划概述

【导入】

2017年4月13日，中共中央、国务院印发《中长期青年发展规划（2016—2025年）》，这是新中国成立以来第一个国家层面的青年发展规划，为青年的教育培养事业搭建起重要的顶层设计。文件在序言部分指出："青年发展事业与社会主义现代化建设的新要求、经济社会发展的新形势、广大青年的新期待相比，还存在不少亟待解决的突出问题。"这些问题之中就包括"青年就业的结构性矛盾比较突出，影响就业公平的障碍有待进一步破除；青年创业创新的热情有待进一步激发，鼓励青年创业创新的政策和社会环境需要不断优化"。

高校在引导青年发展、做好大学生职业生涯规划工作中理应坚定不移地以马克思主义为指导。1835年8月，马克思在《青年在选择职业时的思考》中详细说明了青年在选择职业时应遵循的原则和目标，指出职业选择必须重视三大因素：首先是选择自己热爱的职业，其次是要选择适合自身体质的职业，最后是要选择自身能够胜任的职业。通过这篇论文，马克思表达了为全人类而工作的远大目标和崇高理想。

【互动设计】

本节的教学重点是生涯以及生涯规划概述，可设计三个互动环节。一是在给学生讲解生涯所具有的方向性、时间性、空间性、独特性四个主要特性后，请学生结合自身实际分析自己之前的生涯状况。二是在介绍完生涯规划的全部概念和特点后，请学生思考今后自身的生涯规划，并进行分享。三是现实中，在生涯规划上多有榜样的引领作用，可以请学生分享自己职业生涯上的榜样，通过分享讨论，帮助更多的学生寻找适合自己生涯规划发展中的榜样，达到靠近榜样、学习榜样、成为榜样的教学指导效果。

一、生涯的定义

《说文解字》中“涯”的含义是：“水边也。从水从厓，厓亦声。”《庄子·养生主》中有一句话：“吾生也有涯，而知也无涯，以有涯随无涯，殆已。”生是指生命或人生，涯是指边际，原意指生命有边际、限度。“生涯”在英语中是career，指致力于某种事业。美国生涯理论专家舒伯将生涯定义为：它是生活里各种事态的连续演进方向；它统合了人一生中依序发展的各种职业和生活角色，由个人对工作的投入而流露出独特的自我发展形式；它也是人生自青春期到退休之后，一连串职位的综合，除了职业之外，尚包括任何和工作有关的角色，如学生、受雇者、领退休金者，甚至也包含了副业、家庭、公民的角色。我们常说的职业生涯这个概念，是指一个人在工作生活中所历经的所有职业或职位的总称。职业生涯也是以“工作”为中心的历程，是从进入工作生活到退出工作的一段历程。

【内容拓展】

在中华传统文化语境下，生涯的概念更广。中国文人把生涯视为一种生活方式，刘长卿有诗云：“杜门成白首，湖上寄生涯。”生涯咨询专家金树人认为，career的本意就有竞争、冒险的含义，这比较贴近中国文化中“志业”的概念，是致力于某种事业的意思。“志”字上面是“士”，下面是“心”，这个“心”包含着致力于此的决心和憧憬，但是在古代，中国“士”阶层的人，普遍向往学而优则仕，主要的生涯目标就是出仕成为官吏，成为君子。钱穆认为中国人强调一种通才取向的生涯观，既强调谋得一官半职，光宗耀祖；也强调这个职位对个人的职能要求是术德兼修、内圣外王。西方人的生涯观更强调专业化和职业化，自我在职业发展中得以充分发展，而中国人的生涯观不仅包含自我的充分发展，也包含关系的和谐，如自我与他人（特别是家人）、自我与社会、自我与职场的和谐。

二、生涯的四个特性

生涯虽大却大不到与生命、生活画上等号，不过也没有小到和工作、职业相同，它有很多特性，本节内容主要讲生涯的方向性、时间性、空间性、独特性这四个特性。

1. 方向性

方向犹如灯塔，没有方向，就谈不上发展。研究蚂蚁世界的知名生物学巨匠魏尔森在其自述中提及，决定他生涯方向的是他性格中较为内在的那个男孩，“我只想成为第一个发现某些事物的人”，内在的声音即魏尔森生涯方向的引导者。正是这种方向性，才让我们知道往哪里前行。大学四年也是一段宝贵的生涯——大学生涯。这段生涯的方向是什么？这是我们每一个人都需要去探索的。

【成长案例】

小林从一个县城考入省城大学，他对大学生活充满期待。进校后，小林却觉得很懵：除了上课外，其余的时间没有人明确地告诉自己该干什么。回想起高中，大家都有一个明确的目标——考上好大学。每天早上几点起床，上什么课，做什么题，几乎每一个时间都被学校安排得满满当当，什么都不用思考，虽然辛苦却充实。但是大学截然不同：周围的同学，有的报了社团，有的立下出国留学的目标，有的参加舞蹈团和乐团……小林迷糊了，时间一天天过去，自己仍像一只无头苍蝇。

其实这是个常见的例子，属于大学生生涯规划中需要去解决的方向性问题。小林面临的问题几乎是所有新入学大学生会面临的：如何合理规划属于自己的大学生涯。如果有一个适合自己的合理规划，再好好地执行，那么四年后必定会有满满的收获。若不进行探索和规划，放任自流，四年后可能会依然迷茫，并且后悔不已。

2. 时间性

生涯是纵贯一生的发展，从过去到现在再到未来。从生物学的属性来看，生涯演进是单向的，即出生→成长→衰老→死亡，具有不可逆性。例如，我们从幼儿园、小学、中学至大学的一种依次发展。同时每一个“现在”的时间位置都受“过去”的时间位置影响，也是为“未来”的位置预先准备。就生涯的时间维度，古今中外皆有学者或经典述及。孔子对生涯时间刻度的看法是：“吾十有五而志于学，三十而立，四十而不惑，五十而知天命，六十而耳顺，七十而从心所欲不逾矩。”如此，儒家给了生命生涯一个不断精进、自强不息的成长历程。若我们对生涯的时间性有更好地理解，明白这段生涯在一生中意味着什么，就可以更好地完成自己这一阶段的发展任务。

3. 空间性

在同一段时间里，我们同时扮演着几种角色，比如，我们是孩子、学生、朋友、家庭教师、实习工作人员、社团干部……我们在教室、在家里、在办公室这些不同的环境中呈现的状态也自然不同。

【内容拓展】

社会角色理论可以帮助我们更加系统、科学地看待自己所扮演的角色。在社会角色理论中，有一系列概念，如角色期望、角色获得、角色扮演、角色冲突等，理解这些概念可以帮助我们解释角色地位是怎样在日常生活中对人们的态度与行为产生影响的。

角色与地位是相互关联的两个概念，很难分开它们。地位是各种权利与义务的结合，角色则是地位的动力方面。既然每个人在社会关系大系统中处于一定的角色地位中，周围的人也总要按照社会角色的一般模式对他的态度、行为提出种种符合身份的要求并寄于期望，这些要求与期望就是社会角色期望。一个人的态度、行为如果偏离了角色期望，就可能引起周围人的异议或反对。一个人在这种情况下就会通过观察或想象，依据别人对自己的表情、态度等认识自己的形象，即把别人对自己的态度当作镜子来认识自己，并按照别人的期望不断调节自己的行为与塑造自己，完成“角色获得”的过程，实现角色的社会化。如果他不仅按照这种角色期望形成具有身份名称的角色，而且也在这个角色框架范围内行动，这就是在进行“角色扮演”。

在现实社会生活中，处于一定社会地位的人，通常都不只是扮演一种角色，而是要同时扮演好几种角色，这是由社会地位的特点和社会生活的多元性决定的。当这些角色在特定的条件下互不相容时，就会出现“角色冲突”，角色冲突有两种情况：一种是角色间的冲突，另一种是角色内的冲突。角色冲突常常使人感到左右为难。为了摆脱这种困境，人们需要依据条件，明确自己当时主要的角色地位及其行为界限，同时还要考虑社会对自己的角色期望与角色义务，以便做出既得体又尽本分的决策和行为。在解决角色内冲突时，我们必须首先分清期望的轻重缓急，采取先后兼顾的决策与行为。

总之，人们的社会行为通常是和角色冲突有关的，而一些不符合社会期望的角色行为则是由于缺乏健全的角色自我概念或不善于处理角色冲突。如果能采取一些办法使人更好地实现“角色获得”和“角色扮演”，那么就可能解决许多社会行为问题。

4. 独特性

独特性，即每个人的生涯发展是独一无二的。即使我们以类似的顺序经历着类似的职位或角色，如同世界上没有两片完全相同的叶子一样，每个人的生涯发展都是独一无二的。

三、生涯彩虹图

唐纳德·E. 舒伯（1910—1994）被称为职业规划与生涯教育领域最具权威性的人物，他基于差异心理学、发展心理学、职业社会学、人格发展理论几大分支理论，建构出一套完整的生涯发展理论，为职业生涯规划打开了一个全新的视角，使处于静态的职业生涯规划发展为动态的过程，贯穿于人的一生。1980 年，在原有理论的基础上，舒伯综合融入个人与环境决定理论、个人角色理论等观点，绘制出生涯彩虹图。生涯彩虹图既体现了生涯不同的发展阶段与多重角色的相互影响，也包含了生活广度、生活空间等概念。

生涯彩虹图存在两个维度（见图 5-1）。横向层面代表贯穿人一生所经历的发展阶段，即生活广度，包括成长阶段、探索阶段、建立阶段、维持阶段和衰退阶段。具体来说，就是人在幼年、青少年期，都是在成长；在大学阶段更多地进行探索；工作初期是建立期；之后到退休前都是维持期；最后是衰退期。对于很多大学生来说，他们的父母大都在维持期。纵向层面代表人一生所扮演的多重角色，即生活空间。纵向的生活空间是人职业、角色的组合。舒伯认为每一阶段都有显著角色。大学四年最显著的角色是学生。工作初期可能是工作者。需要注意的是，个体为了某一角色的成功付出太大的代价，可能导致其他角色的失败。比如一些人把太多时间用于工作而忽略家庭。阴影部分表示角色的相互替换、盛衰消长。角色除了受年龄增加和社会对个人发展、任务期待的影响外，也与个人在各个角色上所花的时间和感情投入的程度有关。

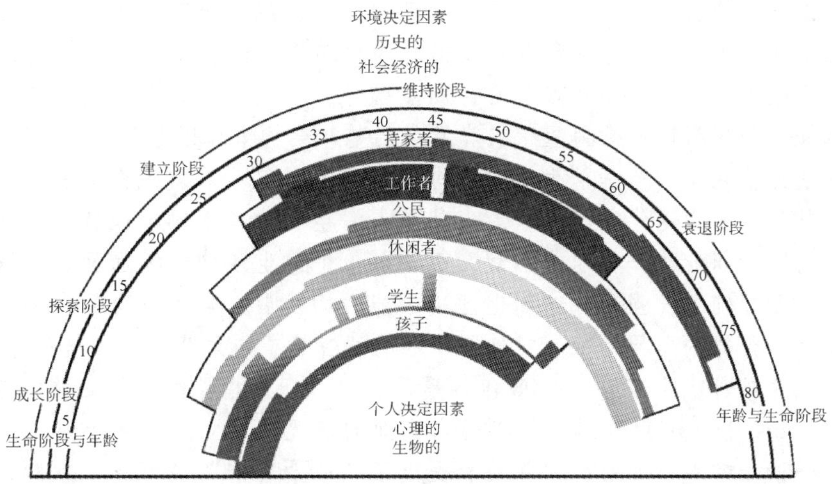

图 5-1 舒伯的生涯彩虹图

【内容拓展】

舒伯将生涯发展五阶段命名为“大循环”，这是每个个体一生都会经历的阶段。两个相邻的阶段交替时会有重叠部分，即存在转型期，它不受年龄的限制，并承接着上下两个阶段的发展。在每个转型期到来前，个体还会再次经过一个小循环的周期，同样面临着成长、探索、建立、维持和衰退的问题。因此，个体生涯的纵向发展既包含重要阶段的大循环，也包含特定阶段内的小循环。

四、生涯规划的定义

生涯规划是指一个人尽其所能地规划未来生涯发展的历程，在考虑个人的智力、性向、价值，以及所面临的阻力和助力的前提下，做好妥善的安排，并借此调整和摆正自己在人生中的位置，以期自己能适得其所。

生涯规划经历了从关注个体的外在表现到关注内在的心理特质与心理过程，从关注个体单一时间段到关注个体毕生发展的过程，从关注生活中的单一事件到关注生活中统合各种角色的所有事件的过程。生涯规划对人生的发展极为重要，做好自己的生涯规划，明确目标，能够更好地发展自我。一个好的生涯规划能够帮助个体早日实现自我的期望目标。

如果单指职业方面的生涯规划，就是职业生涯规划，是指个人根据对自身的主观因素和客观环境的分析，确立自己的职业发展目标，制订相应的工作、培训和教育计划，并按照一定的时间安排，采取必要的行动以实现职业生涯目标的过程。大学生虽然尚未工作，但属于职业的准备期。在这个阶段，大学生不仅需要完成学业，还需要了解自己的优势、劣势、兴趣等，逐渐确定好未来就业的方向，做好更充分的准备。

【内容拓展】

生涯规划概念最早源于20世纪初在美国出现的职业辅导领域，意指通过提供信息，帮助个人选择职业，做好就职准备，进入自己喜欢和擅长的职业。后来，随着个体观、发展观的转变以及心理辅导、心理治疗的发展，研究者提出，职业辅导应从只关注个体行为的外在表现和以提供信息为主转变为注重个体的心理特质与心理过程，并主张以毕生发展的观点来看待职业辅导，不能局限于静态的、单一时间点的职业选择，而应将职业行为置于人类发展的整体架构中加以考察。

这些观点推动了“生涯”和“生涯辅导”观念的产生。就纵向而言，生涯所关注的范围从幼儿园到退休直至死亡，也就是人一生中的各个阶段；就横向而言，其范围不只局限于职业选择和职业活动，而是覆盖个体生活的方方面面。生涯辅导也完全超越了职业辅导，强调从诸如生涯决策能力的发展、自我概念的发展、个人价值观的发展、个体的差异特征、对外界变迁的适应等不同角度对个体进行辅导。

职业生涯规划最早起源于1908年的美国。有“职业指导之父”之称的弗兰克·帕森斯（Frank Parsons）针对大量年轻人失业的情况，成立了世界上第一个职业咨询机构——波士顿地方就业局，并首次提出了“职业咨询”的概念。从此，职业指导开始系统化。到20世纪五六十年代，舒伯等人提出“生涯”的概念，生涯规划不再局限于职业指导的层面。

五、生涯规划的特点

要深层次地理解生涯规划的概念，进而对照自身做好个人的生涯规划，还需要懂得生涯规划的三个特点：

首先，生涯规划不是“跟着感觉走”，而是一种“有目的的选择”。现在很流行一句话：一场说走就走的旅行。对于旅行，我们可以走走停停，在任何一处都可以看风景。然而对于人生，纯粹凭感觉而不做任何规划的话，则可能浪费掉很多珍贵的时间。因为生命有限，我们没有无限的机会去尝试无限的可能。我们如果想要获得更美好的人生，在过程中更充实，在未来收获自己真正想要的果实，就要更理性地考虑自身和外界的种种条件，做出符合目的的选择。

其次，生涯规划不是“复制他人”，而是“做最好的自己”。因为每个人的发展条件和基础不同，不论是自身内在基础还是外在环境条件等，所以纯粹复制他人的方式并不可取。他人可以作为榜样和参考，但最终还是要从自身出发，做最好的自己。

最后，生涯规划不是“一成不变”的，而是“动态而灵活的”。规划不是写剧本，而是在实事求是的基础上的方向和策略。戏剧影视都有即兴表演，而规划则更看重事实。随着时代的发展，现代社会的不确定因素增多，社会文化发展变化日新月异，为适应不断变化着的社会环境，大学生需要根据自己每个阶段更高的目标和实际情况来进行调整。

【成长案例】

回到本节开始的成长案例上。小林进入大学后，有一个新的身份——“大学生”，同时也去掉了高中生的身份。他将面临大学四年的生活。这四年应该怎么度过呢？在清楚了生涯四个方面特性和生涯规划的三个特点后，小林可以清楚地明白自己的大学生涯不是跟着感觉走，而是应多思考、有目的，不是模仿和复制别人，而是根据自己的特点来安排，并根据实际情况不断调整自己的规划方案。

【小结】

新时代的青年发展，特别是大学生生涯规划、未来职业生涯规划和发展需要与国家的发展紧密结合在一起，在国家经济发展和社会进步的主轨道上奋发作为。通过对本节的学习，大学生能够清晰地认识到个人在生涯的不同阶段扮演着不同的社会角色，认识到生涯的四个特性：方向性、时间性、空间性和独特性。同时，大学生在深入理解生涯规划不是“跟着感觉走”、生涯规划不是“复制他人”以及生涯规划不是“一成不变”的基础上，做好自身在大学期间和今后人生不同阶段的生涯规划，实现人生价值。

【习题】

1. 通过本节的学习，思考生涯规划和职业生涯规划的关系和异同。

2. 根据本节学习的内容尝试做个人大学期间和未来不同阶段的生涯规划，也可以做个人在同一阶段扮演不同角色时的生涯规划。

3. 思考自己在职业生涯规划上的榜样，以及为什么选择其作为自己的榜样。

第二节　做好大学生涯规划

【导入】

《中长期青年发展规划（2016—2025年）》指出：“青年是国家的未来、民族的希望。青年兴则民族兴，青年强则国家强。促进青年更好成长、更快发展，是国家的基础性、战略性工程。”

《中长期青年发展规划（2016—2025年）》在青年就业创业部分提出如下发展措施：

（1）推动完善促进青年就业创业政策体系。根据就业形势和就业工作重点变化，加强就业政策与产业、贸易、财税、金融等政策的协调，进一步完善积极就业政策。发挥公共财政促进青年就业作用，完善落实财政金融扶持政策，扶持发展现代服务业、战略性新兴产业、劳动密集型企业和小微企业，吸纳青年就业。加强对灵活就业、新就业形态的支持，促进青年自主就业，鼓励多渠道多形式就业。进一步完善青年创业就业配套政策及法律法规。加强就业统计工作，健全青年就业统计指标体系。

（2）加强青年就业服务。实施青年就业见习计划。健全城乡均等的公共就业创业服务体系，完善服务功能，把有就业意愿的青年全部纳入服务范围，全面落实免费公共就业服务，对就业困难青年提供就业援助，帮助长期失业青年就业。创新就业信息服务方式方法，注重运用互联网技术打造适合青年特点的就业服务模式。加强青年职业培训，健全面向青年的劳动预备制培训计划，落实职业培训补贴政策。实施离校未就业高校毕业生就业促进计划，为毕业生提供职业指导、就业信息、就业见习、就业帮扶等服务。开展青年农民工职业技能培训，通过订单、定向和定岗式培训，对农村未升学初高中毕业生等新生代农民工开展就业技能培训，为有创业意愿的青年农民工提供创业培训。开展青年重点群体职业培训，加大贫困家庭子女、青年失业人员和转岗职工、退役青年军人和残疾青年等劳动者职业技能和创业培训力度，按规定提供培训补贴，对农村贫困家庭学员和城市居民最低生活保障家庭学员给予生活补贴。

(3) 推动青年投身创业实践。建立青年创业人才汇聚平台，建设青年创业导师团队，开展普及性培训和“一对一”辅导相结合的创业培训活动，帮助青年增强创业意识、增进创业本领。推动青年创业第三方综合服务体系建设，搭建各类青年创业孵化平台，完善政策咨询、融资服务、跟踪扶持、公益场地等孵化功能。加大青年创业金融服务落地力度，优化银行贷款等间接融资方式，支持创业担保贷款发展，拓宽股权投资等直接融资渠道。支持青年创业基金发展，发挥好国家新兴产业创业投资引导基金和中小企业发展基金等政府引导基金的作用，带动社会资本投入，解决青年创业融资难题。落实结构性减税和普遍性降费政策。建设青年创业项目展示和资源对接平台，搭建青年创业信息公共服务网络，办好青年创新创业大赛、展交会、博览会等创业品牌活动。着力培育服务青年创业的社会组织，建设专业化的服务队伍和服务实体。深入实施大学生创业引领计划，建立健全教学与实践相融合的高校创新创业教育体系，显著提升青年创新型人才培养质量；整合发展国家和省级高校毕业生就业创业基金。深入开展农村青年创业致富带头人培养，支持青年返乡创业。完善互联网创新创业政策，实施青年电商培育工程。加强对留学回国创业青年的服务，帮助他们了解国内信息、熟悉创业环境、交流创业经验、获得政策扶持。推动形成鼓励创新、宽容失败的体制机制和社会环境，更好激发青年创新潜能和创业活力。

(4) 加强青年就业权益保障。完善青年就业、劳动保障权益保护机制，加大劳动保障监察执法、劳动人事争议调解仲裁诉讼、安全生产监管监察工作力度。加强人力资源市场监管，规范招人用人制度，营造公平就业环境。完善失业保险、社会救助与就业的联动机制。

从规划可见，新时代大学生处在中华民族发展的最好时期，既面临着难得的建功立业的人生际遇，也承载着伟大的时代使命。大学生应按照党指引的方向，志存高远，脚踏实地，通过有效的生涯规划，在实现中华民族伟大复兴中国梦中贡献青春力量、成就个人梦想。

【互动设计】

题目：写下让我有成就感的事情。

目的：让学生了解自己的能力，树立自信。

步骤1：引导学生回顾过去的学习和生活，列出3~5件做过的印象深刻的事情。教师应提醒学生：只要是喜欢的事情，并为完成而感到自豪都可以列出，是否收到别人表扬和认可并不重要。

步骤2：提示学生在写下这些事情时，需要包含以下要素：

①你想达成的目标。

②你面临的障碍、限制和困难。

③你的具体步骤，以及你是怎么克服障碍达成目标的。

④对结果进行描述，取得了什么成就。

步骤3：让学生与同伴分享并讨论如下问题：

①在这些事情中，用了哪些技能？

②这些事情主要发生在什么领域？

步骤4：请学生按照使用的频率对所使用的技能进行排序，从而了解自己最擅长做什么，最喜欢什么，还需要提升的能力。

小结：通过这次活动，让学生看到自己的能力、优势和擅长的领域，并思考自己的兴趣和未来职业的方向，从而树立信心。

一、生涯探索的重要性

人的追求其实可以概括为三个问题："我是谁?""我能干什么?""我要怎么做?"对于这些问题，我们思考得越早、越清楚，那么在大学阶段的安排会更明确，也有助于将来职业理想和人生价值的实现。用科学的方法来帮助大学生更清晰这些问题，就会使得大学的生涯规划更充实、丰富。

生涯探索包含大学生对自身兴趣、性格、技能和价值观等多方面的探索。英国有句经典的谚语说："对于一艘盲目航行的船来说，所有方向的风都是逆风。"所以，有效的生涯探索对大学生生涯规划有基础性的作用。

二、生涯探索的内容

1. 探索"理想我"与"现实我"

自我意识从观念上划分，简单来看，可分为"理想我"和"现实我"。比如：有的学生会说"我希望自己是无所畏惧的"，但事实上，他们在与异性讲话时会脸红；有的学生会说"我希望自己有毅力"，但做事时虎头蛇尾。这种矛盾可能促进他们积极应对，通过一些努力而达成统一；但也可能一方面树立一个不切实际的理想我，另一方面缺乏方法或动力向理想我迈进，使理想和现实脱节。总体上来说，大学生要全面准确地认识现实我，并探索理想我，让理想我成为一个灯塔来促进自己不断前进。著名的文创品牌的创立者王潇曾说：想象要狂野，预言要自证。从她的文字中可以看出，她在生涯的每一个阶段都有理想我，然后通过科学系统的方法和极高的执行力，完成了现实我与理想我的统一和转化。

【难点厘清】

大学生因为缺乏社会阅历，不能很好地将理想我与现实我结合，抱负（志向）高，但容易受现实打击。比如：自我认识建立在别人的看法上，有时候盲目自信，且喜欢通过炫耀来达到让别人崇拜自己的目的；或者过于自卑，为一些难以改变的因素如身高、相貌、家庭等而苦恼，却放弃眼前脚踏实地的努力。大学生可以通过改善现实的自我，让现实的自我接近理想的自我；或调整期待，修正不合理的理想自我，从而实现现实我与理想我的统一。

2. 探索职业兴趣

大学阶段是未来工作的准备阶段，确立职业兴趣很重要。首先，兴趣产生于认知，兴趣是一种积极的认知倾向，这种认知倾向只能建立在一定认知的基础上。其次，兴趣产生于需要，需要激励人们积极行动，是个体活动积极性的源泉，是人从事活动的基本动力。最后，兴趣产生于好奇，好奇心是兴趣的起点，孩子出于对某种事物的好奇，并在这种好奇心的驱使下去探索、去学习。

兴趣可分为直接兴趣和间接兴趣。例如，个体喜欢跳舞、打球，可能是因为这些活动会让人产生愉悦和满足感，这就是直接兴趣。个体觉得学数学是一件很枯燥的事情，但仍旧会努力学习，这可以帮助自身继续攻读学位。这不是活动本身而是这些结果在吸引他学习，这就是间接兴趣。直接兴趣与间接兴趣之间可以相互转化，也可以相互结合，进而达到调动积极性的目的。

【案例】

郭晶晶曾是我国跳水“梦之队”的领军人物，多次获得世界冠军。然而，辉煌的背后是她一步步走过的荆棘之路。5 岁练跳水，15 岁首次参加奥运会一无所获，1998 年参加世锦赛，仅获女子 3 米跳板亚军。在之后的几年赛事中，她始终与奥运会冠军宝座失之交臂，其中包括悉尼奥运会 3 米跳板单人、双人亚军。巨大的压力并没有让她意志消沉、打退堂鼓。相反，基于对跳水运动的喜爱，她以坚韧的毅力与不服输的信心加之更为艰苦的训练坚持着。2004 年，她终于从雅典奥运会拿回 2 枚金牌。在 2008 年北京奥运会上，她获得了 2 枚金牌，演绎了一出完美的落幕。

在一次次大型比赛中取得了如此辉煌的骄人战绩，是什么让她征战赛场多年却依然保持着良好的状态？她成功的背后又有什么经历与特质？郭晶晶曾在采访里说：“因为喜欢，才会投入，才会愿意付出。”郭晶晶在跳板上的成功，就是职业与兴趣结合的最佳体现。她喜欢跳水这项运动，为了实现那完美一跳而不停地去修正肢体动作，不断地在重复练习中改进不足，缔造完美。

3. 探索职业价值观

组织行为学给价值观做出这样的定义：“价值观代表了人们最基本的信念，反映了个体对正确和错误、好与坏、可取和不可取的看法与观念。”

所谓职业价值观，就是希望在工作中实现人生价值，它是人们选择职业时的重要原因。职业价值观是了解人们的职业态度和职业动机的基础，也是我们判断个体与组织共处时所表现出来的内在动机和个体为什么面临不同的事情时会采取不同态度的最好依据。

关于职业价值观，舒伯的职业价值观测试量表为我们选择职业提供了理论依据。该量表包含 60 道题目，可分为三个价值维度：①内在价值维度，指工作本身的一些特征；②外在价值维度，指与工作内容无关的外部因素，如工作环境、氛围、人事关系等；③外在报酬维度，指在职业活动中能获得的因素，如报酬、地位、福利等。

以郭晶晶为例，她动力的来源是对跳水的热爱（对很多人来说，动力源泉不止一个，比如或许郭晶晶还有对冠军的渴望、为国争光的责任等），这种职业价值观支持着她战胜种种艰辛。选择自己最喜欢的事，把它做到极致，是人生最大的快乐。可以看出，郭晶晶非常看重内在价值维度，那么当外在价值维度和报酬维度受挫的时候，她依然能够坚持下去。

我们在探索职业价值观时，全面、平衡的想法也很有必要。我们需要让自己的职业价值观与自己的性格、个人特质匹配。我喜欢做什么职业？我想过怎样的生活？我愿意在什么环境下工作？这些问题的回答反映了自我对兴趣、价值观、能力和潜力以及性格、偏好的看法。例如：性格内向、喜欢安静和思考的人，如果因为报酬的原因而选择了需要大量与人打交道的职业，那么可能会出现冲突。

【内容拓展】

根据不同的划分标准，人们对职业价值观的种类的划分也不同。美国心理学家洛特克在其所著的《人类价值观的本质》一书中，提出 13 种价值观：成就感、审美追求、挑战、健康、收入与财富、独立性、爱、家庭与人际关系、道德感、欢乐、权利、安全感、自我成长和社会交往。

我国学者阚雅玲将职业价值观分为以下 12 类：

（1）收入与财富。持此价值观的人认为工作能够明显有效地改变自己的财务状况，将薪酬作为选择工作的重要依据。他们工作的目的或动力主要来源于对收入和财富的追求，并以此改善生活质量，显示自己的身份和地位。

（2）兴趣特长。持此价值观的人认为以自己的兴趣和特长是选择职业最重要的因素，这样能够扬长避短、趋利避害、择我所爱、爱我所选，可以从工作中得到乐趣、得到成就感。在很多时候，他们会拒绝做自己不喜欢、不擅长的工作。

（3）权力地位。持此价值观的人有较强的权力欲望，希望能够影响或控制他人，使他人照着自己的意志去行动；认为有较高的权力、地位会受到他人尊重，从中可以得到较强的成就感和满足感。

（4）自由独立。持此价值观的人不想受太多的约束，想要充分掌握自己的时间和行动，不想与太多人发生工作关系，既不想控制人也不想受制于人。

（5）自我成长。持此价值观的人希望工作能够给予受培训和锻炼的机会，使自己的经验与阅历能够在一定的时间内得以丰富。

（6）自我实现。持此价值观的人希望工作能够提供平台和机会，使自己的专业和能力得以全面运用和施展，实现自身价值。

（7）人际关系。持此价值观的人将工作单位的人际关系看得非常重要，渴望能够在一个和谐、友好甚至被关爱的环境工作。

（8）身心健康。持此价值观的人希望工作能够免于危险、过度劳累，免于焦虑、紧张和恐惧，使自己的身心健康不受影响。

（9）环境舒适。持此价值观的人希望工作环境舒适宜人。

（10）工作稳定。持此价值观的人希望工作相对稳定，不必担心经常出现裁员和辞退现象，免于经常奔波找工作。

（11）社会需要。持此价值观的人希望能够根据组织和社会的需要响应某一号召，为集体和社会做出贡献。

（12）追求新意。持此价值观的人希望工作的内容经常变换，使工作和生活丰富多彩，不单调枯燥。

【难点厘清】

新时代大学生在探索职业价值观时，还要注意处理好以下几对关系：

1. 处理好职业价值观与金钱的关系

金钱是一种成就的报酬，它是在确定职业价值观时首先要面对的问题。大学生应理性地降低对金钱的期望值，把眼光放长远一些，应尽可能地将自我成长和自我实现作为在毕业求职时的首选价值观。

2. 处理好职业价值观与个人兴趣和特长的关系

职业价值观、个人兴趣和特长是人们在择业时需要考虑的最重要的三个因素。在确定价值观时，一定要考虑它是否与自己的兴趣和特长相适应。选择一项自己擅长的工作，也会事半功倍。

3. 处理好职业价值观的排序与取舍的问题

现实生活中"鱼和熊掌是不可兼得的"，所以要对自己的职业价值观进行排序，找出你认为最重要、次重要的方面，并提醒自己不可能什么都得到。

4. 处理好职业价值观中个人与社会的关系

人不能离开社会而独立存在，每个人只有在工作中为社会做贡献才能实现自己的职业价值；同时也不能忽略择业中的个人因素。

5. 处理好淡泊名利与追逐名利的关系

名利是人的欲望使然，以合理、合法、公正、公平的方式追名逐利在一定程度上对个人对社会都会有益，该知足时知足，该进取时进取。

4. 探索性格类型

性格是一个人在生活中对人、事、自己、外在环境表现出的一致性因应方式，受生理、遗传、家庭教育、文化、学习经验等因素交互影响。目前，国际上权威的、使用广泛的MBTI性格类型理论认为一个人的个性可以从四个维度进行分析，每个维度分为两个方面：

（1）驱动力的来源：外向E、内向I。

（2）接收信息的方式：感觉S、直觉N。

（3）决策的方式：思维T、情感F。

（4）对待不确定性的态度：判断J、知觉P。

该理论深入而系统地把握了人的性格，揭示了不同类型的人的不同本能、思维和行为模式。该理论解释了为何不同的人对不同的事物感兴趣，不同的人擅长不同的工作。

【内容拓展】

布里格斯人格类型指数测试表（MBTI）以瑞士心理学家荣格划分的8种类型为基础，对其加以扩展，形成四个维度，每个维度分为两个方面。MBTI的实测结果显示，各维度中两种特点的人数并非各占一半。由于四个维度各有两个方面，一共可组成16种人格类型。下面简要介绍几种人格类型：

1. ENTJ（统帅型）

拥有统帅型人格类型的人是天生的领导者。拥有这种人格类型的人天生具有魅力和信心，他们所散发的权威性能召集大家为一个共同目标努力。但他们的性格中有着近乎残酷的理性，总希望用强大的动力、坚定的决心和锋芒毕露的思想实现自己制定的一切目标。

2. ENTP（智多星型）

拥有智多星型人格类型的人会故意持相反意见，善于打破常规，不走寻常路。他们喜欢另辟蹊径，用非常规的思维方式思考，改善现有系统，打破陈规发现新出路。

3. INTP（学者型）

拥有学者型人格类型的人是具有创造力的思想家，他们对知识有着止不住的渴望。他们是哲学家、思考者，或是爱空想的教授。他们展现出积极主动的创造性、异于常人的视角以及永不枯竭的智慧。

4. ISFP（艺术家型）

拥有艺术家型人格类型的人是真正的艺术家，随时准备探索体验新鲜事物。他们有审美品位，有艺术细胞，喜欢自己设计和创作美的事物。他们时常自省、审查并重新评判自己。他们更愿意思考当下的自己并做出改变。

5. ISTJ（检查员型）

拥有检查员型人格类型的人注重实际且稳重、坚毅、可靠。他们正直、恪尽职守，愿意为自己的行为负责，努力完成目标；不吝啬时间和精力，耐心准确地完成每个任务；遵守已经建立的规则和准则，关注细节，敢于承认自己的错误，实话实说。

6. ISFJ（照顾者型）

拥有照顾者型人格类型的人时刻准备保护所爱之人，照顾他人的感受，重视自己的责任，无论是在家庭还是在工作中，都时刻尽最大努力超出预期地让别人满意。这类人是利他主义者，感情细腻，擅长赠送礼物，但一旦到了需要保护其家人或朋友的时候，就会变得非常强悍。

三、生涯目标的制定

在自我探索之后，学生们还要根据自己的实际情况来制定生涯目标。

1. 生涯目标制定的依据

目标是人们想要达到的结果、境况、目的或状态，是引发我们行为的动力之一。个人目标包括社会和家庭生活、兴趣爱好、身心健康、职业及个人收入等方面，按照实现的时间顺序划分，个人目标可以分成五种类型，具体见表 5-1。我们要了解不同目标的特点，这样才能更好地利用目标管理，从而给我们的生活增添动力。

表 5-1　个人目标的类型

目标类型	解释
长期目标	涉及你想要的生活类型，和事业、婚姻、生活方式有关；在大学期间最好保持这些目标的宽泛性和灵活性
中期目标	5 年左右的时间，包括你所寻求的教育类型，或者你对事业的规划。你对这些目标有一些控制能力
短期目标	可以从下个月开始到 1 年以后。你可以设立非常实际的目标，并努力实现它们
小目标	涵盖 1 天到 1 个月的所有事情。你对这些目标具有很大的控制能力，应该使它们尽量详细
微目标	涵盖 15 分钟到几个小时的事情。实际上，这些目标才是你可以直接控制的

从表 5-1 中不难发现，不同层级的目标是相互联系的。目标形成了一个金字塔形的目标群，相互促进、相互制约。微目标、小目标和短期目标是金字塔的底座，更接近行动层面，个体完成它们才能逐渐实现中长期目标。中期目标在金字塔的中部，更像是计划方案，是长期目标的任务分解。而长期目标在金字塔的顶层，是我们对生活的愿景，它的实现是金字塔的底层和中间层实现后的结果，同样也对整个生涯目标群起着决定作用，如果长期的目标不符合自己的内在要求，或者模糊，很可能会产生行动拖延，导致其无法实现。

对于大学生来说，树立一个符合自己实际情况、内心需求且与社会期待相匹配的长期目标是一件不容易的事情，需要长期探索。虽然它并非一朝一夕可以确定的事，也暂时不会影响日常学习生活，但长期目标的制定并非不重要。相反，对大学生来说，确定好长期目标，既意味着自我同一性的进一步完成和整合，也意味着自我的成长、人格的愈加成熟。

【成长案例】

小玲经过自我探索，发现“理想我”是过一种平衡的生活，有稳定的工作、较好的收入，可以照顾到孩子和父母。她做了 MBTI 的测试后，发现自己是照顾者型。虽然自己的专业是金融行业，很多同学希望未来进入风投、券商等行业，但小玲觉得那些都不适合自己。最终，她把自己未来的职业暂时定位为公务员。在这个长期目标下，她有了 4~5 年为期限的中期目标。她给自己的大学四年生活做了更具体的规划，最终落实到每一天。有了目标金字塔以后，小玲的生活不再盲目，而是向着自己的“理想我”和生活方式不断前进。

【课程思政】

毛泽东成为一代伟人和他成为一名忠实的马克思主义者，与他青年时期就注重立志是分不开的。清末中华民国初的社会思潮对青年毛泽东的影响、湖湘文化中的特质对青年毛泽东的熏陶、马克思主义对青年毛泽东的影响以及青年毛泽东生活经历的影响，这些影响使青年毛泽东立志观具有丰富的内涵，主要表现为四个方面：救亡图存的爱国志向、不屈不挠的坚毅品质、博学笃志的积极探索和奋斗终生的人生信仰。

青年毛泽东为探索真理、为了寻找到实现自己志向的行动指南，积极展开了实践活动：为救亡图存而进行社会调查，锻炼身体以磨炼意志和胆识，创立新民学会，参加反抗军阀统治的请愿活动和实施地方自治的实践活动。在此过程中，他认真思考、总结，对自身的思想结构进行调整，最终将马克思主义确立为实现自己志向的唯一行动指南。青年毛泽东的志向体现了他当时所处时代的中国人民和中华民族的迫切愿望与期望。青年毛泽东将自己的前途与国家的命运紧密结合。为此，他顽强奋斗。在此过程中，他善于结合实际从小处着手，凭着惊人的毅力，成功实现了自己的志向，确立了马克思主义信仰。

青年毛泽东立志观中蕴含着中国共产党人的思想品质，需要当代青年传承与弘扬。当代青年要将自己的命运与国家的命运紧密联系，在树立远大志向的同时，为实现中华民族伟大复兴的中国梦而不懈奋斗。

2. 生涯目标制定的困扰及解决途径

在目标的制定方面，学生们常常有两类困扰。第一类困扰是只有一个空洞的顶层目标——也就是长期目标。之所以说是空洞的长期目标，是指这个目标或许并没有经过深刻地探索和思考而形成，缺乏情感意义和动力性。从这个意义上看，没有指引价值和推动作用的长期目标只是一个自我欺骗的“幌子”，它无法落地，无法有效地形成目标群。当有了高远的目标，有了期待和向往，就要用阶梯式的目标与当下的现实做一个连接。第二类困扰是只有短期目标，没有长远的规划作为指引。有些学生每天安排得满满当当，听讲座、考证、学英语……但是仔细询问，却发现他们对未来是盲目的。每一天的目标是有了，但没有更长远的打算，也不知道自己最后想要什么。如果你属于这样的情况，就需要更多地进行自我探索，制定分层级的目标。

【小结】

生涯探索包含大学生对自身兴趣、性格、技能和价值观等多方面的探索。本节主要介绍了大学生在生涯规划中面临的任务。大学生在进行生涯规划时首先要进行自我探索和目标制定。自我探索主要包括认识“理想我”和“现实我”、职业兴趣、职业价值观和性格类型。目标制定主要包括长期目标、中期目标、短期目标、小目标和微目标。各类目标是相互联系的，目标形成了一个金字塔形的目标群，相互促进、相互制约。微目标、小目标和短期目标是金字塔的底座，更接近行动层面。大学生需要更多地进行自我探索，制定分层级的目标。

新时代大学生处在中华民族发展的最好时期，应按照党指引的方向，志存高远，脚踏实地，通过有效的生涯规划，在实现中华民族伟大复兴中国梦中贡献青春力量、成就个人梦想。

【习题】

1. 结合所学专业和个人职业发展情况，详细分析你当前生涯探索的长期目标和短期目标，以及你目前的能力与职业目标的要求有哪些差距？怎么才能更高效地使自己掌握所需要的技能？

2. 一位名人说过：“播下一种行为，收获一种习惯；播下一种习惯，收获一种性格；播下一种性格，收获一种命运。”你如何理解这句话？你打算在今后的日常学习和生活中如何养成良好的习惯？

第三节　生涯决策

【导入】

朱光亚，湖北武汉人，核物理学家，中国工程院原院长，“两弹一星”功勋奖章获得者。在拥有55年党龄的朱光亚心中，党和祖国的需要就是他毕生为之奋斗的目标。

早在18岁那年，朱光亚转入位于昆明市的国立西南联合大学理学院学习物理期间，他开始接受共产主义思想的影响和熏陶。

1946年9月，著名物理学家吴大猷推荐朱光亚和李政道赴美国留学。留学期间，朱光亚密切关注国内形势变化，积极组织学生进步活动，决心早日学成，报效祖国。

1949年10月1日，中华人民共和国成立。同年11月至12月，朱光亚等人在美国密歇根大学所在地安娜堡，以留美科协名义多次组织中国留学生座谈会，讨论科学工作者在建设新中国方面的作用，动员大家归国效力。

1949年年底，朱光亚牵头组织起草《给留美同学的一封公开信》，呼吁海外留学生回国参加建设。朱光亚抢在美国对华实行全面封锁之前，于1950年2月搭乘轮船返回祖国。

在投身新中国的建设热潮中，朱光亚具有坚定的共产主义信念。1956年4月，朱光亚光荣地加入中国共产党。他把个人理想与祖国命运紧紧联系在一起，为之奋斗终生。

朱光亚不但被誉为中国科技“众帅之帅”，也是一位各方公认的战略科学家。他始终走在世界科技发展前沿，着眼国家科技长远发展，在推动核能和平利用、国家中长期科技发展规划研究和制定、“863”计划制定与实施、载人航天工程前期论证、创建中国工程院等重大工程和科技项目等诸方面功勋卓著。

【互动设计】

题目：制订专属学习方案。

步骤1：生涯规划关键一环，就是把生涯愿景变成具体可行的目标，并在大学期间认真执行，及时调整。请学生们按照表5-2制订自己的专属学习方案。

表5-2 学习方案

目标	培养教学经验，准备考研		
时间	内容	校内资源	校外资源
大一			
大二			
大三			
大四			

步骤2：在你的专属学习方案中，思考目标改变的可能性，如果改变有什么替代方案？

步骤3：当专业学习和自己的目标发生冲突时该怎么办？如何协调？

小结：把生涯当成大学四年的计划，制订自己的专属学习方案也是生涯决策的前提条件，只有个人在多项选择之间目标明确，能权衡利弊，才能找到最适合的路。

一、什么是生涯决策

决策就是做选择，人生是由选择构成的，我们在生活中基本上一直在做这样或那样的选择，小到选择读这本书，大到选择人生伴侣或职业。做好生涯规划最重要的一步，就是做好选择——也就是生涯决策。请回想一下，你是根据什么来做判断的？你平时的表现是理性的还是感性的？你的事情是自己做主，还是交由别人安排？要回答这些问题，就要了解自己的决策风格。

理性和情感的结合使人们形成了各种不同的决策风格，使我们做出不同的选择。这种在后天学习经验中逐渐形成的，并且在决策情景中采用的一致的、习惯性的行为方式就是决策风格。美国职业生涯专家斯科特和布鲁斯把决策风格分为五种类型：理智型、直觉型、依赖型、回避型和自发型。

1. 理智型

理智型决策风格以周全探求和系统分析、评估为特征。理智型决策风格是比较受推崇的决策方式，强调综合全面地收集信息、理智地思考和冷静地分析判断。但是执拗于理性和计划有可能产生僵化。

2. 直觉型

直觉型决策风格以依赖直觉和感觉为特征，比较关注内心的感受。直觉型决策风格以自我判断为导向，在信息有限时能够快速做出决策，当发现错误时能迅速改变决策。直觉在环境信息不确定的情况下往往能帮助你做出最佳选择。但是如果这是你进行判断的唯一方式，那还是会存在一些问题，因为直觉可能出错。

3. 依赖型

依赖型决策风格以寻求他人的指导和建议为特征。依赖型决策者更愿意采纳他人的建议与支持，他们往往不能承担自己做决策的责任，而允许他人参与决策并共同分享决策成果，因此决策者通常会得到他人的正面评价。但是如果个体过度从众或相信命运就等于放弃了自己的权利，也牺牲了对自己的认可，在看似轻松的生活中很容易感到空虚和无力。

4. 回避型

回避型决策风格以试图回避做出决策为特征。回避型决策风格是一种拖延的方式。面对决策问题，该决策者会产生焦虑，往往因为害怕做出错误决策而采取这样的反应。

5. 自发型

自发型决策风格以渴望即刻、尽快完成决策为特征。自发型决策者往往不能够容忍决策的不确定性及由此带来的焦虑情绪。自发型决策者常会由于一时的冲动，在缺乏深思熟虑的情况下做出决策，此类决策者通常会给人果断或过于冲动的感觉。

【成长案例】

每种决策风格都有其独特的优缺点和特征，我们可以通过下面一个小故事，来模糊地形成自己惯有的生涯决策风格。

大四学生即将面临择业、考研、考公务员等多种选择。在众多选择面前，不少学生会迷茫。你会怎么选择呢？

——A：多方面收集选项的信息并进行比较，并根据自身实际情况和意愿挑选适合自己的路。（理智型）

——B：我感觉外企的工作更灵活，挺适合我，那就这么愉快地决定了。（直觉型）

——C：去问问辅导员，让他告诉我什么样的工作最适合我，或者问旁边的人什么样的工作最好。（依赖型）

——D：先别管了，等到毕业那天再说吧，反正工作多的是。（回避型）

——E：稍做比较，然后迅速签下一个就业单位。（自发型）

二、生涯决策的步骤

有很多工具可以帮助我们做决策，比如很著名的 CASVE 循环。CASVE 循环是做决策的过程，良好的决策包括五步，分别是：沟通（communication），分析（analysis），综合（synthesis），评估（valuing），执行（execution）。这五个步骤是不断循环的，如图 5-2 所示。

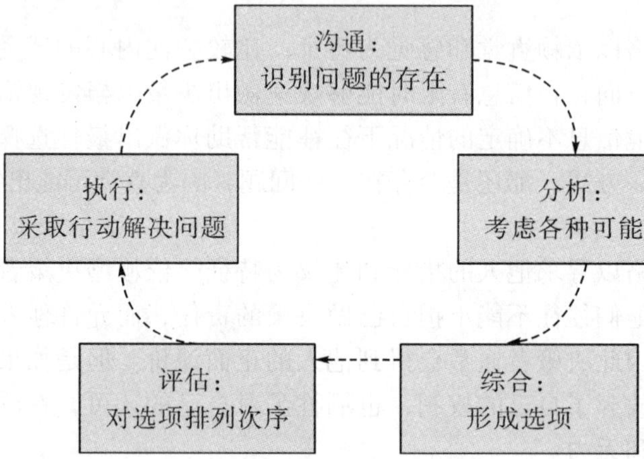

图 5-2 CASVE 循环

1. 沟通

它是 CASVE 循环中的第一阶段，是指我们通过内部或外部的途径，接收到理想与现实之间存在差距的信息，意识到“我需要做一个选择”。通过沟通，人们可以交流信息，获得情感与思想。人们在工作、娱乐、居家、买卖时，或者希望和一些人的关系更加稳固和持久时，都要通过交流、合作来达到目的。从职业决策方面来讲，当个人发现理想与现实之间存在差距，意识到问题的存在，这一步是决策的开始。个人如果没有意识到自己的需要或冲突，则后面的步骤都无从谈起。比如，许多大学一年级的学生，常常觉得“生涯规划”离自己很遥远，认为“找工作是大三大四再思考的事情”。如果他们没有职业生涯规划的意识，不从一个更长远的角度来思考自己的人生，那么确实就不存在“问题”。只有当他们具备了职业生涯规划的意识，了解到确定未来的职业发展不是一蹴而就的事情，才会开始产生这方面的需求，从而进入职业决策的下一个阶段。

2. 分析

分析是指决策者通过思考、观察和研究，更加充分地了解所存在的差距。在这一阶段，我们需要将问题的各个组成部分相互联系，对现状进行评估，了解自己和自己可能的选择，对所有的信息进行分析。这当中还包括确认做出的决定——决定的性质、具体的目标、决策的标准等。不少人易将目标与达成目标的手段混淆，比如为了学历而读书，但实际上学历只是手段，就业才是最终目的。如果没有弄清自己的目标，比如出国/考研是为了什么，就开始盲目行动，必然不会有理想的结果。可以说，分析是决策过程中最容易出现问题的阶段。许多人倾向于用简单化的方式得出结论，直接跳到行动步骤，而未真正理清楚问题的关键，也未能收集充足的信息。

3. 综合

综合是指对分析阶段所得出的结果进行综合、加工处理，进而制订出消除问题、差距的行动方案。通常，最终会确定 3~5 个最可能的选项。在分析的基础上，个人形成可能的解决方法并进一步收集相关信息，确认自己的选择。这里需要注意的是，不要再没有做探索之前就匆忙下决定，这样会将自己的选择面限制得特别窄。在生涯规划中，我们提倡先充实个人的职业前景清单（通常要列出至少 10 个可从事的职业），打开视野，充分看到自己所拥有的可能性，再在收集信息的基础上适当压缩（3~5 个作为最后的选项）。

4. 评估

评估是指对在综合阶段得出的 3~5 个职业进行具体的评价，评估获得该职业的可能性以及这个选择对自身及他人的影响，从可行性和满意度两个方面评估信息，并按评估结果对所有结果进行排列，得出最终选择。比如，我们可以将所有的重要职业价值观列成表并将其作为最终的评判标准，按每一项对所有的选择进行加权计分，最后按总分排序。

5. 执行

执行是指根据自己最终的选择制订计划、采取行动。这是实施选择的阶段，是把思考转化成行动的阶段。很多人都觉得在执行阶段制订行动计划是令人兴奋且是有价值的，因为他们终于可以开始采取积极行动去解决问题了。需要注意的是，决策是一个循环过程，也就是说，在行动之后，还需要对自己的决定及其结果进行评估，如果执行后依然没有解决问题，就需重新启动 CASVE 循环，进入新一轮的决策过程。

【成长案例】

我们来看这样一个例子，来具体了解 CASVE 循环是如何体现在大学生的决策过程中的：

第一步：沟通。小青进入大学后，一开始还沉浸在对大学自由美好生活的幻想中，除了上课就是逛街、吃东西、刷剧，完全不思考大学生活的安排。对于未来的发展方向，小青觉得一切都很遥远，是大三、大四的事情，而自己才大一，不用去考虑。但是后来，她与一位学姐聊天，学姐告诉她，不论未来想做什么都要及早考虑，才能做好更充分的准备，要不然到时候就会手忙脚乱。小青因此陷入迷茫。小青经过学姐的指点，认识到不能白白浪费大学生活。这个过程，就是小青通过沟通，发现问题和差距所在。

第二步：分析。小青通过听讲座和对一些课程的学习，了解到做好生涯规划不是简单的事情，而是要考虑长远的、全面的发展。于是，她开始了自我探索、认识的过程，也通过看新闻、听讲座、参加活动来了解更多的信息，从而理解差距和问题。

第三步：综合。通过大半年的积累，小青获得了不少关于自己的认识，也对可能的发展方向有了较为详细的了解。她根据收集的信息罗列了几点。

第四步：评估。评估类似于做决策的过程。小青根据之前学习到的SWOT分析法，做了一个当下很适合自己的决策。

第五步：执行。根据决策，小青做了一些计划和安排。通过每学期、每月和每周的计划，小青不断地朝着自己期待的方向迈进。更重要的是，小青并非刻板地执行自己的计划，而是常常反思，并不断收集新的信息，对自己的方向进行微调，做到有条不紊、灵活应对。

三、生涯决策的关键

做好了决策，就需要执行，在执行中有几个关键点需要注意：

1. 起步越小越好

小的步骤更容易获得成功，而且就算失败了也不会给自己太大的压力，反而更容易实现。

2. 自控与自我激励

自控力，即自我控制的能力，是指当个体遇到一些诱惑、突发事件、感情问题时，对个人的冲动、感情、欲望等进行自我控制的能力。自控力可以让我们朝向目标，不至于偏离。自我激励是指个体不需要外界激励，能主动努力去实现既定目标的一种心理特征。自我激励是一个人迈向成功的引擎。

3. 监控与评估

我们要对执行情况进行监督，既要利用自律不断调整行为来促进目标的实现，又要根据环境改变计划。对大学生来说，在实现自己目标的过程中，可以通过自我反思和他人反馈来进行监控和评估。

4. 保持开放与稳定的平衡

大学还处于人生的探索阶段，进行生涯规划的目的是不断提高能力，进而让自己有能力在进入职场后实现自己的目标。从这个角度来说，计划的中断和重新设计并非坏事。不论你是中断了自己的实习，还是中断了转专业的目标，都意味着你对自己又多了一份了解：理解哪些是自己不喜欢的，哪些是需要调整的，从而更接近真实的自己。

【小结】

做好生涯规划最重要的一步，就是做好选择——也就是生涯决策。理性和情感的结合使人们形成了各种不同的决策风格，美国职业生涯专家斯科特和布鲁斯把决策风格分为五种类型：理智型、直觉型、依赖型、回避型和自发型。著名的CASVE循环认为良好的决策包括五步：沟通、分析、综合、评估、执行。做好决策，就需要执行，其中需要注意：起步越小越好，自控与自我激励，监控与评估，保持开放与稳定的平衡。

在职业生涯规划过程中，很多学生表现出缺乏对职业和自我的合理认识和定位，犹豫不决、不知所措，面对各种机会感到迷茫，无法做出明确的决策，由此引起一系列反应，比如焦虑，甚至不敢正视现实、面对未来。针对当前大学生职业生涯规划中存在的问题，大学生应掌握一些有效的决策理论和方法，做好生涯规划。

【习题】

1. 在父亲病逝后，作为长子的李嘉诚为养家糊口而放弃学业到一家塑胶厂当推销员。李嘉诚对“打工”的看法是：“对自己的分内工作，我绝对全情投入。从不把它视为赚钱糊口、向老板交差了事，而是将之当作自己的事业。”李嘉诚只花了一年时间，就成为全厂营业额最高的推销员。1950 年，22 岁的李嘉诚主动辞去总经理一职，尝试创业。1957 年，李嘉诚预测塑胶花会在香港流行，他抓住时机引入塑胶花生产技术。创业 5 年后，李嘉诚的公司成为全世界数一数二的大型塑胶花生产厂。思考李嘉诚创业的故事中两个关键的决策点是什么？你认为做好职业决策需要哪些条件？

2. 针对“考研热”这一现象，谈谈大学毕业你是否会选择考研？运用 CASVE 循环谈谈你将如何做出生涯决策？

第四节　大学生生涯规划问题与应对策略

【导入】

2022 年大部分专业的考研分数线比 2021 年高出 10 分以上，考研越来越难，考研的人数越来越多。

据统计，2022 年，全国报考研究生考试人数为 457 万人，比 2021 年增加了 80 万人，增长了约 21%。而在 2003 年，全国考研报名人数仅为 79.7 万人，还不及 2022 年较 2021 年的报考增长人数。

而研究生的招生人数，从 1998 年的 7.25 万人增长到 2021 年的 117.65 万人。可见，“考研热”影响着每位大学生。有人认为考研越来越“高考化”，那为啥这么多大学毕业生要一窝蜂地选择考研？

有一部分学生是为了提升自己，或者热爱研究工作。但不可否认的是，更多的学生选择考研，是追随其他人的脚步，没有清晰的规划和目标。他们选择专业和填报志愿没有深思熟虑。有些学生还因为考研错过了最佳择业的时期。考研并不是一件简单的事情，也同样需要目标和规划。例如：首先，要确立目标院校和专业；其次，准备考研复习资料，或参加一些考研辅导班；最后，规划好考研各阶段，完成考研报名等环节。

不难看出，每位毕业生不一定都需要去提升自己的学历。每一个学生都应该仔细地对自己具体的人生规划和职业方向进行分析，并针对自己的学习状态、家庭情况、个性特点等寻找自己的人生之路，为未来奠定一个坚实的基础。

【互动设计】

题目：对生涯规划的误解。

目的：让学生了解生涯规划的误区和问题解决之道。

步骤1：

学生分成小组。教师引导学生以小组的形式对以下观点进行讨论：

(1) 有的学生认为，当今世界瞬息万变，进行职业规划是完全没有意义的。

(2) 有的学生认为高学历就有高能力。

(3) 部分学生盲目地考证或参加培训。

(4) 有的学生以为职业规划无非就是找工作，与短期职业培训无异。

(5) 毕业后从事与大学专业完全不同的工作大有人在，很多人认为学习好专业知识是在校学习阶段的任务。

(6) 考研的学生认为大学期间的大部分时间应用来学习，不需要参加社会活动。

步骤2：请每个小组代表分享自己认为做好大学生生涯规划有哪些应对策略。

小结：开展有关大学生生涯规划的问题和应对策略的互动，让学生思考生涯规划中可能会遇到的问题并寻找策略，这对于学生学习生涯规划、发现和解决特定生涯的问题具有重要帮助。

教育部原副部长吴启迪女士曾在采访中谈及“大学生就业难”这个话题。她谈道：“大学生找不到工作，其实是一个结构上的问题。有些地方岗位没多少，但是大家都想去，有的地方很需要人才，但大家又不愿意去。这个问题能怪年轻人吗？我觉得不能怪他们。他们想的很多问题都很现实，不光是工资高低的问题，还考虑到将来，如将来家庭怎么样啦，孩子上学怎么样啦。我觉得大家考虑这类问题很自然，不能总说他们没有理想、抱负不够高什么的。”

大学生就业难的原因有很多，其中一个重要原因就是大学生生涯规划这一环节出现了问题，且没有得到解决。大学是我们进行自我探索、改变和成长的时期，在大学期间，我们的角色也逐渐转变为规划者和决策者。这一时期，如果个体生涯探索的经验不足，对自我和外部世界缺少正确的认识，就很可能出现各式各样的问题。那大学生在生涯规划方面到底存在哪些问题？我们又该如何积极应对呢？

一、大学生生涯规划存在的问题

1. 自我认知不足

希腊的德尔菲神庙里刻着这样一句话：“认识你自己。”在进行职业规划时，每个人都要进行自我分析，要正确、全面、客观地评价自己、认识自己，探索自己的能力、兴趣、性格以及价值观。个体也需要了解自己所学的专业、爱好特长、优劣势以及实际能力，知道自己喜欢做什么、可以做什么。这样一来，个体在进行职业规划时就可以扬长避短，进行合理定位。不少大学生自我认识的内容片面且方式单一，无法完整、准确地认识自我会极大阻碍生涯规划的进行，使生涯规划出现偏差，影响个人未来的职业发展道路。

【内容拓展】

自我认识是自我意识的认知成分。它是自我意识的首要成分，也是自我调节控制的心理基础，包括客观地认识自己、全面地认识自己、发展地认识自己。自我分析是在自我观察的基础上对自身状况的反思。自我评价是个体对自己的能力、品德、行为等方面社会价值的评估，它最能代表一个人自我认识的水平。

自我认识表现为主体的我对客体的我的认识，也就是人能将自己的情况，包括外观、生理情况及自己的感知、思考、体验、意图、行为等心理活动、心理过程、心理内容及其特点报告给自己。自我认识在不同的成长阶段表现不同：在婴儿后期和幼儿早期，我们会形成最初的比较薄弱的自我认识；在幼儿后期，我们会对自己的能力和可能性逐渐有了较实际的认识，并学会了按一定社会准则进行自我评价，但主要是对自己外部的评价，而且基本上是“复写”成年人对我们的评价和要求；到了少年期，我们已能对内部心理活动和个性品质进行自我评价，但往往带有较强的主观片面性；青年期，我们不断提高自我认识的能力，进入较稳定的发展时期。

2. 对职业世界认识不足

如果认识自我是“知己”的过程，那么对职业世界的探索就是“知彼”的过程。生涯规划离不开职业世界，离不开社会大环境。部分大学生对职业世界缺乏动态认识，不能及时把握现实职业环境的变化发展。其典型表现就是一些热门职业过热，而一些职业无人问津，往往引发结构性失业。在经济飞速发展、科技不断变革的时代，职业世界是不断变化的。如果大学生用静止的观点看待外部环境，对科技发展、社会需求及政策法规等保持传统的刻板印象，就会在就职后突然发现现实职业与自己想象中的职业相差甚远，影响个人的职业生涯发展。

【内容拓展】

经济产业的每次变动都要求劳动力供应能迅速适应变动，但劳动力市场的结构特征与社会对劳动力的需求不吻合，由此而导致的失业被称为“结构性失业”。

结构性失业，主要是由于经济结构（包括产业结构、产品结构、地区结构等）发生了变化，现有劳动力的知识、技能、观念、区域分布等不适应这种变化，与市场需求不匹配而引发的失业。结构性失业在性质上是长期的，而且通常起源于劳动力的需求方。结构性失业是经济变化导致的，这些经济变化引起特定市场和区域中的特定类型劳动力的需求相对低于其供给。

结构性失业的产生必须同时具备两个条件：一是经济变动使社会对劳动力的需求结构发生了变化（必要条件），二是种种条件的限制使劳动力的供给结构满足不了需求结构的变化（充分条件）。

3. 规划意识弱且行动力差

凡事预则立，不预则废。职业生涯规划的生命周期理论将个体生命周期分为五个阶段：成长期、探索期、建立期、维持期、衰退期。这些阶段是连续的、相互影响的，前一个阶段的成功与否会影响下一个阶段。当前，部分大学生对职业生涯规划有一定的了解，但缺乏自我规划的主动性。在职业规划的过程中，常常存在简单复制他人职业生涯的问题。这就使职业规划缺少独特性与创新性，影响生涯规划的实际效果。还有一部分大学生有了切实的计划与准备，但未能落实到具体行动当中。

【成长案例】

李明是上海某大学国际商务专业的一名大四学生，入学以来，一直参加学校舞蹈社。该社团经常外出比赛，也获得了多项市级荣誉，在校内影响力比较大。该社团的训练一直比较多，李明的业余活动还算充实。他还在班级担任学生干部，属于老师眼中的优等生。李明的父母在当地开了一家小店，他是独生子，父母一直以来对他宠爱有加，对他的选择也很支持。他热爱现在所学的专业，但是因为学生工作和业余活动的原因，一直没有参与社会工作实践。临近毕业，李明开始变得焦虑，他遇到的问题是：在即将到来的毕业季，如何确定自己的就业方向。他初步的想法有三个方面：回家创业、留沪就业、去中西部某城市在亲戚的工厂就业。一时之间，他不知如何确定，并感到焦虑。

案例分析：此案例可从两个方面分析李明产生焦虑的原因：一是在校期间，他没有参与必要的社会工作实践，将较多的时间用在社团活动上，且没有考虑到能否将爱好转变为未来职业发展的可选项。二是他没有明确的职业发展目标，即规划意识弱。他心中的三个就业方向其实差距较大，可见其对职业规划思考较少。

二、如何应对生涯规划存在的问题

1. 积极进行自我探索

自我探索是个人生涯规划的关键。大学生在生涯规划中，可以借助科学测试、专业人士指导，结合周围人的评价，全面了解个人的内在因素（如需要、兴趣、价值观等）以及生涯信念。

（1）自我评价。

自我评价的第一种方法是自我观察和分析，即自我觉察，例如，可以有意识地通过冥想、写日记等方式记录自己的内心活动，描绘自己的情绪、情感体验，评价自己的个性特征和行为表现等。自我评价还可通过与他人比较获得，特别是通过与同龄人、周围人的比较，来加深对自身特点的认识和了解。需要注意的是，与他人比较是为了更好地了解自己，而不是为了攀比炫耀。

（2）他人评价。

他人评价是认识自我的一面镜子。他人评价有助于我们形成对自己更为客观、完整和清晰的认知。同时，我们不能过度在乎他人的评价，要学会分析评价是否真实、客观，用理性的心态面对他人的评价是走向成熟的表现。

（3）专业测试。

我们还可通过专业的人格测试量表并结合心理咨询，来获得更加深入和准确的结果。通常，测试人格的测验有艾森克人格问卷（EPQ）、卡特尔 16 种人格因素问卷（16PF）以及明尼苏达多项人格测验（MMPI）等。

此外，我们还可通过社会实践认识自我。社会实践是指通过参加社会活动、工作、项目等来认识自己。

我们可通过以上方法综合考虑自己的职业性格、职业技能、职业兴趣和职业价值观，形成全面科学的自我分析，从而选定最适合自己的职业生涯道路。

【内容拓展】

1. 艾森克人格问卷

艾森克人格问卷是英国伦敦大学心理系和精神病研究所艾森克教授编制的，他提出了决定人格的三个基本因素：内外向性（E）、神经质（N）、精神质（P）。这三方面的不同倾向和不同表现程度构成了不同的人格特征。

艾森克以实验和临床数据为基础，研究 E 因素与中枢神经系统的兴奋、抑制的强度之间的相关性，N 因素与植物性神经的不稳定性之间的相关性。艾森克认为遗传不仅对 E 和 N 因素有强烈影响，而且也与 P 因素有关。

2. 卡特尔 16 种人格因素问卷

16 种人格因素问卷是美国伊利诺州立大学人格及能力测验研究所卡特尔教授编制的一种用于人格检测的问卷，简称 16PF。卡特尔是人格特质理论的主要代表人物。

16PF 适用于 16 岁以上的青年和成人，有 5 种版本：A、B 版本为全版本，各有 187 个项目；C、D 版本为缩减版本，各有 106 个项目；E 版本适用于文化水平较低的被试者，有 128 个项目。我国现在通用的是 1970 年发表的 16PF 中文修订本。

3. 明尼苏达多项人格测验

明尼苏达多项人格测验（简称 MMPI）是由明尼苏达大学教授哈瑟韦和麦金力于 20 世纪 40 年代制定的，是迄今应用极广、颇富权威的一种纸-笔式人格测验。它适用于年龄在 16 岁以上的青年和成人。MMPI 的测试形式包括卡片式、手册式、录音带形式及各种简略式（题目少于 399 个）、计算机施测方式。它既可用于个别施测，也可用于团体施测。它的题量有 566 道（其中有 16 道重复，实际题量为 550 道）。

2. 主动探索职业世界

职业环境是复杂多变的，大学生要打破刻板印象，主动了解目标行业的前沿，经过周密分析，制订合理的生涯规划，有针对性地提升个人能力。在执行生涯规划过程中，大学生还要根据动态信息实时调整自己生涯规划中过时的部分，不断填充新的内容。下面介绍职业环境评估的内容以及探索职业世界的方法。

（1）职业环境评估。

职业环境评估包括以下三个方面：

①行业环境评估。个体对目标行业的环境进行分析应当考虑行业自身发展状况、行业发展优势、行业现存问题、国内外形势对行业的影响以及行业未来发展趋势等。

②职业岗位评估。个体在进行职业规划时要考虑职业所在区域以及岗位特征，综合分析当地的自然环境、社会环境、政策环境和个人偏好等。不同的职业岗位对从业者有着不同的能力和素质要求，我们可以比较一下自己与目标职业要求之间的差距，然后有针对性地提高个人能力。

③企业环境评估。企业是从业者直接生存和发展的土壤。企业环境评估的内容

包括企业在行业中的地位、发展前景、企业的文化与制度、企业的运作模式等。通过对企业环境进行分析，个体可以初步预测自己以后在企业的发展空间以及自己的职业目标在该企业中实现的可能性。

（2）探索职业世界的方法。

探索职业世界包括以下方法：

①情报整合。大学生需要在生活中处处留心关于职业世界的信息，并且有意识地进行收集、整合。这些看似不起眼的信息可以帮助我们逐渐了解职业世界。

②实际体验。在进行职业世界探索时，个体可以到目标职业的工作地点实地参观，观察工作人员实际的工作状态。

③人物访谈。个体通过向已经参加工作的目标人物进行访谈，可以直接了解工作环境、工作内容、工作待遇等信息。获得访谈机会以及访谈的过程也是非常重要的学习经验。

3. 提升生涯规划能力

歌德曾说过："仅有知识是不够的，我们必须应用；仅有愿望也是不够的，我们必须行动。"我们可通过应用以下方法来提升自己的生涯规划能力：

（1）W 分析法。

W 分析法帮助我们从以下几个方面进行考虑：

①我是谁？（Who am I?）

关于自己的情况，我们真实地写出每一个想到的内容，并按重要性排序，比如自己的专业、家庭情况、年龄、性别、性格、动手能力、思考能力等。

②我要做什么？（What will I do?）

我们可以从小时候回忆，将自己喜欢做的事情写下来。在这个过程中不给自己设限，或许会有让人惊喜的灵感。

③我能做什么？（What can I do?）

我们可以把自己有能力做的事，以及通过潜能开发能够做的事写下来。

④我的处境允许我做什么？（What does the situation allow me to do?）

我们将自己所处的家庭、单位、学校、社会关系等各种环境因素考虑进去。

⑤我的职业和生活的计划是什么？（What is the plan of my career and life?）

最后，思考自己职业生涯的规划。

（2）SWOT 分析法。

SWOT 是优势（strengths）、劣势（weakness）、机遇（opportunites）、威胁（threats）4 个英文的首字母组合。优势：学了什么、做过什么、最成功的是什么、忍耐力如何。劣势：性格弱点、经验或经历中欠缺什么、最失败的是什么。机遇：就业形式、各种职业发展空间、社会最急需的职业。威胁（挑战）：专业过时、同学竞争、薪酬过低。

【案例】

李想的基本情况：男，工学院就读，将在 6 月份毕业；为人诚恳，性格温和，有主见，富有创造力，积极进取；喜欢能让自己静下心来的工作环境；喜欢一切有关物流方面的知识，结合所学专业及课程，本人希望从事物流、运输等相关领域的职业。

1. 内部环境分析

(1) 优势 (S)。

李想的优势如下:

①做事比较认真、踏实，有浓厚的学习兴趣和一定的实力;

②乐观积极的生活态度，善于发现事物和环境乐观积极的一面;

③富有极强的责任心、爱心，并且喜欢做相关工作;

④对一切问题有寻根究底的兴趣，喜欢思考问题，有一定的分析能力;

⑤有较强的竞争意识，能充分主动地利用环境资源，即与环境的交互能力强;

⑥有一定的书面表达能力，逻辑思维性和条理性较强。

(2) 劣势 (W)。

李想的劣势如下:

①性格较内向，不善于与人交往沟通;

②办事不够细腻，有时考虑问题不全面;

③做事不够果断，尤其事前做决定的时候老是犹豫不决;

④组织能力和管理能力不足;

⑤做事有时拖拉，不够雷厉风行;

⑥工作、学习有些保守，冒险精神不够，创新能力有待提高。

2. 外部环境分析

(1) 机会 (O)。

李想面临的机会如下:

①改革开放以来，我国的经济飞速发展，国家发展的同时对人才的需求也大为增长，所以大学生的就业前景是乐观的。

②中国面临的国际化形势给个人也提供了更多的机会，大学生可以在更宽广的舞台展现个人优势。

③在学校还有很多的机会，比如，有很多向身边优秀的同学学习的机会，并且有构建良好的人际关系的条件。

④就专业知识方面来说，现在是一个信息爆炸的时代，这就产生了对信息进行组织和管理使之有序化的需求，因此从大的环境来说，从事物流和运输等相关领域的职业是很有发展前景的。

(2) 威胁 (T)。

李想面临的威胁如下:

①距离毕业还有不到一年的时间，而距离找工作只有半年的时间，并且找工作的时候并不是用人单位用人高峰期，就业的机会不是很多。

②国际化的环境同时也意味着国际范围的竞争和挑战，对个人素质要求也就更高了。对于英语能力的要求，就不能只满足与听、写，表达能力也至关重要。

③公司及用人单位对毕业生的要求提高，更需要有经验的人才。而李想没有任何工作和实践的经验。

④当今优秀的人才很多，而机会不是均等的，这时就不单单是知识的比拼，更是对个人发现机会、展示自己，以及把握机会能力的考验。

3. SWOT 策略分析

(1) SO 战略。

在现阶段，李想应继续努力学习，掌握更多的知识，努力提高自己的竞争力；多参加企业的招聘活动，为自己的就业创造更多的机会，积累更多的经验。

(2) WO 战略

李想应积极参加一些就业培训和招聘企业的宣讲会，锻炼自己，提高自己的自信心；勇于尝试，去尝试更多的不同工作，增加就业机会。

(3) ST 战略。

现阶段，李想应多学习专业知识，特别是自己感兴趣的物流方面的专业知识，将来可以在此方面有所发展。

(4) WT 战略。

李想应多参加集体和社交活动，增强与他人的交往和沟通能力，提高自己的自信心，构建良好的人际关系网络。

【内容拓展】

为实现职业规划，大学生应当充分利用好自己的大学四年时光。一般而言，我们将大学分为四个阶段：大一为试探期，大二为定向期，大三为冲刺期，大四为分化期。在试探期，学生可以通过职业测评、与老师沟通等途径进行自我评估并寻找职业方向，也可以通过浏览网络信息初步了解目标职业。在定向期，学生应当以提升个人素质为主，可以参加社团、学生组织，以锻炼自己的各种能力；也可以尝试着在老师指导下，加强对专业课的学习或者辅修一些其他专业知识来充实自己。在冲刺期，学生的主要任务是提高自身的求职技能，寻找实习，并确定自己是否要读研，是否要出国留学。在分化期，生涯规划方向已经确定，学生可以对前三个阶段进行总结，检验一下自己确立的职业目标是否明确、准备是否充分。

以上仅为在生涯规划上的一般性、概念性规划设计。面对经济社会的飞速发展，仅制订一个长远规划显然是不实际的，我们需要实时根据自身情况以及社会发展趋势对规划进行及时调整、补充完善。

【小结】

大学生就业难的原因有很多，其中一个重要原因就是大学生生涯规划这一环节出现了问题，且没有得到解决。这些问题包括：自我认知不足、对职业世界认识不足、规划意识弱且行动力差。面对这些问题，大学生应积极通过自我评价、他人评价和专业测试进行自我探索，并主动探索职业世界，从而提升生涯规划能力。

目前，就业和职业发展日趋复杂，好的工作岗位的竞争不断加大。作为新时代的大学生，要在行动中不断分析自己与目标职业要求的差距，提高个人生涯规划的能力，并积极地探索职业世界，以制订适合自身的生涯规划，并按照制订的规划步入职业生涯发展的正轨。

【习题】

1. 结合大学四个阶段（大一为试探期，大二为定向期，大三为冲刺期，大四为分化期），谈谈你在大学每个阶段的生涯规划目标和内容，以及规划的依据是什么。

2. 你在大学阶段的职业规划存在哪些困惑？谈谈你将如何应对生涯规划存在的问题。

【参考文献】

[1] 杨柳. 青年马克思的择业观对当代大学生的启示［J］. 创新与创业教育，2019，10（3）：14-18.

[2] 向欣. 当前大学生职业生涯规划教育的现状与对策思考［J］. 现代教育科学，2008（9）：39-43.

[3] 南海，李金碧. 什么是“生涯”：对“生涯”概念的认知［J］. 中国职业技术教育，2006（33）：16-17.

[4] 郭婷. 浅谈埃里克森的人格发展阶段理论［J］. 理论导报，2010（6）：26-27.

[5] 施霄霞. 生涯彩虹图：“我的彩虹人生”教学设计［J］. 江苏教育，2017（24）：61-63.

[6] 宗敏，夏翠翠. 大学生职业生涯规划［M］. 北京：人民邮电出版社，2019.

[7] 周围，李佳，赵霞. 大学生生涯规划的现状调查与干预研究［J］. 黑龙江高教研究，2004（6）：140-142.

[8] 蒋建荣，詹启生. 大学生生涯规划导论［M］. 天津：南开大学出版社，2005.

[9] 沈延兵，余新丽，费毓芳. 关于大学生生涯规划的系统思考［J］. 思想理论教育，2006（23）：56-59.

[10] 杨霄，严欣平. 大学生生涯规划教育的理念探索与实施策略［J］. 中国高教研究，2012（14）：72.

[11] 赵敏，张凤. 大学生生涯规划与辅导实务［M］. 北京：电子工业出版社，2010.

[12] 沈之菲. 生涯心理辅导［M］. 上海：上海教育出版社，2000.

[13] 邱美华，董华欣. 生涯发展与辅导［M］. 台北：心理出版社，1997.

[14] 钟思嘉，金树人. 大学生职业生涯规划：自主与自助手册［M］. 北京：高等教育出版社，2016.

[15] 金树人. 生涯咨询与辅导［M］. 北京：高等教育出版社，2016.

[16] 李羽佳. 略论职业生涯规划视角下的大学生学习能力培育［J］. 学校党建与思想教育，2017（16）：60-61.

[17] 陈丽媛. 大学生职业决策困难的影响因素及干预对策［J］. 思想教育研究，2012（5）：107.

[18] 杨清国，李丹. 职业生涯规划与就业指导［M］. 北京：北京师范大学出版集团，2017.

[19] 姜明伦，李战国，颜小芳，等. 大学生职业生涯规划行为选择及影响因素分析，基于宁波市6所高校的调查分析［J］. 高教探索，2015（2）：110-116.

[20] 周成军. 生涯适应力理论在大学生创新创业教育中的渗透［J］. 当代教研论丛，2017（7）：10-11.

[21] 陈萌. 大学生职业生涯规划与心理健康问题的思考［J］. 长江丛刊，2017（17）：153.

[22] 章佳颖. "育人"视域下大学生生涯规划的现状调查研究：以华东师范大学教育学部为例［J］. 思想政治课研究，2019（6）：131-135.

[23] 冯青. 真人图书馆视阈下的大学生职业生涯规划问题探析［J］. 江苏科技信息，2020，37（3）：75-77.

[24] 潘珍珍，杨磊. 当代高职院校学生职业生涯规划教育现状及问题研究［J］. 智库时代，2020（2）：181-182.

[25] 李国军. 高职院校大学生职业生涯规划问题与对策分析［J］. 广西教育，2021（23）：161-162.

[26] 王晓红. 高校英语专业大学生职业生涯规划问题与对策［J］. 黑龙江教育（理论与实践），2017（11）：44-45.

[27] 王俊华，关旋，吴永平. 后疫情时代大学生就业问题研究：以某高校A学院为例［J］. 池州学院，2021，35（3）：158-160.

[28] 丁翠玲. 大学生职业生涯规划教育研究［J］. 教育与职业，2009（32）：81-83.

[29] 杨军. 高校职业生涯规划教育的特点、原则和路径分析［J］. 学校党建与思想教育，2018（22）：60-62.

第六章　大学生人际交往

第一节　大学生人际关系

【导入】

没有谁能像一座孤岛，
在大海里独踞，
每个人都像一块小小的泥土，
连接成整个陆地。
如果有一块泥土被海水冲去，
欧洲就会失去一角。
这如同一座山岬，
也如同你的朋友和你自己。

——摘自英国诗人约翰·堂恩《钟为谁鸣》

人际交往是我们自出生以来最重要的内容。曾经有网友戏称，只要温度正好，有食物，有手机，有无线网，便可以在一个房间里永远待下去。在新冠肺炎疫情期间，我们被迫无奈地“实现”了这个“愿望”——居家隔离，却发现少了与朋友之间面对面的交流和沟通，幻想中的幸福生活变成了内心的煎熬。现代通信手段虽然帮我们实现了人际互动，但远远无法满足我们对交往的内心需求。有人曾在网络上调查：疫情结束后，最想做的事情是什么？很多人都回答：“去见想见的人，和他们吃好吃的”“和朋友一起旅游看世界”……可想而知，如果我们隔断了与人的交往，想必是无止境的孤独和黑暗。

【互动设计】

题目：我说你画。

目的：让学生体验人际交往的双向过程，并了解沟通在交往互动中的重要性。

步骤1：以两人小组为单位，教师给每组成员发一张事先准备的图片（上课前按班级人数打印好）和一张空白的A4纸，确保另一名小组成员无法看到。

步骤2：请拿到图片的学生向另一个小组成员描述图片的内容，再由未拿到图片的学生根据描述在空白的A4纸上画出该图片。要求在描述的过程中，只能用言语表达，不能用手比画。比比哪组又快又准确。

步骤 3：请学生分享在这个活动中的感悟和收获。

小结：通过这个活动的体验去感悟人际关系是一个双向的过程，不是一件简单的事情，需要双方不断反馈、调整沟通方式，才能促进关系的建立和沟通的顺畅。

一、什么是人际关系

人际关系（interpersonal relationship）是指人与人之间，在一段过程中，彼此借由思想、感情、行为所表现的吸引、排斥、合作、竞争、领导、服从等互动关系，广义地说亦包含文化制度模式与社会关系。人际关系主要表现为人们心理上的距离远近、个人对他人的心理倾向及相应行为等。人际关系包括三种成分：认识成分（指相互认识、相互了解）、动作成分（指交往动作）和情感成分（指积极情绪或消极情绪、爱或恨、满意或不满意）。其中，情感成分是核心成分。人际关系的变化、发展快于双方之间需要的满足程度，如果彼此之间得到满足就容易发生密切关系；如果需要得不到满足，人与人之间发生的矛盾又得不到妥善解决，人际关系就会恶化。

【内容拓展】

20 世纪 20 年代，美国哈佛大学心理学家梅奥等人进行了著名的霍桑实验。霍桑实验的初衷是通过改善工作条件与环境等外在因素，找到提高劳动生产率的途径。从 1924 年到 1932 年，梅奥等人先后进行了四个阶段的实验：照明实验、继电器装配工人小组实验、大规模访谈和对接线板接线工作室的研究。

但实验结果出乎意料：无论工作条件是改善还是取消改善，被测试组和未被测试组的产量都在不断上升；在实验计件工资对生产效率的影响时，发现生产小组内大部分工人有意限制自己的产量，否则就会受到小组的冷遇和排斥，奖励性工资并未像传统的管理理论认为的那样使工人最大限度地提高生产效率；而在访谈中，工人由于可以不受拘束地谈自己的想法，发泄心中的闷气，从而态度有所改变，使生产效率得到了提高。

对这种“传统假设与所观察到的行为之间的不相符合”，梅奥做出了如下解释：影响生产效率的根本因素不是工作条件，而是工人自身。参加实验的工人意识到自己“被注意”，是一个重要的存在，因而怀有归属感，这种意识助长了工人的整体观念、有所作为的观念和完成任务的观念。工人被团体接受的融洽性和安全感较之奖励性工资有更为重要的作用。

人际关系受客观社会关系的制约，反过来又深刻地影响着社会关系各方相互作用的形式。人们所结成的大部分社会关系，可以分成使人的物质、精神需要得到满足的酬赏性关系和破坏这种满足的处罚性关系。因满足与不满足程度的差异、人们愉快或不愉快的情绪体验可以形成一个连续分布的区间，制约着人际关系的亲疏情感。

良好的人际关系表现为热情、诚恳、理解、同情、大度、互助、信用和原则性与灵活性的结合。促进人际关系密切友好的因素是缩短空间的距离，提高交往的频率，增加相似的东西，实现需要的互补。阻碍人际关系的个性特征是不尊重不关心他人，对人不诚恳不同情，缺乏自尊心自信心，妒忌、猜疑、偏激、固执、报复、苛求、依赖他人等。

人与人的交往对个体的成长和发展具有深刻的影响，是我们成长为一个社会人的必要的基础。

【内容拓展】

1920 年，一位印度传教士发现了两个狼孩，并把他们带回了人类社会。起初，两个狼孩有着狼的特点和习性，他们吞食生肉，四肢爬行，喜暗怕光……传教士夫妇做了各种尝试，想帮助两个狼孩转变为人。其中一个孩子在 11 个月后就死去了。另一个 8 岁的孩子在 4 年后掌握了 6 个单词，花了 5 年时间才学会站立行走，但快跑的时候还是用四肢。虽然他一直活到 17 岁，但智力只相当于 3~4 岁的孩子。虽然狼孩具有人的一切生理特征，但因为自幼脱离了人类社会，没有同他人接触交往，因而也就无法形成人类的心理机能和思维能力。

精神分析创始人弗洛伊德认为，3~6 岁是人格形成的关键期。个体人格的形成，除了先天的遗传因素外，最重要的就是孩子和父母的互动。精神分析客体关系理论认为，早期孩子和父母的互动模式，会通过“内化”在其人格和人生发展历程中形成底色，在潜意识中建构起一个基本的关系模式框架，影响着他后续与其他人的人际交往。

二、人际关系的主要功能

1. 人际交往有利于完善自我意识

自我意识是一个人对自身存在的一贯的、一致的内心体验。人际交往帮助我们更加全面和客观地认识自己。在与他人相处的过程中，我们通过参考他人的反应和评价，形成镜像自我，更清楚地认识自己的价值和优缺点，取长补短、拓展自己。世界级设计大师山本耀司曾说：“自己”这个东西是看不见的，撞上一些别的什么，反弹回来，才会了解“自己”。

【成长案例】

小林小时候因为个子不高、身体弱，曾经被邻居家的小朋友欺负，后来在交往中变得有些谨慎、胆怯。进入小学后，老师发现他做事很认真，就安排他做了劳动委员。小林一丝不苟地安排着每天的值日清洁，除张贴值日表外，还在一天前就主动提醒值日同学，并帮助有困难的同学协调时间，有时还会牺牲自己的休息时间帮助临时有事的同学。老师对他的工作非常满意，表扬他待人友善、善于协调。小林听到老师这样的评价，开始意识到自己是受欢迎的，而且是有能力的。

小林上大学后选修了心理健康课程。心理老师的教学风格接地气、贴近年轻人，课堂气氛热烈活跃。小林对心理课的初相识是“相见欢”。在轻松的课堂氛围下，他积极在小组内发言，活跃气氛，也顺理成章地被推选为组长。在小组中，小林感到被关注和被认可，他再次加深对自己的认识：我是受欢迎的，我是一个比较外向的人，我擅长团队的组织和管理工作。可以说，健康的自我意识，是不断在人际互动中形成、强化、修正的。

2. 和谐的人际交往有利于个体身心健康

人类的心理适应，最主要的便是人际关系的适应。很多心理困扰，也是由人际关系的失调而引起的。一项超过 30 万人参与的综合调查显示：与他人交谈可以减少孤独感和随之而来的疾病；一天仅需短短 10 分钟的社会交往，就能改善个体的记忆力，并增强智力功能；与家人、朋友有着密切联系的社会个体，其寿命比社会孤立者平均长 3~7 年。融洽的人际关系能使人心境保持轻松平稳、态度乐观。与之相对，当我们感到被孤立时，我们会感到非常痛苦。有研究者发现被社交孤立时我们的大脑某一个脑区会十分活跃，这个脑区和我们被烧伤时激活的脑区重叠。

【内容拓展】

人际关系的好坏对人的心理健康与否有着极大的影响。人本主义心理学家阿德勒（Adler）在《被讨厌的勇气》一书中写道：人际关系是一切烦恼的根源。

很多人认为，人际关系仅限于对人周边环境的影响及对人心理状态与情绪情感的影响，殊不知这种心理状态的好坏还关系到一个人是否长寿。在长达 20 年的追踪研究中，美国心理学家费里曼（Freeman）和马丁（Martin）发现了影响人寿命的首要因素并发表在《长寿工程》中。这项研究一共列出了 6 个会影响人寿命的因素：人际关系、性格特征、职业生涯、生活细节、不良习惯、与健康者为伍。在这六大影响因素中，人际关系排在了第一位，人际关系直接作用于人的心理健康，而心理健康又会直接作用于人的整体健康状态。

3. 人际交往有利于个体社会化

人际交往是个体社会化的起点，并一直贯穿于个体社会化的过程中。身处社会网络关系中的个体，通过人际交往交换信息、联络感情，建立归属和认同，将社会所期望的价值观、行为规范内化，获取将来立足社会所需要的知识和技能。人际交往帮助我们从“不知”到“知”，从“知之不多”到“知之甚多”，从“不成熟”走向“成熟”。

【难点厘清】

个体社会化从社会心理学的角度讲，是指个体在特定的社会情境中，通过自身与社会的双向互动，逐步形成社会心理定向和社会心理模式，学会履行其社会角色，由自然人转变为社会人并不断完善的长期发展过程。个人社会化的主要任务是掌握基本的生活技能，接受并认识各种社会生活、社会行为规范，树立明确的个人生活目标，承担不同的角色任务，为适应社会生活打下良好基础。

在现实社会中，掌握资源的领导和老板其实是希望年轻人能够很快“磨平棱角”，因为棱角虽然是个性的彰显，但在集体合作中可能像刺猬的刺一样让集体成员之间相互伤害。比如在宝洁校园招聘的时候，对于刚走出校园的年轻应届生，他们最看中的能力不是你有多特别，你多有才华，多有本事，智商多高，而是你接受社会规则的能力，或者说适应能力。有的大企业还会用管培生这一职位，将年轻人对工作和升职的思维固定化。快速接受规则的能力越强，代表越会“做人”，越能够很好地配合别人，不多事不冲动，工作努力勤恳，以公司利益为中心，平衡好自己工作和生活。这将会是一个好的员工和优秀的执行者。

【内容拓展】

18 世纪末，欧洲的--位探险家施金克，在一个荒岛上生活了 4 年。在这 4 年中，他自如地应付着自然界的变化无常，并满足着自己的基本生活需要，但无法忍受漫长的孤独。为此，他养了一只狗、一只鹅以及几只野兽为伴，每天和这些动物交谈。但他的精神越来越差，以至于时常陷入忧郁的状态。4 年后，他重新回到了家人身边，但无法恢复以前与人交往的能力了。

人际交往有助于增强个体自我意识、提升个体心理健康、促进个体社会化水平。人际交往产生的必然结果是人与人之间的社会关系，即人际关系。走进大学，每个学生都面临着一个全新的世界，无论是生活方式还是学习方法，无论是个人愿景还是社会期待，都发生了很大的变化，这都需要我们重新去适应或建立人际关系。

【内容拓展】

美国心理学家赫尔洛克（Hurlock K. B. 1994）提出，和谐的人际关系在八个方面有助于青年的健康成长：

（1）给青年以稳定感和归属感；

（2）给青年以健康的娱乐场所；

（3）使青年获得社交经验；

（4）使青年提高宽容和理解的能力；

（5）给青年以提高社交技术的机会；

（6）给青年以培养社会洞察力的机会；

（7）发展对集体的忠诚；

（8）使青年体验求爱行为。

三、人际关系的阶段

人们从互不相识到建立亲密关系，需要一个由浅入深的发展过程。奥尔特曼和泰勒提出，良好人际关系的形成与发展一般要经过四个阶段，即定向阶段、情感探索阶段、情感交流阶段和稳定交往阶段。

1. 定向阶段

定向阶段是人际交往的最初阶段。在这一阶段，人们对交往对象具有很高的选择权。回想我们自己，当我们刚入大学，我们会选择和谁更亲近？我们不会与遇到的所有人都建立人际关系，通常只有那些具备某种特质并会引起我们兴趣的人，才会引起我们的特别注意，从而开始进一步地了解与沟通。定向阶段决定了我们选择谁作为交往对象，包含着对交往对象的注意、抉择和初步沟通等多方面的心理活动。若在这期间未能形成有效沟通和交往，我们不会投入更多的情感。

【成长案例】

小玲和小美考入了同一所大学。刚进大一，小玲和小美在大学物理课上被分在了一个小组。在小组成员的自我介绍环节，她们发现两人都来自浙江嘉兴，瞬间产生了一种亲切感。课后，她们就以老乡的身份经常联系、分享和交流。在交流中，她们又发现两人都喜欢看动漫，还喜欢古典音乐，对食物的口味也很相同。这些共同点促进了她们对彼此的兴趣，让关系进一步加深，这就是交往中的定向。

2. 情感探索阶段

在经历了定向阶段后，一段友谊开始初步发展。双方开始思考并寻求更多的共同点，包括兴趣、爱好、话题等。在这一阶段，随着双方共同情感领域的发现，双方的沟通内容也会越来越广泛，自我暴露的深度不断加深，广度也逐渐提升。但在这个阶段，彼此间的了解还不够深入，也还有着很多的不确定性，双方的话题会尽量避免涉及对方私密性的领域，自我表露也会避开自己内心深处的方面。

【成长案例】

小玲和小美接下来可能会相约上课、参与活动等，增加彼此的接触机会。小玲和小美也会很开心地分享自己喜欢的东西、喜欢的动漫作品以及角色，但不会谈论自己的隐私。若在这期间共同情感领域得到发展，小玲和小美会开始探索在哪些方面可以建立真实的情感联系。

需要注意的是，一段关系的建立和发展有它的自然规律。我们切不可过快地推进关系，以“满腔热血”来加速关系的进程，殊不知起到了揠苗助长的反作用。美好和谐的关系，也是水到渠成的结果。

3. 情感交流阶段

当发展到情感交流阶段时，双方的关系已经开始出现实质性的变化。双方开始有了更多的情感卷入，彼此间建立起了信任和安全感，愿意进行思想和情感的交流、接纳和理解，关系较为密切。

【成长案例】

随着时间的推移，小玲和小美越来越熟悉。小玲会告诉小美自己成长于单亲家庭，有一个同父异母的弟弟。而小美也会分享自己之前失恋的经历。当小玲和父亲发生争执，感到委屈时，她会向小美倾诉，寻求情感的支持和安慰。在这个阶段，若小玲和小美的关系产生较大的冲突，甚至面临破裂的话，彼此都会出现焦虑、痛苦等负面情绪。

在情感交流阶段，双方之间的交往情况决定了个体与对方的关系能否长远发展。虽然在这一阶段双方已经建立起较为亲密的情感关系，但是每个人的性格和处事方式不同，时空位置和地理环境的变化会使双方产生误会与嫌隙。

4. 稳定交往阶段

在情感交流阶段，双方建立起持续且稳定的关系之后，双方关系进入下一阶段，可能会成为莫逆之交或亲密伴侣。这个阶段中的交往双方能够包容彼此的缺点，在心理上有同一性或相容性；对彼此的认识更加全面而深刻，并允许对方进入自己的私密领域，分享自己的生活空间和财产，彼此之间有很强的信任感和安全感。

【成长案例】

在大学四年中，小玲和小美的友谊开始于一次课堂小组建设中，因为共同的爱好而越发深入，在四年里越来越信任彼此，成为生命中最重要的朋友。在稳定交往阶段，彼此之间能给予对方足够的安全感和心理上的相容性，允许对方进入自己高度私密性的个人领域。当毕业时，小玲找到了实习的工作，小美则考上了梦想中的学校的研究生。两人的人生即将跨入新的阶段。由于小玲的家在外地，经济也不太宽裕，小美让小玲暂时住在她家，直到小玲有了稳定的收入后再独立租房。虽然两人不像大学中那么形影不离，小玲也有了新的同事和朋友，小美也在研究生的生活中交了男朋友，但她们每天都会在网络上分享自己的生活点滴。

在实际生活中，只有一部分关系能够到达这一阶段。许多关系并没能在第三阶段的基础上进一步发展，仅仅在第三阶段的水平上简单地重复。

当我们对人际交往的四个阶段有了更理性的认识，我们就可以用它来指导我们的交往，既不急于求成，也不恐惧退缩。

【内容拓展】

人际关系的状态从“无关”到“关系密切”要经过一系列的变化过程，心理学家按照情感融合的相对程度，将人际关系分为轻度卷入、中度卷入和深度卷入三种。图 6-1 显示了人际关系的各种状态及其相互作用水平的递增关系。

图解	人际关系状态	相互作用水平
	零接触	低 ↓ 高
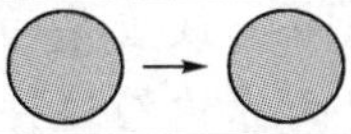	单向注意	
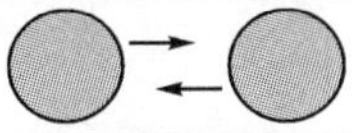	双向注意	
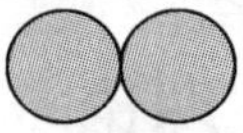	表面接触	
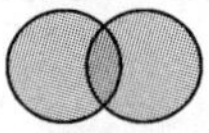	中度卷入	
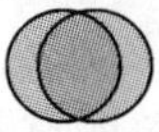	深度卷入	

图 6-1　人际关系的各种状态及其相互作用水平的递增关系

需要说明的是：第一，这只是最简单的两人之间的人际关系图，实际生活中的交往会更加复杂，涉及三人或多人之间的互动，但不同关系的基本状态和作用水平是相同的；第二，并不存在人际关系双方心理世界完全重合的情况，无论两个人关系多么密切，情感多么融洽，也无论两人在主观感受上怎样彼此完全拥有，关系双方都不可能在心理上取得完全的一致。在我们的生活中，有很多形影不离的好朋友，两个人在心理上有着某种默契，个人喜好和生活方式也有很多相同点，但一定要知道，每个人都是一个独立的个体，不能因为关系的亲疏远近，而迷失自己或过度要求他人。

【小结】

人际关系是指人与人之间，在一段过程中，彼此借由思想、感情、行为所表现的吸引、排斥、合作、竞争、领导、服从等互动关系，广义地说亦包含文化制度模式与社会关系。人际交往在大学生活中的确有着举足轻重的地位，并具备多项重要功能：完善自我意识、有利于个体身心健康和个体社会化。人们从互不相识到建立亲密关系，需要一个由浅入深的发展过程。良好人际关系的形成与发展一般要经过四个阶段，即定向、情感探索、情感交流和稳定交往阶段。

大学生具备人际交往能力是十分重要的，在不同层面都需要提升大学生的社交能力。在人际交往过程中，虽然会遇到各种问题，但不论什么困难只要敢于面对总会迎刃而解。因此，大学生要正确认识自身，多提升自身，保持乐观心态，学会适应人际交往，使自己心情舒畅地与人沟通，最终实现人际关系的良性发展。

【习题】

1. 进入大学后，由于与之前的好友天各一方，很多学生都非常渴望能在大学找到新的友谊。但在实际的交往过程中，因为各自的性格、习惯、兴趣、目标的不同，不少学生屡屡受挫，甚至还有学生说：找到好朋友的成本太高了，还不如专心学习算了。对此，你怎么看?

2. 小丽在参加班级活动时，了解到隔壁寝室的小雅与自己志趣相投，进一步接触后，发现两人在很多方面都很相似，于是迅速成为好朋友。但慢慢地，小丽发现小雅还有很多其他好朋友，而自己却把小雅当成自己唯一最重要的知己，因此感到很失落，也有些生气。如果你是小丽的室友，当小丽向你抱怨这件事的时候，你将如何帮助她?

第二节 大学生人际交往理论

【导入】

“仁、义、礼、智、信”是中华民族传统美德的核心价值理念，也是中华民族人际交往的基本准绳。其中“礼”即“礼仪之规”，是建立人际关系、社会秩序的一种标准和规则。《诗经》中就有“相鼠有皮，人而无仪；人而无仪，不死何为”的诗句；孔子提倡“克己复礼”，即克制不正确的言行；提倡“非礼勿视、非礼勿听、非礼勿言、非礼勿动”，即做到视、听、言、行，一举一动都符合“礼”的规范。“仁、义、礼、智、信”之间相互关联、相互依存、相互支撑，共同构成了中华民族传统道德文化的基石，是中国五千年历史流传下来的优秀道德遗产，是中华民族千百年来处理人际关系以及人与社会关系的基本准则。

从人出生的那一天起，由孩童到成人，人逐渐知道了谁是父母，谁是兄弟，谁是朋友，谁是夫妻，谁是子女，明白了这些关系，人也就明白了自己是谁。人类自然地形成了这种共识，这就是人伦规则的共性。“五伦”是中国传统社会基本的五种人伦关系，即父子、君臣、夫妇、兄弟、朋友五种关系，强调父子有亲、夫妇有别、长幼有序、君臣有义、朋友有信。五伦之间的亲敬关系，自然而然形成了人与人之间的伦理规则。

孝道是中华民族的传统美德，也是形成现代和谐人际关系的要素。孝道文化的核心是敬老养老，主要包含以下几个方面的内容：敬亲、奉养、侍疾、立身、谏净、善终、敬亲，对父母长者要做到“敬”和“爱”，没有敬和爱就谈不上孝。孔子曰：“今之孝者，是谓能养。至于犬马，皆能有养。不敬，何以别乎？”（《论语·为政》）

【互动设计】

在进入大学前，很多学生已经拥有丰富的交往经验：有成功的，也有失败的；有让人感动的，也有伤感的；甚至有些学生对一些交往中的细节或耿耿于怀，或充满困惑。教师在理论讲授中，不妨邀请学生分享自己的交往故事；然后，结合学生的真实经历中的一些片段来讲解理论，从而加深他们对人际交往理论的理解，也提升他们运用理论指导实际交往的能力。

注意事项：

1. 教师在邀请学生分享自己的交往故事时，需全程带着好奇、尊重去倾听，并要求其他学生安静倾听。

2. 教师需有选择性地对交往故事中的片段进行讲解，比如故事中某一些细节比较符合其中的理论知识点。在这个过程中，教师要避免过度深入，不要触及隐私话题，尤其是在大班教学中。

对于人际交往，我们每个人都有非常多的经验。有的家长会教育我们：“吃亏是福。”有的家长则说：“说话要留三分余地。”不知不觉，每个人都形成了一套属于自己的人际交往模式，也有自己的条条框框和原则。那么，从心理学的角度来看，人际交往有什么规律呢？不同的心理学家，他们又是如何看待人际交往的呢？这里主要介绍四种人际交往理论，即社会交换理论、人际需要的三维理论、P-A-C 模式和萨提亚沟通模式。

一、社会交换理论

社会交换理论是一种以人类学、经济学、心理学为理论源泉发展起来的社会学理论。社会交换理论由美国社会学家霍曼斯提出，主要代表人物有霍曼斯、布劳等。霍曼斯认为，社会行为是一种“至少在两人之间发生的、或多或少要获得报酬或付出成本的、有形或无形的交换活动”，并据此提出了成功命题、刺激命题、价值命题、剥夺-满足命题、攻击-赞同命题、理性命题。布劳的理论以霍曼斯的交换理论为基础，提出交换不仅存在于市场关系中，也存在于以爱情、友谊等亲密形式出现的社会关系中。布劳提出了理性原理、互惠原理、公正原理等交换原理。交换是一种基本的社会组织形式，即两方或两方以上的人在遵循各类规则的前提下，相互换取他人所拥有的各种形式的“所有物”。

从这个视角来看，人际交往互动也是一种交换行为，其中包括物质交换和情感交换。布劳认为：“社会交往是一种建立在相互信任基础上的自愿活动。社会交往虽然期待回报，但事先不能够确定回报的内容，因此需要某种程度的信任。只有在相互信任的基础上，才能维持某种稳定的交换模式。”大学生的人际交往大多是建立在彼此信任的基础上的自愿活动。因此，在该理论视阈下，大学生要建立有效的沟通机制和渠道，增加彼此的交流和沟通，增加感情投入，在交往中不断增强相互信任。

【成长案例】

男生小林很喜欢女生小美，追求了很久，才成为男女朋友。小林每天都为小美买早餐，帮她复印资料，陪伴她。小美也逐渐习惯了小林的无微不至，把这一切当作理所当然。当小林生病的时候，小美选择和闺蜜去玩，而不是陪伴小林去医院。当小林遇到困难需要被安慰时，小美也没有安慰小林。久而久之，小林在这段感情中越发疲累，甚至发现自己不如当初那么喜欢小美了。用社会交换理论来解释，小林的反应很正常。当损失大于收益时，这段关系的体验就会越来越差。所以，要维系一段健康、美好、深入的关系，不能只靠自己一味付出，而是要收支平衡。

【内容拓展】

霍曼斯认为人与人面对面的交往是人类行为的基本形式，这个理论命题主要包括以下六个方面：

（1）成功命题：在一个人的所有行动中，若其中某一特定行动经常得到酬赏，那么这个人就越愿意重复该行动。

（2）刺激命题：如果一个人在过去对某一种（组）刺激采取的某一行动获得了报酬，那么当类似于过去的那种刺激再发生时，这个人就有可能采取与过去相同或类似的行动。

（3）价值命题：如果某种行动带来的结果对一个人的价值越大，则这个人就越有可能做出该种行动。

（4）剥夺-满足命题：某人在近期越是经常得到某一特定酬赏，则随后而来的同样酬赏对他的价值也就越低。

（5）侵犯-赞同命题：这一命题包括两个副命题。第一，若个人的行动没有得到预期酬赏或甚至受到意外的惩罚，此人会被激怒并可能采取侵犯行为；第二，若一个人的行动获得了预期的酬赏或得到的酬赏比预期的还多，或此人的行动没得到预期的惩罚，则这个人会产生喜悦的心情，并可能采取别人赞同的行动。

（6）理性命题：在面对各种行动方案时，行动者总是选择价值最大和获得成功的概率最高的行动。

二、人际需要的三维理论

美国社会心理学家舒茨提出人际需要的三维理论，认为个体在人际互动过程中，有三种基本的需要，即包容需要、支配需要和情感需要。这三种基本的人际需要决定了个体在人际交往中会采取什么样的行动，以及如何描述、解释和预测他人行为。这三种需要在人际交往中都会有，但在不同的场合、不同的状态下，所占比例又各有不同。大家回想一下，当你第一天来到大学宿舍，看到其他几位还不熟悉的室友时，你的哪种需要比较强烈呢？大部分的人是包容需要比较突出。因为不论一个人的性格如何独特，也不希望在初来乍到的时候被边缘化和被排挤，会尽可能表现得友善，把自己的棱角隐藏起来。随着时间流逝，个体往往会希望被室友喜爱，也会对他们展现出更真实的自己，情感的需求日益强烈。而当寝室需要一起完成某项工作时，我们也会希望室友配合，或主动配合室友，这时支配需要占了主导。

随着关系程度的加深，这些需要也可能会有所加强。比如，你对好友的情感需要，比对普通室友的情感需要会强烈很多。这三种需要也会因个体的性格差异而呈现不同的特点。一些强势的人可能更注重在关系中有控制感，支配需要占据主导。而一些性格温和的人则更喜欢和谐友善的群体，包容需要占主导。通过这个理论，我们可以看看自己的需要是怎么样的，哪方面的需要更明显，哪方面的需要非常缺乏。当我们对此有了清晰的认识，就能够对自己在人际交往中的需要有意识地进行平衡和协调。

三、P-A-C 模式

P-A-C 模式是人际沟通分析理论（transactional analysis，TA）中的重要部分，它是由美国心理学家埃里克·伯恩（Eric Berne）于 20 世纪 50 年代创立的心理学理论。当个体与他人发生互动沟通时，该理论通过分析个体的自我状态，帮助个体认清现实、进行自我澄清、逐渐趋于稳定在成人自我状态，促进个体的成长和改变，使个体获得健康的自我成长、养成健全的交互作用模式。该理论最主要的基石是自我状态，即“一种情感和经验前后一致的模式，直接对应于前后一致的行为模式”，这是伯恩关于自我状态的定义，他认为当个体处在某种自我状态时，就会表现出相应的思维、感情和行为模式。

个体的自我状态共分为三个部分，分别是父母自我状态（parent ego state）、成人自我状态（adult ego state）和儿童自我状态（child ego state），简称 P-A-C 模式。父母自我状态是指个体从周围重要人物那里内化的感觉、思想与行为，大部分诞生于个体的童年时期，来源于个体在童年时期所接触到的榜样，主要是父母。儿童自我状态是指个体自童年时期遗留下来的思想、感觉和行为，同样诞生于个体的童年时期，但主要来源于个体本身的反应与经验。成人自我状态则是针对目前所显示的自主性感觉、思想和行为的组合体，即针对现在的情况，去除了自我状态中儿童自我和父母自我的成分。通常，在这三种自我状态中，没有哪一种代表绝对的好或不好，关键在于能否合理运用，以达到三种自我状态的基本平衡，从而有良好的心理状态，塑造健康人格。一个心理健康的人就是能够在恰当的时间和地点使用恰当的自我状态的人。

1. 父母自我状态

父母自我状态来源于个体在生命早期（通常指生命的最初五年）积累的来自外在事件的经验，这些经验未经编辑，在个体未经社会化时，就被记录起来，成为永久性的记号，也成为个体人格中的一部分。在儿童时期，父母常常以语言、表情、动作向个体灌输教导、规则与忠告等，这些内容使个体形成了固定的思考与行为模式，并在个体的成长过程中，又经过父母的言谈举止不断强化。由于每个个体的家庭状况不同，因此每个个体对父母言谈举止的记录也有所差异，即每个个体的父母自我状态都存在其特定性。当个体呈现出父母自我状态时，其行为、思想和情感等反应方式就如同个体儿童时期父母的反应一样。

父母自我状态又分为两个类型：

（1）养育型父母自我状态（nurturing parent ego state）。

这一类型的父母自我状态通常表现为无条件的关爱，在生活中常常给予他人温暖、爱护、关心和安抚，当他人遇到困难时会主动站出来给予他人帮助与保护，有很强的同情心与包容心。生活中那些特别愿意给予他人帮助、照顾与体谅的往往都是养育型父母自我状态占主导地位的，比如在寝室里一些学生总提醒室友开班会，陪室友去医院等。但当这一自我状态表现过度时，常常会造成对他人的过度保护，从而使他人失去应有的处世能力。

（2）控制型父母自我状态（controlling parent ego state）。

这一类型的父母自我状态通常表现为对他人有强的掌控欲，常常希望他人按照自己的意图行事，在生活中常常教育、教训、匹配和控制他人，有很强的责任感，并有严格有度的价值观与道德观。生活中，控制型父母自我状态占主导地位时，个体常常具有很强的适应性，熟悉为人处世的范式与途径，处事有自己的底线，绝不越规范一步。但当这一自我状态表现过度时，常常会压抑个体的个性，喜欢干涉他人的生活或对他人的生活指手画脚。

父母自我状态具有很强的适应功能，能够使个体健康成长。处在父母自我状态中的个体往往习惯按照惯有的方式与套路来思考并解决问题，因此可能会显得与时代脱节，但从另一个角度来说，父母自我状态为个体提供的丰富经验对青年人来说的确是一笔宝贵的财富。

2. 儿童自我状态

每个个体的内心深处都有一个儿童。处于儿童自我状态的个体，其思想、情感和行为方式都会像儿童一样，容易感情用事、以自我为中心，希望通过自己的表现得到外界和他人的认可与赞同，从而获得满足感。此外，处于儿童自我状态的个体通常具有创造力、好奇心和探索精神。

当个体处在儿童自我状态时，其思想、情感和行为都来自对童年经历的复制，更侧重于个体对自身经历的内在感受。这些经历有些是积极的，有些是消极的。积极的经历可能促使个体更加热情、有活力、勤学好问、具有创造精神；而消极的经历往往来自个体在儿童期的创伤事件，可能造成个体情绪化、以自我为中心、在适应过程中产生恐惧感和内疚感等，这些都有碍于个体的健康人格塑造。

儿童自我状态也分为两个类型：

（1）适应型儿童自我状态（adapted child mode）。

适应型儿童自我状态也称顺应型儿童自我状态。这一类型的儿童自我状态在儿童时期为了得到来自外界权威的认可同时减轻对外部世界的恐惧与焦虑，会做出顺应外界权威所定规则的行为，以此达到让自己的生存环境更好的目的。在儿童期，个体做出的决定通常是根据自己的需要以及他所感受到的外界权威对自己的期望，因此，适应型儿童自我的典型表现有听话、顺从、讨好等。但当个体不想顺应外界权威设定的规则时，就会产生内疚感，此时适应型儿童自我状态的表现有自责、内疚、焦虑。此外，处于适应型儿童自我状态的个体还会有反向表现：当个体出现反叛和拒绝外界权威的现象时，就会表现出敌意、拒绝和叛逆。

（2）自由型儿童型自我状态（free child mode）。

这一类型的儿童自我状态会表现出活泼、天真、好动、贪玩、爱憎分明等，会像婴儿一样充分表达自己的情感，也会像婴儿一样以自我为中心追求快感。很多艺术家都会处于这一自我状态，不拘小节、感情用事、不谙世事。在儿童期，父母可能会多次拒绝个体的要求，在这个过程中，个体体验到的是自我否定的情感，在随后的社会化过程中，就会形成“我不行”这样的结论。实际的心理治疗案例表明，个体的消极自我评价大多来自儿童期的消极情感体验。当个体被儿童自我状态中的消极面支配时，通常会变得感情用事、自卑、懦弱且缺乏自控能力，就像一个儿童时期的孩子一样。

3. 成人自我状态

当个体开始能够依照自己的意识来思考、行动时，就是个体成人自我的开始。从这时起，个体能够从强调“教导概念”的父母自我状态和强调“感觉概念”的儿童自我状态中分离出不同信息，逐渐积累更加客观和真实的成人自我状态。在积累的过程中，处于成人自我状态的个体一方面检验来自“父母自我”的信息是否仍然真实、适用，是应该拒绝还是接受，并将仍有效的过去的经验加工存档；另一方面检查来自“儿童自我”的情绪是否仍然适用、符合此情此景，仅将安全、得当的情绪表达出来。可见，对来自父母自我状态和儿童自我状态的信息进行检验与加工是成人自我的重要功能之一。

成人自我的另一重要功能是对可能性进行估计，形成整合的成人自我状态。这种功能较难把握，但可以通过联系强化，只要对可能发生的情况保持敏感度，那么一旦出现问题，就会把儿童自我状态或父母自我状态中的积极因素吸收过来，迅速找到解决方案。这时的成人自我状态通常表现为，能够客观公正地看待事物，具有较强的觉察与反应能力，遇到困难时会积极寻找解决方法，不断进行自我整合与调停，逐渐实现自我成长。

【成长案例】

周一早上一、二节有数学课，但你睡过了头。这时候你对自己说：“这么重要的课，你怎么就睡过头了呢，你应该好好学习的呀？”这时候的你处于父母自我状态，表现为像父母过去那样提出了比较严格的行为规范。懊恼了一会儿，你开始想：“今天已然睡过头了，我是放弃今天的课呢，还是赶紧起来赶过去上第二节课？数学分析课难度较高，哪怕自己在课下认真自学，也不一定能学得会，还是赶紧起来去上第二节课。”这时候的状态，就是成人自我状态。你能通过客观、理性地分析现实情境，从而做出适合自己的合理判断。你迅速地赶到教室，发现第二节课已经开始了，然后你悄悄地从后门溜进去，不巧又正好被老师发现了。你觉得特别心虚和内疚，整堂课都表现得十分乖巧，这就是儿童自我状态的表现。

不同的情境会诱发人们不同的自我状态，在人际互动中人们也常常不自觉地处于某种自我状态里。

【案例】

孩子：“妈，天气冷了，我准备去买件暖和点的衣服，生活费不够了，你可以再给我拨点款吗？”（自由型儿童自我状态）

妈妈：“什么？又要增加生活费，前两个月已经给你涨了生活费，怎么还要增加，你就不能节约点吗？”（控制型父母自我状态）

孩子：“妈，我真的没有乱花钱，最近学校这边的物价上涨了呀。而且前段时间我想着考个证书就报了个辅导班。这也为以后就业的时候增加砝码，所以才多花了些钱，这些也都是跟您汇报过的。”（适应型儿童自我状态）

妈妈：“好吧，那我就再给你转点，节约归节约，生活上还是不能亏待自己了，知道吗（养育型父母自我状态）。你在学校那边一定要好好学习啊（控制型父母自我状态）。”

孩子：“知道了，妈，我会好好学习的，现在就业形势不乐观，考研竞争也这么大，我必须早做打算，利用好时间积极地提升自己。”（成人自我状态）

上面的案例的对话中可以看出，两个人的自我状态是随着对方的自我状态而不断切换的，同时父母自我状态和儿童自我状态均有两个不同的面向。

有时候，人们会因为一些成长经历、挫折等，而“卡”在某一类自我状态中，无法根据情境等因素灵活地在不同的自我状态间切换，造成人际紧张和沟通困难。比如习惯于在学校当班主任的家长，回家后依然戴着老师的面具，一直处于控制型父母自我状态。这样就会压抑孩子自由的一面。那么，这个孩子就习惯处于适应型儿童自我状态中。他们希望顺从权威，不敢表达自己的看法和主张，压抑了自己创造性和自由的一面。人际互动中自我状态的切换，很多时候都是无意识、不自觉的。大学生可以多观察自己，看看自己更多地处于哪种自我状态。

【成长案例】

小娟因为强烈的焦虑情绪来到学校心理中心求助。她刚刚以优异的成绩考上了本校研究生，却总感觉自己身上有很多缺点，什么事情都做不好。因为害怕事情做不好，所以常常拖延，导致事情越积越多，日渐焦虑。有时候，事情做好了，得到了老师和同学的肯定，她也会觉得这些夸奖都不是真心的，或者觉得这些事情太简单，谁都能做好。

随着咨询的深入，小娟讲述了自己和妈妈的关系。小娟说她很害怕和妈妈相处，因为自己无论做了什么事情，妈妈总是不满意，总是会指出她做得不到位的地方，时常还会批评她。为了不让妈妈生气，她变得小心翼翼起来，并学着按照妈妈的想法和要求做事情……

案例分析：在这个案例中，小娟感受到的是，妈妈长时间处在控制型父母自我状态，对她有很多的要求，甚至是批评和指责。而为了和妈妈保持良好的关系，小娟学着主动地去迎合妈妈的要求，想方设法做好所有的事情。如此一来，小娟便长时间处在适应型儿童自我状态。但因为很少得到妈妈的表扬，她也开始自我怀疑起来，觉得自己什么都做不好。

四、萨提亚沟通模式

萨提亚沟通模式是由美国首位家庭治疗专家维吉尼亚·萨提亚女士所创建的理论体系中独具特色的一部分。萨提亚沟通模式提倡提高自我价值，改善沟通方式，最终以一致的交流方式消除彼此间的隔阂，打破僵局，建立人与人之间沟通的桥梁。萨提亚沟通模式最大的特点就是通过改善沟通方式来提高人的自尊，最终使个体达到“身心整合、内外一致”。因此，萨提亚沟通模式有助于改善人与人之间在沟通中出现的问题，对于促进夫妻、亲子和朋友之间的关系具有重要意义。

在日常沟通中，“人”的主体性容易被忽视。“某某，你怎么什么都做不好”“某某，你给我过来”等这样的言语往往会给人带来负面的感受，使人处于一种压力状态。萨提亚女士认为，人们在压力状态下会产生四种不一致的沟通方式，即讨好、指责、超理智和打岔。不一致的沟通是指，人际沟通中包含的两类信息——言语和非言语（情感）在表达上的不一致。以下介绍萨提亚所提出的四种沟通方式：

1. 讨好

讨好型的人忽略自己的内心感受，重视他人的想法，总是去迎合他人，甚至委曲求全。讨好型的人缺乏自信，自我价值感比较低。言语中经常流露出“这都是我的错”“我想要让你高兴”之类的话；行为上则过度和善，表现为妥协、依赖，内心经常有悲伤、焦虑、压抑等感受。

2. 指责

和讨好型相反，指责型的人眼中只有自己，忽略别人的感受，习惯于攻击和批判，将责任推给别人。“都是你的错”“你到底怎么搞的”“你永远都做不好任何事情”是他们的口头语。他们在指责别人时，其实也伤害了自己。在他们那暴力、愤怒、咆哮的背后，常有一颗孤单无助的心。没有人喜欢被人指责，因此，指责型的人常常不受欢迎。

3. 超理智

超理智型的人既忽略他人的感受，也忽略自己的感受，做事非常坚持原则、固执，只关心事情合不合规定、是否正确。他们时常告诫自己：“人一定要有理智。”这类人以理性来保护自己，表面上看很优越，实际上内心很敏感，有一种空虚和疏离感。

4. 打岔

打岔型的人说话不切题，兜圈子，不直接回答问题或答非所问，通常抓不住重点，漫无目的，东拉西扯。在团体中，他们或许显得活泼、开朗，是个开心果，但内心焦虑、哀伤，精神状态混乱，没有归属感，不被人关照，还常被人误解。

表里一致的沟通是萨提亚所倡导的目标。这种模式建立在高自我价值的基础之上，达到自我、他人和情境三者的和谐互动。处在这种模式的人，表现出一种内在觉察、表情流露和言语一致，内心和谐平衡。他们会真实地表达自己的内心想法，也很替对方着想，尊重自己，尊重他人，尊重情境。处理人际关系时，他们既客观、公正，又有浓浓的人情味；能接纳自我，充满信心和勇气，内心坦然。

【内容拓展】

我们该如何才能做到一致性沟通呢？下面有几种方式供参考：

(1) 让自己处于爱和接纳的状态。在这里，可以做个小练习，两个人一组，闭上眼睛，想象对面的人是你很重要的人，你爱他，你接纳他。一分钟后，分享：你可以感受到对方的爱和接纳吗？

(2) 处理自己的情绪。在进行一致性沟通的时候，你需要先把自己的情绪放下，不要带着情绪沟通。

(3) 讲话尽量不指责。你可以不同意对方的观点，但你不能批评对方；你可以不讨好对方，但你可以表达你的关怀，不需要压抑自己去关怀对方；你可以带着感情、感受去和对方沟通，而不是一味地讲道理；不打岔，不害怕，勇敢地表达你自己。

(4) 尽可能地关注到三个方面：关注自我、关注他人、关注情境。

(5) 认识到自己的有限：时间有限、精力有限、能力有限。真正的人是有限的，接纳自己的有限，当你说不的时候不内疚，接纳他人的有限。

(6) 尝试通过看一个人外在的言行看到他内在的想法、感受、期待和渴望。

(7) 让别人认识真正的我、真实的我，而不是说服别人按照我的意愿去做事情。一致性沟通不是说服的手段。当你们在进行一致性沟通的时候，你们是在真实的生命层面相遇，你可以真实地表达你自己，对方接不接受是对方的事情，不要以为你表达了你的需要对方就会满足你的需要。你在进行一致性沟通时，不应引发对方的防卫性系统。

一致性的沟通意味着承认自己所有的情感，能很好地表达自己的想法，同时顾及他人的感受，且考虑到情境。在表里一致的行为和关系中，我们可以不带任何评判地接纳并拥有自己的感受，并且以一种积极、开放的态度来处理它们。

【小结】

人际交往理论建立在对人际关系行为模式的研究基础上，包括社会交换理论、人际需要的三维理论、P-A-C模式和萨提亚沟通模式。社会交换理论是由“互换”、功利主义经济学的“市场经济”原则，以及行为主义心理学关于环境对行为影响的研究融合构成，其代表人物有霍曼斯和布劳。人际需要的三维理论，认为个体在人际互动过程中，有三种基本的需要，即包容需要、支配需要和情感需要。人际需要决定了个体在人际交往中会采取什么样的行动，以及如何描述、解释和预测他人行为。P-A-C模式是人际沟通分析理论中的重要部分。该理论认为，两人在相互交往时都会处在某种状态中，包括父母自我状态、成人自我状态和儿童自我状态。三种自我状态在每个人身上都存在，会根据不同的情境而被激活。萨提亚沟通模式是由美国首位家庭治疗专家维吉尼亚·萨提亚女士所创建的理论体系中独具特色的一部分。萨提亚女士认为，人们在压力状态下会产生四种不一致的沟通方式，即讨好、指责、超理智和打岔。不一致的沟通是指，人际沟通中包含的两类信息——言语和非言语（情感）在表达上的不一致。

大学生可以在日常的人际互动中结合所学理论知识，在交往中有意识地觉察自己和对方的心理状态，做出互补性或平行性反应，使彼此之间可以顺畅沟通，并能在适当的场合做出最适当的选择和反应，建立良好的人际关系。

【习题】

1. 古人常说“来而不往非礼也”，现实生活中，人们因为红白喜事宴请亲朋好友时，会详细地记录客人送的礼金金额，并通常在对方宴请时以同等或稍微高出对方礼金的数额“还礼”。请用人际交往的社会交换理论分析这种现象。

2. 室友小薇和她的妈妈打电话时吵了起来，结束后她马上向你抱怨，说她妈妈总是把她当小孩子，这也不让做，那也不让干。虽然知道妈妈是出于对自己的关心才如此这般，但小薇总感觉被束缚着，没有自由，很不开心。请用 P-A-C 模式分析小薇和妈妈的沟通模式，并尝试运用 P-A-C 模式帮助小薇改善她和妈妈的沟通效果。

第三节　大学生人际交往中的心理效应

【导入】

美国心理学家罗森塔尔等人于 1968 年做过一个著名实验。他们到一所小学，在一至六年级各选三个班的儿童进行“预测未来发展的测验”。然后，实验者将认为有“优异发展可能”的学生名单交给教师。其实，这个名单并不是根据测验结果确定的，而是随机抽取的。它以“权威性的谎言”暗示教师，从而调动了教师对名单上的学生的某种期待心理。8 个月后，再次智能测验的结果发现，名单上的学生的成绩普遍提高，教师也给了他们良好的品行评语。人们基于对某种情境的知觉而形成的期望或预言，会使该情境产生适应这一期望或预言的效应被称为“罗森塔尔效应”，也被称为皮格马利翁效应（皮格马利翁是古希腊神话中塞浦路斯国王，他对一尊少女塑像产生爱慕之情，他的期望最终使这尊雕像变为一个真人，两人相爱）。

教育实践也表明：如果教师喜爱某些学生，学生感受到教师的关怀、爱护，常常以积极态度对待学习。相反，那些受到教师忽视、歧视的学生，久而久之会感受到教师的“偏心”，也会以消极的态度对待自己的学习，不理会或拒绝听从教师的要求。

【互动设计】

题目：做计算。

目的：让学生了解“定势效应”。

步骤 1：

教师伸出一根手指问：“这是几?”

学生回答：“1。”

步骤 2：

教师伸出两根手指问：“这是几?”

学生回答：“2。”

步骤 3：

教师伸出三根手指问：“1+1 等于几?”

部分学生可能会回答："3。"

教师进行小结："从这个游戏中同学们有什么体验和发现？这样的情况会在生活的什么情景下发生？我们是否常常用一种固定的思维模式，习惯性地以固定的角度观察、思考事物，以及用固定的方式来对待和接受事物？"

人际交往不仅是一门科学，更是一门艺术。人际交往中，有很多有趣的心理现象，我们称之为心理效应。心理效应是社会生活当中较常见的心理现象和心理规律，是某种人物（事物）的行为（作用），引起其他人物（事物）产生相应变化的因果反应或连锁反应。如果我们能了解掌握这些心理效应，并将其有效地运用于现实交往，必将帮助我们消除导致交往障碍的不利因素，增加个人魅力，改善人际关系，使我们与他人的友谊更长久、更稳定。这些心理效应具体包括：首因效应、近因效应、刻板印象、投射效应、自我服务偏差等。

一、首因效应

首因效应由美国心理学家洛钦斯首先提出，也叫首次效应、优先效应或第一印象效应，是指交往双方形成的第一次印象对今后交往关系的影响，也即"先入为主"带来的效果。第一印象形成的认识并不一定正确，根据第一印象来评价一个人有时也会失之偏颇，因为我们根据不完整的信息对交往对象做出了判断。比如对仪表堂堂、举止优雅的人我们容易形成良好的印象，而忽视其缺点，甚至可能会把对方的缺点也当成优点。中国俗话说："路遥知马力，日久见人心。"在与人交往的过程中，我们需要时间和共同的经历来全面、深刻地了解对方，仅凭第一印象就得出结论往往不完全可靠。

二、近因效应

近因效应和首因效应相反，是指最新出现的信息让人们印象更加深刻。也可以说，在交往中最后一次见面给人留下的印象会在对方脑海中存留很长时间。生活中，某人向我们介绍一个人，前面先讲了这个人很多优点，接着用"但是"作为转折，讲了一些缺点，我们往往会对"但是"后面的缺点印象更加深刻。近因效应由心理学家卢琴斯于1957年首次提出。他的实验证明，在有两个或两个以上意义不同的刺激物依次出现的场合，印象形成的决定因素是后来新出现的刺激物。生活中，我们也会有这样的体验：一些交往多时的朋友，在自己的脑海中印象最深刻的是上次离别时的场景；一个朋友总是让你觉得和他在一起很开心，但谈及原因，只能说上最近的两三件事。这些便是近因效应。在大学人际交往中，我们不妨利用好近因效应，在每一次与朋友分别时，都给出真诚的微笑和热情的话语，这样我们的形象就会在他们心中更美好。

【难点厘清】

当连续列出事物特征时，人们较容易受到首因效应的影响；而当事物特征之间存在延时，则更容易受到近因效应的影响。

连续列出事物特征时，人们更倾向于重视前面的信息，即便人们同样看重后面的信息，也会无意识地认为后面的信息是非本质的、偶然的。然而，当前后信息间隔的时间较长，近因效应就出现了，且间隔时间越长，近因效应越明显，原因在于前面的信息在记忆当中已经逐渐模糊，从而使得在短时间之内对近期信息的记忆更加突出。因此，在人际交往中，首因效应在陌生人相识时比较容易发挥作用，而近因效应则在熟悉的人之间起重要作用。

三、刻板印象

有一个脑筋急转弯：一个警察有个儿子，但是他从来不叫这名警察爸爸，为什么？面对这个问题，大部分人都会沉思一会儿，甚至有的可能会百思不得其解，因为在我们的生活经历中，警察一般都是男性，甚至当时脑海中自动就会浮现一名男性警察的形象，真的是要让大脑"转个弯"，才能想到这位警察是妈妈。这就是一种刻板印象。刻板印象是指个体对某个群体产生一种固定的看法和评价，并对属于该群体的个人也给予这一看法和评价。刻板印象虽然可以在一定范围内帮助个体快速洞悉概况并进行判断，节省时间与精力，但往往容易忽略个体的差异性，形成偏见和歧视，让我们的大脑有时候会"转不过弯"来。对于大学生来说，我们可以反思到自己在人际交往中是否有过刻板印象。比如，我们有时候会觉得长得漂亮的女生性格高傲，家庭经济条件好的同学就是娇生惯养等。这些刻板印象会导致我们在交往中忽视了对方真实的一面。

四、投射效应

有人曾说："我们看到的并非世界本身，而是我们自己的内心投影。"投射效应是指个体以己度人，把自己的情感、想法和意志特征投射到他人身上，并认为他人也应如此的一种心理现象。如果你喜欢周末逛街，你可能会不假思索地认为别人也喜欢逛街。如果你临睡前感觉饥肠辘辘，正想着一顿美味的烧烤，你可能也会认为室友们都有这个想法。投射效应有时候会利于双方的互相了解和心理调节，但是也很可能因投射效应而产生种种误会和疏远。因为，投射效应有时会使得个体对他人的情感、意向做出错误评价，歪曲他人真实的想法。人们常说的"以小人之心，度君子之腹"便是如此。要避免投射效应，我们就要在人际交往中充分照顾对方的感受，学会换位思考，培养同理心，做到急人所急、换位思考，尽量克服自我情感投射到他人的倾向，做到客观、真实地了解对方的情感和意志。

【内容拓展】

古代有一位喜欢吃芹菜的人，总以为别人也像他一样喜欢吃芹菜，于是一到公众场合就热情地向别人推荐芹菜，成为一个众所周知的笑话。但是生活中每个人都免不了犯类似的错误。

心理学家罗杰斯曾做过这样的实验来研究投射效应，在80名参加实验的大学生中征求意见，问他们是否愿意背着一块大牌子在校园里走动。结果，有48名大学生同意背牌子在校园内走动，并且认为大部分学生都会乐意背；而拒绝背牌的学生则普遍认为，只有少数学生愿意背。可见，这些学生将自己的态度投射到其他学生身上。

为了克服投射效应的消极作用，我们应该正确地认识自己和他人，尽量避免以自己的标准去判断他人。对方究竟是什么样的人，只有去实际交往和沟通才清楚，而并非我们所想象的那样。

五、自我服务偏差

自我服务偏差是指个体倾向于以有利于自身的方式来进行自我知觉。已有很多实验证明，当得知自己成功后，人们更倾向于接受成功的荣誉。他们把成功归结为自己的才能和努力，而把失败归咎于“运气不佳”“这件事情太难”等外部的因素。比如：有学生在某次考试考砸了以后，可能会埋怨说“老师怎么把试题出得这么难”；也有学生在驾校科目三考试失败后抱怨说“本来我开得好好的，突然从路边窜出来一个人，我一紧张，就踩熄火了。我真是太倒霉了”。

同时，在和别人进行比较时，也会出现自我偏差。专栏作家戴夫·巴里曾说：“有一件东西是所有人都有的，无论年龄、性别、种族、经济地位，那就是在我们每个人的内心深处都相信，我们比普通人要强。”相信自己比同伴拥有更多的天赋和积极的品质，能使我们对自己保持良好的感觉，而且这种对自己的正面评价能为我们提供应付日常生活中压力环境所需的资源。但需要注意的是，这种主观性感觉的自我良好（盲目乐观），也可能会形成一种自我优秀的错觉而让我们丧失努力的动力。

【内容拓展】

宋朝有个丞相叫张商英，他非常爱好书法。他特别喜欢写草书，闲来无事，便提笔龙飞凤舞一阵，甚是得意。其实，这张丞相的书法写得不合体统，但他孤芳自赏，认为自己的书法颇有造诣。

当时，很多人都讥笑他，他却不以为然，依然是我行我素，按他的老习惯写字。一天饭后，张丞相小憩片刻，突然来了诗兴，偶得佳句，便当即叫书童磨墨铺纸。张丞相提起笔来，一阵疾书，满纸是一片龙蛇飞动，让人着实难以辨认。张丞相写完后，摇头晃脑得意了好一阵，似乎还意犹未尽，于是叫来他的侄子，把这些诗句抄录下来。

但是，张丞相的侄子拿过纸笔，好半天才能辨认出一个字，有些地方实在是怎么也看不懂，不知从哪里断开才对。他没办法，只好停下笔来，捧着草稿去问张丞相。

此时的张丞相拿着自己的大作，仔细看了很久，也辨认不清。自己写的字自己哪能不认识了呢？他颇有些下不了台，便责骂侄子说：“你为什么不早些来问呢？我也忘记写的是什么了！”

张商英的智商应该不低，否则的话也做不到丞相。但是他为什么会出现这种强词夺理的情况，以至于被人嘲笑呢？从心理学的角度来分析，他不过是出现了一种自我服务偏差的现象。这种现象或多或少在每个人的身上都存在。

六、其他效应

在人际交往中，除了常见的首因效应、近因效应、刻板印象、投射效应和自我服务偏差外，人际交往中的心理效应还有很多，有些不那么常见，但也能帮助大学生更多地了解自己和人际交往。

1. 晕轮效应

晕轮效应，又称成见效应、光圈效应等，是指在交往认知中，对方的某个特别突出的特点、品质就会掩盖人们对对方的其他品质和特点的正确了解。美国心理学家凯利、阿希等人在印象形成实验中证实了这一效应的存在。

晕轮效应除了与人们掌握对方的信息太少有关外，主要还是个人主观推断的泛化、扩张和定势的结果。它往往容易形成人的成见或偏见，产生不良的后果。用人单位在人才选拔、任用和考评过程中应谨防这种倾向发生。

比如：就像很多老人家自己思想保守，一旦看到个别年轻人染着五颜六色的头发、穿着奇装异服，就认定他们是不良青年；我们爱上一个人的时候，总觉得这个人长相、气质、性格等各方面都完美，甚至会无形中忽略其身上的缺点，连带着爱上他所关心的一切事物，也就是所谓的爱屋及乌。

晕轮效应是一种非常普遍的心理错觉。在人际交往中，我们应该注意告诫自己不要被别人的晕轮效应影响，而陷入晕轮效应的误区。

2. 从众效应

从众效应是指当个体受到群体的影响（引导或施加的压力），会怀疑并改变自己的观点、判断和行为，朝着与群体大多数人一致的方向变化，也就是通常人们所说的“随大流”。从众效应是一种追随别人的行为的常见的心理效应。这种效应有时是积极的，如别人献血你也去献；有时是消极的，如看到别人乱穿马路，不少人也跟着走捷径。

心理学家阿希（S. Asch）关于线条判断的从众实验在心理学界颇为出名。他使用的实验材料是 18 套卡片，每套有 2 张，一张画有标准线段，另一张画有比较线条。被试者 7 至 9 人一组，只有 1 人是真正的被试者。被试者的任务是，在每呈现一套卡片时，判断 A、B、C 三条线段中哪一条与标准线段 X 等长。在前几次，大家都一致做出了正确的选择，从第 7 次开始，假被试者（助手）故意做出错误的选择，实验者开始观察其他被试者的选择是独立做出的还是从众做出的。面对这一实验情境，真被试者在做出反应前需要考虑以下三个问题：是自己的眼睛有问题，还是别人的眼睛有问题？是相信多数人的判断，还是相信自己的判断？在确信多数人的判断是错误时，能否坚持自己的独立性？实验结果发现：大约有 1/4 到 1/3 的被试者始终保持独立性，无从众行为；约有 15%的被试者平均做了总数 3/4 次的从众行为；平均而言，所有被试者做了总数 1/3 的从众行为。

3. 登门槛效应

登门槛原意是指推销员只要能把脚踏进别人家的大门，就能成功地让别人买他的东西。在人际交往中，我们总感觉一些人是“得寸进尺”型的。为什么这些人的要求总能不断得到满足呢？其实，这些人在人际交往中就运用了登门槛效应。这种效应指的是，在提出一个较大的要求之前先提出一个小的要求，从而增大了他人接受较大要求的可能性的现象。为什么会这样呢？社会心理学家通过实验发现，当我们直接向他人提出一个较大的要求时，对方一般无法接受，而当这些要求是逐步被提出的时候，对方往往比较容易接受。这是因为人们都喜欢在他人面前保持良好的形象，不喜欢被看作喜怒无常（前后不一致）的人，因此在接受了他人的一个个逐渐升级的小要求时，也就在无形中接受了他人的大要求。

4. 鲶鱼效应

挪威人喜欢吃沙丁鱼，尤其是活鱼。市场上活鱼的价格要比死鱼高许多，所以渔民总是千方百计想办法带活沙丁鱼回港。虽经种种努力，可大部分沙丁鱼还是会在中途窒息而死。后来，有人在装沙丁鱼的鱼槽里放进了一条以鱼为主要食物的鲶鱼。沙丁鱼见了鲶鱼四处躲避，这样一来缺氧的问题得到解决，大多数活蹦乱跳地回到了渔港。这就是著名的鲶鱼效应。

科学家曾观察过大自然中的羊群，结果发现，如果一个羊群的活动区域里没有狼等天敌，它们就会缺少危机感，不再习惯奔跑，体质逐渐下降，进而影响到这个羊群的整体繁衍。在企业也常有这种现象，如果一个员工的岗位长期固定不变，就会缺乏新鲜感，也容易养成惰性，缺乏竞争力，没有紧迫感和危机感，做事的积极性也会非常低。“鲶鱼效应”的作用在于调动大家的积极因素，有效激活员工工作的热情和激情，让员工在刺激作用的驱动下，展现活力，使之更好地为企业的发展服务。

5. 刺猬效应

西方有一则寓言故事：寒冷的冬天，两只相爱的刺猬要相依取暖，一开始由于距离太近，各自的刺将对方刺伤，后来它们调整了姿势，相互之间拉开了适当的距离，不但互相之间能够取暖，而且很好地保护了对方。心理学上把这种现象称作刺猬效应。

刺猬效应是指每个人都需要在自己的周围有一个自己把握的自我空间，它就像一个无形的“气泡”一样，为自己划定了一定的“领域”。在人际交往中，刺猬效应的作用是巨大的，可以有效地保护自己和他人之间的关系。中国古话云“君子之交淡如水”，水既能止渴，又不至于过于浓烈、粘腻，可谓体现了该效应的积极意义。

在与人交往时，产生的距离是有弹性的，不同的人、不同的情景，所需要的距离是不一样的。文化差异、社会地位、个性特点都是需要考虑的因素。

【小结】

在人际交往中，有很多有趣的心理效应。如果我们能掌握运用这些心理效应，将帮助我们增加个人魅力，改善人际关系。本节主要介绍了首因效应、近因效应、刻板印象、投射效应和自我服务偏差等。首因效应是指交往双方形成的第一次印象对今后交往关系的影响，也即“先入为主”带来的效果。近因效应则是指最新出现的信息，即交往中最后一次见面留下的印象让人更加深刻。刻板印象是指个体对某个群体产生一种固定的看法和评价，并对属于该群体的个人也给予这一看法和评价。投射效应是指个体以己度人，把自己的情感、想法和意志特征投射到他人身上，并认为他人也应如此的一种心理现象。自我服务偏差是指个体倾向于以有利于自身的方式来进行自我知觉。

大学生可以通过对人际交往效应、原则的学习，找到适合自己的方法，塑造自身形象，以积极的态度和行为对待人际交往，不断提升人际交往能力，促进人际关系的和谐。

【习题】

1. 人际交往中的心理效应，既可能拉近我们与他人之间的关系，也可能给关系带来负面影响。请任选两个心理效应，并举例说明这两种心理效应可能带给我们的负面影响。

2. 同班同学 A 和 B 突然开始冷战。你询问后了解到，A 和 B 共同做了一项课题研究，后来两人相互抱怨对方没有平等承担课题任务，而自己在课题中做了绝大部分工作。请结合“自我服务偏差”效应，尝试分析 A 和 B 产生矛盾的原因。

【参考文献】

[1] 王卓敏. 浅谈大学生人际交往能力的培养 [J]. 品牌（下半月），2014（11）：132.

[2] 孙莉. 构建大学生和谐人际关系的意义及途径 [J]. 河南教育（高校版），2008（9）：97-98.

[3] 周莉. 大学生心理健康教育 [M]. 2 版. 北京：中国人民大学出版社，2015.

[4] 张亚莉，安琨. 以人为本：梅奥人际关系理论 [J]. 管理科学文摘，2000（1）：27-28.

[5] 林方. 人的潜能和价值 [M]. 北京：华夏出版社，1987.

[6] 贝曼. 萨提亚转化式系统治疗 [M] 钟谷兰，等译. 北京：中国轻工业出版社，2009.

[7] 吴燕霞. 萨提亚模式在改善大学生自尊和人际关系中的应用探索 [D]. 上海：华东师范大学，2003.

[8] 刘娴晴. 两种取向的社会交换理论比较 [J]. 开放时代，2000（6）：100-101，90.

[9] 朱国宏. 经济社会学 [M]. 上海：复旦大学出版社，1999.

[10] 王丛丛，付春新. 社会交换理论视角下的大学生宿舍人际关系研究 [J]. 赤峰学院学报（汉文哲学社会科学版），2015，36（4）：223-224.

[11] 崔奕. 人际沟通分析理论在高校师生沟通中的应用 [D] 哈尔滨：黑龙江大学，2015.

[12] 迈尔斯. 社会心理学 [M]. 8 版. 侯玉波，乐国安，张智勇，等译. 北京：人民邮电出版社，2006.

[13] 张玥，辛自强. 社会心理学中的启动研究：范式与挑战 [J]. 心理科学进展，2016（5）：844-854.

[14] MAJOR B，O'BRIEN L. The Social Psychology of Stigma [J]. Annual Review of Psychology，2005，56（2）：393-421.

第七章　大学生人际交往中的问题与技能提升

第一节　大学生人际交往中的问题及问题的原因

【导入】

人际交往对个体的心理健康具有重要的影响和意义，几乎每个人向往着和谐美满的人际关系。大学生思维活跃、精力充沛、兴趣广泛、自主性强，对人际交往的需求较为强烈。然而，有人际交往的需求并非都能带来良好的人际关系，囿于思维和眼界的局限，这一时期的大学生往往在人际关系上投注较多的理想化色彩，但人际交往毕竟是互动和双向的过程，个体间也存在着不同的个性特征、认知特点和行为习惯，要保持绝对的和谐是不可能的，也是不现实的，因此失望和挫败在所难免，都属于正常现象。当出现人际交往的问题时，如果不懂得调节，可能会影响生活、学习和情绪，甚至造成一定的心理困扰。了解大学生在交往中的常见问题，有利于大学生更好地采取措施，有的放矢地解决问题。

【互动设计】

题目：心与心的距离。

步骤1：让学生在小组内分享自己在人际中的一次受挫体验，并互相给予支持性回应。

步骤2：在学生分享小组内容后，教师可有针对性地引导学生认识到人际交往受挫体验的普遍性，帮助学生对人际交往去理想化。

步骤3：教师创设一些社交场景，邀请学生即兴表演社交片段。教师可以根据学生的表演特点，有针对性地讲解其中蕴含的心理原因，引导学生懂得渴望被人接受、被人理解是每个人在人际交往中都会存在的需求。

步骤4：教师进行小结："随着独立性的增强，大学生逐渐摆脱了对父母、老师的依赖，这个过程中同伴的影响变得越来越大。大学生非常需要获得来自同伴的接受、认可、尊重和信任，也需要在交往中丰富知识，了解生活、学会处事，以更好地成长成才。然而，学生对人际交往可能存在一些误解，比如给自己贴上'我不善交往'的标签，或者认为只有自来熟、侃侃而谈的人才是会交往的人。还有些学生认为善于人际交往的人在面对陌生人时丝毫不会紧张。其实，人际交往是可以通过学习来提升的，也是需要不断学习的。大学生通过学习人际交往的知识，做好相应的人际技能练习，就会收获更和谐、愉悦的关系，提升幸福感。”

一、大学生人际交往中的常见问题

1. 不敢交往

有些学生对人际交往并不排斥，甚至心怀渴望，但他们在人际交往的过程中往往缺乏主动性，总是被动地等待着别人前来交往。这里面，可能是由于害羞胆怯，可能是由于对被评价的担忧和恐惧，还有可能是由于过往不愉快的人际交往经历。“不敢交往”的主要表现如下：

（1）害羞胆怯。

害羞胆怯是非常常见的一种心理。害羞者往往表现为：在言语上支支吾吾；一件事要反复左思右想，并为此神经紧张、坐立不安；在社交场合动作忸怩不自然，呈现出脸色绯红、说话音量低而小等特点。具有这种心理的人往往过多约束自己的言行，无法充分表达自己的愿望和情感，也无法与人沟通，造成交往双方的不理解或误解，妨碍良好人际关系的形成。

（2）自卑敏感。

人际交往中的自卑心理往往表现为自我评价低、心理承受能力弱、行为退缩、瞻前顾后等。有一类隐性自卑的大学生，给人的表面印象是孤傲、清高、难以接近，他们自尊心非常强，对外界刺激特别敏感，难以接近的表现实际上是一种害怕受到伤害的自我保护。自卑敏感者很容易在自设的精神压力下陷入困境，过度恐惧失败往往导致他们回避与人交往，通常还会有对他人的嫉妒心理。

（3）恐惧担忧。

有的学生因为曾经遭遇过被孤立、被嘲笑，或受到好朋友的言行伤害，对人际交往感到不安，即便身边的环境已经发生了变化，也没有办法调整过去“适用”的行为或情绪反应模式，导致对人际交往产生恐惧担忧。过分恐惧担忧者通常还会在主观上预设他人对自己不满，甚至把善意曲解为恶意，导致偏激和片面的想法产生。

【成长案例】

已经大三的小吴因为在学业上受了挫折，变得很内向，无法融入同学中，于是一天到晚上网。身边人劝他时，他有自己的上网理由：“我喜欢泡在网上，因为在网上，没有人看不起你。我在网上交了许多朋友，甚至有的朋友会打电话来称赞我，说我有个性，说我幽默。在网络上我似乎找到了我要找的东西。”他也有上网的困扰：“我不知道网络对人格发展究竟有没有影响。在网络上，一方面，一个人的性格可以得到张扬；另一方面，一个人很多时候表现出来的又不是现实生活中真实自我的性格。我也担心自己会更加脱离现实。”

案例分析：如同本案例中的小吴，很多在现实交往中受挫的大学生会转向网络寻求心灵的安慰。网络以其匿名性、隐蔽性、便捷性为大学生孤独的心灵搭建了通往外界的桥梁，拓展了他们与世界的联系。然而，网络交往并不能取代现实交往，如果一个在网络中如鱼得水的人在现实中却寸步难行，恐怕这个人无法适应社会。

研究表明，大部分因羞怯等原因而不敢与人交往的学生，都是因为自身假想了一些别人的内心活动，认为对方不喜欢自己，所以才会产生恐惧和担忧。若这部分因素得到解决，他们也是非常愿意进行人际交往的。

2. 不愿交往

有些学生在和人交往的过程中会感到不舒服，所以会尽量减少社交在生活中的比重，倾向于选择更少和人打交道的生活方式。这里面，可能是出于自我封闭；可能是体验到很深的孤独感，被动选择独处；还有可能是出于片面的价值判断。"不愿交往"的主要表现如下：

（1）主动地自我封闭。

大多数人会有这样的感受：和身边人保持融洽关系比较容易，但成为知心朋友存在一定困难，感觉大家都很容易在人际交往中有所隐瞒。人际交往是一个由浅入深的过程。随着关系的深入，大家会逐渐敞开心扉，进行自我暴露。但自我封闭者则是人为地在自己与社会、集体和家庭之间筑起了一道心理屏障，把自己真实的思想、情感、欲望掩盖起来。严重者对任何人都不信任，怀有很深的戒备，隔断了与他人的交往。

（2）被动选择独处。

独处是个体主动选择的一种生活状态。在独处中，个体所产生的积极经验可以帮助其探索自我内心、更新对自我的观念，更能选择让内心的力量来指引人生的道路，为个体提供了解自我、获取中心感和形成有意义的人际关系的途径。但一些学生是在因为人际交往中体验到了很深的孤独感和挫败感后，为减少可能出现的负面感受，被动地"选择"了独处。这种并非出自本意的独处，不仅很难获取积极经验，反而容易加深个体的消极情绪。

（3）片面的价值判断。

价值判断是人们对事物能否满足主体的需要以及满足的程度所做出的判断。一些学生在进行价值判断时，会片面地放大人际交往可能给自己带来的不利之处，认为人际交往会花费大量的时间，耽误自己的学业，无法满足自己的情感需求，甚至可能在相处中给自己带来伤害……在这种情况下，他们不会轻易外露自己的内心和情感世界，选择尽量避免人际交往，以将精力和时间投注到他们认为更有价值的事物中。

【内容拓展】

以下简要介绍柠檬汁实验：

心理学研究者基于"大五人格"中外向性（extraversion）维度的得分程度，划分出了内向者和外向者。在柠檬汁实验中，每个被试者的舌头上被滴入等量的柠檬汁，之后，内向者产生的唾液量比外向者更多，即在同等的外界刺激强度下，内向者的反应更大。换句话说，只要很弱的刺激，内向者就能够产生和外向者同等的反应强度，所以过多的外界刺激反而不利于内向者保持心理的平衡。

内向者大多安静、低调，较少参加社交活动，不倾向于从外界寻求刺激，而是将关注点和兴趣集中在自己的内部世界。在独自的活动中，内向者轻松自在，感到快乐。与他人交流相处其实在消耗内向者的精力，而独处可以让他们恢复精力。但是，喜欢安静独处并不意味着内向者不善交际，他们注重的不是交朋友的数量，而是质量，因此知心朋友并不少。

3. 不善交往

人际交往是一门高深的学问，更是一门艺术。有的学生因缺乏必要的人际交往知识和技能，在交往中有时会显得过于生硬、呆板，不易被他人理解，反而容易造成误会，在人际交往中显得有些格格不入。比如，在劝说他人、提出批评建议、拒绝他人等方面过于直言不讳，完全不考虑对方的感受和场合；或者不尊重对方的风俗习惯，以自己的需求为中心，让他人感到被忽视等。

当然，人际关系其实也并没有大家想象的那么复杂。美国家庭治疗大师维吉尼亚·萨提亚女士在其所提出的“协调一致的沟通模式”中指出：理想的人际沟通需要同时注意自我、他人、环境三大要素。在这种模式下，我们既不会贬低自己，也不会高抬自己，而是能把自己放在一个适当的位置去聆听、回复他人，在使他人感到被尊重、感到和谐的同时也让自己得到满足。

【成长案例】

小 A 是一个很有正义感的人。每当身边人发生了不愉快的事情，他都会主动发表自己的看法，把自己认为正确的处理方法教给别人。

一开始，小 A 被同学们称为热心肠，但时间长了以后，小 A 却发现大家都在有意无意地疏远他。“我已经很努力在帮助别人了，为什么好像适得其反?”小 A 对此十分不解。“其实一开始还好，觉得有啥事都可以去找他。但时间久了真的会受不了，不管发生什么事情，他总要试图让我们接受他的想法，不允许我们有任何其他想法。如果反驳他，他就会一直讲，从循循善诱到歇斯底里，非要让人采用他的方法，不然他就一副‘我都是为了你好，你却不听’的受伤姿态，让人觉得很窒息。”同学无奈地描述着他眼中的小 A。

案例分析：小 A 的助人之心的确非常难能可贵，但人际交往是需要一定技巧的，而且这些技巧必须建立在尊重、理解他人的基础上。小 A 希望让别人接受自己的帮助，所以总是试图把自己的看法强加给别人，认为这样才是有效的帮助，但他忽视了个体间的差异，没能尊重同学的感受和选择。尊重是理解的前提，也是彼此建立人际关系的基础。在人际交往中，逼迫别人接受自己的意见容易激发别人的抗拒心理，也反映出自己可能存在以自我为中心的问题。其实，我们可以给自己松松绑。当朋友遇到烦扰时，即使我们没有丰富的话语或具体的解决方法，只能给予无言的陪伴和支持，也是具有积极作用的。请相信，真诚的关心、倾听和理解，都是具有力量的。

个体是一个动态发展的成长过程，即便是一个人认为自己不喜欢人际交往，也不代表他讨厌所有类型的人际交往。产生人际交往问题的原因是复杂多样的。从发展心理学的角度看，与个体的家庭养育环境和教养方式有关；从学习心理学的角度看，与个体的过去经历中的模仿对象有关；从认知心理学的角度看，与个体的思维方式和认知风格有关。下面，我们将重点讨论品性、认知和情绪方面的因素。

二、产生人际交往问题的原因

1. 个性品质的影响

气质类型和人格特质并无好坏之分，从整体上来看，每一种类型在人际交往中都有着其独特的优势和劣势，但后天形成的一些性格特征比较容易影响到个体的人际交往。比如，气质类型为抑郁质的人，大多小心谨慎，具有高度的情绪易感性，在人际交往的初期可能表现出过分拘谨和回避退缩，影响到关系的建立；人格特质中外向性和宜人性水平较低的人则通常表现出冷淡、多疑、急躁等特点，导致在人际交往中容易出现误会和纷争；此外，内向孤僻、害羞胆怯、容易嫉妒猜疑的人，也容易在人际交往中受到挫折。

但是，这并不意味着拥有这些特质的人就无法建立良好的人际关系。首先，个体的性格可以通过后天的努力实现改变，并在不断训练和尝试的过程中，掌握更多的人际交往技巧，逐步改善人际关系状态。其次，虽然内向者确实很难做到像外向者一样活泼、交际广泛，但随着人际交往的深入，内向者稳定深刻、持久有力的情感也会逐渐显露出来。

2. 认知偏差

人际交往中的认知偏差主要是指个体在缺乏充分依据和全面了解的前提下，主观或片面地做出认知结论，主要包括对自我的认知偏差和对他人的认知偏差。

对自我的认知偏差，主要是因为没有摆正自己在人际关系中的正确位置，要么觉得自己不够重要，要么觉得所有人都在关注自己，或者是对自己有着完美主义的要求。自我评价过低者也常常对自己要求高，他们往往将目光聚焦在自己的缺点与短板处，带着消极的态度看待别人对自己的评价，因而常常在人际交往中感到受挫。自我评价过高者以自我为中心或过于自负，在人际交往中常使对方感到不被尊重、紧张、窘迫等，影响关系发展。

对他人的认知偏差主要可表现为刻板印象和投射效应。刻板印象是指在缺乏深入了解的情况下，人们对某一类人产生的固定、概括、笼统的看法，如认为漂亮的人就比较高傲。投射效应则是指把自己主观的认知性想法像投影一样，投到别人身上，认为是别人具有该想法和观点。

还有一种常见的认知偏差是过分理想化，在人际交往中具体体现为：不尊重每一个个体的独特性，把朋友的一切言行都以“我”为参照物；在与人交往时，希望对方是自己的“翻版”，独断专行地要求对方拥有与自己相同的爱好、个性；不尊重朋友的隐私和个人空间，认为朋友之间事事都该通报，若朋友有事不跟自己通气，就是不忠、不够朋友；希望交往不带任何杂质，常常以理想的标准衡量对方，一旦发现对方有某些不好的品质就深感失望等。

3. 过度情绪化

情绪化是指一个人的心理状态容易因为一些因素发生情绪波动。过度情绪化的人具有喜怒无常的特点。通常，过度情绪化的人不能很好地控制自己的情绪，在遇到事情时容易大喜大悲。他们会容易因小事而大发脾气，也会因喜悦而手舞足蹈。在人际交往中，一般人很难适应这种大起大落、摸不着边际的情绪发泄，所以会倾向于敬而远之，导致他们的人际关系很难维持。此外，情绪的过度波动还会导致甚至加深个体的认知偏差，使得个体出现行为失控，造成人际交往恶化。现实生活中，我们不难发现情绪稳定的人会更容易让人感觉亲切，获得良好的人缘。

在人际交往过程中，虽然误解、摩擦在所难免，但只要我们是在双方平等的基础上去建立人际关系，既尊重别人又保持自尊、互相包容与理解，那么关系也会随着误解的解除而越加深入，最终形成有效的“社会支持系统”。

【内容拓展】

心理学上的社会支持系统通常指的是个人的社会支持系统，即个体通过与环境中人物的互动所建立的一种关系网络，个体能从中获取物质和精神上的帮助和支持。

根据所属的性质不同，社会支持系统分为两类：一类为客观的、可见的或实际的支持，包括物质上的直接援助和社会网络、团体关系的存在和参与；另一类是主观的、体验到的情感上的支持，指的是个体在社会中受尊重、被支持、被理解的情感体验和满意程度。

根据所采用的支持途径不同，社会支持系统可分为正式社会支持系统和非正式社会支持系统。正式社会支持系统是指借助正式途径来表现出对个体行为的支持的动力系统，包括社会舆论支持，以及正式团体、组织的表彰等。非正式社会支持系统则是指借助各种非正式途径来表现对个体行为的支持的动力系统，如他人的赞许、模仿等。

每个人都希望获得温暖、爱、归属感和安全感。在社会活动过程中，来自周围人的关注、肯定、认可，构成了对个体的社会赞许，有精神鼓励作用，使个体能适应社会，有助于维持社会秩序，还可以帮助个体缓解不良情绪，摆脱困境束缚，提高身心健康指数。

【小结】

人际交往对个体的心理健康具有重要的影响和作用，几乎每个人向往着和谐美满的人际关系。但人际交往是互动和双向的过程，个体间也存在着不同的个性特征、认知特点和行为习惯，要保持绝对的和谐是不可能的，因此失望和挫败在所难免。本节主要介绍了大学生人际交往中的常见问题及其产生的原因。一般来说，大学生在人际交往中常见的问题可以概括为：不敢交往、不愿交往、不善交往。人际交往问题产生的原因包括个体的个性品质影响、认知偏差和过度情绪化等。

在大学生人际交往过程中，虽然误解、摩擦在所难免，但只要我们是在双方平等的基础上去建立人际关系，既尊重别人又保持自尊，互相包容与理解，那么关系也会随着误解的解除而越加深入，最终形成有效的社会支持系统。

【思考题】

1. 小张与同学总是保持着距离，始终信守君子之交淡如水，不愿和别人有亲密的交往，只希望自己一人顺着心意关门过日子。你如何看待小张的人际交往方式？如果你有小张这样的朋友，你会如何与她交往？

2. 大三的小吴因为在学业上受了挫折，变得很退缩，通过上网排遣烦恼。身边人劝他时，他说：“我喜欢泡在网上，上网给我很好的感觉，能交许多朋友，在网络上我找到了想要找的东西。”但小吴也有困扰：“花太多的时间在网络上，好像逐渐不知道如何在现实生活中交往了。”结合小吴的案例，谈谈你对网络交往的看法。

第二节 积极应对人际冲突

【导入】

和谐文化根植于中华民族五千年文明史的深厚土壤中。大家在生活中，凡事也注重以和为贵，尽量避免冲突。但每个人都是独立的个体，在相处中因意见不合而发生冲突在所难免。需要注意的是，和谐并不等于无原则妥协，更不等于无条件退让。比如，当你作为小组长时，明明已经做好了分工安排，但实行时组员有各种理由推脱，你为了保持面上的“和谐”而一个人承担了所有的任务，导致自己很累很委屈。在这种情况下，虽然并未爆发直接的冲突，却埋下了冲突的种子。

在人际交往的过程中，不惜代价的一团和气，并不能真正有利于关系的长远发展。因为，差异和冲突并不会因退让而消失，也不会随着任务的完成而消亡。学会客观看待冲突的产生、正确应对和化解冲突，在冲突中成长，有利于关系的推进。

【互动设计】

题目：化解冲突有办法。

目标：明白人与人之间发生矛盾、产生分歧在所难免。建立全面的人生观，能够站在别人的立场看问题，宽容待人。能够运用沟通、交流等方法化解冲突，形成良好的人际关系。

步骤1：

教师引导学生思考：“如果你听到平时和你有矛盾的同学在跟别人说你的缺点或毛病，这时你会怎么做？请把你的想法写在纸上。”

步骤2：教师邀请几名学生分享写了什么。

步骤3：教师请学生想一想，刚刚的做法会造成什么样的后果；然后，再想一想，还有没有其他解决办法，将其他办法依次写在纸上。

步骤4：同桌互相交换纸条，说一说，如果你是那个说人坏话的学生，面对不同的态度，会有什么不同的表现。

步骤5：教师选几个代表围绕“你觉得哪种处理方法最好？为什么？”进行交流。

步骤6：

教师进行小结：“人际冲突在日常生活中屡见不鲜。有显性冲突，如争执辩论、拍桌叫骂、肢体冲突等；也有隐性冲突，如两个人彼此互不理睬、互相冷战、暗自较劲或者逐渐疏远。如何正确看待并积极化解人际冲突，便是这节课需要讨论的问题。”

一、人际冲突概述

1. 人际冲突的含义

人际冲突（interpersonal conflict）是一种十分普遍的现象，可以说，只要有人群的地方，就必然存在人际冲突。人际冲突是指两个及以上相互依赖的个体在实现目标的过程中，觉察到彼此的目标互不相容或存在来自另一方的阻挠，并通过斗争的形式表达出来。人际冲突发生于个体与个体之间，是群际冲突和组织冲突的基础。在对人际冲突的原因进行准确分析的基础上对其进行管理，对于建立相谐的人际关系，提高团队与组织的凝聚力，具有十分重要的意义。

冲突的产生有两个关键点：一是彼此目标不相容，二是以斗争的形式表达出来。若一方闷在心里不说，对方压根不知道，就不算冲突；如果一方提出来后，另一方马上积极配合，也不能算作冲突。只有当双方开始对他人的不配合进行抗争时，冲突才正式爆发。

比如，大家商量好寝室每周轮流做清洁，但每到小 A 值日时，即使垃圾已满溢而出，他也熟视无睹。如果小 A 的室友们对此忍气吞声，或者干脆代劳打扫，那暂时就没有爆发冲突，但代价可能是室友们在压抑下，越来越不满小 A，最终演变成寝室大冲突，把所有的旧账全部翻出来。这也是常见的寝室冲突形式——冲突不再受控，而是爆发出来。如果小 A 的室友们能主动表达出对小 A 不打扫卫生一事的不满，而小 A 不仅不改变，还为自己的不打扫进行辩护、甚至认为是室友们的要求不合理，那么在这一刻，就产生了冲突。

2. 人际冲突的类型

人际冲突主要可以分为两种：第一种是因利益冲突而引起的互不相容行为；第二种也是大学生最为常见的冲突类型，主要是因认知、情绪、品性、沟通等因素引起的、包含负面情绪（如恐惧、愤怒等）的互不相容行为。按照来源的不同，人际冲突大致可分为以下几类：

（1）利益引起的冲突。

尽管大学生之间很少有直接的经济利益冲突，但在有限资源的争取和分配过程中，也可能引起互不相容行为，如在教室座位、评优获奖名额、保研晋升指标、实习岗位等方面因利益而产生的冲突。

（2）认知引起的冲突。

这一类冲突主要是由于价值取向等因素的差异。大学生一般来自全国各地，他们在生活习惯、行为方式、文化等方面存在不同，因而对同一件事物的价值取向、观点看法等都可能有差异。这些差异在长期相处的过程中，如果处理不好，就会埋下人际冲突的隐患，或者造成人际冲突的产生。

【成长案例】

小 C 和小 D 是同一宿舍的成员。小 C 习惯了早睡早起，通常在晚上 10 点 30 便会上床休息，在早上 6 点起床；而小 D 却习惯晚睡，总是在凌晨 1 点后才睡，在早上 8 点起床。小 D 每天晚上都会开着台灯看书或者上网，而小 C 则是每天早上起床后开始学习。由于小 C 对光线特别敏感，且小 D 在看书或敲电脑时，难免会发出一些声音，所以小C常常在小D入睡后才能成功入睡，而小D也常常在早上被小C吵醒。

终于有一天，两个人爆发了一场争执。小C对小D说："你能不能早点睡啊，你知不知道你每天晚上都吵得我睡不着！"小D却说："你这个人才奇怪！我在床下看书又没打游戏，也没见吵到其他两位同学呀！反而是你，每天起那么早才是吵死人呢！我忍你好久了。"结果两人谁也说服不了谁，最后不欢而散。

案例分析：不同的生活习惯是导致宿舍出现冲突的原因之一。小C和小D其实都深受对方生活习惯之苦，但两人都只站在了自己的角度思考问题，在争执时也只是在指责对方，而不是在解决问题。早睡早起的小C与晚睡晚起的小D，其实都体会到了被打扰的痛苦，但都没有意识到自己的作息会给别人带来困扰。对于这类问题，最简单的方式是彼此协商一个可接受的方案。因为宿舍是一个公共空间，不可能像独处一样随心所欲，每个人都需要照顾到集体的感受，要想和谐相处，就需要换位思考，才能做到求同存异。

（3）情绪引起的冲突。

情绪因素主要是指在遇到问题时，个体以心情或情绪为借口，以自己喜好为评判标准，不能理智地对待人和事、非理性地处理问题。比如，一些大学生与他人发生冲突可能仅仅是因为当时的情绪不好。这种非理性的处理问题的方式非常容易引起冲突。

（4）品性引起的冲突。

由于个性差异和人格特质的不同而引起的冲突也屡有发生。一般来说，在人格方面存在有偏执、强迫等倾向的大学生容易在交往中表现出过分苛刻和固执，致使对方感到难以合作，也比较容易与他人发生纷争。此外，过度关注自我、只注重个体需求或是过于敏感易怒的人，也容易与人发生冲突。

（5）沟通方式引起的冲突。

双方沟通不及时、不恰当等也会造成双方的误会和隔阂，从而引发人际冲突。这主要包括因信息交流不够而以偏概全、因信息被曲解而形成歪曲看法、因交流少而情感淡漠等。

在现实生活中，除了以上提到的冲突类型之外，更常见的是由多种因素综合引发的冲突。

二、人际冲突的阶段

人际冲突不是一种静止的状态，而是一个动态的过程。在这个过程中，冲突双方的认知、情绪和关系都可能发生变化。美国学者潘迪（Pondy）曾经提出冲突的5阶段模式，即冲突潜伏阶段、冲突知觉阶段、冲突感受阶段、冲突外显阶段和冲突结果阶段。

1. 冲突潜伏阶段

潜伏阶段是冲突的萌芽期，在这个阶段，可能导致双方冲突的客观条件已经基本具备，即冲突产生的温床已搭好，但个体对冲突的存在还没有觉醒，冲突还属于次要矛盾。也就是说，双方相互依赖，且在某些方面存在差异，这种差异难以兼容，但双方还没有明确意识到这种不相容。随着环境的变化，潜伏的冲突可能会消失，也可能被激化。

2. 冲突知觉阶段

当双方认识到他们之间的差异，并认为这个差异不能相容时，就进入了冲突知觉阶段。在这个阶段，个体已经感觉到了冲突的存在，但冲突还没有造成实际的危害，个体尚未意识到冲突的重要性。如果在这时及时采取措施，可以将未来可能爆发的冲突缓和下去。

3. 冲突感受阶段

当双方开始分析冲突性质，思考应对策略，并且还出现了一些情绪性的反应（如紧张不安、不舒服、愤怒等）时，就进入了冲突感受阶段。在这个阶段，冲突已经对个体造成了情绪上的影响。个体可能会对不公的待遇感到气愤，也可能对需要进行的选择感到困惑，而不同的人对冲突的感觉是不同的，这与每个人的个性、价值观等有关。

4. 冲突外显阶段

当双方开始发生言语上的争执、情绪上的对立，甚至出现行为上的对抗时，便进入了冲突外显阶段。在这个阶段，双方都需要对冲突做出处理，如采用逃避、妥协、合作等处理方式。此时，冲突很容易升级，导致矛盾扩大。面对冲突，每个人会采取的措施并不尽然相同。冲突的处理方式，集中体现了个人的处世方式和处世能力，也体现了个人的价值体系和对自己的认识。

5. 冲突结果阶段

冲突的处理总会有结果，在不同的处理方式下，会产生不同的冲突结果，而这个结果有可能是有利于当事人的，也可能不利于当事人。当冲突被彻底解决时，该结果的作用将会持续下去。但很多情况下，冲突并没有被彻底解决，该结果只是阶段性的结果。有时甚至处理了一个冲突，又会引发其他冲突。

三、人际冲突的应对

1. 正确地认识冲突

要学习应对和化解冲突，首先需要在认识上进行调整。

（1）客观地看待冲突。

当发生人际冲突时，个体需要理解两点：其一，冲突是无法避免的。不管彼此间多么亲密无间，交往中都可能存在着冲突。一段好的关系并不是没有冲突，而是彼此能够正确地面对冲突、化解冲突。其二，冲突并不一定是糟糕的事情，有的时候还恰恰相反。冲突可以不那么具有破坏性，反而更像是共舞的过程——通过与舞伴的相互配合，在多次练习中不断调整、熟悉彼此的舞姿，从而有默契地共舞。

（2）看到冲突的功能。

冲突是表现个体差异的一种健康的迹象，同时也是一段好的关系的重要组成部分。冲突发生时，没有必要去追究哪一方是对的、哪一方是错的，双方只是在用不同的方式看问题。借由冲突，个体可以表达自己的需要或愿望，增加达成的可能性。此外，冲突可以增加个人对自我以及他人内在价值观和信念的了解。借助冲突，个体还可以宣泄内心的不快，避免负性情绪过度积累所导致的关系破裂。

需要注意的是，争执不是一味地表达情绪，可以是关于你们关系的一次对话，一个表达自己真实感受的机会。个体需要尽可能地去聆听和理解对方的话，用一种你期望获得信息的方式向别人传达信息。

2. 正确地处理冲突

处理冲突的五种常见方式分别是回避、调适、竞争、妥协与合作。

（1）回避。

回避的方式意味着个体认为把事情搁置会比直接面对并解决它更容易些，或者认为放弃比较好，免得一直面对困境。这里的回避可能是身体上的（与朋友发生争执之后故意绕开不见他），也可能是语言上的（改变话题、开玩笑或否认问题的存在）。具体表现为：试图忽略冲突，回避其他人与自己有不同意见的事实。

虽然回避冲突并不能最终解决问题，但当情绪被强烈地激起而你又不能在当下解决冲突时，暂时回避和推迟讨论也无妨。但要注意的是，不要伪装问题已经被解决。你们可以达成协议，尽量找一个能让双方都感到轻松、愉快的时间、地点，在双方都能听进去彼此所说的话时，再开诚布公地和对方继续探讨。

选择回避的方式也并非都是坏事。有时候直面冲突可能存在着较大的风险，如引发一场令人难堪的公开争执，可能让人遭受身体的伤害等。如果一个人陷入一段非常糟糕的恋爱关系中，发现对方有暴力倾向时，在回避的基础上结束这段关系也许是个较为合理的解决方式。

（2）调适。

调适的方式意味着个体放弃自己的主张，接受别人的意见。这是一种向对方让步的做法，即高度关注对方的需求，忽视自己的需求。这种策略往往受到欢迎，但同时也被认为是软弱的体现。具体表现为：愿意牺牲自己的目标而使对方达到目标；尽管自己不同意，但还是支持对方的意见；原谅对方的违规行为并允许他继续这样做。

调适是我们的文化中比较认同的一种与人相处的方式，调适者常说“就按你说的方法去做”“退一步海阔天空”等。这种方式在寝室里很常见，比如忍受室友用自己的东西，忍受室友半夜打游戏敲键盘的声音等。这种方式在恋爱关系中也很常见：一方迁就另一方，去对方老家所在的城市工作；为了照顾对方，放弃好的升迁机会等。

很多时候，我们会放弃一些执念和对错输赢，把关系的和谐放在更重要的位置上。但大家要注意，关系本身就涵盖了“你与我”，而不是只有“你”或“我”。要让一段关系真正变好，不是一味迁就对方，压抑自己。在这样的状态下，或许关系反而越来越糟糕。

（3）竞争。

竞争的方式意味着个体在冲突中寻求自我利益的满足，而不考虑他人的影响，一方必须击败另一方才能获得自己想要的。用“竞争”处理冲突时，双方各不相让，冲突只有一个结果：不是我赢，就是我输。具体表现为：双方都是从自己的角度讨论问题，在寻找自我利益而不考虑对他人的影响；双方都试图以牺牲他人的利益为代价来达到自己的目的；双方争论的重点放在解决方法，而不是去协调或理解对方的价值观等。

竞争在家庭关系中非常常见。比如，孩子想要报自己喜欢的专业，父母坚决不同意。于是，孩子和父母讲道理，哭闹……但是由于孩子的力量始终太弱，最后还是得听父母的。父母赢了，孩子成为输家。但是，父母真的赢了吗？其实在这种解决冲突的方式中，每一次的赢，都意味着关系可能会受到损害。需要注意的是，当在一段恋爱关系、一段友谊中，一方若是每次都执着于赢，到最后可能反而会彻底输掉这段关系。

竞争还会滋生攻击。这种攻击有时候是显而易见的，有时候则是隐藏着的。很多时候，孩子对父母敢怒不敢言，却常常通过一些言行来进行"隐藏式攻击"，比如父母让收拾房间，就把房间搞得很乱。极端的情况下，有些孩子表面上服从了父母要求填报的专业，却在大学里逃课，用这种消极的方式来反抗和表达攻击。

（4）妥协。

妥协的方式意味着冲突双方都放弃自身的部分利益，各让一步，以便在一定程度上满足对方的部分需求，即双方都有所坚持，也都有所退让，并接受一种双方都达不到彻底满足的解决方法。具体表现为：在沟通中相互妥协或采取折中的方案，给冲突的另一方提供一定补偿，无法顺利达成一致而求助于第三方或规则制度等。

妥协是我们比较常用的解决冲突的方式，比如当室友喜欢晚睡，你喜欢早睡，你们最终通过妥协，晚睡的人早一点，早睡的人晚一点。这样一来，一人退了半步，在心理上达到了某种平衡。

妥协方式的采用满足了冲突双方的部分需求，但双方也都失去了一些他们重视的东西。这种策略比较适用于非原则性问题的解决，没有明显的输家和赢家，可以说是达到中等程度的合作。

（5）合作。

合作的方式是一个双赢的策略，意味着双方对自己和彼此都很关心，共同的目标是找到让冲突各方都满意的解决之道，尽量避免以牺牲对方利益为代价取得胜利，更重视的是双方互惠互利。具体表现为：双方互相支持、互相尊重、合作解决问题。在沟通中，双方都充分运用自己的能力和创造性去解决问题，双方的需要都是合理的、重要的，通过坦诚的讨论找到互惠的解决方案，最终结果是双方的需要都得到了满足。

合作是生活中常用的解决方式，也是一种智慧。因为合作意味着需要拓展自己的思路，而不是固执己见。个体还需要放弃"我对你错"的输赢思维，从彼此的全局来考虑问题，而非着眼于狭隘的输赢之争。合作之道，就是加深彼此关系，在不断的沟通、倾听、相互理解中，重构彼此的目标，到最后，也许不仅解决了问题，还升华了关系。

【小结】

人际冲突是指两个及以上相互依赖的个体在实现目标的过程中，觉察到彼此的目标互不相容或存在来自另一方的阻挠，并通过斗争的形式表达出来。按照来源的不同，人际冲突可分为利益引起的冲突、认知引起的冲突、情绪引起的冲突、品性引起的冲突、沟通引起的冲突。人际冲突一共有五个阶段，分别是冲突潜伏阶段、冲突知觉阶段、冲突感受阶段、冲突外显阶段和冲突结果阶段。在应对人际冲突时，大学生首先需要做到的是正确地认识冲突，即客观地看待冲突并看到冲突的功能；其次是采取正确的处理方式，处理冲突的五种常见方式分别是回避、调适、竞争、妥协与合作。

【习题】

1. 胡某是学院拉丁舞协会会长，由于协会没有专门的工作室，所以胡某经常把一些协会的事情带到宿舍来做。她本人不善于统筹安排时间，经常工作到深夜。这样既影响了宿舍其他同学的休息，也给自身带来很大压力。她的室友贾某睡眠质量不好，由于长期受其影响，终于有一天，与胡某发生了强烈的冲突。根据这个案例，请分析胡某和贾某的问题出在哪里？如果是你，你会如何处理这个冲突？

2. 你通常会因为什么而与他人发生人际冲突？你会采用哪种方式处理冲突？这种方式对你的人际交往有何影响？

第三节　大学生人际交往技能的提升

【导入】

国际著名足球教练斯文·戈兰·埃里克森是圈内公论的高情商主帅，曾在我国担任过两个足球队的教练。在一次记者采访中，埃里克森说："我好多年前就读《毛泽东选集》，这位伟大的中国领导人给予了我很多人际交往的智慧。"

或许正是因为埃里克森研读了《毛泽东选集》，在担任主教练时，能够让球队始终保持着极高的凝聚力。让我们也来学习一下毛泽东关于人际交往的论点，看看有什么启发。

(1)"要注意听人家的话，就是要像房子一样，经常打开窗户让新鲜空气进来。为什么我们的新鲜空气不够？是怪空气还是怪我们？空气是经常流动的，我们没有打开窗户，新鲜空气就不够，打开了我们的窗户，空气便会进房子里来"（《毛泽东文集》第3卷第339至340页）。毛泽东的这段话非常形象地说明了在人际交往中倾听的重要作用，即通过倾听来加强学习，了解更多的信息，提升自己的认知水平。

(2)"有了正确的观点和正确的思想，还要有比较恰当的表达方式告诉别人"（《毛泽东文集》第7卷第358页）。所谓恰当的表达方式，就是听者易于接受的方式。如果不分对象、不分场合、不分情况，而采取同样的表达方式，那是很难达到表达效果的。

(3)"情况不明，政策就不正确，决心就不大，方法也不对头。医生看病是先诊断，中医叫望、闻、问、切，就是先搞清病情，然后处方"（《毛泽东文集》第8卷第253页）。不同的听者或不同的受众有着不同的情况与特点，因此，就要以不同的表达方式来说话，这样才能保证人际沟通的效果。

(4)"有则改之，无则加勉，把各种闲话都引到自己的责任上来，这就卸下一个大包袱，不至于多生气"（《毛泽东文集》第3卷第285页）。再优秀的人都难免会出现过失。我们在与同学交往的过程中，就应该有一种容人的胸怀，不要抓住别人的问题不放，激化矛盾，这不是高情商的表现。

(5)“凡事忍耐，多想自己缺点，增益其所不能；照顾大局，只要不妨大的原则，多多原谅人家”（《毛泽东文集》第3卷第127页）。人对客观事物的认识是需要一定过程的，他人之所以会产生错误的批评或指责，主要是因为没有确切地掌握情况，我们应该给他们时间去了解。对此，我们若是过于较真，就会让误会越来越大，矛盾越来越深。

【互动设计】

题目：倾听共情能力训练。

步骤1：教师提前准备若干张写有情绪名称的卡片，例如喜悦、愤怒、哀伤、抑郁、愧疚、委屈、伤心、害怕、担心、焦虑等。

步骤2：8人一组，一组围坐一圈，每人抽一张卡片，只能自己看卡片上的词语，不要让其他人看到。

步骤3：每个人围绕自己抽到的卡片上的情绪词语，依次讲一个发生在自己身上的故事。在这个故事中，每个人能清晰地体验到这种情绪。

步骤4：反馈。

当一个人讲完故事后，其他人可以对如下3个问题进行反馈：当我听到他讲的故事时，我有哪些感受？我猜他抽到的词语是什么？我说些什么，能够让对方体验到被理解？

步骤5：反馈者对于故事表达的情绪与讲故事者进行核实，讲故事者也可以就哪种反馈最能打动自己进行再反馈，在互动中检验彼此的倾听、共情能力。

步骤6：教师进行小结：“善于交往的人，往往具有良好的倾听能力、能同理、肯定别人，大学生要有意识地培养自己的人际交往能力，改善人际交往的质量。这对于大学生的心理健康尤为重要。”

“历史上从来没有哪一刻像当下这样，对人们的社交技能有如此高的要求。”心理学家菲利普·津巴多这样描述，“然而，同样是当下这个时代，社交孤立和社会冷漠频繁出现，建立牢固的社会关系已变得十分困难……人口学调查显示，我们与他人的共同活动越来越少，人们体验到的社交焦虑情绪呈现出逐年增长的趋势。”他这样描述那些不善社交的人：“社交技能没有得到充分发展的个体，就像刚踏上异乡土地的旅人。他们不懂当地的语言，无法融入当地的生活。”

建立良好的人际关系，不仅仅是大学生适应大学生活的客观需要，更是大学生自身发展和实现个体社会化的需要。每个成长中的大学生，都希望自己生活在良好的人际关系氛围中。如何改善人际关系，如何加强人际交往，是每个大学生都迫切希望解决的问题。

一、尊重彼此的个人边界

培养大学生的边界意识非常重要。边界意识，也就是边界感，是一个人获得安全感和被尊重感的重要途径。而安全感和被尊重感，为个人积极的核心价值观的形成提供了安宁的心灵环境，经常听到有的大学生反映，有的室友，就连取快递、买饭这样的事情，都要别人帮他做。同学们很讨厌他这样，却不好意思跟他说。买饭、取快递这些事是他自己的事，不是别人的事。大学生比较看重同学之间的关系，害怕孤独和被疏远。如果有人向其提出干一些不属于他分内的事情，他可能会为了不得罪人，为了能有更多的伙伴而允许别人越界。这种情况就是界限不清的一种代表。

1. 个人边界概述

个人边界，是指个人所创造的准则、规定或限度，以此来分辨什么是合理的、安全的，别人如何对待自己是可以被允许的，以及当别人越过这些界线时自己该如何应对。个人边界主要包括外显和内隐两个类型。

外显的边界主要体现在个人空间及接触上，包括身体（空间）边界、物权边界。内隐的边界主要体现在认知、情绪情感、兴趣爱好、价值观、自尊感、掌控感等潜在的、需要通过互动过程呈现的内在特质方面。

【内容拓展】

有一个形象的比喻：大学生的寝室有围墙和大门，里面住着你。围墙就是这个居所的边界。大门，是你自由出入的象征。对于外来者，大门是限定的唯一可以出入的通道，你可以掌握何时允许谁进来。

在这个边界内，你是自由的、安全的，有权利按照自己的意愿照顾自己，而不是让他人来安排和管理你的生活。

同理，一个人的精神家园，也有界限。每个人独有的成长经历，决定了每个人有自己不同的行为方式和不同的价值观、人生观。每一个人都有属于自己的独立性，和不同于别人却依然精彩的行为模式与思维模式。这种独立性便是一个人的精神边界。这个精神的边界会保护一个人的核心自我是安全的、自由的、不受侵犯的。

2. 健康的个人边界

简单来说，大学生健康的个人边界就是对自己的情绪和行为负责，并且不对他人的情绪和行为负责。它具有以下特征：

（1）真实存在的、清晰的；

（2）合适且恰当的，而非控制性的；

（3）坚固且灵活的，而非坚硬的、无法改变的；

（4）具有保护性的，而非伤害性的；

（5）具有可接受性的，而非攻击性的；

（6）是为自我建立的，而非为他人建立的。

健康的个人边界能够帮助我们接受自己选择的后果，并收获因此产生的益处。个人边界不健康的人，则容易对他人的情绪和行为负责，或期待着他人对自己的情绪和行为负责。

【内容拓展】

尼娜·布朗（Nina Brown）于2006年提出，个人边界可分为四种不同的风格。其中，柔软型、刚硬型、海绵型都是不健康的，只有灵活型是健康的个人边界。

1. 柔软型

拥有柔软型个人边界的人，通常很容易融入其他人的边界之中，被他人影响和控制。他们可能会经常感觉到“我很难对他人说不”，存在过分共情、陷入他人情绪不能自拔、被他人操纵和利用等问题。

2. 刚硬型

拥有刚硬型个人边界的人，通常是封闭或隔离的，很难去信任他人和感到安全，所以很少能够被其他人真正靠近。这其中，也有一部分人是“选择性的刚硬”，即并非在所有情境下都封闭，而是会依据时间、地点或环境选择刚硬型边界，这种封闭通常出现在发生过糟糕经历的相似场景中。

3. 海绵型

拥有海绵型个人边界的人，比较像柔软型与刚硬型的混合。这一类人的个人边界是不清晰的：一方面，不确定该将什么纳入边界之中、将什么排除在外；另一方面，又会担心侵犯了他人、担心没有和他人建立连接。

4. 灵活型

拥有灵活型个人边界的人，通常能够自己控制边界，灵活决定让什么进入、让什么保持在外，也能够抵御情感上的感染和控制，很难被他人利用，是理想中的边界类型。

二、有效地进行人际沟通

除了因信息缺失和表达失误所导致的沟通偏差之外，个体对同一事物存在的不同认知解释，也常常会导致误解的产生。在人际交往中，保持良好的沟通态度、运用正确的言语表达方式并改进非言语表达习惯，才能促进有效、有意义的人际沟通的产生。

1. 良好的沟通态度

在与人进行互动的过程中，我们要秉持平等尊重、真诚可信、理解宽容的态度，并将其内化为自己的思想、转化为实际行动，在日常生活中积极践行，才能拥有良好的人际关系。

（1）平等、尊重。

平等、尊重是人与人之间建立感情的基础，其中平等是建立人际关系的前提。人际交往是一个相互的、有来有往的过程，双方都会有一定的付出或投入，也都希望对方能给予同等的回应和对待。双方被关爱和被尊重的需要，以及这种需要的满足程度必须是平等的，个体在待人处事时，要做到将心比心、换位思考，切忌以自我为中心。

尊重包括两个方面：自尊和尊重他人。自尊即自我尊重，是指既不向别人卑躬屈膝，也不允许别人歧视侮辱。尊重他人不仅是指尊重他人的生活习惯、兴趣爱好，还包括尊重他人在人格、价值观等方面与自己的差异，尊重个体的独特性，不以自己的标准要求别人。平等尊重地对待自己与他人，才能得到别人的平等对待与尊重，建立起良好的沟通机制，从而形成良好的人际互动。

（2）真诚、可信。

真诚、可信是与人之间和谐相处的关键。古人云：以诚感人者，人亦诚而应。真诚地表达可以帮助我们打动对方，深入对方的内心世界。

首先，我们要真诚地表现自己，即个体在责任和期待的要求下找到平衡点，既不委屈自己，也不伤害别人，不用掩饰也没有强迫，将自己的所思、所想、所感自由并开放地传递给对方。其次，我们要真诚地对待别人，即个体在与他人相处的过程中，能做到对他人恰当地进行评价，对闪光之处真心地赞许、对不足之处也能提出善意的批评。此外，赞扬的话语真实可信、确切具体并发自内心；批评的话语则要规避斥骂或指责，运用恰当的方式表达。

需要注意的是，“真诚”与“真实”存在有一定的区别，“真诚”是“真实”的建设性表达。真诚是在“真实”的基础上表达，但并非在任何情景下都必须即时地全盘托出，而是选择一个恰当的时机或以一种对方更可能接受的方式去进行表达。比如，当发现自己不同意对方的观点时，既可以表达为“我觉得你这么想是错的”，也可以表达为“我还有一些不同的看法想和你聊聊”。这些都是真实的表达，但显然后者更容易让人接受，从而产生更好的沟通效果。

（3）理解、包容。

理解是人际沟通的必要条件，而包容则是人际关系能良好维持的重要条件。理解并不仅仅指知道对方外显的处境、心情、特性、好恶、需求等，还包括对对方内在的人格特质、价值取向等的理解。人们常说，“金玉易得，知己难寻”，这里的知己，便是指能够真正理解自己、懂得自己内在特质的人。

古人说：“己欲立而立人，己欲达而达人，己所不欲勿施于人。”在人际交往中，由于彼此在性格特点、思维方式、生活习惯等方面存在差异，难免会产生一些矛盾冲突，这就需要彼此有所退让，尽量做到求同存异。需要注意的是，对他人的理解和包容并不是没有原则的逆来顺受，当这些冲突影响到双方的正常相处时，则需要在互相理解的基础上，客观地直面这些差异，并根据彼此的实际情况，共同商议出和谐相处的方法，对彼此的行为进行调整和约束。

【案例】

精神病院里有个病人，认为自己是一朵蘑菇，于是他每天都撑着一把伞蹲在房间的角落里，不吃也不喝，真的就把自己当一朵蘑菇。无论护士们怎么劝，他都不为所动。心理医生想了一个办法。第二天，心理医生也撑了一把伞，蹲坐在他旁边。病人很奇怪，问：“你是谁呀？”医生回答：“我也是一朵蘑菇呀。”病人点点头，然后两个人继续当蘑菇。过了一会儿，医生站了起来，在房间里走来走去，那人就问医生：“你不是蘑菇吗？怎么可以走来走去？”医生回答说：“蘑菇当然可以走来走去啦！”病人觉得有道理，就也站了起来在房间里走。又过了一会儿，医生拿出一个面包开始吃了起来。病人问：“咦，你不是蘑菇吗？怎么在吃东西呢？”医生理直气壮地说：“蘑菇当然要吃东西啊，不然怎么生长！”病人觉得很有道理，于是他终于也开始吃东西了。

心理医生能够成功的奥秘，就在于“同理心”。同理心是指站在对方的立场，去了解对方的感觉、想法、行为，然后把这种了解再表达出来，让对方知道你在努力靠近他、理解他，就像是穿着别人的鞋子走了一段路。而当人们感觉到自己被理解的时候，也就更愿意敞开心扉，更能够接受一些建议。

2. 准确的言语表达方式

（1）正确表述信息。

语言沟通是我们最重要的交往方式，我们通过语言传递思想、态度和感情。如果不能准确地表达思想和情感，将会产生误解，影响沟通。在与人进行沟通时，所表达的信息应结构完整、内容有效，所用词句应礼貌得体，表述尽量做到清晰、简明、准确、完整。当双方处于冲突场景需要沟通时，双方要尽量对事件进行客观的描述，运用第一人称句式表达感受。

当我们感到不满甚至想批评对方时，要做到就事论事，使用客观的行为描述，尽量避免使用"总是""从不"等词语。我们可以客观地指出对方存在的某一个行为，但不将其泛化为普遍情况，更不能直接对对方做出定义。比如，你可以对室友说"你昨天晚上打游戏到凌晨3点，有些晚了，大家都已经睡了"，而不是说"你总是不考虑大家的感受，非常自私"。在表达感受时，我们可以尝试着用第一人称句式来描述情感反应，把"你……"改为"我……"，帮助个体把注意力放在自己的感受上，同时也减轻对方的被攻击感。比如，"我昨天有点生气，因为你打游戏到凌晨3点，影响到了大家的睡眠"。

（2）建设性沟通。

加利福尼亚大学的雪莉·盖博（Shelly Gable）提出四种沟通的方式：主动且有建设性的沟通、被动且有建设性的沟通、主动且有破坏性的沟通、被动且有破坏性的沟通。在人际沟通中，一段关系要升温，最重要的是彼此都感到被重视、被包容和接纳，这就需要运用主动且有建设性的沟通方式。

建设性沟通是一种有积极情绪反应的、有进一步交流的沟通方式。在沟通中，我们应去关注对方在表达什么，并针对对方的表达内容，给出积极主动的反馈，表达进一步了解的兴趣，表达自己真情实感的关切。在这个过程中，沟通不再只是冷冰冰的信息传递，更多是一种情感的传递，它能让谈话愉快进行、让关系良性发展。比如，对于"你看到我的充电器了吗"的回答，把"你的东西我怎么知道"改为"没有。但如果你着急的话，可以先用我的"。

3. 恰当的非言语表达

美国心理学家梅拉比安曾提出一个公式：信息的全部表达=7%的语调+38%的声音+55%的表情。它说明了非语言表达的重要作用。在沟通的过程中，关注到通过语音语调、面部表情、肢体语言等传递出来的非言语信息，有助于增进人际关系。

（1）语音语调。

声音演绎内容，除了字面含义之外，语气、语调、用词等都包含了丰富的沟通信息。我们通过改变重音、提升音速和控制音量等方式，可以传递出不同的情绪，如"你好讨厌啊"，既可以表达亲密，也可表达厌恶。心理学研究发现，低音频与愉快、烦恼、悲伤的情绪相关，而高音频则与恐惧、惊奇和愤怒相关。人们在说谎时，其声调会有自然升高的趋势。在人际沟通中，我们要根据实际情况采用恰当的语音语调、选择不伤害他人的用词来表达自己的想法。

（2）面部表情。

表情传达内心，喜、怒、哀、乐等表情能传达出人内心的各种真实状况。当语言和表情发生冲突时，人们往往更愿意相信表情传达的含义，包括眼神、笑容等。面部的眉毛、眼睛、嘴巴、鼻子、舌头和面部肌肉的综合运用，都可以向对方传递丰富的心理活动。比如，眼睛作为“心灵的窗口”，是人际交往中重要的信息来源。人们相互之间频繁地目光对视是一种亲切交往的表现；微笑作为人际沟通的重要桥梁，可以和有声语言及行动一起互相配合，起到互补作用。但微笑应与言行举止相称，才能达到以姿助笑、以笑促姿，使人感受到愉悦、融洽和温暖，否则，会让人感到怪异和疑惑。

(3) 肢体语言。

身体传达态度，肢体语言在人际中也传达着一定的信息。在日常人际交往中，肢体语言是有一定规律可循的。比如，如果对话题感兴趣，身体会略微倾向交谈的对方，并伴有微笑、注视等；而身体后仰、侧转等则表示傲慢、厌恶、轻蔑等。了解这一点，不仅有助于理解别人的意图，而且能够使自己的表达方式更加丰富、表达效果更加直接，进而使人与人之间关系更和谐。

【内容拓展】

SOFTEN 原则是一种非言语交流技巧，用以帮助人们使用身体语言，协助语言交流，现也常用于商务交流场合。

1. 微笑（smile）

微笑表明了对他人的兴趣，传递了你的真诚和专注。在人际沟通时，微笑能使气氛变得轻松、自然和愉悦，使人在与其交往中自然放松，不知不觉地缩短了心理距离。

2. 开放、聆听的姿态（open posture）

开放和聆听的姿态能够暗示对方你已经准备好了听他讲话，并且关注他的每一个观点和看法。这类姿态往往表现为面对讲话人站直或者端坐。站直身体时全身要稳，站立时不要显得懒散，也不要交叉双臂抱在身前。

3. 身体前倾（forward lean）

当与他人交谈时，身体轻微前倾表明你正在听对方讲话，并且期待能更好地倾听对方所讲的内容。这对于他人来说通常是一种恭维，他将愿意继续与你交谈。但需要注意的是，需要保持一定的空间距离，不要太近或太快地侵犯他人的私人空间。

4. 接触（touch）

与他人适度的身体接触是我们表达的重要途径。人际交往中最容易接受的接触是一个热情的握手。与陌生人的握手表达了你对对方的友好和尊重，与伤心亲友的拥抱传递着你的理解和支持。

5. 目光交流（eye communication）

在沟通时，你用眼睛注视着对方，能传达出你对他的尊重，也会影响他人对你的信任评价。需注意的是，眼神交流应该是自发的，而不是被迫或过于主动的；目光接触要适度，切忌一直盯着他人，这样反而会让他人感到不适。

6. 点头（nod）

点头不一定意味着赞同，它表示你正在听，并且理解了对方所讲的内容，这也会强化讲话者的行为。

三、增强人际吸引力

1. 丰富和完善个人形象

要想拥有一个愉快的人际交往体验，除了合理运用人际交往技巧之外，还需要不断丰富和完善自己的个人形象，增强人际吸引力。

首先，做到恰当的印象管理，即通过一定方式影响别人对自己的印象。大学生可以在实践中加强对自己的了解，从自己的个性特点、行为习惯出发，结合个人学习目标、人生信仰、交往目的等来调整自己的状态、行为和交往方式，使自己的穿着、谈吐、举止符合自己的身份和交往的情境，以此增进交往效果。此外，大学生还要做到遵守社交礼仪，传递出尊重、友好、真诚、重视的态度，从而获得对方的认可。

其次，尝试主动发起交往。主动是一种友好的态度，主动表达善意和接纳能够使人产生受重视的感觉和交往的愿望。大部分人在面对陌生的人、陌生的环境时，都不免先停下来观察并等待着别人的反应，每个人都希望别人能比自己更主动些。此时，主动向人打招呼和被人主动打招呼都会使人产生愉悦的感受。在交往中能主动定位于某一角色、灵活地随群体的动态变迁而不断变换自己的角色，能容纳不同层次、不同性格的人，会更容易获得别人的好感。

最后，学会说“不”。很多时候，我们出于种种因素不敢拒绝对方的不合理要求，最终让自己苦不堪言。其实，否定事件不等于否定人，拒绝做一件事并不等于拒绝这个人，说“不”是对事而不对人。在人际交往中，做朋友并不意味着要当“好好先生”，事事迁就对方，态度温和而坚决地维护个人边界，平等、相互尊重才是维持友谊长久的秘方。

2. 妥善运用赞美与感谢

大学生在人际交往中，如果能做到用心发现他人的长处，并真心诚意、适时适度地进行赞美，能增添对方的幸福感、自我价值感和自信心，也会收获友谊、感激和回报。我们在赞美别人时一定要以真诚作为前提，并且赞美要具体，不能过于笼统。

此外，适时适度地表达感谢也很重要。表达感谢是对于对方所做的事、对方的人格进行尊重与肯定的过程。在生活中，我们要不断发现值得称赞的东西，并把这份感激之情说出来，而不只是记在心里。在表达感谢时，我们应该真心诚意、充满感情，并且在表达时不要笼统地向大家一并表示感谢，而是指名道姓地、大大方方地向每个人表明谢意。

3. 保护彼此的自我价值

自我价值是指个人对自身价值的意识与评判。保护彼此的自我价值，是指在心理活动的各个方面都做好防止自己和他人的自我价值遭到否定的一种支持倾向。在人际交往的过程中，一旦个体感到自我价值被威胁，就会迅速提高警觉性，出于自我保护的心理，会采取如拒绝、贬损等方式进行交流。比如，当被批评不求上进时，个体很可能会直接反驳“你也没有好到哪里去”，或者轻描淡写地说一句“我就是这样的一个人”，以此来保护自己的价值。保护自我价值有利于保持完整统一的自我概念。从某种意义上讲，个体接纳并喜欢那些支持自己的人，排斥那些反对自己的人，也是源于保护自我价值的倾向。但当个体过于保护自我价值时，就会处于一种封闭的状态，听不到其他人的声音，无法真正理解别人的行为和意图。

【内容拓展】

英国心理学家阿盖尔和亨德森总结出一套关于友谊的准则。即便在不同的文化中，这些行为准则对于我们处理好人际关系也是可以借鉴的：

(1) 在朋友需要的时候主动提供帮助；
(2) 尊重朋友的隐私；
(3) 保持信任；
(4) 信赖并向彼此倾诉；
(5) 当对方缺席的时候能够代表对方；
(6) 不在公开的场合彼此批评；
(7) 表现出情感性的支持；
(8) 在交谈中注视对方的眼睛；
(9) 相伴的时候努力使对方快乐；
(10) 对彼此的关系不嫉妒或不批评；
(11) 对彼此的朋友宽容；
(12) 与对方分享成功的消息；
(13) 寻求个人化的建议；
(14) 不责备或唠叨；
(15) 不和朋友开玩笑或取笑朋友；
(16) 会偿还欠账、报答恩惠或给予赞扬；
(17) 对朋友表露自己的情感或遇到的问题。

【小结】

在人际交往中，首先，要做到尊重彼此的个人边界。健康的个人边界体现为个体对自己的情绪和行为负责，并且不对他人的情绪和行为负责。个人边界可分为柔软型、刚硬型、海绵型和灵活型四种风格。其次，要进行有效的人际沟通。在人际交往中，保持良好的沟通态度，运用准确的言语表达方式，并运用恰当的非言语表达方式，才能促进有效、有意义的人际沟通产生。最后，增强人际吸引力，包括丰富和完善个人形象，妥善运用赞美与感谢，保护彼此的自我价值。

大学生只有掌握了一些正确的方法，并不断地在生活中去实践和加以反思时，才会促进人际关系的和谐发展。

【习题】

1. 能够让你感到舒适的个人边界是什么样的？
2. 观察自己在人际沟通中常用的方式，思考可以在哪些方面有所提升。
3. 请尝试带着发现的眼睛，恰如其分、恰到好处地赞美你的三位朋友。

【参考文献】

[1] 刘春雷，李铁摈．大学生寝室人际关系影响因素及应对方式的调查研究［J］．吉林师范大学学报（人文社会科学版），2013（1）：81-84.

[2] 蒋丹．大学生自我认同与宿舍人际关系的研究［J］．沈阳师范大学学报，2011（2）：48-50.

[3] 贾晓宾．大学生宿舍中人际冲突处理的现状及影响因素研究［D］．西安：陕西师范大学，2009.

[4] 郭梅华，陈虹，黄伟东．大学生宿舍人际和谐度与心理健康的关系研究［J］．赣南师范学院学报，2012（4）：97-101.

[5] 姚福清，兰倩．大学生寝室人际关系问题及应对策略［J］．内江师范学院学报，2011（1）：91-93.

[6] 孙东暖．大学生宿舍人际关系实证研究［J］．高校辅导员学刊，2012（2）：56-59.

[7] 王海明．伦理学与人生［M］．上海：复旦大学出版社，2009.

[8] 冯美红．大学生宿舍不良人际关系的个案研究［J］．重庆城市管理职业学院学报，2008（1）：53-55.

[9] 杨娟．冲突与整合：大学生人际冲突问题研究［J］．社会科学论坛，2008（6）：185-188.

[10] 程海云，姚本先．大学生人际危机调适与和谐校园的构建［J］．思想教育研究，2006（10）：37-38.

[11] 樊富珉，费俊峰．青年心理健康十五讲［M］．北京：北京大学出版社，2006.

[12] 王敬群，邵秀巧．人际交往与心理健康［J］．心理卫生学，2005（5）：205-213.

[13] 周家华，王金凤．大学生的人际关系问题［J］．大学生心理健康教育，2004（9）：95-102.

[14] 杨爱华，董敏志．大学生社会学［M］．北京：北京航空航天出版社，1989.

[15] 刘明理．人际冲突应对中的情绪调节机制［J］．社会心理科学，2003（4）：132-135.

[16] 赵泽鹏．对构建当代大学生和谐人际关系的思考［J］．教育探索，2008（6）：15-16.

[17] 许燕，梁觉．北京师范生人际冲突处理方式的研究［J］．青年研究，1998（4）：21-27.

[18] 郑安云，常江．大学生心理健康教育案例教学［M］．北京：高等教育出版社，2015.

[19] 陈燕．大学生心理健康［M］．北京：北京师范大学出版社，2015.

[20] 何少颖．新编大学生心理健康教育与训练［M］．北京：高等教育出版社，2014.

［21］张海涛，丁晓. 阳光·梦想：大学生健康心理导论［M］. 北京：航空工业出版社，2014.

［22］蔺桂瑞，杨芷英. 大学生心理健康与人生发展［M］. 北京：高等教育出版社，2010.

［23］周莉. 大学生心理健康教育［M］. 北京：中国人民大学出版社，2010.

［24］陆雄文. 管理学大辞典［M］. 上海：上海辞书出版社，2013.

［25］夏超. 如何科学地传达出“拜托，我和你不熟”［EB/OL］.（2016-07-12）［2022-03-21］. https://mp.weixin.qq.com/s/DZRXMk3cKeNhO1RuRQ4sYw.

第八章　大学生学习心理

第一节　大学生学习心理概述

【导入】

学习是人和动物生存、适应与发展的根本手段。从婴儿时期的咿呀学语、青少年时期的求学问道、成人时期的职场拼搏，直到老年时期的休闲锻炼，学习是伴随每个人一生的。当今世界，科学技术突飞猛进，数字经济迅速发展，全球竞争日益激烈。时代发展要求人们不断获取新思想、新知识、新技能。无论是为了保障自身生存还是推动社会进步，无论是儿童、成人还是老年人都需要不断学习。大学是我们发展独立学习能力、终身学习能力的重要阶段。

“学习”是大学生最熟悉的字眼，也是心理学一个重要而历史悠久的研究领域。然而，大多数学生并没有接受过科学的学习心理学指导，表面上是“学习老手”，实际上还停留在感性经验阶段。学生们虽然每天花费大量时间参与学习活动，但是很少澄清自己的学习目标，对自己的学习风格不甚了解，难以开展学习规划与学习策略管理。一些学生花费了相当多的时间和精力刻苦学习，却事倍功半，学习收获感不强，反而生出了很多学习困惑：为什么自己听了很多课程，大部分都如同耳旁风，转瞬就忘了？为什么自己读了不少书，在遇到现实问题时依然迷茫无措？要找到这些问题和困惑的破解之法，大学生需要了解什么是学习，认识学习的内在规律，从而掌握科学的学习方法来理性地调节自身的行为。

【互动设计】

人的一生都在不断学习，那什么是真正的学习呢？学习等于听讲、看书、做作业吗？实际上，这是一种片面的理解。学习是非常复杂的心理过程，不仅与感觉、知觉、注意、记忆、思维等认知过程相联系，还涉及人的情绪、动机，以及人与社会环境的互动。对于心理学界对学习的定义，教师可以在课堂教学中先请学生思考“真正的学习”与“虚假的学习”有何特征，让学生结合自己的学习经历举例分享，然后再结合定义进行讨论。

例如：

学习是一个古老的话题。人们很早就开始思考什么是学习，提出了各种学习观点。《论语》开篇第一句就是“子曰：‘学而时习之，不亦说乎’”。但是，对什么是学习下一个准确的定义，是一件相当困难的事。心理学界经过多年的争论，对“学习”得出了一个大多数学者认可的定义：学习是由经验引起的能力或倾向的相对持久的变化。

这个定义包含以下三层含义：

第一，学习是“由经验引起”的，是一种后天与环境互动而习得的能力，比如摆弄玩具、观察他人、研读材料、与人互动等，而像眨眼反射等先天就会或者会站立、会爬等由身体自然成熟而会的能力就不属于学习。

“经验”是主体对客观现实反映的产物，是后天的。对学习的定义强调后天经验，是为了区别由基因控制的生长和成熟所产生的作用。子曰：“性相近也，习相远也。”这句话的意思是，人和人在出生时心理品质差距很小，但是通过后天学习人的心理品质就会相差很大。生长和成熟是学习发生的基础条件，不过它们给人带来的变化是缓慢的，而学习可以快速、积极地导致人的变化。这就为教育提供了逻辑前提。

第二，学习要有“能力或倾向的变化”。能力或倾向是学习的结果，是学习之后学习者内部的变化。能力涉及会不会、能不能的问题，是认知、行为方面的结果。倾向涉及愿不愿意的问题，是态度、动机方面的结果。

任何活动都有过程和结果。心理学家从活动的结果角度，对学习做了严格的定义。20世纪60年代，心理学家金布尔（Gregory Kimble）提出了“学习是由于强化联系而产生的行为潜能的相对持久的变化”。这一定义以“行为变化”为学习的指标，将学习的结果转换为可以观察的行为变化的倾向。所谓行为潜能，是指习得的东西可能并不一定立即得到应用，而是过一段时间才转化为行为。该定义曾经很流行，它为研究学习提供了一个参考框架。

但是，学习必定会导致行为变化吗？心理学家发现，习得的东西也不一定关于行为，而是一种倾向性变化。比如，两个学生参加相同的耕作劳动课。从行为上看，他们都学会了除草浇花。但是，一名学生内心产生了“干体力劳动太艰苦了，我以后要做白领”的想法，另一名学生得出“田园劳动真是充满了期待感和成就感，以后我也想拥有一个小菜园”的看法。这些情感态度方面的变化发生在学生内心，可能难以在行为中看出来，但确实是学习的结果。随着研究的发展，心理学界逐渐扩展了对学习的理解。1985年，加涅（Robert Gagné）在《学习的条件与教学论》一书中将人的“能力或倾向的变化”纳入学习的定义。

第三，学习的变化是“相对持久”的。疲劳、醉酒也能引起个体行为的变化，但是当人体力恢复、酒醒之后这些变化就消失了。而学习产生的变化则会保持较长时间，直到长时间后遗忘或者新的学习成果取代旧的学习成果。相对持久到底是多久，目前心理学家还未能给出具体答案，但多数专家认为，行为改变持续的时间太短（如几秒钟）不能算作学习。

能力或倾向的变化是内在的，需要学习者将所学内容应用于相关的情境并表现于外时，才会被观察到。所以，教师常常需要通过一次次作业、测试等给学生提供展现相关行为的机会，通过学生的表现来推断学生的能力或倾向是否已经改变。如果学生学习后的行为或态度比较持久、稳定地不同于学习前的行为或态度，就能断定产生了学习效果。

我们可以在人类的一些行为或态度表现中观察到学习的成果。但是，学习是如何发生的，这个过程是一个“黑箱”。因此，人们用各种方式从不同的学科视角研究学习的本质，出现了不同的解释学习的理论。

一、行为主义学习理论

在心理学成为独立的学科之前，历史上有无数哲学家对我们当前归为心理学的话题进行了广泛的探究，也包括学习的心理。不过，他们采取的研究方法属于“内省”法（比如请被试者将自己的心理活动报告出来）而非科学的方法。行为主义心理学家认为，科学的精髓在于客观性和可重复性。虽然研究者可以要求人们记录自己内心的变化，但是对意识和复杂心理状态进行内省所产生的资料是不客观、不可重复的。因此，他们主张心理学应只关注行为上的客观资料。他们认为，根据可观测的事件可以充分理解学习。同时，受到达尔文进化学说的影响，早期这些心理学家认为人与动物的学习可以用共同的规律来解释，所以他们通过猫、狗等动物行为实验来探寻学习的规律。

行为主义学习理论提出，学习的起因在于对外部刺激的反应，是一种可以观察到的行为变化。学习有四个基本要素：内驱力、刺激、反应和奖赏（或强化）。对于学习得以产生的先决条件，行为主义者认为是某种天生的生理组织机制，使得经典条件反射或操作性条件反射发生。对于学习产生的过程，行为主义者把学习描述为被动或机械地习得知识或者行为。行为主义学习理论代表学说有巴普洛夫的经典条件作用、桑代克的联结试误说、华生的刺激反应说和斯金纳的操作性条件反射。

【内容拓展】

伊万·巴甫洛夫（1849—1936）是俄罗斯生理学家，他在研究狗的消化过程时，偶然发现自己能使狗的行为发生有趣的变化。狗吃到食物时，天生会分泌唾液。如果在狗每次进食时发出铃声，一段时间后，狗只要听到铃声就会分泌唾液。铃声原本是中性的，不引发有机体自动的反应，但是与无条件刺激重复多次配对后，就获得了条件刺激的功能，引发条件反应，后人称之为“经典条件反射”。20世纪初，美国心理学界约翰·华生（1878—1958）提出，心理学的研究对象只应是人和动物的行为，而行为的基本构成元素是刺激与反应。因此，他大胆提出一切心理学的问题都可以用简化的“刺激-反应（S-R）”公式加以分析和说明。他认为，人类的行为都是后天习得的，可以通过控制环境刺激而进行生成、更改、增加或消除。

同一时期，美国心理学家爱德华·桑代克（1874—1949）也在探索行为方式与后果之间的联系。桑代克推论出几个“学习定律”。首先，学习是渐进的而不是顿悟的，也就是说，学习是小步前进而不是突然跳跃式发生的。其次，学习即联结。练习的次数越多，联结越强，学得越牢固。这被称为学习的“练习律”。另外，刺激所导致的反应如果能带来愉悦的效果，特定刺激与反应的联结就得到强化；如果带来痛苦的效果，联结就被减弱。这被称为学习的“效果律”。

20世纪30年代后期，美国心理学家斯金纳改进了桑代克的实验。他把一只老鼠放在一个有杠杆的箱子里，只要老鼠按压杠杆就会得到食物。他发现，如果经常给予老鼠随机的奖赏，老鼠就会进行有效的学习，并且在很长一段时间保持学到的行为，但是如果每次都给予奖赏，当奖赏停止时老鼠会很快停止该行为。相比于巴甫洛夫的实验，斯金纳的实验是先有自发的行为后有刺激，他将这种自发反应命名为“操作性条件反射”。基于实验，他对学习中的“强化”机制进行了系统研究。斯金纳有强烈的社会应用意识。他积极推动社会用他的行为和学习理论改善教育，倡导改善教学程序和方法，反对运用惩罚。

二、认知主义学习理论

对于学习得以产生的先决条件，认知心理学家认为是内在的心理结构。虽然内省法被证明是不可靠的，但并不代表不能发展关于学习的内在心理结构和过程的理论，只不过需要用其他方法。认知心理学家强烈反对将学习视为“被动”的观点，强调人的主观能动性和认知结构变化的重要性，同时也强调学习材料的逻辑结构。他们认为，人的认识不是由外界刺激直接给予的，而是外界刺激和主体内部心理过程相互作用的结果，学习依赖学习者“主动”地做某件事。内在的认知结构让学习者能够有效提取学科的相关信息、解决问题和学习新的材料。当有逻辑结构的新材料与先前的认知结构相关联，新旧知识发生相互作用，新材料就在学习者脑中获得了新的意义。学习的过程不是渐进的试错的过程，而是突然的顿悟和理解的过程。认知主义学习理论代表学说有格式塔心理学的完型说、托尔曼的认知目的说、布鲁纳的认知发现说。

【内容拓展】

大约在美国行为主义者抨击内省法的同一时期，德国的一群心理学家也在反对内省法。他们自称为格式塔心理学家。马克斯·惠特海默是格式塔心理学的创立者。格式塔（Gestalt）这个德语的含义是模式或结构。这一学派的学者认为，人所获得的经验是一个有意义的整体，而不是孤立的刺激。比如，看到一朵花，我们不会将其理解为一堆“线条”或者有颜色的碎片。人类的大脑会自动转化和组织感觉经验。学习者将思考解决问题所需的所有成分，产生顿悟，然后通过顿悟逐渐“看到”某些概念间的联结。当学习者产生顿悟时，内在发生了什么，这正是心理学应该研究的内容。

第二次世界大战爆发后，许多德国心理学家进入美国，格式塔心理学因此与行为主义心理学的理论发生碰撞与交融。其中，托尔曼对“S-R”公式提出“有机体的内部变化O”这个中间变量。他认为动物的学习行为不是盲目的，而是形成了一定的“认知地图”，即“认知结构”，这才是学习的实质。同时，托尔曼认为动物的行为是有目的的行动。动物根据情境的感知，在头脑中产生了一种预期，经过多次尝试，有的预期得到证实，产生了“内在的强化”，所以即便在没有奖励的期间也会产生学习。

布鲁纳在前人认知理论的基础上，进一步提出学习的实质在于主动地形成认知结构。学生掌握学科知识的基本结构的最后方法是发现法。虽然学生学习的都是人类已知事物，但只要学生靠自己的力量引出这些知识，也可称为“发现”。所以学生不能一直被动地接受知识，而是要努力去探索、发现，从而达到掌握知识、提高智慧潜力的目的。

第二次世界大战结束后，随着人工智能、信息论和语言学的发展，行为主义逐渐衰退，认知心理学兴起。人们用信息加工法等认知心理学研究方法来分析认知的过程，同时吸收认知神经科学“脑成像”等研究成果，逐渐打开知觉、注意、记忆、编码、存储、提取等“黑箱”中的奥秘。当代认知学习理论普遍认为学习是认知结构的组织与重新组织，强调原有认知结构和学习材料本身内在逻辑结构的作用。

三、建构主义学习理论

建构主义是学习理论中行为主义发展到认知主义后的进一步发展。建构主义学习理论认为，世界是客观存在的，但是对世界的理解和赋予意义是每个人以自己的经验为基础来建构的。学习不是传递知识，而是个体建构自己的知识的过程。课本内容相同，但是学生的理解不尽相同。建构主义学习理论强调学生建构的主动性，并力图在更接近、更符合实际情况的情境性学习活动中，以个人原有的经验、心理结构和信念为基础来建构知识。社会建构主义学习理论进一步认为，个体的建构不是随意的，它不可避免受到当时社会文化因素的影响。社会性交互活动有助于学生的学习建构，倡导师生之间、生生之间进行多向的交流、讨论与合作。

【内容拓展】

建构主义的思想可以追溯到20世纪初的皮亚杰。皮亚杰早期是生物学家，他认为思考和学习也是由内在的心智或者认知结构实现的。不过，他认为学习的内在心理结构不是先天存在的，而是在发展的过程中建构起来的。他借用了生物学上的同化、顺应、平衡等概念来解释认知结构的发展。在每个发展阶段，儿童都会用既有的认知结构与环境互动。

20世纪70年代末，苏联教育心理学家维果茨基的“社会历史文化对人心理发展的作用”“人的活动”“最近发展区”等思想被介绍到美国后，对建构主义思想的发展产生了极大的推动作用。加州大学的维特罗克指出：人们生成对所知觉事物的意义（理解），总是涉及他的认知过程及认知结构，包括图式、注意、动机等；人脑不是被动地学习或记录输入的信息，而总是建构对输入信息的解释，主动地选择一些信息，忽视一些信息，从中得出推论。

【互动设计】

教师可以设计活动让学生观察现有的知识经验和信念对建构知识的过程产生了什么重要的作用。活动可以是脑筋急转弯之类学生可以找到不同解决方案的小游戏，也可以让学生共同看一个故事、案例，写出自己对该故事或案例的理解。随后，教师让学生对比彼此的答案，反思和讨论“我为什么会从这个角度思考”。学生的讨论会暴露不同人的认知结构，让他们感知到自身原有认知结构对学习新知识具有促进或阻碍作用。教师还可以继续请学生对讨论过程进行反思，说说和同学讨论是否有助于他们发现原有认知结构的优点或不足。

【小结】

概括而言，学习是可以持久并且不能单纯归因于“生长过程”的人的能力或倾向的变化。心理学对学习的解释经历了从行为主义、认知主义到建构主义的演进。行为主义认为学习是刺激与反应之间联系的增强或削弱。这类学习理论把学生看作刺激的被动接受者，完全被环境中的奖励与惩罚控制。认知主义认为学习在于内部认知结构的变化。这类学习理论强调利用好内部条件和外部条件将知识从外部转移给学生。建构主义认为学习是一个意义建构的过程。这类学习理论强调学习的主动建构性、社会互动性和情境性。学习理论的历史发展逐渐突出学生是学习的主体。大学生需要将已有的知识和经验与当前的学习任务联系起来，广泛联系现实的场景，积极和他人互动与合作，从而实现洞悉学习内容深层的结构和性质。

【习题】

1. 行为主义学习理论已经过时了吗？请结合你的学习经历，谈谈你对“强化”“试误”“练习律”“效果律”等行为主义学习理论相关内容的理解。

2. 从建构主义的视角看，你认为如何才能实现有效学习？

第二节 大学生学习困扰及调适

【导入】

“上大学就轻松了吗？”许多大学生发现事实并非如此。进入大学，学业表现的优劣仍然是衡量一个学生是否优秀的重要指标之一。学生面临着同龄人更加激烈的竞争和就业市场更加综合的评价。这些给他们带来了多方面的压力。

中国青年报社联合丁香医生发布的《2020中国大学生健康调查报告》显示，学业压力是当代大学生最主要的心理困扰。调查结果显示，超过60%的学生在近一年中遭遇了学业压力困扰。对于不同性别的大学生，学业压力都是其主要困扰，其中女大学生感知的学业压力比男大学生高9个百分点。

不同年级学生承受的学业压力有所差别。其中，大一新生和研究生面临的学业压力最大。随着年级升高，大学生面临未来选择的紧迫性逐步增强，就业和生涯发展将替代学业成为大学生最大的焦虑源头。研究生面临的学业压力则来源于完成课题和发表论文。

大一学生面临的学业压力主要为学习适应性问题。学习适应性是指学习者在学习过程中克服困难与学习环境保持一致，从而取得良好学习效能的心理倾向。积极的适应不仅是学习者对学习环境简单被动地“顺应”，更是主动发展学习能力以取得持续的学习效能。学习适应性是学生学业成就和心理健康发展的重要影响因素。大学与中学的学习有很大差异。中学生的学习对教师有较大依从性，而大学学习要求学生具备更高的自主学习能力。调查显示，从高中时期的教师监督学习转向大学时期的自主学习，大一学生在这种学习方式变化的过程中感受到很大压力。

大多数大学生会主动采取措施缓解心理压力。不过，51%的大学生会采用转移注意力的方式逃避焦虑，45%的大学生会与同辈“吐槽”倾诉释放压力，只有6%的学生会向专业人士求助。

一、大学生的常见学习困扰

【成长案例】

小洁是一名大二学生。刚上大学时，她给自己制定了很多奋斗目标，比如“每门课程取得优异成绩”“积极参加各种校内实践”“假期去校外实习”等。然而，小洁发现大学和高中有很大的区别：每门课程需要花不少时间进行课后拓展学习，各类实践活动竞争也比较激烈。一年努力下来，小洁的课程学习成绩只排在中等水平。虽然小洁做了很多实践活动，但是收获感并不强。她觉得很苦恼，却不知道该如何是好。她感觉自己越来越迷茫，做什么事情都提不起劲。

很多大学生都出现了与小洁相似的情况。教育部学校规划建设发展中心与厦门大学高等教育质量与评估研究所联合开展的“国家大学生学情调查（NCSS）”的调查结果显示，我国大学生普遍存在大学学习适应过慢的现象。未能及时适应的大学生在情感上会越来越排斥学习，其学习状态和心理发展在大二、大三阶段出现低谷期。这些学生在对大学学习的满意度、对课堂教学的体验、学习动机、时间管理等各方面的指标值均呈现显著下降，一直到大四阶段才会逐步趋向回升。而那些及时适应的学生将带着明确的学习目标，在大二阶段开始对专业问题主动进行探究学习。学生的这种分化被人们称为“大二现象”。

大学学习具有学习方式多样化、学习过程自主化、学习内容专业化、学习评价复杂化等特点。这一方面让学生获得了更高的学习自由度，另一方面也让他们容易迷失方向，产生学习困扰。具体而言，大学生常见的学习困扰主要包括学习动机不当、学习方法不科学，以及学习习惯不良。

1. 学习动机不当

动机是引发与维持学生的学习行为，使个体的学习活动朝向一定目标的一种动因或力量。成就动机是最常见的一类学习动机，主要包括认知内驱力、自我提高内驱力、附属内驱力三种。认知内驱力是一种求知的欲望。自我提高内驱力是个体由自己的学业成就而赢得相应地位与声誉的需要。附属内驱力是个人想获得自己所附属的人（例如父母、教师、同伴等）的赞美和认可，取得应有的赏识的欲望。树立和理解学习目标、及时获得反馈、外部奖励与批评、适当的竞争压力、同辈的示范影响等都有助于激发学习动机。

【内容拓展】

哈佛大学动物行为学家耶克斯（Robert M. Yerkes）和多德森（John Dillingham Dodson）发表于1908年的论文显示：在简单任务下，电击强度越大，老鼠行为习得效率越高；在较难任务下，中等强度的电击引发的老鼠行为最佳，而轻微和较强电击引发的老鼠行为更差。20世纪50年代，心理学家在耶克斯和多德森研究的基础上绘制出人类动机与任务绩效的“倒U型”关系图（见图8-1），这被广泛用于解释学习动机与学习效果的关系。在比较简单的任务中，学习效率会随着动机的提高而上升。随着任务难度的增加，动机的最佳水平逐渐下降。心理学家普遍认为，中等强度的学习动机最有利于任务的完成。

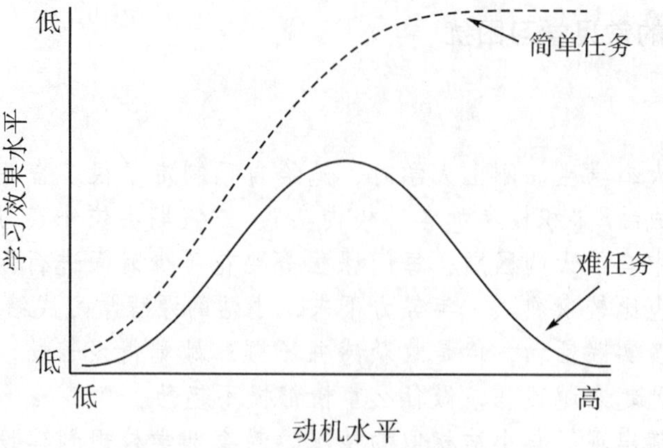

图 8-1 耶克斯-多德森曲线

学习动机不当会导致大学生学习效率下降并引发一系列的心理问题。学习动机不当主要表现为学习动机不足和学习动机过强。个体学习动机不足，则可能缺乏明确的学习目标和方向，丧失学习兴趣，极力逃避学习，易受内外因素干扰，不会积极寻找适合自己的学习策略，容易沉迷于娱乐或游戏无法自拔，容易产生虚无感和挫败感。个体动机过强会急于求成，好高骛远，对自身能力缺乏恰当的评估，对学习结果抱有太高期望，容易忽略学习和成长本身的乐趣及意义，造成学业自我效能感下降，心理压力增大。

【难点解析】

动机对学习能产生作用，是因为动机具有“唤醒”和“指向”两种功能。具有适当学习动机的人唤醒水平高，对学习的注意力集中，其行为会指向学习相关的客体而相应地忽视其他的客体。当动机过强时，个人的注意力和知觉范围变得过分狭窄，思维效率降低，使得学习活动受到抑制。学习动机过强，有的表现为内在抱负水平和期望过高，个体则可能处于过度焦虑和紧张的心理状态，从而造成对记忆、思维等学习活动的干扰；有的则表现为奖励诱因过强，其注意力实际上是专注于外在诱因而不是专注于学习本身，个体需要不断取得良好的外部评价与奖励才能维持学习。

2. 学习方法不科学

高等教育与中等、初等教育的主要区别在于高等教育研究高深的学问。所谓高深，一方面在于学问的深奥程度，另一方面在于这些学问可能还处于已知和未知的交界处。因此，相对于中学阶段以基础知识、基本技能和正确价值观为核心内容的学习，大学阶段学习的内容更加专业、丰富、多元，学习深度和难度加大。这些变化要求大学生刻苦努力，掌握科学的学习方法，逐步培养独立自主的学习能力。一些智力水平高、勤奋刻苦的学生也面临学习效果不佳的问题，其主要原因在于没有反思和优化学习方法，在学习中只注重了“学会”，忽视了“会学”。

学习方法是指为达到某种学习目的而采用的手段、途径、工具等的总和。当学生在学习时，无论本人有没有意识到，其实都在选用一定的学习方法。科学的学习方法能有效促进和保证学习任务的完成。首先，学习方法的科学性体现在方法与个体特点的匹配度。每个人的智力水平、学习风格各不相同，不能生搬硬套他人的学习方法。其次，学习方法的科学性体现在方法与学习内容的特点、学习层次的匹配度。例如，学习外语的基础知识需要记忆大量的单词，按照“艾宾浩斯遗忘曲线”及时安排复习能有效促进记忆保持；学习管理学的基础知识则需要理解大量的概念，用“概念地图”梳理概念之间的关系可能比反复背诵概念更能促进理解性学习。

【内容拓展】

1. 学习风格

学生的学习方式存在个体差异。学习风格（learning style）即学习者在一定生理特征基础上，在长期的学习活动中形成的相对稳定的学习方式偏好。库伯（David Kolb）的学习风格理论影响最为广泛。他将学习过程分为具体体验、反思观察、抽象概括、主动实践四个环节。学习者对四个环节偏好程度不同，表现出四种学习风格：发散性、同化型、聚合型、顺应型。发散型学习者富有想象力和敏感性，善于在情景中观察学习（这类学生比较喜欢自由、互动的学习环境）。同化型学习者对理论和抽象概念感兴趣，喜欢用有逻辑的方式理解大范围的信息（这类学生比较喜欢听逻辑性强的讲授）。聚合型学习者善于发现理论的实用价值，喜欢用理论解决实际问题（这类学生喜欢学习结构化的知识并将其与实际问题关联起来）。顺应型学习者善于动手，乐于实施有挑战性的计划（这类学生喜欢在实践探索中学习）。此外，瑞德（Joy Reid）从学习感官角度将学习风格分为视觉型、听觉型、触觉型等类型。视觉型学习者喜欢用眼睛接收信息，直观形象的视觉材料能帮助他们在脑海中形成清晰的表象。听觉型学习者更喜欢接受听觉刺激。触觉型学习者喜欢亲自体验，在实践中学习。

学习风格理论解释了人在新信息的感知、加工处理方式上存在的个体差异。不过，学习风格理论都强调学习风格是习得的、可变的，而且学习者可能同时兼顾几种学习风格偏好。大学生在了解自身风格特点后，一方面可根据优势风格更有效地选择学习方法，另一方面还需要对不熟悉的学习方式进行训练，使自己成为一个更全面的学习者。

2. 艾宾浩斯记忆遗忘曲线

德国心理学家艾宾浩斯（H. Ebbinghaus）通过研究发现，遗忘在学习之后立即开始，而且遗忘的进程并不是均匀的。最初，遗忘速度很快，以后逐渐减慢。他认为“保持和遗忘是时间的函数”，他用无意义音节作记忆材料，用节省法计算保持和遗忘的数量，并根据实验结果绘成描述遗忘进程的曲线，即著名的艾宾浩斯记忆遗忘曲线（见图8-2）。

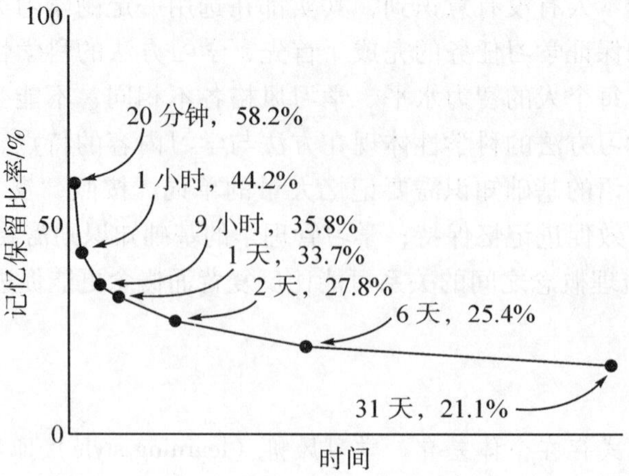

图 8-2　艾宾浩斯记忆遗忘曲线

课程是大学生学习的主阵地。一门大学课程往往需要促进学生认知、情感、技能多方面的发展。教师通常难以用单一的讲授法让不同学生都实现学习目标，必须为学生创造更丰富、综合的学习活动。如果学生能了解课程中各种学习活动的设计理念，抓住相关学习方法的关键点，与教师相互配合就能实现最佳的学习效果。

【内容拓展】

合作式学习与项目式学习是当前大学课堂中比较常见的教学方法。

1. 合作式学习（cooperative learning）

合作式学习是指让学生在一个小群体中，为了完成共同的任务，进行有明确责任分工的互助性学习。合作式学习不完全等于小组学习。只要是与他人共同探索、相互启发，这种学习就可以被称为合作式学习。一方面，合作有助于学生打破以自我为中心的概念。学生在讨论、争辩、倾听、认知冲突等交互活动中容易产生更有效的心智模型。另一方面，同伴交互也为学生对学习内容进行精细加工提供了机会。学生在相互解释的过程中不断对学习的信息添加细节、例子、逻辑推论或建构起关联，从而达到更深刻的理解。这种方法成功的关键是学生们为了共同取得更好的成功而相互挑战思想并真诚地反馈。

2. 项目式学习（project based leaning）

项目式学习是指将学生置于真实的、有意义的问题情境中，让学生通过自主探究和协作交流，在解决问题的过程中学习问题背后的知识，形成解决问题的技能并发展综合能力。项目式学习一般由一个具有挑战性的问题驱动。这种方法成功的关键是学生要参与探究的过程、寻找资源、表达自己的想法并根据教师和同伴的反馈不断改进探究。

3. 学习习惯不良

学习习惯是指在学习过程中形成和巩固起来并转化为需要的有关学习方面的自动化行为方式。一个人一天的行为中，绝大多数是习惯性行为，它们经年累月地影响着我们的效率。由于习惯是行为的自动化，不需要特别的意志努力或外部监控，因此学生可以通过生物钟、条件反射、下意识、潜意识等自觉地做应该做的事情。

好的学习习惯有助于学生提升学习力，使学生逐渐从心底把学习当作第一需要，在学习中感受到内在的满足。

进入大学以后，外界约束变少，大学生若缺乏一定的自我管理能力，很容易养成不良的学习习惯，比如一心多用、学习拖延、熬夜等，长此以往会消磨意志，严重影响学习状态。形成好的学习习惯或克服不良学习习惯，一是需要保持觉察，及时对偏离的行为做出调整；二是要注意远离干扰环境；三是出现负面情绪时不能跟随感觉走，可以通过做具体的事情转移注意力；四是要给自己一定的包容与耐心，避免过分自责。

【内容拓展】

学习拖延是指学习者有意而无必要地推迟启动或推迟完成学习任务的行为。国内外大量研究表明，学习拖延现象在大学生群体普遍存在，对大学生的学习成绩、情绪和生活质量具有消极影响。研究发现，学习动机不足、时间管理技能缺乏、消极情绪干扰、完美主义倾向和懒惰个性是造成我国大学生学习拖延的突出因素。从学生的角度来说，学习一些认知学习策略、时间管理策略、自我监控策略，自主而非依赖他人制定学习目标，及时输出学习成果并寻求积极的外部反馈，都有助于增强自主学习能力、提升学习动机，减轻学习拖延的状况。

二、大学生学习困扰的调适

以上三种常见的学业困扰，虽然不能涵盖所有存在的问题，但对于大多数学生来说，只要能够从中走出来，一定程度上都能在学习上有所突破。为了更好地调整学习动机、培养有效的学习方法和良好的学习习惯，我们可以这样做：

1. 优化思维模式

心理学家德韦克（Carol Dweck）的内隐人格理论认为，对于“人的特质（例如能力、人格、创造力等）是固定的还是可塑的”，人会根据个体基本特征形成自己的理论。拥有固定型思维模式的人认为基本特质是固定不变。他们的学习动机是向他人展示自己的能力，认为发生的事件是自己能力的证明，容易给自己贴标签。他们倾向于规避挑战，害怕变化，喜欢待在舒适区，不愿意接受他人的反馈意见。拥有成长型思维模式的人认为基本特质是可变可塑的。他们相信可以通过学习改变能力，事件的结果与努力程度相关，是自己相对可控的。他们的学习动机来自学习本身，认为挑战和失败是帮助自己进步的机会，他人的批评与反馈也可以为自己的成长提供有用的信息。

【成长案例】

小燕上高中以来数学一直不咋的。她经常自嘲说：“我费了好大劲儿，高考数学才刚刚及格。”进入大学后，她发现许多所谓的文科专业也需要掌握高等数学知识。她尝试学了一门线性代数在线课程，但是没过多久就放弃了。她告诉自己：“我就不是学数学的料，别人学得好是因为天生适合。”后来，小燕选修了一门宏观经济学。任课教师每两周都会布置一些课前小测试。她惊奇地发现，虽然初级宏观经济学需要的数学知识不多，但是一次次测试成绩都还不错，自己的数学能力似乎并没有那么糟糕。她渐渐相信数学其实并不是无法跨越的障碍，只是自己当前的确缺乏牢固的基础知识和充足的专门练习。这学期，她开始去旁听数学学院、统计学院的一些基础课程，希望为未来研究生阶段的学术研究工作做更多准备。

思维模式是人们对特定情境进行解释、判断、决策并采取行动所依赖的底层心理机制。思维具有自我监控意义，能转化为强大的动力，影响学生的认知模式构建和行为范式。成长型思维模式更有助于学生维持持久的学习动机，聚焦学习方法的改进。人的思维模式是可以改变的，成长型思维模式可以通过后天训练来习得。

【互动设计】

每个人都是成长型思维模式和固定型思维模式的混合体。同一个人可以同时对不同领域的能力持有不同类型的思维模式。思维模式在个体遇到挑战和失败时表现得更为明显。教师可以请学生回忆最近一次出现固定型思维的情况，在纸上写出“什么引发了固定型思维，当时有何感受，最后做了什么决定或行动”，然后与同伴分享，讨论将自己面对这类事件的固定型思维转换为成长型思维的可能途径。

2. 重视学业指导

大学生的个人经验有限，难免会遭遇思维局限和无法排解的学业困扰。求助是一种战胜困难的应对策略，大学生面对学业困扰需要形成主动寻求他人帮助的意识。学生的学业求助分为执行性求助和适应性求助。执行性求助是指学生面对本应自己解决的问题却请求他人帮忙完成，是依赖性的；适应性求助是指学生借助他人力量达到自己解决问题的目的，是独立性的。个体的健康发展离不开社会支持，大学生应正确看待学业求助。他人的指导与帮助是获取知识、增长能力的一种途径，是一种重要的学习策略。随着我国高等教育进入高质量内涵式发展阶段，许多高校都建立了学业指导队伍（例如本科生导师、学业导师、学业咨询师等）和专门机构（比如一些学校建立的学业指导中心），为大学生的学业发展提供了组织化、专业化的支持体系。

【成长案例】

林宇是全班公认学习最刻苦的学生。他每天总是第一个进教室、最后一个出教室。在中学时代，他的学习成绩一直很不错。进入大学后，他认为只要像以前一样，上课认真听讲、记笔记，考试前认真背完笔记，就能获得优异的成绩。但是，他发现大学教师通常不按一本教材的固定内容顺序讲课，每次课后发布许多参考资料让学生自学，还总喜欢让学生分成小组完成一些任务。考试中，题目很灵活，常常需要对所学知识进行综合分析或进行论述。林宇在学习中总觉得不得要领，期末成绩不理想。看着自己在班上越来越下滑的名次，他心生焦虑。在学校学业指导中心咨询专家的指导下，他刻意观察记录了自己在不同科目中的学习行为，阅读了许多学习理论书籍，还主动请教任课教师和优秀前辈的学习方法并积极应用。在实践的过程中，他逐渐总结出了“主题式阅读”“思维导图”“康奈尔笔记”等多个适合自己的学习方法。现在，他经常慷慨地将自己的学习心得分享给低年级同学，因为他发现“与他人分享交流”也是十分有效的学习方法。

3. 提高学习执行力

《为学》有言：“天下事有难易乎？为之，则难者亦易矣；不为，则易者亦难矣。人之为学有难易乎？学之，则难者亦易矣；不学，则易者亦难矣。”无论学习目标是宏大还是微小，都需要学生通过实际行动去实现。提高学习执行力有助于化解大学生的学习困扰。学生学习执行力不强，常常是由于学习任务太宽泛或太艰巨、追求完美主义、缺乏过程监督。学生可以将任务拆分细化，允许自己一步步推进且不必完成全部任务，并在过程中按期检查执行情况，做好反思总结。

【内容拓展】

反思在认知心理学中属于“元认知”的范畴。“反思性学习”即学生对自身学习的过程，以及对过程中所涉及的相关事务、材料、思维、结果等学习特征的反向思考。反思性学习的关键是觉察问题，发现前一阶段的学习过程和结果还存在什么薄弱环节，为下一步找出问题的根源和确定对策提供基础。反思不是表面的重复或回顾，而是对学习活动中的知识、方法、思路、策略进行深入探究。反思能让学习者提升对学习内容的学习层次，及时调整学习目标，优化下一步行动。反思不等于“揭短、批评”。学生在总结不合理之处的同时，也要归纳合理之处，凝练值得坚持的有效做法。反思性学习的发生时间可以在事后，即“对行动的反思”。同时，我们在学习的过程中经常会碰到出乎意料的反应和问题，当场即可试图解决遇到的问题，努力改进实践。这属于“在行动中反思”。

【小结】

大学是迈入“高深”学问殿堂的起点。大学的学习需要学生更多地承担起学习主体性，正确处理学习中的各种关系，学会有效规划和利用各类资源，追求专业能力、综合素养与终身学习能力的全面发展。大学生对大学学习适应不良，可能出现学习动机不当、学习方法不科学、学习习惯不良等诸多困扰。个体内部与外部环境出现冲突，恰好为发展学习能力提供机会。大学生需要用自己的觉知和行动去战胜一路的荆棘，优化思维模式，提高执行力，高效利用学业指导等大学资源，收获一个更有勇气和智慧的自己。

【习题】

1. 请尝试写出你的学习动机，区分哪些是由内在需要（例如自我提升的愿望）引起的动机，哪些是由外部诱因（例如教师的奖惩）引起的动机。

2. 你是否存在学习拖延的现象呢？请结合你的经历，谈谈学习拖延的危害，以及如何克服学习拖延。

第三节 大学生学习策略

【导入】

学会学习的关键在于学习策略的获得与优化。在快速发展的时代，大学生仅依靠“接受学习”从学校获取有限的知识是远远不够的。我们还必须掌握一定的学习策略，才能拉近理想与现实的距离，既能仰望星空，也能脚踏实地。关于优秀学生的研究表明，优秀学生的一个普遍特质就是善于运用有效的学习策略。有效的学习策略能帮助学生跨越学习障碍，弥补知识的不足，扩展学习的层次。比如，在阅读不熟悉的课文时，他们更多地使用复述与解释的方法来记忆和理解课文。

大学生的学习策略来源于多种途径：有的来自教师在教学中的指导，有的来自其他同学、朋友的示范，有的来自学生自己的总结与发明，等等。掌握学习策略的关键在于付诸实践。当大学生学习一种新的学习策略时，必须尽快落实策略并坚持下去。善于学习的学生会不断试验，观察某些学习策略是否有助于提高学习成果。一旦发现策略有效果，他们就更加频繁地使用这些策略并寻找机会将它们迁移到新的学习环境中。

【互动设计】

许多学生在基础教育阶段养成了独自学习和被动学习的习惯，并不擅长在与他人互动的过程中学习，缺乏输出、分享的动力。为了让学生切实感知“教是最好的学”，教师可以在课堂上用10~15分钟时间组织“学习方法分享会”。具体步骤如下：

步骤1：教师请学生写出自己用过或者看到别人用过的、效果最好的一个时间管理方法。教师可以自主修改任务内容，比如“英语学习方法”“期末复习方法”。只要是全体学生都能进行表达的任务就可以。如果学生不知道该方法的名称，他们可以自行命名。当班级人数较多时，本步骤适合用信息技术实现。

步骤2：教师请学生投票“你最想了解的×个方法”。教师可以自行设定×，×在5~10个为佳。

步骤3：选出学生得票数最多的N个不同的方法，N的数量等于学生小组数。

步骤4：教师一一念出这N个方法的名字，请写出该方法的学生（教学者）举手认领。

步骤5：教师请学生在纸上写出该方法的名字，然后将他们一人分配给一个小组。

步骤6：教师请学生用一分钟时间讲述自己的方法是如何实施的。时间到后，学生轮换到下一个小组，继续用一分钟时间讲述，直到给所有的小组介绍完毕。

步骤7：

教师提问：“作为教授方法的人，你有什么感受?”此时，教师引导学生回忆输出过程的行为与感受，感知自己是否为了教授他人而积极地回忆、整理自己的知识，是否在反复教授他人的过程中自觉做出了补充、优化的努力。从学生这些真实的表现中，教师继续引导他们反思知识分享对学习动机和学习效果有何作用。

关于什么是学习策略，人们有不同的定义。有的认为学习策略是内隐的学习规则系统，有的认为学习策略是学习者为有效达到学习目标而选择、整合、应用学习技巧的过程或步骤，有的则认为是学习者编码、存储、检索信息和解决问题的具体的方法或技能。这些认识从不同的方面揭示了学习策略的特征。综合来说，学习策略是学习者为了提高学习效果和效率，有意识制定的有关学习过程的策略和方案。对当今大学生而言，学习策略主要包括精力管理和知识管理。

一、精力管理

学习是建立在身体的基础上的。激活学习过程并持续进行下去的基础是有足够的体能承受力和情感承受力，也就是人们日常用语中常说的“精力”。身体必须在体能和情绪上处于充分平衡的状态才能有足够的精力投入学习。精力的储量会随着过度或不充分的使用而下降，必须有效地管理精力并周期性地补充精力来平衡精力消耗。

【成长案例】

小严在大二的某一段时间陷入迷茫。他了解到，目前社会竞争日益激烈，社会和用人单位对大学生综合素质提出了更高要求。进入大学后，他就广泛参与了课堂内外的各种学习机会。他认真投入各个课程的学习，竞选上了班长，还加入了学校团委组织部和两个社团。热情满满的小严认为，自己目前还没有明确的未来发展方向，那么这些事情无论合适与否，自己都应该努力试试。过了一年，小严感到颇为吃力。他希望取得好的绩点，从不敢怠慢课程学习。他有点完美主义倾向，各种小组作业、班务工作、团委工作和社团工作总想做到尽善尽美，总觉得别人做得没有自己做得好。各种任务堆积下，他常常不得不熬夜赶工。他感到自己一年来每天又忙又累，身体日渐疲乏，看似每天很充实，其实没有取得什么明显的成果，感到越来越迷茫。

在学习如何管理学习和提升学习效率时，我们必须首先考虑到人的精力是宝贵的资源。对精力的合理分配和适度使用是高效能学习的基础。精力管理主要包括目标、过程和行动三个方面，具体表现为目标管理、时间管理和效率管理。目标管理即确定将宝贵的精力集中用于做哪些事情，时间管理即设计在过程中如何为了实现目标而分配精力，效率管理即采取哪些行为方式能更高效地支配精力。

1. 目标管理

目标是指所期望的结果或对象。美国心理学家埃德温·洛克（Edwin Locke）在1967年提出了“目标设置理论”。他和研究伙伴发现，外来的刺激（比如奖励、考核压力、反馈）都是通过目标来影响动机的。他认为，目标本身就有激励作用，能够把人的需要转化为动机，使人们的行为朝着一定的方向努力，并且将自己的行为结果与既定目标相对照，及时进行调整。

【成长案例】

进入大三，小严决定准备考研。他听了几个考研讲座，也咨询了几位学长，但是真正开始复习的时候觉得力不从心，总是学习的时候想着娱乐，娱乐的时候又惦记学习，稀里糊涂学了两个月也没什么进展，于是到学业指导中心找老师咨询。小严通过沟通了解到，虽然自己有大方向，但缺乏目标管理，主要凭感觉，所以复习效果很不理想。

【内容拓展】

设置目标可以告诉我们需要去做什么以及为此付出多大的努力。研究者发现，目标的具体性和挑战性影响巨大。“具体化”本身就是一种内在推动力。相比“我要努力学习”这种宽泛笼统的目标，当一个学生承诺“这学期我每门课程绝不迟到”，这个行为意向就给他清晰地设置了一个需要达到、可以衡量的目标。另外，一个相对比较困难的目标一旦被接受，会有助于我们集中精力。我们会坚持不懈，竭力想出有效的办法去实现它。

“承诺”是目标产生效果的关键，即学生既不会降低目标，也不会放弃目标。当目标是公开的、个体具有内部控制点、目标是自我设定而非他人指定的时候，目标本身的可接受性或者个体对目标的“承诺”度更高。所谓“个体具有内部控制点”，是指个体认识到控制其行为结果的力量源自自身，相信自己能够达成目标。

什么样的目标是好的目标？乔治·多兰（George T. Doran）在1981年提出了目标设定的“SMART”原则。经过后人完善，当前我们熟知的SMART原则包括以下内容：①S代表specific（具体的），即目标应该是具体的。比如，我们把目标定为“看完这本书的第八章”比“对这本书进行学习”更具体，操作性也更强。②M代表measurable（可量化的），即目标应该是可衡量的，个体可以通过核查确定目标是否完成。③A代表achievable（可达成的），即目标应该是可达到的，目标应适合自己的实力，一般中等难度比较合适。④R代表relevant（相关的），即目标应该与自己的愿景相关，我们不能选错了方向。⑤T代表time-bound（有时间限制的），即好的目标应该有明确的截止日期，这样才能给自己一定的时间压力。

【成长案例】

学习了SMART原则后，小严发现自己原来为考研定的月度目标“这个月认真完成对英语的复习”，其界定很不明确。究竟什么叫认真？英语要学到什么程度？对照SMART原则，小严将下个月英语复习的目标改为：“我将在30天内完成对《考研英语单词》的记忆，每天花30~60分钟。”新的目标中有具体的学习书目和可以量化的学习时间。该目标在小严的能力范围内，与“考研成功”这个总体目标的相关性也很强。这样一来，小严就不会再凭感觉学习了。

【内容拓展】

在人们的常识中，有目标的人的成功概率要比没有目标的人高得多。那么，认定自己的目标后，如何才能付诸实现？

首先，目标是一步步完成的。你需要将自己的目标分为长期目标（终身目标、5年目标、年度目标、学期目标等，例如“以4.0的绩点获得本科毕业学位”）和短期目标（以月、周、日或者更短的时间为单位的目标，例如“阅读老师指定的课前预习章节”）。通过实现一个个短期目标，你便可以实现长期目标。

其次，目标应该看得见。有人晚上暗暗立下大志，第二天早上起床就全忘了。有人写下自己的决心和计划，但是马上束之高阁，不久也遗忘殆尽。你应该将自己的目标张贴在自己经常看得到的地方，公开给自己甚至更多的人。

再次，从反思中学习。如果你在规定时间内完成或未完成一项任务，要对其进展进行分析。他人给予的反馈或者自己收集到的信息均可帮助我们找出其中的原因。目标是可以调整的，根据反馈，我们可以思考自己在给定的时间内真正能完成什么。

最后，一边朝着目标努力，一边享受生活。许多学生认为，应该全力投入某个既定目标，不达最终目标不可懈怠。但是，随着人对自身情况和环境的认识不断加深，即便最初精心设计的目标也往往需要调整。目标或任务在落实的过程中会不断丰富、变化、衍生。为了持续维持努力的状态，你需要庆祝自己所取得的阶段性成绩，提升自我效能感，及时补充能量水平，而不是一直把目光盯在未完成的事上。

2. 时间管理

上大学之后，学生拥有很大支配个人时间的权力。周末，学生可以看书，也可以看一会儿电视剧，还可以和好朋友聊聊天。学生的每一个决定，都需要耗费时间资源。在短短的四年之中，学生面临着多元化的发展目标，需要他们在过程中不断评估不同类别的目标及子目标并做出取舍，选择将个人精力与时间资源最终分配给哪些事情。

【内容拓展】

美国管理学家史蒂芬·科维（Stephen R. Covey）在 1996 年出版的《要事第一》一书中提出了时间管理“四象限”理论，即将任务按照“重要程度”和“紧急程度”两个不同维度进行划分，可以分为四个象限：重要又紧急、重要但不紧急、不重要但紧急、不重要也不紧急。

（1）重要又紧急：有比较急迫的时间期限，如果没有按期完成会导致严重后果的任务。例如，学生在学校通知的时间内提交毕业论文送外审；宿舍着火了，需要灭火。这类任务必须优先马上去做。

（2）重要但不紧急：收益很大或者与长期目标相关，但是时间要求不急迫的任务。例如，演讲能力训练、健康锻炼、买火车票、学习经验总结。这类任务不需要马上完成，但是如果不做或者做不好可能导致未来隐患，使人遭遇一些紧急状况。

（3）不重要但紧急：临时突发的一些紧急事情，但是做了没什么收益或者与自己的长期目标关联不大的任务。例如，已经毕业的学姐突然请你帮她打印一份成绩单。这一类任务很急迫，常常让我们产生“这件事很重要”的错觉，但其实不在我们的计划之内。

（4）不重要也不紧急：没有时间期限，做了也没什么收益或者与自己的长期目标关联不大的任务。例如，看短视频、买衣服。

有效的时间管理，应该是确保个人主要精力和时间资源持续投入“重要但不紧急”的任务上，通过未雨绸缪的计划或寻找他人帮助尽可能减少“重要又紧急”和“不重要但紧急”的任务，同时尽量减少“不重要也不紧急”的任务。

最常见的时间管理方式是计划清单法。当学生对不同类别的目标及子目标做出评估后，可列出短期需要完成的任务，按照轻重缓急进行标注，继续详细分解任务并计划各项任务的具体执行时间。制订周计划清单有助于我们将长期目标转化为更容易操作的短期目标，跟踪固定任务，理清任务轻重缓急层次，随时纳入新的任务，并形成每日计划清单。需要注意的是，每日计划清单需为意外事件留出余地。一般而言，每日需要集中精力办理的主要任务不宜超过三件。

制订计划清单应先安排好固定的时间段。对大学生来说，适合优先安排课程学习时间，其他活动以它们为中心。课程是大学针对大学生发展目标而设计的体系化资源，是大学生系统构建知识结构和提高综合思维能力的重要机会。课程学习时间不等于上课时间。学生的发展需要教师的教育引导与学生的自主学习共同推动，所以一个课程学时一般还需匹配两倍的自习时间。同时，计划清单上还须设计处理日常琐事的固定时间段，用于集中处理一些不重要也不紧急的琐事。处理琐事适合安排在个人效率比较低的阶段。

【成长案例】

小严对考研已经有了具体清晰的目标，但是如果不把这些目标落实到计划，还是容易造成拖延。于是，小严对每一天的目标做进一步场景化、细节化安排，比如：上午9点到11点在图书馆复习《数学分析》第二章，下午英语课后在自习室走廊背单词30~60分钟，晚上8点~10点寝室娱乐时间，等等。这样，一周的小目标就细化到每天具体的时间和地点上了。一到那个场景，他就有了具体的日程，不再经常忍不住“刷手机”了。

3. 效率管理

效率管理是指采用一定的方法使单位时间的价值达到最大化。效率管理的常用方法有两个：一是限定时间法，二是意志力延伸法。限定时间法是指在任务完成之前或时间用完之前个体不能停止该项工作。比如，个人限定接下来1小时要专心致志地做一件事情，那么在时间到之前就不允许自己停下来。限定时间会给我们营造一种紧迫感，刺激我们加速完成任务。意志力延伸法是指每当自己想要停止一项学习任务时，告诉自己再坚持5分钟，或者再多做一道题，适当延迟自己的满足感，这种方法能不断修炼我们的意志力，长此以往，我们就能在更长的时间里保持高效的学习。

【内容拓展】

意大利IT工程师弗朗西斯科·西里洛（Francesco Cirillo）在1992年提出了简单易行的“番茄工作法”（the pomodoro technique），这是他受到大学时期用过的一个番茄形状的计时器启发而自创的一个名字。番茄工作法包括以下5个步骤：

（1）选择需要完成的任务。

（2）设置25分钟工作时间（一个“番茄钟”）。

（3）专注完成任务，直至闹铃响起。

（4）休息5分钟，然后继续下一个番茄钟。

（5）每4个番茄钟休息15~30分钟。

番茄钟和休息间隔的时长不是绝对的，可以根据任务性质调整。完成一个任务所需的番茄钟后，应做相应的记录。

番茄工作法的运行原理，是通过专注当下而减轻人的焦虑感，同时通过简单、平常的工具将精力持续、集中地用于目标任务上。通过番茄工作法，我们可以跟踪记录自己完成任务的情况，从而用量化的方式评估完成一个任务所需的时间和精力，从而更准确地把握个人的效率水平。

二、知识管理

知识经济时代，信息呈指数增长。由于知识更新速度不断加快，学校教育无法为个人应对未来挑战提供全部知识，这就要求每一个人都有意识地实施自我终身教育。虽然在学校组织的正式教育中，学生对知识的摄取是比较系统地将某个领域核心的显性知识内化为个体的知识，然而生活和社会中的知识往往是纷繁复杂且零散的。因此，个人在学习的过程中需要特别注意实施个人知识管理。知识管理包括获取新知识、管理已有知识、创造新知识三层含义，具体包括知识的学习、保存、分享、应用、创新五个步骤。

1. 知识学习

要管理自己的知识，必须先拥有知识。上课、看书、听讲座等，都是我们获取知识常见的方式。在知识学习阶段，关键是确立自己的学习领域，在领域内积累知识。任何领域的知识必须达到一定的深度，否则就只是常识。面对海量的知识，我们应思考学习的方向，注意学习内容的聚焦。

【内容拓展】

学习过程一般是从个体所经历的某些来自对环境的感觉产生的刺激开始的，例如看到书本上的文字、听见他人在说些什么。信息的刺激在大脑中转换为可以辨认的模式，进入短时记忆，然后经过编码进入长时记忆。不过，人脑不可能接受所有的信息，它总是有选择地专注某些信息。学习者获取新知识的第一步就是“从谷壳里筛出谷子”。学习者在学习情境中激活与维持学习心理状态，将注意力集中在相关学习信息上，对学习材料保持高度警觉状态的学习策略，被称为信息选择策略。能否预期重要信息并对重要信息保持高度的警觉是判断学习者是否会学习的重要标志。

信息选择策略是可培养的。学生可以基于学习目标进行以下信息选择技术训练：

1. 选择性划线技术

划线或标记着重号的方式能帮助学生把目标信息从无关信息中凸显出来。划线或标记着重号看似简单，却是最基础的信息选择技术，是训练个体对目标信息的敏感性、对目标信息进行选择性关注的有效手段。划线必须是有选择性、有针对性的。划线还应和批注结合起来，及时呈现个人思考的内容。常见的批注方法包括：圈出不知道的词，标明定义，标明例子，列出观点的原因或者事件的序号，标记重要的段落，标出总结性的陈述，标出不同点或显示点，画箭头标明关系，标出可能的测验项目。

2. 做笔记技术

做笔记是一种重要的信息选择技术。做笔记有助于学生将注意力指向并维持在某些信息上。不同类型的笔记有不同的信息选择作用。逐字逐句记的笔录式笔记，只是对材料一字一句地进行复制转录，效能最差。用自己的话作纲目式的笔记，既有助于识别重要信息，也有助于专注该信息，效能最好。无论以何种方式做笔记，记完笔记后马上复习或整理笔记才会让笔记真正发挥作用。

康奈尔大学阅读学习中心主任沃尔特·波克（Walter Pauk）发明的康奈尔笔记法就综合了以上要点。该方法包括了记录、简化、背诵、思考和复习五个步骤，强调记录后尽快精简或归纳笔记内容，尽量用自己的话复述的方式去记忆笔记内容，积极思考概念间的关系，并且安排每周多次复习。

3. 自我提问技术

自我提问是指学生用一些疑问词（谁、何时、何地、做什么、为什么、怎么样、怎么办等）来选择信息，促进新旧知识联系，提高加工水平。其中，为什么、怎么样、怎么办之类的“意义性问题”最能提高学习效果。

4. 写提要技术

写提要既包括学生用自己的话概括出材料中主要内容的摘要，也包括概括出全部学习材料或每段材料中心内容的大小标题。写提要技术训练可以分步进行，从写摘录入手，逐步过渡到写摘要、加标题。

2. 知识保存

知识保存是指对所学知识进行组织整理，方便下次使用时迅速调用。常用的方法有思维导图法。思维导图法是指通过加工知识促进人的长时记忆的方法。在一张思维导图中，学习主题的核心词位于中间，与之直接相关或次要的关键词、核心点则像树枝一样延伸开来。通过绘制思维导图，我们可以建立知识的关联体系，而且这种视觉化的表达能有效提高我们的主动思考能力。

【内容拓展】

获取信息是学习的初级阶段，编码获得信息是学习的深加工阶段。编码信息包括信息的记忆、组织和精加工。其中，组织是优秀学习者的常用策略，桑代克等人在学习地图的相关研究中发现，好的学习者更有可能使用组织策略。

组织策略是指按照材料的特征、类型进行整理、归类，将信息由繁到简、由无序到有序，系统有效地编排。组织过的信息给人简明扼要、一目了然的感觉，它存储在人脑中或存储介质上，更易于提取。

学校中学习的大部分内容是有意义的材料，对有意义的材料进行信息组织的方法分为两大类。

（1）聚类组织法。这是按照材料的特征或类别进行整理归类的方法，也叫“归纳法”。在学习中，运用聚类来输入和回忆信息是很常见的。聚类法有助于学生将新学知识相互联系，构成一个整体，形成一种结构。归类的水平从高到低可分为高语义的、低语义的、表音的（依据发音的）、随机的四种。我们所采用的分类水平越高，记忆效果越好。

（2）概括组织法。这是指用摒弃细节、提取要义的方式组织信息的方法。根据概括的方式不同，概括可以分为纲要型概括和网络型概括。纲要型概括即提取要义、组织纲目要点，通常呈现为数字纲要（例如论文目录）和图解纲要（例如韦恩图、概念地图）。网络型概括是指用树状连线图表示信息种属逻辑关系的一种组织方法，比如思维导图。

学生一般在学习中无自己组织材料的习惯，往往按照材料本身的编排顺序逐字逐句学习或者按照教师提供的材料进行学习。但这其实只是图书作者或教师“代劳”而已，学生还需本人尽力“组织信息”。这个信息深加工的过程才能真正实现深度学习。在个人知识管理的过程中，学生需要培养自己概括组织信息的能力。

人的记忆力有限，所以我们还要借助外力保存知识。命名存储是指对知识学习的资料进行命名、归类的方法，该方法方便下次调取。命名存储的关键是整理知识并为这些知识建立索引，知道自己有什么知识、放在哪里、需要使用时如何找到。对大学生而言，无论是纸质笔记还是电子版信息，都要养成命名、分类的意识，让存储的知识持续产生价值。

3. 知识分享

知识不会因为相互分享而减少，反而会增加。分享知识需要把自己获得的信息用语言或文字表达出来，这是将自己已有的、内隐的知识显性化。分享知识有多重好处。首先，“显性化”知识的过程有助于信息的深加工。在现实中，很多时候你以为自己已经理解了某个知识点，但是当你说出来或写出来时，发现很难说得系统、深刻。其次，“说”和“写”帮助你关注知识脉络和生成逻辑，把碎片化信息组织、沉淀，搭建更完整的知识体系，同时输出的结果也让你直观地看到自己对该知识点的真实掌握程度。

4. 知识应用

知识的学习和保存只能帮我们从“无知”到“有知”。只有通过应用和练习，我们才能从“无能”到“有能”。书本上的理论很多，但是什么理论适用于什么样的情景，是书本或教师难以传授的，必须由个人亲身体验才能得到。比如我们学习了情绪管理的ABC理论，那下次遇到情绪问题的时候就可以用这个方法对发生的事件进行分析，对自己的情绪进行觉察，在这个过程中慢慢学会控制情绪的能力。相反，如果学习之后对自己的情绪处理没有丝毫帮助，那这个知识跟没学并没有什么区别。因此，学以致用才是知识的价值所在。知识分子最容易被人诟病的地方，就是满口理论，在具体社会工作中却无法发挥作用。应用是知识管理的核心，应用知识比拥有知识更重要。

5. 知识创新

知识创新是个体通过思维或具体实践的创造活动而生产新的知识。无论是在头脑中借助概念、推理、判断等完成智力创造，还是在活动、行动中借助归纳、综合等方法编码隐形经验，都可以求得知识的创新。创新是对原有资源的重新组合与突破，引入新事物、制造新变化都是创新。新知识的产生离不开前人的知识积累。在知识创新的过程中，我们需要广泛学习，做好知识管理，避免低水平重复的“假创新”。创新不一定是颠覆性的，只要在较小的范围内，以前人没有的视角或方法解释现象、解决问题，就是创新。人人都有创新的能力。大学生可以尝试以“微创新”为着力点，变换关联知识的使用场景或应用方法，结合自身经验对知识做个性化解释和创新性应用。

从知识管理的五个步骤，我们很容易发现大部分学生的知识管理还有很大的提升空间。虽然并不是所有的学习都需要完成这五个步骤，但对于重点知识和关键技能而言，利用知识管理策略完成深度加工学习是提高学习能力、让自己脱颖而出的关键。

【小结】

学习是终生的事业而不是仅局限于学校教育。当我们具备了学习的能力，就能自主去开展探索。我们在自主学习探索的过程中可能会遇到一些迷茫与不确定，了解学习的三重境界可以帮助我们拨云见日。第一重境界是把知识当作绝对的真理来学习；第二重境界是发现了知识原来有错的地方，所以去批判它、排斥它、不接受它；第三重境界是重新对知识进行学习，既知道它有局限，也知道它对自己有用的地方在哪里。穿越对错看到意义，这才是成熟的学习境界。掌握好的、适合自己的学习策略，能让我们游刃有余地开展学习，从学习中获得真正的乐趣。

【习题】

1. 有人说“时间管理的本质是精力管理”，你如何理解这句话？

2. 数学学习一直是许多学生感到头疼的问题，请结合本章内容谈谈如何更好地进行数学学习。

3. 请尝试为自己制订一份大学学习计划。

【参考文献】

［1］菲利普斯，索尔蒂斯. 学习的视界［M］. 尤秀，译. 北京：教育科学出版社，2006.

［2］高峰强，秦金亮. 行为奥秘透视：华生的行为主义［M］. 武汉：湖北教育出版社，1999.

［3］赫根汉，奥尔森. 学习理论导论［M］. 郭本禹，崔光辉，朱晓红，等译. 上海：上海教育出版社，2011.

［4］赫根汉. 心理学史导论［M］. 郭本禹，译. 上海：华东师范大学出版社，2004.

［5］霍瑟萨尔. 心理学史［M］. 郭本禹，译. 北京：人民邮电出版社，2011.

［6］皮连生. 教育心理学［M］. 上海教育出版社，2011.

［7］屈林岩. 学习理论的发展与学习创新［J］. 高等教育研究，2008，29（1）：9.

［8］邵瑞珍. 学与教的心理学［M］. 上海：华东师范大学出版社，1990.

［9］斯滕伯格，威廉姆斯. 教育心理学［M］. 张厚粲，译. 北京：中国轻工业出版社，2003

［10］王小明. 学习心理学［M］. 北京：中国轻工业出版社，2009.

［11］丁香医生，中国青年报. 2020中国大学生健康调查报告［EB/OL］.（2020-01-03）［2021-12-02］. http://news.cyol.com/app/2020-01/03/content_18310706.htm.

［12］边洁，张刚，陈传忠．大学生学习方法指南［M］．哈尔滨：哈尔滨工业大学出版社，2003.

［13］陈幼芳，戢颖．大学生学习方法概论［M］．北京：中国铁道出版社，2015.

［14］李凌艳，耿丽娜．成长型思维模式干预项目及其对我国自主发展教育落地的启示［J］．教育科学研究，2018（9）：80-85.

［15］庞维国，韩贵宁．我国大学生学习拖延的现状与成因研究［J］．清华大学教育研究，2009，30（6）：59-65..

［16］史秋衡．大学生学习情况究竟怎样［J］．中国高等教育，2015（1）：68-70.

［17］史秋衡，邢菊红．国家大学生学习质量 2013 年度报告［J］．中国高等教育评论，2014，5（1）：39-63.

［18］王秀丽，张新颖．关于国内外学业求助行为研究的综述［J］．漳州师范学院学报（哲学社会科学版），2003（3）：101-104.

［19］吴秀娟，张浩，倪厂清．基于反思的深度学习：内涵与过程［J］．电化教育研究，2014，35（12）：23-28.

［20］张大均．教育心理学［M］．北京：人民教育出版社，2015.

［21］张鹏程．学习心理研究：理论与实践［M］．长春：吉林人民出版社，2020.

［22］张志红．大学生学习风格与学习指导［M］．北京：国际文化出版公司，2009.

［23］郑菊萍．反思性学习简论［J］．上海教育科研，2002（8）：43-46.

［24］朗曼，阿特金森．大学生学习方法十二讲［M］．夏慧言，张瑞华，译．北京：首都师范大学出版社，2005.

［25］连榕．现代学习心理辅导［M］．福州：福建教育出版社，2001.

［26］刘电芝．学习策略研究［M］．北京：人民教育出版社，2001.

［27］罗宾斯，贾奇．组织行为学：16 版［M］．孙健敏，王震，李原，译．北京：中国人民大学出版社，2016.

［28］田志刚．你的知识需要管理［M］．沈阳：辽宁科学技术出版社，2010.

［29］伊列雷斯．我们如何学习：全视角学习理论［M］．孙玫璐，译．北京：教育科学出版社，2015.

［30］赵希文．大学生学习方法导论［M］．杭州：浙江大学出版社，2015.

［31］CIRILLO F. The pomodoro technique［EB/M］．［2021-01-14］．http://friend.ucsd.edu/reasonableexpectations/downloads/Cirillo% 20 - -% 20Pomodoro% 20Technique.pdf.

［32］DORAN G T. There's a S.M.A.R.T. way to write management's goals and objectives［J］. Management Review，1981，70：35-36.

第九章　大学生恋爱心理

第一节　爱情概述

【导入】

爱情是古老而永恒的话题。在古代谚语、文学作品和影视作品中，爱情故事或一见钟情，或百转千回，或至死不渝，或遗憾万千。恋爱是越来越多大学生的成长一课，它涉及自我认识、价值观、沟通能力、情绪管理乃至生涯规划等方方面面的成长课题。

2016 年 10 月，《2016 中国大学生恋爱白皮书》发布，其中提到，80%的在校大学生有过恋爱经历，其中 40%的大学生谈恋爱是因为“课业压力小、空闲时间多、无聊”，35%是因为“想要在校园体验一份纯粹的爱情”。调查发现：60%的大学生谈恋爱更加注重对方的人品、性格和外貌；83%的毕业生对在校生的恋爱表示支持，并支持校园情侣能够坚持走下去。

2019 年 11 月至 2020 年 2 月，中国计划生育协会、中国计生协中国青年网络、清华大学公共健康研究中心共同发起并实施了“全国大学生性与生殖健康调查”，样本量覆盖省级行政区 34 个（含港、澳、台），高校数量 1 764 所，有效参与人数 54 580 人，其中大一新生占 59.76%，男女比例分别为 34.2%和 65.8%。该调查结果显示：大学生的平均初恋年龄在 16~17 岁，被调查者中有 33.04%的学生从来没有恋爱经历，71.28%的大学生经历过失恋的痛苦，43.60%的大学生因失恋感到比较痛苦或非常痛苦；在选择恋爱对象时，大学生优先考虑的还是跟人有关的因素，如人品、三观和性格等。

【互动设计】

题目：什么是爱情?

目的：让学生对爱情因素和爱情类型形成更加全面的认识。

步骤 1：教师引入故事。

大一男生郝帅喜欢上了隔壁班的女生。他的室友问：喜欢她什么？郝帅犹豫片刻，答：喜欢她的全部。几经打听，终于知道她的芳名是小璐。郝帅感觉自己已经深深爱上她了——不仅上课想着她，下课也渴望遇见她。要不要向她表白呢？郝帅困惑了……

步骤2：教师选两名学生进行角色扮演。

红面具代表感性主角，蓝面具代表理性主角。

步骤3：两名学生按照以下台词表演。

红：快去表白吧，爱要大声说出来！

蓝：如果被拒绝，会不会很尴尬？

红：如果不表白，错过了你会后悔！

蓝：如果她接受了，我们会有好的结果吗？

红：为什么要考虑结果？爱就应该不顾一切。

蓝：这，就是爱吗？

红：我白天想着她，夜里梦到她，这就是证据。

蓝：你，了解她吗？

红：不了解又如何？爱一个人就是包容！

蓝：不了解也能做到包容？

红：对，爱给我无穷的力量，使我充满激情。

蓝：爱情，就是激情吗？

步骤4：教师让学生讨论，分享体验、感受和观点。

步骤5：教师引入爱情三角形理论，让学生更系统地理解爱情，将对爱简单化、片面化的看法上升到更科学的层次，引导学生树立健康成熟的爱情观。

一、爱情的定义

爱情通常被认为是一种在人类的生产、发展、生存、进化过程中发挥重要作用的情感，它能影响个体的情感、行为和认知。早期阶段的爱情具有以下特征：将注意力高度集中在自己的恋人身上，沉溺于对恋人的幻想与思念中，对恋人产生情感依赖，渴望与恋人进行情感交流。爱情发生后第一个表现便是关注，这种关注是无意识的，同时会对对方产生理想化、完美化的构想和对对方各个方面全部接受的想法，这种想法往往夹杂着非理性的成分。

不同时代、文化、学科的学者对爱情有着不同的理解和定义。柏拉图在《会饮篇》中认为，人们对于寻找另一半、恢复完整的希冀和追求就是所谓的爱情。黑格尔继承并发展了这一观点，认为爱情就是一种整合，即把一个个体所包含的一切全部渗透到另一个人的意识里去，成为其追求和占有的对象。我国传统文化关于男女之情的描述最早存在于《诗经》中，此时关于爱情的描述更倾向于天性与自由。但随着儒家思想的盛行，逐渐将男女之情与礼教挂钩，情遵于礼、守于法、敬于规，形成了“父母之命，媒妁之言”的爱情婚姻观。直到新文化运动兴起，西方浪漫主义爱情观传入中国，开始强调伴侣之间的仰慕、亲密和欣赏。

二、恋爱开始的原因

1. 接近

接近效应（propinquity effect）是指人们会倾向于与自己经常接触的人或者物，形成一种亲近关系，甚至是爱意。有关研究发现，在控制外貌因素的情况下，人们更容易喜欢上在身体上更接近自己的异性——对于男性来说，这个效应更为明显。

2. 外表吸引力

爱美之心，人皆有之。美丽的事物会促使人的大脑分泌更多的多巴胺，多巴胺会让人快乐。当我们见到外表迷人的人，大脑会分泌更多多巴胺，感到心情愉悦，被吸引过去，这是生理因素。从心理来看，人对美的事物有一种偏好，更倾向于让自己内心愉悦的事物。所以，容貌好看的人往往比较有吸引力。然而，这也仅限于最初的印象，大学生们切勿将注意力过度放在外表上。

3. 相互性

爱情是相互的。如果你喜欢一个人，要尽可能让对方知道你喜欢他（她），如果他（她）也喜欢你的话，会增加恋爱成功的可能性。

4. 相似性和互补性

美国心理学家克克霍夫等人对已经建立恋爱关系的大学生进行研究。他们的研究证明：对于短期的恋爱关系来说，熟悉、外貌、价值观的相似，是形成人际吸引的主要因素；而对于长期恋爱关系来说，互补也是发展密切关系的一个非常重要的方面。在生活中可以发现，不仅特征相似的人会相互吸引，彼此之间差异较大的人也能够建立较为亲密的关系。其实，人在需要、兴趣、气质、性格、能力、特长和思想观念等方面存在差异时，便会在自我需要满足的意图下与他人形成一种和谐的互补关系。因为人不仅有认同的需要，也有从他人身上获得自己所缺乏的东西的需要。

相似性主要体现在以下方面：①信念、价值观及人格特征的相似；②兴趣、爱好等方面的相似；③社会背景、地位的相似；④年龄、经验的相似。实际的相似性很重要，但更重要的是双方感知到的相似性。人们往往喜欢那些和自己相似的人。

互补性是社会心理学中人际关系理论中的一个专用语，指双方在交往过程中获得互相满足的心理状态。大体上来说，它包括两个部分，即相互间的增强作用的满足和彼此心理特性相反者的心理互补作用。

一般说来，人与人一旦开始交往，其所建立的人际关系能否得以持续或停止，有赖于彼此动机是否得到相对满足。研究表明，双方相处，对双方都有助益，或彼此都有类似的态度时，两人的关系便有继续的可能。两个人通过彼此间的互补作用所获的超过由此而来的损失时，人际关系才能得以维持。同时，人际间的互补性还表现在彼此特性（包括人格）相反者。这是所谓心理品质的互补性。例如，喜欢主动支配他人者与期待别人支配自己者，他们的心理动机有互相得以满足的趋向，这两种类型的人生活在一起，可以相得益彰，维持良好的人际关系。

三、关于爱情的主要理论

19 世纪以来，各国的心理学家和生物学家对爱情进行了深入的研究，从不同的角度剖析了爱情的本质，提出了一系列和爱情有关的理论，比如共有应答性理论、进化论、自我扩张模型、爱情的三角理论、神经生物学理论、依恋理论。这些爱情理论都是从和爱情相关的某个角度出发来描述爱情的。但是，无论从哪个角度解释爱情，总结起来，爱情都是一种涉及生理、心理、神经等多方面变化的复杂情感和行为，人类通过爱情，发展了一段重要的亲密关系，满足了自己多方面的需要，提高了幸福感和价值感。

1. 共有应答性理论

共有应答性理论指的是在一段亲密关系中，双方既是共有应答性的给予者又是接受者。接受者需要将自己的个人信息、想法、感觉透露给伴侣，来表现自己的需要和脆弱；给予者则需要明确地关注接受者的幸福，没有任何附加条件，以促进其幸福的方式给予反应。伴侣之间互动的质量对亲密关系的发展有很大的影响：质量越高，亲密关系越容易得到巩固和发展。

2. 进化论

进化论认为：爱情是一种复杂的心理状态，是在进化过程中发展而来的，包括情绪状态、信息加工和外在行为表现三方面；个体可以从爱情中获得生殖资源、性接触、标志性忠诚。或者可以说，爱情是人类的一种心理适应装置，能解决人类的生存以及生殖等重大问题。个体需要为爱情付出自己的努力，做出自己的承诺，承担自己应尽的义务。随着对爱情进一步的理解，有研究者提出了“爱情的动态进化模型”：人类产生爱情的前提是一系列的进化决策偏差，这种偏差有利于人类族群的繁衍，同时还具有高度的生物适应性，不会随着人类进化而消失。而且这种决策偏差有性别差异，因为男性和女性为生殖繁衍所付出的代价差别很大，从而导致男性和女性的择偶标准和行为有很大差异。

3. 自我扩张模型

自我扩张模型指的是人类有寻求自我扩张的动机，而自我扩张的方式之一就是将他人（思想、情感、行为等）纳入自我。比如一对情侣，男生喜欢看足球，女生不喜欢看，但是为了陪男生，也开始看足球，女生把对方的这一行为纳入自我当中。个体通过建立一段关系（比如亲密关系）来获得伴侣或恋人的资源、观念、特质将有助于自我扩张，因此亲密他人等的存在其实是自我的一种拓展。

4. 爱情三角理论

爱情三角理论由美国心理学家斯滕伯格提出。三角指的是组成爱情的三种元素，即激情、亲密和承诺。激情是指伴侣之间的性吸引；亲密是指恋爱双方在相处过程中的亲切感、轻松感、信赖感；承诺是指恋爱个体对一段关系（无论是短期还是长期）的维护，靠的是忠诚和责任心。根据这三种元素的组合情况，斯滕伯格将爱情分为八种：无爱（三种元素全无）、喜欢（亲密）、迷恋（激情）、空爱（承诺）、浪漫之爱（亲密和激情）、伴侣之爱（亲密和承诺）、虚幻之爱（激情和承诺）、圆满之爱（亲密、激情、承诺均有）。

（1）亲密。

亲密可以理解为彼此信任、依靠、支持、尊重、了解和足够熟悉，它包含以下几个基本要素：①渴望促进被爱者的幸福；②跟被爱者在一起时感到幸福；③对所爱的人高度关注；④尊重对方；⑤跟被爱方互相理解；⑥分享自我；⑦接受感情上的支持；⑧给被爱方以感情上的支持；⑨跟被爱方亲切沟通；⑩珍重被爱方。足够亲密的人，能够与对方分享生活的方方面面。亲密也常见于一些非常密切的亲子和友谊关系中。

【案例】

法国名著《小王子》中有一个有名的寓言故事：

小王子有一个小小的星球，星球上忽然绽放了一朵娇艳的玫瑰花。以前，这个星球上只有一些无名的小花，小王子从来没有见过这么美丽的花。他爱上了这朵玫瑰，并细心地呵护它。

那一段日子，他以为，这是人世间唯一的一朵花，只有他的星球上才有，其他的地方都不存在。然而，当他来到地球上，发现仅仅一个花园里就有5 000朵完全一样的这种花朵时，他才知道，他有的只是一朵普通的花。

一开始，这个发现让小王子非常伤心。但最后，小王子明白，尽管世界上有无数朵玫瑰花，但他的星球上那朵，仍然是独一无二的，因为那朵玫瑰花，他浇灌过，给它罩过花罩，用屏风保护过，除过它身上的毛虫，还倾听过它的怨艾和自诩，聆听过它的沉默……一句话，他驯服了它，它也驯服了他，它是他独一无二的玫瑰。

"正因为你为你的玫瑰花费了时间，这才使你的玫瑰变得如此重要。"一只被小王子驯服的狐狸对他说。因为倾注了亲密，关系变成了人生养料，让一个人的生命变得更充盈、更美好。一个健康的关系是既亲密而又相互独立的，小王子仍是小王子，玫瑰仍是玫瑰，他们仍然是两个个体。

（2）激情。

激情是指在爱情关系中引起浪漫、身体吸引和性结合的驱动力。通俗地说，就是见了对方，会有一种怦然心动的感觉；和对方相处，有一种兴奋的体验。自尊、照顾、归属、支配和服从也是唤醒激情体验的源泉。常听到这样的说法："他各方面都很好，但我对他没有感觉"。这个"感觉"就和爱情中激情的部分相关。当我们与热恋中的人在一起时，觉得脸红心跳，就是爱情的激情的显现。

【内容拓展】

斯滕伯格认为激情的发展过程包括3个阶段：①由于意识控制减弱，身体的变化和表情动作越来越失去控制，细微的动作由于高度紧张而发生紊乱。人的行为服从于所体验着的情感。②人失去意志的监督，发生不可控制的动作和失去理智的行为，这些动作在事后回想起来会感到羞耻和后悔。③出现在激情爆发之后，此时会出现平静和某种疲劳的现象，严重时会出现精力衰竭，对一切事物都抱着不关心的态度，有时还会精神萎靡，即所谓激情休克。

激情可以是积极的，也可以是消极的。积极的激情能激励人们克服艰险，攻克难关；消极的激情常常对正常活动具有抑制的作用或引起冲动行为。具有正确的思想认识、高尚的道德品质和坚强意志的人能控制自己消极的激情。

（3）承诺。

承诺可以分成两种：短期承诺和长期承诺。短期承诺是指一个人爱另一个人的决定，长期承诺是指保持这种爱的承诺。承诺的终极形式是婚姻。对于大学生来说，做出负责任的爱情承诺并非易事。受浪漫影视剧、文学作品等影响，大学生对待爱情有时过度理想化，在与恋人真实相处时，可能会发现"爱情不是自己想象的样子”，进而很难维持当初的承诺。做出承诺不能依靠一时的激情和浪漫，要在真实地了解自己和对方的基础上做出承诺。“试一试再说”“不行就分开”的想法会让爱情在承诺这一部分从一开始就不稳固。

【案例】

16岁的林徽因在随父亲游历欧洲时，结识了23岁、前往英国求学的徐志摩。林徽因被徐志摩的渊博知识、风雅谈吐和英俊外貌吸引，而徐志摩也被林徽因出众的才华与美丽吸引。面对这段浪漫的相遇，林徽因在得知徐志摩家有妻小时，毅然转身离去。之后，20岁的林徽因在双方父母的安排下，与梁思成共同赴美求学。二人的婚姻虽有父母之命的时代背景，但也是双方用近4年时间来判断、确认的结果。二人共同的爱好与追求、互相的爱慕和欣赏，让他们真正走到了一起。哲学家金岳霖爱慕林徽因，但非常有分寸。他不仅是夫妻二人的共同好友，是隔墙而住的邻居，还是孩子们的“金爸爸”。林徽因自始至终坚守对婚姻的承诺，以纯粹的友谊来面对金岳霖：只维持亲密的友谊，而无浪漫与承诺。

5. 神经生物学理论

爱情的神经生物学理论认为爱情包括性欲、吸引和依恋三种成分，每种成分都由其背后的神经系统和生物学因素驱动：性欲主要被雄性激素和雌性激素驱动以及和下丘脑与杏仁核等脑区活动有关；吸引主要被肾上腺素、多巴胺、5-羟色氨酸驱动；依恋主要被催产素和利尿素驱动，而这些激素又与伏隔核和腹侧苍白球的活动有关。

6. 依恋理论

依恋理论描述了婴儿与养育者的互动关系，它是一种特殊的情感纽带与联结。英国精神病学家鲍尔比最早提出依恋的概念，其灵感来自对婴儿与父母分离后行为表现的观察。随后，美国心理学家爱因斯沃斯使用陌生情境实验划分出三种婴儿依恋行为的模式：安全型依恋、回避型依恋和焦虑型依恋。

（1）安全型依恋：当母亲离去时，婴儿想挽留，表现出不快乐和不安，但在母亲离开后能在他人的陪伴下很快平静下来并继续玩玩具；母亲回来后，婴儿张开怀抱希望被抱，被抱一会儿后婴儿就要下地接着玩耍。

（2）回避型依恋：母亲即将离去时，婴儿并无反应；母亲回来后，孩子也无反应。爱因斯沃斯通过测试仪器发现婴儿也有焦虑情绪，只是没有显露出来。这与平时母婴之间的相处经历有关，孩子习惯了不期望母亲能长时间相伴。

（3）焦虑型依恋：母亲将要离去时，婴儿哭闹不止；而当母亲回来后，婴儿还要打母亲，并在很久之后才逐渐安静下来，随后边玩边看着母亲，生怕母亲再离去。

后来，依恋研究专家金·巴塞洛缪又加上了一种恐惧型，这种依恋类型的婴儿在母亲将要离去时表现慌乱，不知道该怎么办，母亲回来后婴儿也不知该怎么办，甚至会出现张开双臂要抱的同时双脚后退不让妈妈接近。因为婴儿渴望爱的对象——母亲，也是造成其痛苦的根源。

研究者均认为早期依恋关系的质量会对个体成年后的心理和人格健康产生影响，且这种影响是稳定和长期的，因此大量的研究开始转向成人依恋。心理学家哈赞

（Hazan）和谢弗（Shaver）编制了一份简单的问卷，要求参与研究的人们阅读下列三段内容，并让他们指出以下哪段内容更精确地描述了他们在亲密关系中的所思、所感和行为：

A. 与别人亲密令我感到有些不舒服；我发现自己难以完全信任他们、难以让自己依赖他们。当别人与我太亲密时我会紧张，别人想让我更加亲密，这使我感到不舒服。

B. 我发现与别人亲密并不难，并能安心地依赖于别人和让别人依赖我。我不担心被别人抛弃，也不担心别人与我关系太亲密。

C. 我发现别人不乐意像我希望的那样与我亲密。我经常担心自己的伴侣并不真爱我或不想与我在一起。我想与伴侣关系非常亲密，而这有时会吓跑别人。

基于这种三分类测量的结果，哈赞和谢弗发现，成人类型的分布情况类似于婴儿。换句话说，在成人中，约60%认为自己是安全型（B）、约20%把自己描述为回避型（A）、另有约20%把自己描述为焦虑型（C）。

四、恋爱的心理效应

心理效应是对社会生活中心理现象和规律的总结，心理学家发现了很多人际关系领域的心理效应，如首因效应、光环效应、刻板效应等。爱情关系作为一种特殊的人际关系，也必然受其影响。

1. 熟悉效应

熟悉效应也称曝光效应，俗话说"兔子不吃窝边草"，但熟悉效应告诉我们"近水楼台先得月"。大量心理学实验结果显示，熟悉不仅不会让人厌倦，反而诱发了喜欢。研究者给参加实验的人观看无意义词语、不认识的汉字、不认识人的照片或听音乐片段等，结果发现，看到无意义词语或不认识文字的次数越多，他们便认为这些字词表示的意思越积极。在用照片做素材的研究中，也发现了类似结果。研究者把一些人的照片给参加实验的人观看，不同照片出现不同次数，有的二十几次，有的十几次、有的只出现一两次，然后请参加实验的人评价对照片的喜爱程度。结果是，相比于那些陌生的照片，人们更喜欢那些看过二十几次的照片。

校园情侣，常常出现在同一个院系、同一个班级，或者同一个学生组织、同一个项目团队，熟悉效应在其中发挥了重要作用。有些追求者深谙熟悉效应，他们并不害怕对方拒绝，而是不断增加自己的"曝光率"，时不时地在对方面前出现。时间久了，可能就由原本的无感变为好感，由不怎么喜欢逐渐变为有点喜欢。对此，大学生需要注意的是，熟悉效应会增强喜欢的程度，但这是熟悉导致的，而非事物或对方本身的特点导致的。就像那些反复曝光的无意义词语，大家也会赋予它更多的积极意义。从这个角度来看，爱情不仅要看感觉，还要保持一定的理性。

【成长案例】

有些爱情的确是因熟悉效应而开始的。大二女生晓玲，身材高挑、容貌清秀，人际交往的范围较小，在不熟悉的同学看来她有点高冷。晓玲没有谈过恋爱，对与男生认识和交往不积极、不主动。同专业男生董栋对晓玲感到心动，却没有合适的交流机会。在一门专业课上，两人被随机分到同一组。董栋在组内练习和小组作业等环节，积极参与，卖力表现，还通过分工等环节增加与晓玲的合作，在课外也主动与晓玲交谈、约自习等。董栋不断增加自己在晓玲面前的曝光度，逐渐打开了晓玲的心扉，最终二人成为情侣。

恋爱初期的愉悦幸福感降温后，晓玲逐渐发现自己的性格特点、兴趣爱好、学习想法等与董栋差异很大。两个人尝试沟通交流，了解对方。面对巨大的差异，两个人一方面在心理上很难真正理解对方，另一方面在日常生活中很难互相调适。不久，两个人和平分手。这段恋爱关系破裂的根源是他们缺乏对彼此的真正认识和了解。

2. 吊桥效应

吊桥效应源于一个实验：参与实验的单身男子按要求先过一座桥，桥对面有一位魅力十足的年轻女子，请他帮忙完成一个调查。完成后，女子会留下自己的姓名和电话，告诉对方如果想了解更多关于调查项目的信息，可以电话联系她。桥分为两种：一个是约 70 米高、137 米长的一座狭窄而摇晃的吊桥；一个是低矮的、坚固的石桥。参与实验的单身男子，一半经过吊桥，一半经过石桥。实验结果表明，通过摇晃吊桥的男性更倾向于打电话。吊桥对男性接下来是否打电话，起到了关键作用：当男士们走过吊桥时，或多或少都会有紧张、恐惧等情绪，以及心跳加快、出汗等生理反应。在这样的情绪和生理状况下，男性可能把这些生理唤醒归因于这位女性的魅力对自己产生了吸引，更容易产生浪漫的感受。

在不少电影里，一对素不相识的男女一起经历了惊险，在躲避飞车追捕、坏人袭击等种种危机后，两人往往紧紧拥抱，甚至产生浪漫爱情的感觉。这种情节一点都不突兀，反而合情合理。对大学生来说，在一些户外活动中就容易体验到一见钟情的爱情。当一些女生在攀爬陡坡、吓得心跳加速的时候，若有一名看起来很勇敢、帅气的男生站出来，女生可能就会把心跳的感觉理解为爱情的感觉。了解吊桥效应之后，一方面，我们不要被自己的生理感觉蒙蔽，不要急于下定论；另一方面，吊桥效应可以帮助情侣增加激情和心动的感觉。情侣一起玩刺激的游戏项目、观看恐怖电影、挑战有难度的任务等，可能会让情感增温。

3. 罗密欧与朱丽叶效应

研究者用横断研究和纵向研究的方法调查了 140 对情侣（91 对已婚夫妇、49 对相恋 8 个月以上恋人）之间的相爱程度与其父母干涉程度的关系，发现在一定程度上父母的干涉程度越高，情侣间相爱越深。在研究后的 6~10 个月，父母干涉程度和这些情侣们的情感变化呈显著正相关。研究证实，在子女的恋爱中，父母干涉越多，恋人们相爱得就越深。研究者将其称为“罗密欧与朱丽叶效应”。家喻户晓的梁山伯与祝英台的凄美爱情故事，也是为了爱情努力克服障碍的经典故事。研究者认为，每个人都有独立自主的需要，希望自己能够做出自己的选择。当他人将其意愿强加给个体时，个体感到自主性受威胁而产生抗拒心理，排斥自己被迫选择的事物，同时更加喜欢自己被迫失去的事物。“得不到的就是好的”就是这样的效应在发挥作用。

4. 蔡格尼克记忆效应

蔡格尼克记忆效应又称蔡加尼克效应、契可尼效应，是指人们天生有一种办事有始有终的驱动力。人们之所以会忘记已完成的工作，是因为欲完成的动机已经得到满足；如果工作尚未完成，这同一动机便使他对此留下深刻印象。

20 世纪 20 年代，德国心理学家蔡格尼克做了一个这样的实验：让被试者做 22 件简单的工作，如写下一首喜欢的诗，从 55 倒数到 17，把一些颜色和形状不同的珠子按一定的模式用线穿起来，等等。完成每件工作所需要的时间大体相等，一般为几分钟。在这些工作中，只有一半允许做完，另一半在没有做完时就受到阻止。允许做完和不允许做完的工作出现的顺序是随机排列的。做完实验后，在出乎被试者意料的情况下，立刻让他回忆做了 22 件什么工作。结果是未完成的工作可回忆起 68%，而已完成的工作只能回忆起 43%。在上述条件下，记忆未完成的工作比已完成的工作的概率要高，这种现象就叫蔡格尼克效应。

这个实验说明，人们天生有一种办事有始有终的驱动力。人们之所以会忘记已完成的工作，是因为想要完成的动机已经得到满足；如果工作尚未完成，这个动机便使他对此留下深刻印象。正是因为这种心理效应，那些被中途打断的恋爱，都更加让人辗转反侧，念念不忘。或许那个人、那些恋爱经历未必像你认为的那么美好，只是因为未完成情结的存在，就让你始终念念不忘，错以为那就是爱情！

【小结】

爱情通常被认为是一种在人类的生产、发展、生存、进化过程中发挥重要作用的情感，它能影响个体的情感、行为和认知。人们会因为接近、外表吸引、相互性、相似性和互动性开始恋爱。19 世纪以来，各国的心理学家和生物学家对爱情进行了深入的研究，提出了共有应答性理论、进化论、自我扩张模型、爱情三角理论、神经生物学理论、依恋理论。这些爱情理论都是从和爱情相关的某个角度出发来描述爱情的。爱情关系作为一种特殊的人际关系也受到心理效应如首因效应、光环效应、刻板效应等的影响。

美好的爱情不是单一的、僵化的；圆满的爱情不是一个结果、一个状态。通过学习爱情的成分和类型，大学生能够更加清晰且全面地认识爱情，能够有意识地在体验情感的同时增加对爱情的理性思考、科学辨析。对爱情的学习不仅是大学阶段的事，更是人生历程中的事，需要不断用科学方法来探寻和成长。

【习题】

1. 有学生问：在大学期间我应该恋爱吗？我想恋爱，可是想到未来，又觉得这种爱特别虚幻，两个人能不能走到一起都是问题，那还有必要谈恋爱吗？还是等到毕业再谈？你怎么看待大学期间谈恋爱的问题？

2. 有学者提出，真爱是一方面学会自爱，一方面学会爱人。在爱情中，如何更好地平衡自爱与爱人？

第二节　大学生恋爱面面观

【导入】

学习是大学生生活中很重要的一个方面。然而，恋爱时需要把一定的注意力放在对方身上，也需要彼此的陪伴和交流，一些大学生担心恋爱会影响学习。其实，恋爱与学习并不必然冲突，关键是要做好平衡，并且避免沉迷玩乐，在恋爱中促进彼此的成长。

就读于山东某大学的机械制造及自动化专业，张同学是一班的班长，赵同学是二班的学习委员。在一次偶然的机会下，赵同学的专业技能需要帮助和强化，而张同学正好充当起了她的小老师，他们二人便开始熟知、结缘。后来，随着在学习和生活上交流越来越频繁，二人的关系也越来越密切。

确定恋爱关系后，他们二人并没有因为谈情说爱而耽误学习，反而在专业方面互帮互助，甚至还将对方当作比拼追赶的对象。

在全国大学生智能汽车竞赛中，张同学荣获一等奖。在创业实践和研究创新等其他赛事上，他同样取得了优异成绩，多次获得一等奖学金。在与张同学共同参加的比赛中，赵同学取得全国第三的成绩，大学期间还获得了一等奖学金，并以第一作者的身份在某核心期刊上发表了论文……

正是由于张同学和赵同学互相鼓励、相互支持，这对志同道合的情侣最后被保研至浙江大学。他们因学习结缘，也因共同学习进步，爱情、学业双丰收，活成了最好的样子。

【互动设计】

在大学生心目中，在社会大众观念中，在文学影视作品中，大学校园爱情常被塑造为浪漫美好、真情实意的模样。这一方面促进了大学生对爱情的憧憬和追寻，另一方面不利于大学生形成对爱情的真实认识和现实期望。教师引导大学生观察身边爱情的模样，思考现实爱情的特点，能促进其对爱情的准确认识。

在本堂课开始时，教师可以用“我身边的爱情故事”为题，让学生介绍自己观察到的爱情的不同实例，甚至可以谈谈父母之间的爱情。授课教师可以聚焦于学生所分享的故事的不同特点，提炼出一些关键词，比如“关怀”“包容”“信任”等，推动学生反思爱情的不同模样，促进学生用更加包容和成熟的视角看待恋爱。

一、大学生恋爱的特点

1. 自主性

自主性与“他控”相对，说一个人是自主的，通常指其对自己的言行具有决定和选择的权力，不受外界压力和条件的影响。自我决定论认为自主需要是人类最基本的需要之一，该理论认为人是积极的有机体，具有先天的心理成长和发展的潜能，并把自主性定义为自我管理的自由，是一种促进成长与适应功能的心理需要。

大学阶段是个体自我意识、发展走向完善的重要飞跃时期，由于大学生的自我意识迅速增强，他们更多地把眼光投向自身，探索、认识和评价自己。这一时期，大学生的成人感和独立意识急剧增强，开始要求从被父母保护、监督、依赖的关系中摆脱出来，自己决定自己的行动。从这个角度来讲，绝大多数大学生希望按照自己意愿选择恋人和恋爱方式。在选择恋爱对象和处理恋爱关系的过程中，他们会以自己的意志和情感为基本出发点，较少向父母征求意见。

【成长案例】

大三学生钱乐对李韬非常喜欢，便展开了追求。早上给李韬带早饭，钱乐发现他中午休息不好，还专门买了抱枕。李韬对于她的示好没有拒绝，也会主动帮助钱乐解决学习上的问题。

可时间一长，班里的同学看他们还没在一起，便私底下劝钱乐说："放弃吧，他要是喜欢你，早就向你告白了。现在还不主动告白，那说明他不喜欢你。"

父母也说要找对自己好的人，钱乐有一些动摇。但钱乐相信自己对李韬的了解，觉得他为人正直、善良，学习努力上进，感觉不应该相信别人的传言，而应该相信自己的判断，于是找到李韬表白。没想到李韬说自己其实也喜欢钱乐很久了。

有些人喜欢在爱情八字还没有一撇的时候，到处寻求别人的意见："他是不是对我有意思?""我做这些究竟值不值得?"也总有很多人喜欢对别人的爱情主动给出自己的意见，去误导别人。所以在爱情里，最重要的不是别人说什么，而是你自己对于爱情的"自主性"。要有自己对于爱情的评判标准，要学会不被外人或者别的事物影响。

2. 浪漫性

一方面，浪漫性和大学生爱幻想、易受影视媒体等影响有关。不少大学生在恋爱之前就会勾画出完美的对象，在想象中描绘恋爱中的种种场景。虽然浪漫的爱情很美好，但假如过于注重自己脑海里的想象和感觉，就容易在现实中碰壁。"在美丽的校园，谈一场青春的恋爱，无关物质，无论家庭，只享受两个人的美好时光"，这是很多大学生认为最纯粹的恋爱。然而，当想象与现实不断相互作用，梦幻的泡泡就会被戳破。"女神也会发脾气，和我心中那个温柔的样子不一样。""了解以后，发现他粗心大意，丢三落四，完全不是我刚刚认识的那个样子。"浪漫的爱情虽然很美，但真正的爱情需要有坚实的基础，需要接纳彼此最真实的样子。

另一方面，不少大学阶段的恋爱一开始由于没有明确的结婚目的，现实性相对较弱，有更强的浪漫性。研究发现，浪漫爱情涉及大脑中的奖赏系统，让人产生十分愉悦的感觉。同时，对恋人强烈而集中的关注是浪漫爱情的主要行为标志之一，甚至有强烈渴望彼此融合的状态，包括密切关注恋人的一举一动以及对恋人的强烈思念。研究表明，浪漫爱情的相关脑区与成瘾的相关脑区是有重叠的，但也有差异。这也可以解释为何热恋中的冲突和分离会导致比较极端的行为，比如联系不到对方就会一直打电话。如果大学生了解了这背后的原理，就可以保持一定的理智，不把自己的种种情感和行为等价于"爱的深度"。

3. 易变性

受生理成熟和心理需要的驱动，在外部环境的助推下，大学生对恋爱是冲动的，甚至可能有些急切，往往通过短暂交往就确定了恋爱关系。然而，大学生的社会阅历少，未来又有各种不确定性，他们对恋爱可能遇到的问题和结果缺乏足够的思想准备，也不善于处理恋爱中的冲突和矛盾。这使得校园爱情分分合合，变化无常。一些大学生受“不求天长地久、只要曾经拥有”之类的爱情观影响，加剧了这种变化性，似乎可以在“我爱你”与“算了吧”之间自由切换。

大学生恋爱的易变性还与大学生心理发展阶段息息相关。大学生处于 20 岁上下，不少大学生还在自我同一性的探索中，对于“我是谁”“我要过什么样的生活”尚未明晰。因此，在恋爱中也会存在类似的问题。“这个人究竟适不适合我？”“比起安稳的生活，我好像更喜欢充满变化的生活。”很多大学生并非在恋爱的一开始会思索以上问题，但这些问题会随着关系的深入发展浮现出来，或许会让一些情侣关系更坚实，让一些情侣重新审视彼此的关系，导致分手。

【成长案例】

赵刚和女朋友美玲确立恋爱关系还没到一个月，问题就来了：美玲要赵刚给自己买最新的苹果手机。赵刚因为自己的生活费不足以买手机而拒绝了美玲。赵刚希望美玲不要这么物质化，美玲却认为这是在考验赵刚是否爱自己，因为爱一个人就意味着愿意为其付出，不管是物质的还是精神的。没多久两人又因为另一件事情闹起了别扭。美玲责备赵刚一点都不关心她，追到她之前每天早上给她买早餐，每天晚上买夜宵，随叫随到，没想到追到她之后态度大变，不像以前那么在乎她了。赵刚现在也迷惑了，不知道自己是不是真的喜欢美玲。面对冲突，他十分烦恼和无奈。

后来，赵刚找到了学校的心理中心。通过心理咨询，赵刚发现两个人相处除了甜蜜还有很多磨合的阶段，需要两个人的良好沟通和理解。他也开始认真地审视自己的亲密关系，决定要和美玲一起面对恋爱关系中的难题。

4. 盲目性

盲目性就是在看不清、看不全或看不见、看不到的情况下还要做决定，还要迈开脚往前走，其结果就是容易跌跤、碰撞。恋爱中的盲目性，一是表现为缺乏正确、清晰的恋爱观，二是表现为缺乏良好的恋爱动机。

【内容拓展】

1. 恋爱观

恋爱观是指人们对恋爱和爱情的基本观点、看法，体现在恋爱目的、恋爱态度、择偶标准、如何处理爱情与事业的关系、恋爱方式、恋爱与婚姻的关系等方面。有学者认为：“恋爱观是一个人的世界观、人生观、价值观在恋爱问题上的具体体现。”由此可见，恋爱观受世界观、人生观、价值观的影响，同时又是世界观、人生观、价值观的集中体现。恋爱观不仅指导着恋爱的进行，还能决定恋爱的最终结果。正确的恋爱观应体现在以下几个方面：其一，以爱情为恋爱的唯一动机，不能随意地开始恋爱；其二，在择偶方面要综合考虑对方的内在品质、情趣和价值目标等因素，不能以经济基础作为决定性的判断条件；其三，在性行为方面，恋爱的双方应对性行为持有谨慎、负责的态度。正确的恋爱观对恋爱实践有促进作用，有助于人们拥有美好而又幸福的爱情生活。

大学生爱情观异化的表现：

(1) 侧重被爱，而不是去爱。

谈到爱情，很多大学生首先想到的是如何被别人爱，而不是怎样去爱别人的问题。这些人认为获取爱情的关键是获取别人爱的方式，即如何才能成为值得被人爱的人。此外，男女双方为了达到被人爱的目的还采用很多方式，如培养谦虚谨慎的性格、拥有助人为乐的品质、学习令人轻松愉快的礼仪等。虽然这些方式在一定程度上会促进人的进步，但目的都是使自己得到他人的注意力，获得他人的青睐。如果大学生过度注重这些方面，心态就会失衡。

(2) 看重爱的对象，而不是爱的能力。

很多大学生关注的是如何找到一个合适的对象，而很少注意爱本身以及爱的能力的问题。一方面，在当今更加开放、更加自由的情况下，人们渴求“浪漫的爱情”，人们会对爱的对象更加看重，而缺乏对爱情之功能的重视程度。另一方面，受商品社会中互利互换观念的影响，爱情也被看成一种社会价值的交易。无论对男人或女人来说，能吸引他（她）眼球的其实就是他（她）所追逐的商品。从社会价值的角度来看，对方身上所具有的价值应该值得我要，反之亦然，即我是否值得被要，也是在对方考虑我所具有的各种财产以及我未来的发展潜力的前提下来进行衡量的。这样，当男女双方根据自己的交换价值，在市场上找到了理想的满足条件的对象时，就发生了所谓的“爱情”了。

(3) 看重一见钟情，而不是白头到老。

很多大学生把一见钟情错当成爱情。本来两个相互陌生的人，缺乏对彼此的了解，只因一时的好感而走到一起。但这种爱情往往缺乏持久性。当两个人在相处的过程中越来越熟悉对方，由最初的好感引起的一时兴奋就会被对抗、失望和厌倦替代，最终双方不欢而散。相应地，人们不知如何去保持爱的长久，仅仅把短暂的兴奋、一时的冲动和快感当成爱的全部。

以上是大学生爱情观异化的常见表现，往往会导致他们在恋爱上受挫。

2. 恋爱动机

恋爱动机，是指男女双方基于生理和心理的需要而产生的彼此爱慕的关系，影响着其恋爱行为的发生，它驱使男女大学生双方去寻找恋爱对象、产生恋爱过程、形成恋爱结果，在成长中不断演绎爱情。为什么恋爱，这个问题对大学生很重要。是因为孤独而恋爱？因为从众而恋爱？为了追求一种新奇的体验和满足好奇心而恋爱？还是因为喜欢一个人而恋爱？当大学生清晰了自己的恋爱动机，才不会在盲目中耗费自己和他人的时间、精力。

马斯洛的需求层次理论认为人的需求包括生理需求、安全需求、归属与爱的需求、尊重的需求和自我实现的需求。大学生不同的恋爱动机往往也是由不同的恋爱需求表现出来，大学生的恋爱发展既是生理发展的需求，也是成长过程中爱与归属感的需求。

虽然绝大多数大学生已经成年，每个人也有对恋爱的认识和理解，但每个人的恋爱观都受到自身成长经历的影响。一些学生会不断了解恋爱的心理学知识，会在关系中反思自己，调整认知；但一些学生则在缺乏依据的情况下坚持一些观念，导致恋爱挫败。

在网络时代，这种盲目性会因为社交网络的发达而更明显。比如，单身是一种很平常的状态，但在种种不良风气的诱导下，单身似乎变得有点受歧视了；一些大学生甚至为了在某些媒体大肆宣传的节日“秀恩爱”，显得自己紧跟潮流而着急恋爱。

【成长案例】

艾力是一名大二男生，身形挺拔、容貌俊朗、性格活泼，很吸引人的注意。同班女生露露暗恋艾力一段时间，却苦于没有合适机会接触。本学期两人恰好在一个课程小组，面对刚结束一段恋爱关系的艾力，露露主动与其交谈、约讨论、约吃饭，两人逐渐亲近。露露室友委婉地提醒她，艾力入校一年多，已经谈了四五次恋爱，每次都没有持续多久，希望露露认真考虑，慎重选择。露露明白室友对自己的一片关心，但她更相信自己是不一样的。确定情侣关系的第一个月里，两人上课下课都腻在一起，甜蜜幸福，相信爱情会长久。但还没到学期结束，艾力向露露提出了分手：露露你很好，但我对你的感觉好像变了，不再有当初那种心动的感觉。

艾力对爱情过于注重感觉，殊不知感觉其实是变化的，而好的恋爱需要两个人去经营，甚至共同克服一些困难；纯粹依赖于感觉的恋爱如同沙滩上的堡垒。露露对爱情有盲目的信心，在遇到心动的对象时，缺乏理性思考。两个人都需要对恋爱有更多的学习和反思。

二、恋爱的心理过程

日本心理学家津留宏把恋爱过程分为以下几个阶段：

（1）体会到异性的魅力：它是从对朋友的好意或好感演变而来的。

（2）想象期：一旦被某个有魅力的人吸引，就会对这个人产生丰富的想象，而且想象的内容也逐渐符合自己的理想形象。这一阶段也叫单相思。

（3）发生爱情：丰富的想象之后，就会下决心向对方表白自己的爱慕之情，迈出这一步并不容易，会有很多担心和焦虑。

（4）确立爱情：双方经过表白和接受对方的爱慕，相亲相爱的关系便建立起来，双方很快亲密起来，随着恋情的发展而进入热恋期，并伴随着身体的接触，随之产生占有欲，认为对方只属于自己。

（5）结婚或分手：确立爱情后，有的男女青年可能进入婚姻的殿堂，有的则可能经历另一个过程即分手。

另有学者认为广义的恋爱过程一般包括：①体会阶段。在这一阶段会对异性产生特殊情感，即喜欢。②想象阶段。这一阶段是倾慕和表白的中间过渡时期。③求爱阶段。这一阶段是追求对方，希望对方能和自己建立恋人关系的阶段。④亲密阶段，即发展感情阶段。如果这个阶段顺利即可进入下一阶段。⑤婚姻。双方在前期肯定对方能够成为自己终身伴侣因此进入法律约束阶段。

狭义的恋爱分为四个阶段：①初恋。刚刚进入恋爱阶段，双方对彼此暴露不多，初步了解但不深入。②热恋。在此阶段，双方的眼中都是对方的优点，对于缺点和外部环境关注较少。③依恋。双方习惯对方出现在自己的生活当中，短暂的分离可能会产生不安，盼望对方出现。④平淡期。在此阶段，恋爱双方都已冷静下来，感性被理性逐渐代替。

【小结】

大学阶段是个体自我意识发展并走向完善的重要飞跃时期，大学生恋爱有了更多的自主性，也有更多浪漫的色彩。受生理成熟和心理需要的驱动，在外部环境的助推下，大学生对恋爱是冲动的、易变的，缺乏正确、清晰的恋爱观，和良好的恋爱动机。日本心理学家津留宏把恋爱过程分为以下几个阶段：①体会到异性的魅力；②想象期；③发生爱情；④确立爱情；⑤结婚或分手。另有学者认为广义的恋爱过程一般包括：①体会阶段；②想象阶段；③求爱阶段；④亲密阶段；⑤婚姻。狭义的恋爱分为四个阶段：①初恋；②热恋；③依恋；④平淡期。

虽然绝大多数大学生已经成年，每个人也有对恋爱的认识和理解，但每个人的恋爱观都受到自身成长经历的影响。学习关于爱情的心理知识，不仅能帮助在恋爱关系中或即将在恋爱关系中的学生更好地面对爱情、处理好关系，还能够帮助每一位学生更充分地认识爱情，追寻自我的成长和发展。向往爱情是大学生正常的心理需求。在学业和爱情关系中，大学生要平衡好学业和爱情的关系，做好规划，找准位置。

【习题】

1. 文学影视作品中常以“坠入情网”“神魂颠倒”等来形容爱情，谈谈你对此的认识。

2. 请谈谈大四毕业生的“黄昏恋”现象反映了校园爱情的什么特点。

3. 有人说：不谈恋爱的大学不是完整的大学，恋爱可以促进彼此成长，为未来的成家立业建立基础。也有人说：大学阶段谈恋爱会耗费很多时间和金钱，且不一定有美好的结果，没有太大的意义。谈谈你对这两种观点的理解。

第三节　在恋爱中成长

【导入】

“春天到了，百花竞放，西花厅的海棠花又盛开了，看花的主人已经走了，走了12年了，离开了我们，他不再回来了。你不是喜欢海棠花吗？解放初期，你偶然看到这个海棠花盛开的院落，就爱上了海棠花，也就爱上了这个院落，选定这个院落，到这个盛开着海棠花的院落来居住。你住了26年了，我比你住得还长，现在已经是38年了。”1988年4月，84岁高龄的邓颖超睹花思人，写下散文《西花厅的海棠花又开了》，怀念逝去12年的周恩来。

周恩来与邓颖超相识于五四运动中。当时，从日本留学归国的周恩来，在天津学生界已很有名气；而在北洋直隶第一女子师范学校读书的邓颖超，是“女界爱国同志会”的讲演队长。一年后，周恩来作为197名赴法勤工俭学的留学生中的一员前往巴黎，邓颖超则到北京师大附小当了教员。在赴法留学期间，周恩来对终身伴侣的择偶标准也日渐清晰，那就是要有共同的理想和追求，“坚持革命”的邓颖超便成了终身伴侣的最佳人选。1923年，邓颖超突然收到周恩来从法国寄来的一张明信片。在这张印有李卜克内西和卢森堡画像的明信片上，周恩来写道：“希望我们两个人将来，也像他们两个人一样，一同上断头台。”邓颖超非常明确地答复了周恩来：“我们思想相通，心心相印，愿相依相伴，共同为共产主义理想奋斗终生!”

【互动设计】

题目：谢谢你的爱。

目的：让学生学习表达和拒绝。

步骤1：分小组进行角色扮演，注意男、女学生比例。每个小组分别选两名学生轮流扮演表达爱意的人（角色A）与谢绝爱意的人（角色B），其他学生做观察员。观察员用共情的方式给予扮演角色B的学生反馈，注意借助对方的言行，去体验他的情感，并对他的不足给予帮助。

步骤2：小组内的每一位学生都至少扮演角色A一次、扮演角色B一次。

步骤3：小组内的分享。扮演角色A的学生的言辞是否能得体地表达爱；而扮演角色B的学生的言辞是否可以有效地谢绝爱，而且使扮演角色A的学生不感到尴尬。注意，分享仅限于分享个人的体验和感受，不对扮演的学生进行评判。可练习使用“共情”的沟通技术。

一、良好亲密关系的要素

心理学家弗洛姆认为，爱是一门艺术，它要求人们有这方面的知识并付出努力。但是大多数人认为者爱仅仅是一种偶然产生的令人心旷神怡的感受，只有幸运儿才能堕入爱的情网。弗洛姆认为这种想法是被动的，并不符合真正的爱的内涵。他在《爱的艺术》一书中总结如下：“不成熟爱情的原则是：我爱，因为我被人爱。成熟爱情的原则：我被人爱，因为我爱人。不成熟的爱宣称：我爱你，因为我需要你。成熟的爱是：我需要你，因为我爱你。”那么一个成熟的、良好的爱情关系包含哪些要素呢？弗洛姆认为成熟的爱包含以下5个基本要素：

1. 给予

爱情首先是给予而不是索取，给予是力量的表现。通过给予，人才能体验到自己的力量和活力。给予并不止于物质范畴，它包括方方面面，比如与人分享自己的欢乐、兴趣、知识、悲伤，总之，是一个人身上有生命力的东西。给予，不仅丰富了他人，而且丰富了自己。弗洛姆认为人应该用爱去换爱，用信任换取信任。如果你想欣赏艺术，你必须是一个有艺术修养的人；如果你想对他人施加影响，你必须是一个能促进和鼓舞他人的人。打算以爱的形式给予的人不应该把对方看作自己帮助的对象，而应该同对方建立一种真正的、创造性的紧密关系。

大学生应该辩证而灵活地看待弗洛姆所说的给予。给予并非一味讨好、付出、牺牲自我，它在我们的实际生活中，更多的指我们要以一颗真诚的心来面对对方，去分享和创造，而不是从一开始就斤斤计较，或者只想索取。如果大学生用这样的态度来对待感情，不论结果如何，都可以获得很好的成长。

2. 关心

爱情是对生命以及我们所爱之人的积极的关心。如果缺乏这种积极的关心，那么这只是一时的情绪。积极的关心并非担心，而是在信任的基础上，对恋人的生活、学业、健康等各方面给予力所能及的注意和帮助。

3. 责任

责任并不仅仅是人们常说的义务，它不是从外部强加到人身上的职责和枷锁。真正的责任是一个人绝对自愿的行为，不为其他，只从自我心中而生，“是我对另一个人的需要表达的或未表达的反应”。责任往往是以道德主体为依据，尽个人之能给予他人之惠。在弗洛姆看来，责任不仅是爱的外在形式，更是人的自我要求，是对我关心之人给予关注，做出反应。

责任的深层含义不仅是对自我有责任意识，还包括对他人的责任感。爱他人与爱自己处于同一个位置。责任显示了一个人爱的分量和勇气。一语概之，责任是人对整个人类都要有的爱的表现，是人在绝对自由的状态下对他人的要求做出的积极反应。爱因为责任而使人性得到充分发展。爱一个人不仅要关心对方的精神需求，更要对对方的精神成长负责。责任不仅是人性健全品格的必备素质，更让人认识到爱的深层含义。

4. 尊重

弗洛姆说：“我们自己的成长、幸福、力量，就是以对这些生命力的尊重为基础的，一个人不可能侵犯他人的生命力，而同时又使自己的生命力完整无缺。尊重生命、尊重他人也尊重自己的生命，是生命过程本身的伴随物，也是心理健康的一个条件”，“尊重意味着关心另一个人，使之按照其本性成长和发展”。这样的成长既是他人的成长也是自我的成长，这种尊重也蕴含了这样一个条件：“不论是谁在任何时候都不应把自己和他人仅仅当作工具，而应该永远看作自身的目的。”在弗洛姆看来，依赖和独立在爱的过程中都具有重要的作用，“我们既不要放弃自我，又要完全融入双方一体中，使个体既乐在双方一体之中，又有追求各自理想的活力，即在独立和依赖中寻求平衡”。只有把人当作目的而不是手段的时候，爱才有可能，尊重才可能实现。同时，自由是爱存在的基础，爱是人存在的重要动力，爱促使了人按其本性成长和发展。人与人共同生活的基础就是双方的互相尊重，双方之间爱的表现形式更多的也是尊重。爱与被爱是相互的，是在实践中互相转化的，尊重亦是如此。

5. 认识

“没有认识就不可能有尊重：没有认识的引导，关心和责任将是盲目的。”只有当我超越对我自身的关心并且在另一个人中看到自己的时候才是可能的。只有这样才能消除对一个人的歪曲和误解。另外，对一个人的认识不能只停留在表面，必须要深入其本质，否则就会被表面现象迷惑。深入本质的认识必须要两个人通过内心的交流才能达到目的。爱是一个人对另一个人的主动认识，在认识的过程中我认识了对方，认识了自己，认识了每一个人。“全面的认识的唯一方式就在于爱的行动：这种行动超越思想，超越语言”，“通过思维和语言，我们只能够从思想上认识一个人，而通过爱的结合，我们能够从本质上了解人”，认识是爱的重要组成部分，认识“就是要深入事物的内部，洞悉人的秘密、人的核心，触及底蕴，设身处地去理解他人、认识他人”。认识他人的本质就是要用客观的角度去了解他人和自己。只有站在客观的立场上，我们才能认识他人的终极本质，才能在爱的行动中公正地认识他人。

给予、关心、责任、尊重和认识五个方面是相互依存的，“它们是在一个成熟的人身上所能发现的共存因素”。只有成熟的人，才能发挥个人的创造性能力，克服自恋而对他人给予真正的爱。真正成熟的爱，需要这 5 个要素的有机结合。真正的爱是给予不是获取；真正的爱是要人们彼此关心、相互尽责任、互相尊重和认识对方。同时，爱也是人对自身存在的最重要、最基本的问题的答案。

二、学习更好地恋爱

向往爱情是大学生正常的心理需求，如果这种心理需求能够被正确引导和释放，就会促进学业。充分了解、谨慎判断、慎重承诺，是一段美好的关系的开篇。在进入恋爱关系之前，每个人所需要的准备时间不一样，大学生要做好对爱情和学业的规划，将爱情纳入自己的生涯规划中，有这样，才能看到爱情的方向，找准自己的位置。

1. 明确友情和爱情的界限

大学生交往广泛，有时候，会困惑：他对我到底是爱情还是友情？这让不少大学生非常苦恼。友情和爱情的界限在初期没有那么分明，要避免因为暧昧、模糊的关系而造成误解。从心理学上来看，友情和爱情在“亲密”这个元素上是重叠的，但在“激情”这个元素上截然不同。友情不具备排他性，也不需要彼此承诺。爱情的激情成分，让爱情关系中多了热烈、奔放、性的感受；爱情关系具有排他性，不接受第三者介入。一段美好的爱情需要彼此的承诺，确定承诺，意味着确定忠诚于对方和关系。友谊关系中，大家需要觉察自己的情感体验，更要留意自己的言行是否得体，是否给对方、给他人造成误解，同时也注意核实对方的意思，避免自己产生误解。

【成长案例】

小丽是一位漂亮、活泼的大二女生，她热情开朗，表现积极。小松是一位性格内向的男生，热爱画画和设计，不主动参加班级活动。在一次小丽组织的班级活动中，急需制作一份海报。小丽主动请小松帮助。在互动的过程中，小丽发现小松做事踏实，有才华，简直是“宝藏男孩”。小丽带着对小松的欣赏，常常主动和小松聊天，约小松玩。有一次，小松生病，小丽专门买水果请男生带给小松……热情的小丽在说话方面非常直爽奔放，让很少与女生打交道的小松感到心跳加速。渐渐地，他感到自己与小丽应该是“友情之上”了。在朋友的鼓励下，小松主动约小丽吃饭，并向她表白。小丽却告诉小松：“我们只是纯粹的朋友。”原来，小丽有好几个这样的异性朋友，她跟这些朋友都很亲密，有的也曾向她表白过，但都被婉拒了。

小松对小丽应该是萌生了爱情，但小松对小丽各方面的表现有一些误解。小丽的热情、外放和表达方式，在小松看来就是爱情的暗示和信号，但对小丽来说，只是一种友情的表达。这种误解并非小松一厢情愿的误解，而是彼此在语言、性情等各方面的理解不一致导致的。

2. 爱情需要恰当的表达

著名哲学家康德终生未娶。据说，他曾两次爱上女人、两次想结婚。一次，他准备向对方求婚时，才知道那人已经与另一个男人步入了教堂；另一次，在他正思考要不要求婚时，对方已经离开当地。康德发出感慨："当爱情需要我的时候，我没有资格去享用它，当我需要爱情的时候它却离我而去。"勇敢发声才能有希望。在热门网站知乎上，可以看到很多诸如"怎么表白好""什么时候是表白的最佳时机""最让你心动的一句表白语是什么"之类的问题。

如何表达自己的爱，并没有标准答案。电影《大话西游》中的经典表白常被青年人认为是浪漫表白的范本。大学生本就具有丰富的创造力，可以通过文学作品、影视综艺、明星故事等，学会很多浪漫的表达。伴随网络科技、社交媒体对人际交往方式的改变，表达爱的方式也在不断变化。依托这些工具，表达爱变得更容易，但会无法传递更丰富细腻的信息，比如表情、身体语言等。

【内容拓展】

心理学博士查普曼发现人们借助 5 种方式来表达爱、了解爱：肯定的言词、精心的时刻、接受礼物、服务的行动和身体的接触。爱的目的不是得到你想要的，而是为了你所爱之人的福祉去做些什么。当我们听到肯定的言词时，我们就会被激励，愿意回报。精心时刻的中心意思是给予对方全部的注意力。礼物是爱的视觉象征，对某些人比对其他人更重要。做你的配偶想要你做的事，借着替他（她）做事，表示你对他（她）的爱。对有些人，身体的触摸远胜于"我恨你"或"我爱你"的字句。

夫妻二人有相同的主要爱语，是很少见的。你所表达的爱的语言，跟你配偶的语言相比，也许就像汉语和英语那么不同。比如有些女生在向男友抱怨一个事情的时候，她需要的是肯定的语言，是安抚的话，但男友开始长篇大论，理性分析问题，让女友在情感上受到冷落，不被理解。这就是爱的语言不对称。有些男生擅长用行动来表达爱，比如占座位、带早饭，却不擅长说话，这就需要女生换位思考，了解对方也许不善言辞，但真诚实在。发现自己的主要爱语，竭力学习第二种爱语，满足配偶对爱的需要，是自己的选择。

3. 培养共同的兴趣爱好

一段爱情刚开始的时候，由于两个人还处于甜蜜的阶段，"相看两不厌"，对方的一个拥抱、一个微笑、一句甜蜜的话语，都能够让自己开心起来，沉醉不已。这就是爱情三角理论中"激情"这个因素在起作用。但是激情是有期限的，几个月，或者一年多以后，激情的感觉就会慢慢消散。这时，若彼此没有共同的兴趣和话题，就容易感到无聊。共同的活动增加了互动话题和情感交流的频次和深度，也让彼此能够更好地理解对方。

4. 正确面对失恋

（1）理性平和地看待失恋。

对于很多恋爱过的人来说，失恋并不陌生，也并不意味着恋爱的失败。虽然我们都希望“有情人终成眷属”，但因为不合适、不成熟等各种原因导致恋爱终止，也是常有的事。大学生需要平和、理性地对待失恋，把失恋看作成长中的一个插曲，而不是“没有他/她我就活不下去”，或者“天都要塌下来了”。

有一些大学生会长久地为失恋所苦，久久无法释怀，其主要原因是纠结于“对方错了”或者“我错了”。在不断地回忆曾经恋爱中的细枝末节，试图一遍遍寻找失恋的原因时，也不知不觉地让自己越陷越深，进入无解的循环。实际上，失恋的原因并不是单一的，往往也不可能由某一方负完全的责任。大学生应该看到，一段恋爱的结束，其中有很多复杂的内外部因素。

（2）承认事实，接受事实。

一个人在失恋后，可能会有失落、伤心、难过、愤怒等情绪，可能会表现得消沉、食欲不佳，这些都是正常的现象。我们要理解和接纳自己的这些表现，对自己的接纳会让自己感到有空间、被理解和关怀。多对自己“说”些表示理解和接纳的话，如“我知道我很难过”“我知道我很伤心”“我了解我舍不得他/她”，而不是说服和说教，如“不就是失恋吗？至于这么难过吗？”“这个人不值得你这样付出”“失恋没什么大不了的”“我太没出息了”。

有一些学生会沉溺于自己编织的幻想中，比如想着对方可能会回心转意，或者对方会幡然醒悟，不愿意承认目前的恋爱是结束了。当一个人不承认既定事实时，就是在运用“否认”这种心理防御机制来缓解自己的痛苦，虽然暂时有效，但从长远来看是有害的。因为长此以往不仅歪曲了事实，还会让一个人形成心理上的回避，不利于心理健康和个人成长。失恋的学生要接纳自己的情绪起伏，比如悲伤、难过、指责，不陷入对自己的指责，允许自己暂时的低落。

（3）寻求社会支持和专业帮助。

面对失恋后的消极情绪和想法时，我们在行动上应积极应对，要多给予自己支持和帮助，比如可以找朋友聊天，可以出去散散心，也可向亲友、专业人士寻求支持和帮助。

5. 学习拒绝

拒绝爱的能力，可以帮助我们拒绝或者放弃不恰当的爱。从发展心理角度，大学生在埃里克森探索“自我同一性”和“发展亲密感”的阶段，渴望爱情；从外部环境来看，异地求学、远离家人、陌生环境、学业压力等因素，使大学生可能要面对孤独、压抑、沮丧等情绪，在身边情侣的示范下，大学生可能会把爱情作为一个解决孤独的办法，或者获得自我价值的途径。在这些心理需求的影响下，有些大学生可能就会对爱情比较盲目，甚至无法拒绝一些不合适的表白。一些大学生由于不够自信，会产生“如果拒绝了他，还会不会有人喜欢我”这样的自我怀疑。所以，要学习如何坚定、恰当地拒绝不适合自己的爱情。若以暧昧的方式拒绝，会给对方留下一些模糊的期待、幻想，最后导致对方可能会受到更大的伤害；若因为担心、害怕或别的因素无法拒绝，还可能有严重的后果。拒绝时，大学生应注意选择利于保护隐私的环境或方式，温柔但坚决，言行注意保护对方的尊严和情感。

【小结】

良好的亲密关系的要素包含给予、关心、责任、尊重和了解。一段美好的关系的开篇是需要充分了解、谨慎判断和慎重承诺的。大学生在进入恋爱关系之前，需要明确友情和爱情的界限，学习恰当地表达爱，与恋人培养共同的兴趣爱好，能正确面对失恋，寻求专业帮助，学习拒绝。

俄罗斯哲学家车尔尼雪夫斯基说：爱情的意义在于帮助对方提高，同时也提高自己。爱情不仅是浪漫的、亲密的，也是理性的、变化的。大学生应学习理论方法，观察现实生活，对爱情有更丰富的思考、更全面的判断，实现个人的持续成长、关系的良好发展。

【习题】

1. 谈谈你对“爱的五种语言”的理解，请举例说明在生活中他人表达爱的例子。你会常常使用什么样的语言表达爱，请举例说明。

2. 一年以前，上大三的萍萍谈恋爱了，和别的专业的小李成了男女朋友关系。只可惜这段恋爱只维持了2个月。“分手”的原因是萍萍发现小李不爱自己，她只好接受了别人的追求。你对萍萍和小李的恋爱有什么看法？你对大学生在进入恋爱关系时有什么建议？

3. 在一次网吧团游的过程中，萍萍认识了网吧的管理员小王。他不是大学生，也不是她喜欢的类型，但是他勇敢地追求了萍萍。萍萍因和小李分手，觉得小王对自己很好，就开始接受他。但最近一个月，萍萍发现和小王不合适，一直想和他分手。小王为了挽回，给萍萍下跪，会说狠话，还做出了一些伤害自己的行为，把萍萍吓坏了。你如何看待萍萍和小王的恋爱？对于拒绝爱，你可以给萍萍什么样的建议？

【参考文献】

[1] 罗铮，杨怡. 爱情心理学［M］. 北京：开明出版社，2012.

[2] 弗洛姆. 爱的艺术［M］. 刘福堂，译. 上海：上海译文出版社，2018.

[3] 岳云强. 新时代大学生恋爱心理问题及对策［J］. 教书育人（高教论坛），2019（9）：56-57.

[4] 赵红丽. 高校大学生爱情观教育的分析与思考［J］. 宿州学院学报，2014，29（9）：99-101.

[5] 钟家华. 大学生恋爱观的分析及教育对策［J］. 广东医学院学报，2008（3）：341-342.

[6] 屈卫国，燕良轼. 大学生异性关系信念与恋爱行为的相关研究［J］. 中国临床心理学杂志，2004，12（2）：167-168.

[7] 申靓. 人格特征与互动方式对亲密关系满意度的影响［D］. 北京：北京师范大学，2005.

[8] 布兰登. 浪漫爱情的心理：反浪漫时代的浪漫爱情［M］. 林木椿，译. 北京：

商务印书馆，2009.

［9］高婷亭. 弗洛姆《爱的艺术》对高校大学生爱情观教育的启示［J］. 科技信息，2011（23）：151.

［11］陈晶，王海萍. 团体辅导对大学生恋爱观教育效果的实证研究［J］. 教育导刊，2006（2）：33.

［11］刘舒敏. 当代大学生恋爱现状分析与对策［J］. 教育与职业，2007（29）：174.

［12］李兵. 浅析 90 后大学生爱情观现状及教育策略［J］. 学周刊，2014（2）：11.

［13］苏红. 大学生婚恋观结构、特点及影响因素研究［D］. 重庆：西南大学，2006.

［14］邓验. 当代大学生恋爱现状及对策研究［D］. 长沙：湖南师范大学，2009.

［15］姚丹. 大学生自主性的结构及发展特点研究［D］. 沈阳：沈阳师范大学，2007.

［16］王川. 浪漫爱情的脑机制：基于任务态脑激活和静息态脑网络的研究［D］. 重庆：西南大学，2020.

［17］徐逢阳. 弗洛姆爱理论的研究［D］. 保定：河北大学，2016.

［18］查普曼. 爱的五种语言［M］. 王云良，陈曦，译. 北京：中国轻工业出版社，2006.

［19］赵湘，汪宁. 中国大学生性意识及性行为与性传播疾病［J］. 中国公共卫生，2012，28（3）：350-351.

［20］李超. 大学生恋爱观研究及其教育引导［D］. 晋中：山西农业大学，2013.

［21］李晶. 当代大学生恋爱问题研究［J］. 山西财经大学学报，2015（A1）：163-164.

［22］冯春娜. 论弗洛姆成熟的“爱”的思想及其对大学生的现实意义［J］. 理论观察，2014（8）：54-55.

第十章 大学生性心理

第一节 性心理概述

【导入】

性作为一种客观的存在，是人类永恒的话题。被视为生物本能的性是所有身心健康的个人生活中非常重要的一部分——它并非不可或缺，但少之则终将不够完满。性健康教育是我们人生中需要接受的一项非常重要的教育。由于多种原因，在过往的成长经历中，我们可能没有太多机会接受较为系统的教育。在涉及性及与性相关的话题上，我们常常会得到非常含糊的或者是回避式的回应，例如：当电视中遇到有亲吻画面时，大人们要么转换频道，要么遮挡我们的视线，我们虽然百般好奇，但也只能无奈地接受这样的安排；生物课上，在讲到男女生殖器官章节时，要么会跳过这个章节，要么会让大家自学相关内容，要么男女生分开上课学习自身性别的相关内容……同学们是否被这样的情境戳中了呢？作为大学生的我们，回想起这些情境，或许会一笑而过，但在笑过之后，我们也需要看到：大学阶段是人生最美好的阶段之一，也是我们系统学习知识的最宝贵的阶段。性健康教育也是大学生素质教育中的重要组成部分。在大学阶段，科学、系统地学习性相关知识，消除个人在成长发展过程中与性相关的各种困惑及不良情绪、正确认识和处理两性关系，对于促进身心健康、和谐发展有着极为重要的意义。

【互动设计】

题目：秘密问题。

步骤1：从下面词语中选出你认为与性有关的词语，并匿名写在一张纸条上。在将全班学生的纸条收集上来后，每个学生再从中任意抽取一张纸条。

爱、美妙、信任、羞耻、恐惧、委身、忠贞、尴尬、压力、例行公事、表现、欢乐、实验、释放、难为情、舒服、无奈、罪、厌恶、内疚、无助、享受、压抑、乏味、满足、美丽、征服、沟通、禁忌、亲密、融洽、遗憾、自卑、自信、和谐。

步骤2：小组讨论、交流对于纸条上别的同学所写下的对性的词语的看法。

小结：通过秘密问题游戏，可以让学生放下防卫心理，去探讨一些私密的话题。

2019 年 11 月至 2020 年 2 月，中国计划生育协会、中国青年网络、清华大学公共健康研究中心共同发起并实施了“全国大学生性与生殖健康调查”，对全国 34 个省级行政区（含港、澳、台），1 764 所高校 54 580 名大学生的“性与生殖健康现状及其影响因素”进行了调查。数据显示，66.47%的同学目前单身，33.04%学生从来没有谈过恋爱。超过 60%的学生都有过牵手、拥抱、接吻的亲密行为，男生的发生率略高一点，但男女生没有明显的差别。从普通的爱抚开始，经历过的男生比例明显多于女生。从年级上来看，性行为发生情况的变化，可以看到明显的递增趋势。到大学本科毕业时，有超过一半的学生（53%）已经发生过性行为。在发生过性行为的大学生中，超过 90%的学生是自愿发生的首次性行为。

人们总是习惯将爱与性放在一起，谈到爱情，似乎无可避免地会涉及性。但一谈到性，就会十分羞怯、敏感，常常会觉得不能提及，会习惯性地回避。大学生需要明白什么是“性”以及对“性”的相关理论进行系统的学习和了解。

一、什么是性

从性的内涵来讲，性是一种客观的存在，是生物界的普遍现象。作为生物的一种，对人类而言，是人类这一生物体的一种自然属性，是人性的一部分。纵观人类历史，对性的认识随着时代的发展有着各种变化，但对性的了解都基于生理、心理、社会三个层面。

1. 从生物学角度

性是指男女两性间在生物学上染色体、性征等方面的差异，它还包括了人与生俱来的性的欲望和本能。生物学领域的性，是人类生存和繁殖后代的基本条件。

2. 从社会学角度

性还包含了社会的需要。在社会文化的影响下，我们要选择怎样的配偶方面有着审美、个人生活、自我成长、社会期许等众多的标准，同时还要细致地考虑、权衡双方的文化、家庭背景、受教育情况等众多因素。同时，人们的性行为还受婚姻、法律、道德等多种规范的影响和制约。

3. 从心理学角度

人在性行为过程中的各种心理反应，都是心理学研究的对象。作为人类，性活动不是我们常常挂在嘴边并简单粗暴地理解的“性本能”，它不是单纯的生物的本能反应，而是有着丰富的内心活动，受各种社会规范的制约，是人类与动物的根本区别。

由此可见，“性”本身有着丰富的内涵，不能简单粗暴地将“性”理解为“一种本能”。

【内容拓展】

边缘性性行为通常指日常生活中界于性行为与非性性行为之间的行为，包括男女间眉目传情、接吻、拥抱、爱抚等。

如何让自己跟恋人之间发生的亲密行为保持在理性的限度内，这是一个让大多数涉足恋爱的大学生们深感困惑的一个问题。不少大学生往往会错把身体的亲密当成心理的亲密，并认为：既然关系已是亲密无间，那么身体也应当实现零距离的接触，无须设防。这是一种错误的认识。适度的边缘性行为对增加彼此的亲密关系是有用的。然而，必须把握一定的原则，即边缘性行为只应该在真正确立了稳定的恋爱关系的双方之间发生，且需要掌握适度原则。

处于青春发育期后期的大学生们的性生理大多已基本成熟，他们对异性的身体怀有强烈的好奇心，或产生性冲动，这都是身心发育正常的一种自然表达。如果到了这个年龄，对异性连起码的好奇心和渴望都没有，或心存排斥和反感，这反而是一种不正常甚至是病态的表现。但在相处过程中，始终要保持对彼此的尊重、让恋爱中的边缘性行为控制在与双方关系相称的合理限度内。

人类与动物的很大的一个区别在于，人类的性行为不只具有生物性，人类的性行为还受到社会伦理、道德观念、法律法规的约束。所谓性观念，就是人们对性问题的主观评价。性观念的发展变化总与性的历史发展相关。纵观人类历史，性学研究在曲折中不断前行，必须一提的是性学家金赛写的《金赛性学报告》，它首次披露了人们性观念和性行为的状况，在性学研究的进程中有着很重要的意义。

【内容拓展】

阿尔弗雷德·C. 金赛（Alfred C. Kinsey，1894—1956），美国著名性学专家，“性革命之父”，印第安纳大学生物学家，美国金赛研究所创始人。他于1948年根据调查研究成果出版了《男性性行为》，被称为《金赛报告》。五年以后，他又出版了《女性性行为》。这两个报告，合称为《金赛性学报告》。获得奥斯卡金像奖和金球奖提名的著名电影《金赛性学教授》描绘了这位传奇人物忘情投入性学研究的一生。

在书中，金赛和同事们一共搜集了近18 000个与人类性行为及性倾向有关的访谈案例，积累了大量极为珍贵的第一手资料，用大量的访谈资料和分析图表，向世人第一次揭示了男性性行为与女性性行为的实况。金赛的报告开创了现代性学研究的先河，为后来的相关研究和人们的思维观念打开了新的大门。他的许多方面研究也对后来的相关理论和思路产生了巨大的影响，从而奠定了他一代性学大师的地位。

中国人民大学性社会学研究所所长潘绥铭教授曾提道：《金赛性学报告》是世界性研究史上划时代的里程碑，从事性研究或者需要了解性问题的人，都不能不读。任何一个关心当代性问题的人，都可以从金赛的成果中汲取有益的知识。

二、性心理与心理健康

1. 性心理

性心理是指在个人性生理成熟的基础上所形成的与性特征、性欲、性行为有关的心理状态和心理过程。简而言之，就是与性生理、性行为有关的心理现象。性生理是性心理发展的物学基础，性生理发育的障碍或缺陷会使性心理的发展出现偏差。大学生正处于性生理成熟、性心理逐渐趋向成熟的时期，这个时期也是大学生的性生理需求与性的社会规范之间发生冲突的阶段。

2. 性心理健康

性心理健康是指个人具有正常的性欲望，能够正确认识性的有关问题，并且具有较强的性适应能力，能和异性进行恰当交往，在免受性问题困扰的同时，还能增进自身人格的完善，促进自己身心的健康发展。

世界卫生组织对性心理健康所下的定义：通过丰富和完善人格、人际交往和爱情方式，达到性行为在肉体、感情、理智和社会诸方面的圆满和协调。性心理健康是人类健康不容忽视的重要组成部分。

三、弗洛伊德的性心理理论

1. 人类的本能

弗洛伊德认为人的精神活动的能量来源于本能，本能是推动个体行为的内在动力。人类最基本的本能有两类：一类是生本能，即与生存相关的本能和性本能；一类是死本能，也就是攻击性。性爱的本能，与欲望和繁衍有关。“力比多”一词，就是他对性欲能量源泉的界定，认为这是驱使人寻求各种感官快乐的心理能量。弗洛伊德认为，性冲动和性欲望需要得到满足，这是正常的心理需求，不可过分压制。与此同时，性本能的实现又具有替代性和延缓性，可以通过其他满足本能的方式来实现，并且可以将其进行升华。

2. 性心理发展的五个阶段

弗洛伊德提出了性心理发展阶段说，将人的性心理发展划分为五个阶段：口唇期、肛门期、生殖器期、潜伏期、生殖期。

（1）口唇期。

出生至一岁左右为口唇期，这时婴儿就懂得吸乳。婴儿主要通过吃奶和吸吮等口唇动作使乳头摩擦口唇黏膜来获得满足快感，因此叫作口唇期性欲。

（2）肛门期。

在1.5~3岁，儿童学会自己大小便。弗洛伊德认为，这时幼儿以肛门排便行为为快感来源，通过粪块摩擦肛门黏膜产生快感，因此叫作肛门期性欲。这时也正是对儿童进行便溺训练的时期。如果训练过严或过松，就会出现肛门期固着作用，导致成年期形成两种病态人格：“肛门期停滞”人格和“肛门期排斥”人格。

（3）生殖器期。

大约4岁时，儿童进入生殖器期，以生殖器为快感的主要来源。弗洛伊德认为，在这个时期，出现一种特殊的现象：儿童恋慕父母中异性的一方，并通过对父母中同性一方的“认同”，即在行为、思想和体验上以父母中的同性为榜样，与榜样相一致，来解决矛盾。

（4）潜伏期。

从7~8岁开始一直到青春期前，儿童进入潜伏期。这时，儿童的兴趣转向外部，注意发展各种为应付环境所需要的知识和技能。

（5）生殖期。

这一阶段起于青春期贯穿于整个成年期。如果前面的几个心理性欲阶段发展顺利，这时就可建立持久的性爱关系。这时，虽然快乐源仍指向生殖区，但人们不只是寻求自我满足，而是考虑他人的需要，在性爱的基础上建立爱情关系。

弗洛伊德认为如果性心理的发展过程不能顺利进行，如停留在某一阶段上或因遇到挫折而从高级阶段倒退到低级阶段，都可能造成一些影响。弗洛伊德的理论贯穿着生物遗传决定论的思想，并把性欲放在最主要的位置，是一种泛性论。

四、性心理健康的标准

性心理健康的标准包括以下七条：

（1）正确认识和接纳自己的性别。一个性心理健康的人，能正视自己的性心理发育、性注意心理变化，能在所处的社会环境中正确评估自己，能客观地评价自己和他人，并乐于承担相应的性别角色。

（2）具有正常的性欲望。性欲是能够获得性爱和性生活的前提条件。具有正常的性心理先是具有性欲望，如果没有性欲望就不会有和谐的性生活，就会影响性心理健康。性欲望的对象要指向成熟的异性个人，而不是其他物品等替代物。

（3）性心理和性行为符合年龄特征，即性生理和性心理的发展要保持统一。

（4）正确对待性变化。在人生长和发育过程中，性生理因素、性心理因素和性社会因素是交互呈现的，个人在其中要建立自我同一性才能保持三者的和谐状态。三者的和谐状态要求个人能够正确对待性生理成熟所带来的一系列身心变化，在出现性冲动后，能够正确释放、控制、调节，使之符合社会规范的要求等。

（5）对性没有犹豫、恐惧感。个人能够把性作为生活的一部分而科学对待，不存在对性的恐惧和怀疑。

（6）和异性保持和谐的人际关系。在交往过程中，我们应保持独立而完整的人格，做到互相尊重，互相信任。

（7）性行为正当、健康，符合社会伦理道德规范。

【内容拓展】

2019 年 11 月至 2020 年 2 月，中国计划生育协会、中国计生协中国青年网络、清华大学公共健康研究中心共同发起并实施了“全国大学生性与生殖健康调查”并发布了《2019—2020 年全国大学生性与生殖健康调查报告》。报告中，关于“父母能够解答有关‘性’的问题”一题中，能够“圆满解答”的，选父亲占受访的 2.52%，选母亲占受访的 6.07%；“没有问过/没有需要问”的，选父亲占 83.96%，选母亲占 73.80%；另外，“不但不答，还要训斥”的，选父亲占 1.65%，选母亲占 1.33%。由此可见，绝大多数大学生没有和父母沟通过关于性的困惑。母亲跟孩子的性话题交流更多一些，但整体比例仍然很低。可见，大学生能从家庭中获得性相关知识是非常有限的。正因为如此，我们更要系统地、全面地了解与性相关的理论和知识。

【小结】

性是一种客观的存在，是生物界的普遍现象。从生物学、社会学、心理学的角度来讲，性都会有不同的定义。性心理是指在个人性生理成熟的基础上所形成的与性特征、性欲、性行为有关的心理状态和心理过程。性心理健康是指个人具有正常的性欲望，能够正确认识与性有关的问题，并且具有较强的性适应能力，能和异性进行恰当交往，在免受性问题困扰的同时，还能增进自身人格的完善，促进自己身心的健康发展。在性相关的研究领域，弗洛伊德提出的性心理发展阶段说，将心理发展分为口唇期、肛门期、生殖器期、潜伏期、生殖期五个阶段。性心理健康的标准包括：正确认识和接纳自己的性别；具有正常的性欲望；性心理和性行为符合年龄特征；正确对待性变化；对性没有犹豫、恐惧感；和异性保持和谐的人际关系；性行为正当、健康，符合社会伦理道德规范。

大学生只有对性的相关知识有了充分的了解和认识，才能科学地认识性、了解性、不畏惧性，同时拥有良好、健康的亲密关系。

【习题】

1. 在小K18岁那年，女朋友哭哭啼啼地告诉他她怀孕了。小K认为女朋友怀孕了，孩子就是他的，因为他们是男女朋友。于是，他把这件事告诉母亲，希望获得家人的支持。母亲问他，你们什么时候发生的性关系？她怀孕的时间是什么时候？结果小K完全不知道这是怎么回事。这就是性教育缺失所导致的乌龙事件。结合这件事，谈谈你对性的理解，以及大学生该如何看待性和爱的关系。

2. 小林是一名大二学生，经过努力追求，将喜欢的女孩升级至恋人。小林觉得和女友在一起非常好，但总想要再靠近一点、再亲近一点，偶尔还会想象两人拥抱、亲吻的画面。小林自己觉得这样的自己很龌龊。结合本节知识谈谈如何帮助小林，以及你对大学生性行为的看法。

第二节　青春期性心理发展的时期与大学生性心理的特点

【导入】

“性”如同一朵羞答答的玫瑰在大学生群体中生长，大学生群体可能呈现出“谈性色变”“讳莫如深”却又“跃跃欲试”的态度。除了面对常见的性冲动和性幻想困扰、性自慰焦虑、性心理偏差等常见的性心理困扰，大学生群体还面临性行为后的焦虑与懊悔、性健康观念缺乏等问题。

美国心理学家赫洛克把青春期性心理分为性抵触期、仰慕长者期、向往异性期和恋爱期，而大学生处于向往异性期向恋爱期过渡的阶段，刚好处于成熟的性生理和不成熟的性心理的矛盾之间。在面对“性”时，大学生可以思考：我是否能认识到自己性行为带来的后果，比如怀孕、性疾病、妇科疾病等？对待性行为，我是否能负起相应的责任（对彼此负责、对家庭负责等）？婚前性行为是否与我的价值观一致？或许只有当我们更好地了解大学生的性心理特点就可以更好地了解自己，以及更好地面对“性”。

【互动设计】

题目：秘密问题。

步骤1：教师将全班学生分为男生和女生两个组。

步骤2：教师发给每人两张纸条，一张黄色，一张绿色。黄色纸条是写给男生的问题，绿色纸条是写给女生的问题。

步骤3：每个学生分别在不同颜色的纸条上匿名写下你想问男生/女生的关于性的问题，可以写下多个，也可以只写1个。

步骤4：教师将全部纸条收上来，按颜色分开。

步骤5：每个女生抽取1张绿色纸条，每个男生抽取1张黄色纸条。

步骤6：学生匿名回答纸条上的问题。

步骤7：教师再次将纸条收上来，每人抽取一张黄色纸条和一张绿色纸条。

步骤8：小组讨论纸条上的问题和答案。

小结：让学生通过活动了解与性有关的话题，让他们体会到了解和学习自身性心理的重要性。

一、青春期性心理发展的时期

幼儿时期的“过家家”，其实就为青春的性心理发展埋下了伏笔，这个时期其实是性意识潜伏期或幼稚期。儿童游戏中的爸爸、妈妈、孩子都处于模仿状态，其中的拥抱甚至亲吻都还没有任何的性意识色彩。这也就是人们说的“青梅竹马、两小无猜”时期。进入青春期，性意识的萌发及性生理的成熟，使青少年有了“男女有别”之感，“过家家”也成了美好的回忆。

美国心理学家赫罗克提出，青少年性心理的发展经历了四个阶段，每个阶段都有明显的特征：

1. 性的反感期（12~14岁）

这个阶段，男生女生们总是想方设法地避免和同龄的异性相处，特别是单独相处，表现出对异性的否定倾向性。因此，这个时期的男女学生之间常常井水不犯河水，看上去像“漠不关心”一样。并且，在这个阶段，他们很少谈论异性之间的情况。在这个时期，男生女生的生理发育很快，第二性征变得更加明显。面对这些显著的生理变化，男生女生们变得更为敏感，会对自己的体态、体征觉得害羞，甚至感到反感。有些学生可能还希望通过宽松的服装或其他的策略来掩饰自己的变化。

2. 向往年长者期（14~16岁）

这个时期的少男少女们以崇拜长者为主要特点。长者包括周围年龄稍长的人，这些人无论在容貌、学习能力、体育能力、人格或其他方面，都对少男少女有强烈的吸引力。由于这种心理基础，这个时期的少男少女们对影视明星、歌唱演员、体育明星等易产生崇拜之情。从这个角度，我们就可以理解追星的人群中，青少年是绝对主力军的原因之一了。但也可以看出，这种追逐源于崇拜，但有阶段性，我们也就不难理解，过了一段时间对曾经某段时间狂追的一些“明星”没感觉了，原因之一就是我们过了这个阶段，开始有了更关注的对象。

3. 对异性的狂热期（17~19 岁）

在经历了长者崇拜之后，这个年龄段的年轻人开始将热情转移到了同龄的异性身上，开始希望通过自己的努力来吸引异性的注意。比如在群体活动中努力展现自我，在个别的相处中呈现自己的关怀与体贴。需要强调的是，在这个时期，年轻人可能还不是很确定未来的另一半是怎样的，也不太确定自己到底喜欢怎样的异性，只是单纯地关注异性群体。

4. 浪漫的恋爱期（20 岁以后）

这个阶段的年轻人，性心理方面接近成熟，开始清楚自己对另一半的期待是什么，也对自己如何接触异性有了信心，所以在这个阶段，青少年开始定向培养将自己对爱情的期望集中在一个人身上，开始单独与异性朋友交往了。值得强调的是，在这个阶段，青少年开始变得更实际，开始更加成熟地看待异性，不再认为自己喜欢的异性是完美无缺的，也能够容忍对方的缺点了。

【内容拓展】

与美国心理学家赫罗克的理论相对应的，我国学者也提出了相应的性心理发展阶段的理论：

1. 异性疏远期（10~13 岁）

这一时期也称为性发育早期或性紧张期。其特点包括：伴随着第二性征的出现，内心产生春情萌动的朦胧感；将两性之间的关系看得很神秘，并且，表面上表现得相互疏远。在这个阶段的男孩，可能会表现出潜意识的紧张心理；女孩则容易表现出情绪不稳定。

2. 异性接近期（14~16 岁）

这个时期的特点是：喜欢与异性在一起活动，力求成为异性眼中有吸引力的人；两性的畏惧感、陌生感消失，男生喜欢高谈阔论以引起注意，会用逞强、起哄、开玩笑、甚至恶作剧来引起女生的注意。女生则表现出单相思，或想象他人喜欢自己，通过精心打扮、细微的关心、体贴吸引对方。由于青少年缺乏相关经验，不知道该如何表现自己，往往做法不是很得体，有时会弄巧成拙；两性都会表现出狂热追星以释放内心对异性的渴慕之情。

3. 两性恋爱期（17~20 岁）

在此阶段，男女青年性生理完全成熟，性心理逐渐成熟，对恋爱的理解和认识随着自我意识、人格发展及生活领域的拓宽而日趋深刻，他们对异性的态度逐渐客观，对恋人的寻觅也更加迫切。青年们会尽量在彼此之间展示自己的长处与才华，引起对方关注。这一时期的青年们开始从泛泛的对他人爱慕过渡到钟情于某个个体；追求技巧成熟，直接而热烈；一旦碰壁，心理挫折感强烈。

二、大学生性心理的特点

大学生是人群中独特的一个群体，从生理上说已经发育完全，然而还未走向社会，在心理上并未成熟。大学生在性心理上的表现也呈现出自己的特点。

1. 对性生理发展的关注

青少年进入青春期之后，在生理上发生了一系列的变化。这些变化将男性和女性区分开来，但是它们还不仅仅是区分不同性别的标志，它们还是显示生殖系统开始运转的信号和两性相互吸引的重要根源。因此，青少年到了这个阶段就会格外关注发生在自己身上的各种变化。对于性生理体征性的变化，青少年往往关注自己在第二性征上与异性的不同。在青少年进入大学之后，性生理功能和性体征的发展基本都已完成，许多人都会不同程度地出现自我欣赏，常常在镜中端详自己的外貌；甚至会悄悄与他人进行比较。每个人都希望自己能对异性产生极大的吸引力，可是如果自己的性生理发展并不如己意，就出现各种各样的烦恼与焦虑。

【内容拓展】

大学生性心理的矛盾冲突包括以下几个方面：

1. 生理成熟与心理不适的矛盾

大学生的性生理与整个身体的发育已经基本成熟，但性心理的发展往往滞后。由于多种原因，青少年难以获得系统、完整、科学的性知识。由于性知识的缺乏，在校大学生会产生关于性的片面、扭曲甚至错误的认识，对性观念的形成和性心理的发展产生不利的影响。

2. 性意识的强烈性与社会规范的矛盾

随着性机能的成熟，大学生的性欲望和性冲动表现得较为强烈，这是正常的生理和心理现象。而社会道德、法律、纪律的相关要求，使得大学生很难以婚姻等社会认可的形式获得性满足。性的生物性需求与性的社会性要求的矛盾使不少学生感到不安和压抑。

3. 传统性观念与开放性观念的矛盾

中国的传统的性观念与西方所谓的“性解放”观念有着巨大的反差与冲突，这使大学生性心理发展处于多种矛盾的相互作用之中。如果大学生不能很好地处理这些矛盾，就可能使性心理的健康发展出现偏差。

2. 对性知识的渴求

在第二性征发育之后，首次遗精与初潮现象的出现使个体对自身角色的认识发生了质的变化，个体的性角色基本定位并产生两性分化。伴随着性生理的变化，青少年普遍产生了对性知识的强烈渴求。他们非常关心自己和周围同伴的发育变化，对性知识既好奇又敏感。他们心目中有很多疑惑等待找到答案，他们想知道发生在自己身上的变化是否正常。所以他们常常会有意识地通过一些途径来寻求性知识，如翻阅医学书刊、收听专栏节目、暗中与他人比较等。

【内容拓展】

大学生学习性知识的主要途径如下：

1. 上网搜索

互联网时代，网络是大家获取信息的重要途径。《2019—2020 年全国大学生性与生殖健康调查报告》显示：68.44%的学生有上网搜索性知识的经历。一方面，我们需要看到，即便是在网络发达的时代，大家上网搜索性知识的比例也没有想象中那么高；另一方面需要注意的是，网络上的性知识不一定正确，各种答主们也不一定具备专业知识，所以大学生应该从可信赖的渠道获取信息。

建议大家阅读正规出版社的书籍，浏览专业机构的官方网站，或向医务人员、计生人员和接受过专业培训的同伴咨询。

2. 父母解答有关“性”的问题

《2019—2020 年全国大学生性与生殖健康调查报告》显示，对于性的问题，能够圆满解答有关性问题的，父亲仅占 2.52%，母亲仅占 6.07%。在众多受访中，57%的大学生从来没有和父母谈论过性，多次提起的仅占 2.43%。

家庭性教育十分重要，家长应该采取开明的态度接纳孩子的好奇，澄清和消除孩子对性的疑问与顾虑，坦诚地与子女沟通。但从数据来看，在目前的情况下，从家庭这一途径获取性知识、性教育的十分有限。

3. 学校教育

学校教育是人们获取知识的重要途径之一，但从学校教育获得的性相关知识在目前阶段相对有限。《2019—2020 年全国大学生性与生殖健康调查报告》显示，即使到了大学阶段，只有 52%的学生曾经在学校里接受过性教育，其中在不同年级接受学校性教育的情况如下：在小学 1~3 年级有过相关学习的占 3.47%，在小学 4~6 年级有过相关学习的占 17.69%，在初中有过相关学习的占 50.43%，在高中有过相关学习的占 48.82%，在大学有过相关学习的占 59.28%。

联合国教科文组织（UNESCO）、联合国人口活动基金会（UNFPA）等机构于 2018 年回顾了许多研究成果之后得出的结论是：“没有明确证据表明性教育会使初次性行为时间提前，反而有证据表明性教育能够使初次性行为时间推迟，并能取得以下成果：性行为发生频率降低、性伴侣数量减少、危险性行为减少、避孕措施使用增加。”因而，大学生群体应当从正规的途径有效获得正确的性知识，从而增加自身的知识储备，减少风险行为的发生。就目前大学生群体获得性教育的途径和满意度而言，家长及学校的性教育工作任重而道远。

3. 对异性的爱慕

进入大学以后，青年们已经不再满足于那种朦胧的好感，会明显地流露出想和异性相处的意愿，在行为上也会表现出一些去主动接近异性的举动。这种心理和行为都是很正常的，这是以后建立美满婚姻生活的基础。

4. 男女性心理的不同

古语有云“男女有别”，男女性的差别不仅在于外形，其性心理也因性别不同而各有特点。男女生在对异性情感的表达上，是很不一样的。男生通常是直白、热烈的，女生通常是比较含蓄的。在内心体验上，男生更多是新奇、喜悦和神秘，而女生常常是心慌、羞涩和不知所措。在表达方式上，一般男生较为主动，女生往往采用暗示的方式。另外，男性的性冲动更容易被视觉刺激唤起，而女性更容易被听觉、触觉刺激唤起。

5. 性需求与性压抑

大学阶段，大学生的性生理成熟，性意识已觉醒，出现性冲动是自然而然的，这是需要坦然面对的事实。因为性知识的缺乏或曲解，有些学生可能会对自身的生理反应持否定和回避的态度，这样可能引发自身的焦虑、紧张，可能还伴随着对人际关系和某些话题的回避。大家需要注意的是，性需求的出现有着其生物学基础，是非常正常且自然的现象，同时，大学阶段是人生中十分重要的阶段，需要以学业为重，适当的压抑是符合社会期待的。大学生可以通过健康的方式释放生理需求。比如通过各种运动进行正常宣泄，投入创造性强的活动，将生理需求予以升华。

【内容拓展】

性冲动是男女大学生生理、心理的正常反应。它是在性激素（荷尔蒙）作用下和外界刺激下产生的，并不是不纯洁、不道德或可耻的。对大学生而言，如何缓解性冲动，如何更好地适应“性待业期”这一特殊时期的建议的实质就是告诉大学生要学会转移对性的过度关注。具体建议有以下几种：

（1）学习性生理和性心理的有关知识。阅读一些健康的、与年龄和身份相适合的性知识书籍。了解青春期性意识的发展规律，树立科学的、健康的性观念和性道德。

（2）专注学习，同时培养广泛的兴趣和爱好。大学阶段是我们学习知识的黄金时期，大学生可以把充沛的精力放在学习科学文化知识、培养广泛的兴趣爱好、提升自我技能方面，不断丰富自己的生活，避免沉湎于对性的追求和性的满足上，将性欲望的能量升华。

（3）积极参加各种活动。大学生充沛的精力需要得到很好的释放，可以积极参加校内外的各种集体活动和体育活动，使能量得以充分释放和转移。如跑步等剧烈的身体活动可以很好地释放能量，这也是目前被证明了的很好的一种方式。

（4）养成健康、规律的生活习惯。恰当的作息制度和紧张有序的生活节奏能让我们更关注当下的生活，有效降低对性问题的注意。

（5）养成良好的卫生习惯。大学生应注意生殖器官的卫生和保健，勤换内衣裤，不嗜好烟酒，避开性刺激环境，积极参加体育锻炼。

【小结】

大学阶段是人生最美好的阶段，是我们学习知识的黄金时期，也是我们性心理发展的重要阶段。随着年龄的增长，我们的性生理完全成熟，性心理也发生了较大的变化。大学生们应当了解青少年性心理的发展阶段，学习大学生性心理的特点，通过可靠的渠道获得科学、正确的性知识，从而帮助我们解除性相关的困扰、树立健康的性观念。

在学习完本节知识后，大学生们还应当及时关注相关问题，并对其及时进行处理。通常，性心理困惑的直接后果是自卑、自责和自我否定的倾向。它不仅会影响我们的情绪，还会影响我们的人际交往和学习效率。所以，我们一旦发现相关问题，就要及时进行处理，这样才能帮助我们更好地享受当下的宝贵学习时光和美好的大学生活。大学阶段是人生最美好的阶段，是我们学习知识的黄金时期，也是我们性心理发展的重要阶段。性心理的发展会经历四个阶段，每个阶段都有明显的特征：性的反感期（12～14 岁）、向往年长者期（14～16 岁）、对异性的狂热期（17～19 岁）、浪漫的恋爱期（20 岁以后）。大学生是人群中独特的一个群体，从生理上说已经发育完全，然而他们还未走向社会，在心理上并未成熟。他们在性心理上的表现也呈现出自己的特点：对性生理发展的关注、对性知识的渴求、对异性的爱慕、男女性心理的不同、性需求与性压抑。

【习题】

1. 小李的家境一般，是家中独子。父母平时对其学习生活要求严格，家庭教育特别传统。小李有很强的自律性，父母也教育他不许和女生牵手、拥抱、接吻等。大三时，小李谈恋爱了，当女朋友和小李拥抱、亲吻时，他都感到压抑、难受。结合大学生性心理的特点，谈一谈你对小李性心理的理解与看法。

2. 小丽最近很困扰："我和我男朋友交往了两年多，我很喜欢他，他对我也不错。但是现在我很苦恼，我和他没有发生过性关系，之前他也说过几次都被我拒绝了，我一直觉得结婚后才能发生关系。这几天他又说，我渐渐有点心软。我不知道该怎么办。"面对小丽的困扰，谈谈大学生该如何看待"性"与"爱"的关系。

第三节　维护大学生性心理健康

【导入】

性作为衡量文明的标准，体现着社会的文明程度，也体现了人生不同阶段的美好内涵。解读大学生的性行为，首先要了解"性"的内涵。那么"性"是什么，如潘绥铭先生所说：对于人类的历史现实与社会现实来说，性至少有三种存在方式——生物存在、社会存在、与心理存在[①]。换言之，对人类而言，"性"是以生物遗传为基础，与人们的性心理活动以及社会历史条件、性角色规范准则密切结合的高度复杂统一的体系，它是人类自然性和社会性相统一的充分体现。这种丰富性、复杂性，要求我们对大学生性行为的研究也必须从三个层面进行分析，即生理层面、心理层面和社会层面，任何孤立的、片面的、简单的理解都会有失偏颇。

加强性教育、维护青年性心理健康，是目前教育必须面对的一个重要又迫切的问题。随着社会的发展，近年来，大家对性教育越来越重视。但总体来说，在很多学生的成长过程中，性教育还是一个相对薄弱的环节；对于很多人来说，性是不能被提及的话题，与性相关的科学知识更是很少能够触及。也因如此，少男少女们由于缺乏必要的性生理、心理健康知识，对于出现与性相关的问题常常会感到非常羞耻，甚至还影响到自己的日常学习和生活。在网络时代，我们面临着更多意想不到的风险，我们要如何维护好自己及未来下一代的性心理健康，这是一件任重而道远的事情。要维护好性心理健康，首先需要了解性心理健康的标准。

【互动设计】

题目：试一试这些题目我们能答对多少？

步骤1：教师引入。

在2019—2020年全国大学生性与生殖健康调查中，设置了9道性知识题，5万多名大学生的平均得分只有4.16分（满分9分），低于及格线。答对6题及以上（视作及格）的大学生只有31.84%，还不到1/3。有8.18%的学生一题都没有答对。

① 潘绥铭. 神秘的圣火［M］. 郑州：河南人民出版社，1988：36.

步骤2：在这里，我们就一起来看看这9道题，看一看我们自己能得多少分。

（1）月经前14天左右发生性行为最容易怀孕。

（2）通常精子在女性体内可以存活7天左右。

（3）只要时机准确，体外射精可以有效地避免怀孕。

（4）安全期同房可以有效地避免怀孕。

（5）在发生性行为时，安全套是唯一一种既能预防怀孕，又能预防性病、艾滋病的方式。

（6）蚊虫叮咬能够传播艾滋病病毒。

（7）生殖器疱疹是一种性传播疾病。

（8）女性怀孕以后，月经还会继续来两三个月。

（9）相比于普通人流，无痛人流更加安全。

步骤3：公布答案。

第1题对、第2题错、第3题错、第4题错、第5题对、第6题错、第7题对、第8题错、第9题错。

小结：在青少年的成长过程中，性心理困惑伴随着学习和生活，有的学生因为不能很好地认识和调适这些性心理，而严重影响了自身发展。所以了解常见的性心理，并学会调适的方法，对于大学生来说有着举足轻重的作用。

一、大学生性心理困扰

不少大学生有性方面的困惑和问题。性相关的困惑和问题大体上可以分为生理困惑、心理困惑、性行为失当和性心理障碍这几类。

1. 生理困扰

生理困扰主要包括体相的困扰和男女生常见生理现象的困扰。所谓体象困扰，通俗地讲，就是对自己身形、体态的困扰，男生觉得自己不够男子气，女生觉得自己不够性感、不够女人味等。生理现象的困扰主要是和性器官、性的生理相关的困扰，如有些学生对自己的性征不满意，对自己的性生理反应感到困惑、厌恶等。

2. 心理困扰

（1）性冲动和性幻想带来的困扰。

偶尔或适度的性幻想是性发育过程中出现的正常现象，它代表性知觉的觉醒和性意识的萌发，一般是有益无害的。不管怎样，一个人的性幻想并未构成行为，所以不必过分自责，不要认为是见不得人的事。事实上，性幻想对于减少人的紧张与焦虑乃至性压抑都是有益的。如果一个人频繁出现性梦或性幻想，就会影响休息、睡眠和体力的恢复，甚至会导致神经衰弱，给身心健康带来不利影响。当性幻想变成一种强迫性思维时，人就会陷于深深的苦恼中。如果一个人整天沉溺于性幻想，则会干扰学习，对心理发育造成危害，产生性障碍。

（2）性自慰焦虑。

事实上，性自慰本身并不会带来害处，它是“标准的性行为的一种”。美国著名的性研究专家玛斯特斯和约翰逊对性自慰和性交做了比较，发现两者基本一致，认为没有理由把性自慰当作有害心身健康的异常性行为看待。在大学生不能用性交行为来释放他们内心积聚起来的性冲动能量的情况下，性自慰是他们可以采取的主要性行为。性自慰的危害并不在于性自慰本身，而在于对性自慰的担忧、恐惧、羞愧和罪恶感。不少大学生在接受性知识教育和咨询后，会明白性自慰是正常的、无害的，并且性自慰并不是个别人的行为，从而卸下心理的负担，性自慰的欲望和行为反而减少或容易调节了。

【成长案例】

牟同学，男，21 岁，某校大学二年级学生，自述有这个“毛病”（自慰）已经近 4 年了，以前偶尔为之，可随着年龄增长，这个“毛病”也越来越频繁，现在已经发展到无法正常上课了，也无法和女同学正常交流。到夜晚，他无法入眠，无法控制自己的行为，认为自己是个“下流”的人，是个“道德品质很坏”的人。两年多来，他从不多与人讲话，在别人眼中是个“怪人”。上课时，他感到紧张，对老师所讲的内容也无法听进去。更糟糕的是，现在他在亲友、邻居面前说话也不自然了。由于这些“毛病”他极少去社交场所，很少与人接触。他哭诉说，这个怪“毛病”严重影响了他各方面的发展：失眠健忘，学习成绩下降，交往失败。

案例分析：此案例中的个体没有正确认识性自慰这种行为，从而导致其产生了心理困惑。性自慰引起的心理困惑，表现在以下几方面：其一，虽然从理论上知道性自慰是一种自慰行为，但潜意识中仍然认为是有害的。其二，性自慰行为引起大学生对自己的消极评。这种消极的自我评价，阻碍了与别人的正常交往，影响了自我表现，也影响了生活和学业。其三，性自慰行为引起无休止的联想和一系列强迫性观念，给大学生带来心理上的疲惫和沉重的压力。

（3）性别认同困扰。

刘达临教授（性文化专家、上海大学社会系教授）在对全国大学生进行调查后发现有一定比例的学生不喜欢自己的性别。其中，男大学生不喜欢自己性别的占 2.6%，女大学生不喜欢自己性别的占 15.6%。另一项关于大学生性心理的调查显示，90%以上的男生对于自己的性别情意度较高，而有超过 1/4 的女生对自己的性别情意度不高。这一结果显然是“重男轻女”的封建传统观念所致。这种性别自贱的心理是不正常的，如果这种心理发展到严重的程度，会给大学生的成才发展带来不利的影响。

（4）性心理偏差行为。

性心理偏差行为是指青少年性发育过程中的不适应行为，如迷恋黄色视频、不当性游戏等。这些行为一般不属于性心理障碍，但对这些不适应行为应给予有效干预。如果大学生出现这些性心理偏差行为，要采取转移注意的方法予以纠正，比如转向参加文体活动等方法。我们应培养大学生大胆开朗的个性，增强其性道德观念和意志品质。其中关键的一步是对异性脱敏。通过咨询和自身的努力，存在性心理偏差行为的人往往能有效地改变。

3. 性行为失当

由于大学生的生理与心理成熟程度的不一致，在面对亲密的两性关系时，他们通常不容易把握好尺度，易出现性行为失当的情况。

（1）身体亲密代替心理亲密。

过多的身体亲昵，会加剧性冲动，有时会使自己的行为失去控制。有关调查显示，大学生对恋爱中亲昵程度的限度的认识情况是：超过半数的人认为可以拥抱和接吻；男生中仅有约26%、女生中仅有约7%的人认可恋爱中可抚摸身体最敏感和最隐蔽部位甚至可以性交。这说明大学生对发生亲昵行为的态度还是比较严肃的。

（2）婚前性行为导致身体创伤。

对于婚前性行为，一些大学生认为只要双方愿意就可以发生，有的甚至相识不久就发生性关系，有的在校外租房同居。他们常常不能对自己的性冲动理性地控制，不能对自我和他人负起性行为后果的责任。年轻的大学生们没有真正意识到自己还在读书，不明白在没有工作、不能担负起独立的经济责任和社会责任的情况下，性行为对于自己的现在和将来究竟意味着什么。

有的女生因婚前性行为而多次人工流产，给身心带来无可挽救的创伤。例如：有的人手术后引起炎症，导致输卵管堵塞；有的人在多次人流手术后，可能会终身不育；过早性生活和流产还会导致宫颈癌发病率大大提高。

【内容拓展】

艾滋病，即获得性免疫缺陷综合征（AIDS），其病原体为人类免疫缺陷病毒（HIV），亦称艾滋病病毒。艾滋病是影响公众健康的重要公共卫生问题之一。艾滋病的传播途为血液传播、母婴传播、性传播三种。2021年7月14日，联合国艾滋病规划署发布《直面不平等——2021艾滋病防治全球进展报告》，该报告显示，2020年全球艾滋病病毒新发感染者为150万人，2020年全球约有68万人死于艾滋病相关疾病。2021年中国疾控中心发布《中国疾控中心周报》，围绕艾滋病共刊发4篇研究，在《我国HIV/AIDS流行病学研究进展》一文中提出，截至2020年底，中国共有105.3万人感染艾滋病病毒，累计报告死亡35.1万人。数据还显示，异性恋和同性恋传播艾滋病的比例分别从2009年的48.3%和9.1%上升到2020年的74.2%和23.3%。

4. 性心理障碍

性心理障碍泛指两性行为明显偏离正常，并以这类性偏离作为性兴奋、性满足的主要或唯一方式为主要特征的一种精神障碍。

“如评价性行为的正常或异常”，对于该问题是难以做出确切回答的，因为至今还没有判断性行为正常与否的绝对标准，性行为的正常与异常的区别是有条件、相对的。下面列出区分二者的要点：

（1）凡是符合社会所公认的社会道德准则或法律规定，并符合生物学需要的性行为，可看作正常的性行为，否则可看作异常的性行为。

（2）某些特殊性行为可使性对象遭受伤害，患者本人也为这种行为感到痛苦，或在某种程度上蒙受伤害，例如受到严重指责、地位名誉受到损害，甚至遭受惩罚。这些特殊性行为可看作一种异常的性行为。

（3）长时间反复、持续发生的一种极端变异方式的性行为是异常的性行为。性行为由正常到异常可以看成一个连续体，其两极是正常和异常，其间存在的正常变异方式属于正常的变异。只有明显的、极端的变异形式才被看作性变态的类型。

2. 性心理障碍的种类

（1）身份障碍：从心理上否定自己的生理性别和服饰，有强烈希望转换成异性的欲望，如变性癖。

（2）性指向障碍：性欲与常人不同，对不能引起正常人性兴奋的人或物感兴趣，如自恋。

（3）性偏好障碍：采用与正常人不同的异常性行为满足性欲，如异装癖、恋物癖、施虐癖、受虐癖、裸露癖、摩擦癖等。

二、树立正确的性观念

关于性心理障碍的成因，目前有各类说法，比较全面的说法是，个体对性的认知、信念及对性问题的态度和行为方式在性心理障碍的发生发展中均有不可忽视的重要作用。目前，医学界和心理学界的多数专家学者都认为性心理障碍的产生是在先天素质的基础上，由性心理发育障碍和后天的环境影响的结果。

形成正确的性观念是在今后的生活中恰当处理自己性行为的心理基础。只有当青年学生对性具有端正的态度和树立起正确的性观念时，才能够真正有把握地驾驭性这匹烈性骏马，走过美好的青春。

1. 了解性知识

具备科学的性知识不仅是成长发展的需要，还是一个人文化素养的体现。所谓性知识不仅仅是生理知识，还包括性心理、性卫生、性保健、性道德、性法律等知识。青年学生只有掌握了科学的性知识，才能够形成正确的性观念，消除性的神秘感，对成长中的性问题有足够的心理准备和应对措施。

2. 树立性道德观

北京医科大学徐天民教授指出："男女的性爱虽然以性欲作生理基础，属于个人私事原则，但从本质上说性爱也是一种特定的社会关系，而且充满了高尚的道德状态和道德关系。"

性爱是美好的，可是性爱又有自己的道德准线。性爱不仅仅是满足和欢愉，更多的还有责任和道德。每一个人都应该知道性爱之后而且必须承担的社会责任，要认识到一旦发生性行为，就意味着个人必须对社会负起夫（妻）和父（母）的义务和责任。

大学生健康的性心理有两个标准：一是能正确认识和处理自己的性行为带来的后果，并具有社会责任感；二是在婚姻前提下的性生活符合男女平等、科学、卫生的原则。建议在面对性的问题前，青年学生能仔细思考以下问题：

（1）我是不是能认识到自己性行为带来的后果，比如怀孕、紧张、担心、性传播疾病、妇科疾病等？

（2）对待性行为，我是不是能负起相应的责任？

（3）婚前性行为是否与我的价值观一致？

树立了良好的性道德观，有了强大的责任感，大学生在面对性冲动与诱惑时，才能够保持清醒的头脑，使自己和他人免受性的伤害。

3. 科学释放性冲动

性冲动和性欲望是性生理成熟后的正常性心理现象。学会控制自己，一是要提高修养，靠自己的理智控制自己的性冲动、性欲望；二是要约束自己，远离性诱惑情景；三是掌握科学的性知识，树立正确的性观念，对性诱惑产生免疫力。

（1）提高修养和自我控制能力。提高修养是一个人一生都要做的，提高修养的好办法是在业余时间多读一些自然科学、社会科学或与学习有关的书籍，培养艺术爱好，提高自己的理论文化修养，从内到外提高自己的文明意识和高雅气质。一个文明人，是具有道德情操、道德观念和道德行为的人，这样的人才能够用自己的理智控制自己的行为。

（2）远离性诱惑情景，鼓励自己与异性交往，脱敏对异性的冲动。我们要拒绝接触性刺激源。色情书刊、淫秽音像制品等容易刺激感官，导致性冲动，从而令我们做出轻率的行为。青年学生可通过参加集体活动、学习交谊舞等，多与异性接触，习以为常，对异性的冲动便会随之减少。

（3）通过劳动和运动释放性能量。劳动和运动可以释放性的冲动，缓解性压力。

（4）掌握性知识，提升免疫力。控制自己性冲动的最好方法便是了解性、控制性、提升性，使之为自身健康、幸福和发展服务。

4. 提高对性的审美能力

性不仅仅是男女肉体的结合，还蕴涵着丰富的美。青年学生不仅要了解性，还要学会去欣赏性。只要你睁开审美的眼睛，性的美无处不在：健美性感的身材是一种美，温文尔雅的绅士风度也是一种美；英俊貌美是一种美，朴素大方也是一种美；前卫时尚是一种美，睿智高尚也是一种美。性的审美不仅可以缓解被压抑了的性冲动，还可以升华人的精神境界。

5. 维护性的主权

大学生还需要坚决维护自己的性主权，保护好自己的身体。倘若有任何人试图违背个人意志，触犯我们的身体，都需要坚决地说：不可以！

【内容拓展】

性骚扰一般是指一个人以某种引诱或威胁为要挟，将自己的性欲强加于他人，迫使他人服从自己的性意志，是一种边缘性的性举动。

性骚扰的形式包括对异性表现出低级粗俗的性侵扰欲望；讲让人感到不舒服、肮脏下流的笑话，发表淫秽、猥亵的言论；对异性身体的有意触碰；以及有发生性关系的意图等。在面对性骚扰时，我们可通过以下方式保护自己：

（1）保持警惕。现实生活中，我们在充分显示自己美丽的同时注重合宜、适度的原则；面对恭维、吹捧、赞美，我们应保持理智、客观；人际交往中，我们应树立自尊自爱的个人形象，保持警惕。

（2）明确态度。无论男女，在第一次受到性骚扰时，就应当向对方明确表明态度。不要对性骚扰态度暧昧或胆小害怕，要鼓足勇气、语气刚强、义正词严地回应骚扰者，威慑、防范性骚扰者的侵害。我们还应留下相应的证据，掌握主动权。

（3）减少接触。不轻易接受他人的礼物或邀约。当发现对方心怀不轨时，我们应主动回避、尽量疏远。如果因为师生关系、亲戚朋友关系等，无法避免继续来往，我们也一定在公开场合与其交往，尽量增加接触的透明度和公开性。

(4) 敢于求助。被骚扰时，我们应该及时向家长、老师、上级反映，依靠外力来保护自己，及时制止性骚扰。如果担心特定环境、从属关系等影响，我们可以采取更换环境、断绝往来等方式。

(5) 保护自己。发现异常，我们应及时报告有关部门和人员。外出时，若有陌生人搭讪，不要理睬。对可疑的尾随者，我们应保持高度警惕，在必要时采取躲避措施，也可主动向公安机关报案。

【内容拓展】

当你遇到有性心理障碍的人时，你一定要冷静应对，你越害怕，对方越兴奋；你越冷静，对方则越害怕。比如遇到有裸露癖的人，如果你尖叫，反而会让他产生性兴奋；如果你若无其事地走开，他反而会觉得很无趣。

大多数有性心理障碍的人不会对他人造成伤害，少数除外，如施虐狂。如果在公交车上遇到有摩擦癖的人，你不要害羞和不好意思，应用眼神或者语言直接提示对方停止。因为你越是害羞和不好意思，越是会让对方更加兴奋。

如果你遇到暴力或者是严重威胁到人身安全的性心理障碍者，你需要求助于专业人士或者警察。如果自己身边的同学或者朋友有性心理障碍，你应建议其寻求专业的心理咨询师或精神科医生的帮助。

【小结】

不少大学生有性方面的困惑和问题。性相关的困惑和问题大体上可以分为生理困惑、心理困惑、性行为失当和性心理障碍这几类。性心理困惑有性冲动和性幻想带来的困扰、性自慰焦虑、性别认同困扰、性心理偏差行为。形成正确的性观念是在今后的生活中恰当处理自己性行为的心理基础。只有当青年学生对性具有端正的态度和树立起正确的性观念时，才能够真正有把握地驾驭性这匹烈性骏马，走过美好的青春。青年学生要了解性知识，树立性道德观，科学释放性冲动，提高对性的审美能力，维护性的主权。

性是生物繁衍的基础，是人类的本能之一，没有性便没有人类的种族延续和进化。性是人生理、心理、社会活动中不可缺少的一部分。在大学这个阶段，性是一个大家很关心却又很回避的话题。大学生正确掌握性生理、性心理知识是十分必要且迫切的。对于性相关的问题，我们需要有直面的勇气、科学的知识、合理的态度、良好的习惯、正确的方法。希望每位大学生都能在大学阶段里能收获圆满的爱情和健康的性心理。

【习题】

1. 结合实际，谈一谈你对性心理健康标准的理解，并谈谈大学生在生活中如何科学释放性冲动。请举例说明。

2. 小丽，某高校一年级学生，原本是一个活泼开朗的女孩。近期小丽经常做梦，有好几次都梦到自己和一名陌生异性发生了性关系。之后，她感到羞愧、恶心，认为自己不是一个好女孩。梦里的内容时常浮现在脑海里，越是不想，那些情景反而浮现得越厉害，上课也精神恍惚。小丽觉得自己肮脏、下流，陷入深深的苦恼中……结合本节内容，说说你的理解，以及你在性心理健康方面曾有哪些困惑。

【参考文献】

[1] 赵湘，汪宁. 中国大学生性意识及性行为与性传播疾病［J］. 中国公共卫生，2012，28（3）：350-351.

[2] 江剑平，黄键，黄浩，等. 大学生婚前性行为和性态度调查研究［J］. 中国性科学，2000（2）：26-28，20.

[3] 梁楠，邵泽民，赵加伟，等. “90 后”在校大学生性行为及性观念的调查研究［J］. 校园心理，2015（3）：167-172.

[4] 秦玲玲. 大学生婚前性行为的心理分析研究［D］. 南京：南京师范大学，2013.

[5] 李琳，任美橙，吕欣桐，等. 大学生艾滋病认知及相关行为调查［J］. 中国公共卫生，2018，34（4）：571-573.

[6] 李科，胡珍. 新世纪大学生性行为观的发展趋势及对策研究［J］. 成都大学学报（社会科学版），2012（2）：111-116.

[7] 刘华锦，叶正茂. 大学生性教育状况的调查与分析［J］. 内蒙古师范大学学报（教育科学版），2013（5）：80-83.

[8] 李江滨，庄佳玲，黄嘉敏，等. 大学生性教育现状调查及对策研究［J］. 河南科技，2013（12）：262-263.

[9] 刘红芬. 大学生性与人格教育体系比较研究［J］. 教育与职业，2013（24）：171-173.

[10] 李海红，隋丽丽. 高校性教育的分析与思考：从中外高校性教育的比较谈起［J］. 煤炭高等教育，2005（1）：74-76.

[11] 朱爱胜，胡维芳. 中外高校大学生性教育比较研究［J］. 青海社会科学，2007（3）：194-197.

[12] 张事业. 大学生性心理与大学的性教育［J］. 高等农业教育，2000，112（10）：32-35.

[13] 杨小丽，冯泽永. 大学生性心理与性教育［J］. 医学与哲学，2005，26（6）：72-76.

[14] 胡维芳. 中外高校大学生性教育比较研究［J］. 青海社会科学，2007（3）：194-197.

[15] 美国性健康医学研究所. 性纯洁教育和“安全性行为”教育之比较［J］. 中国健康教育杂志，1999，15（1）：45-47.

[16] 李银河. 中国人的性爱与婚姻［M］. 郑州：河南人民出版社，1991.

[17] 胡佩诚. 瑞典性教育的经验与启迪［J］. 青年研究，2001（8）：43-49.

[18] 黄盈盈. 他山之石：外国“青少年生殖健康教育”综述［J］. 当代青年研究，2002（1）：34-37.

[19] 胡维芳. 当代大学生性心理发展的特点与教育对策［J］. 江苏技术师范学

院学报，2007，13（1）：18-22.

[20] 殷雪芬. 在大学中设置性教育必修课的探讨 [J]. 中国健康教育，2005（7）：25-27.

[21] 吕敏. 对高职院开展青春期性健康教育的认识和体会 [J]. 南京工业职业技术学院学报，2008（4）：95-96.

[22] 赵婵. 当前我国女大学生性心理健康教育存在的问题及对策 [J]. 上海青年管理干部学院学报，2006（1）：35-37.

[23] 刘邦惠，纪玲玲. 大学生寻求专业性心理帮助双重态度模型的建构 [J]. 西南大学学报，2011（6）：137-144.

[24] 杨戎，杨洁玉，杨环，等. 重视在校大学生的性健康教育 [J]. 医学教育探索，2008（6）：667-670.

[25] 谢华. 大学生性健康教育：内涵、现状、问题及其教育体系 [J]. 中华论坛，2010（1）：160-161.

[26] 潘绥铭，杨蕊. 性爱十年：全国大学生性行为的追踪调查 [M]. 北京：社会科学文献出版社，2004.

第十一章　大学生情绪管理

第一节　情绪的概念

【导入】

情绪是大家非常熟悉的朋友，几乎每天我们都会与之碰面。大家是否也有过这样的经历：情绪低落的时候，常感到很难集中精力，而在情绪愉悦平稳的时候，会觉得学习效率大大提高。

对大学生学业情绪与学习适应的相关分析发现，学生的情绪状态与其学习适应之间有着较强的关系。大学生的积极情绪越高，消极情绪越低，其学习适应状态越好；反之，学生的积极情绪越低，消极情绪越高，其学习适应状态越差。在学习过程中体验到更多高兴、自主情绪，以及在学习结果中体验到更多成就感的学生，在学习动机、态度、能力上的自我调整状态较佳。学生对教学模式与环境因素的适应状况越好，其总体学习适应状态越好。

除了学习之外，情绪在人际关系、工作效率、决策判断等方面都影响着我们，我们应该如何管理情绪呢？是否要用理性对抗情绪呢？情绪与我们的愿望和需求密切相关。我们对积极情绪充满了渴望，但是不欢迎消极情绪的到来，想要赶走它。这样做能有效地调节情绪吗？有没有别的办法呢？在这一章，我们将学习关于情绪的心理学知识和管理、调节情绪的方法。

【互动设计】

题目：认识情绪。

步骤1：教师播放一些视频片段，按下暂停键，让学生识别视频中主角的情绪，用准确的名称命名。

步骤2：教师用2~3个情绪词描述自己日常生活中最常体验到的情绪，可以是积极的，也可以是消极的，并用0~10分进行评分（评分规则：0分代表完全不存在这样的情绪，10分代表最强烈的程度，5分代表中等程度）。当学生完成评分后，教师还可以引导学生分享自己的体验和表现。以愤怒为例，当一位学生分享自己经常体验到愤怒，程度为5分时，教师可以问："当你的愤怒为5分时，你的身体有什么样的感觉？你会做出什么样的行为？"

小结：这个活动可以让学生初步了解自己的情绪和表现。

一、何为情绪

情绪是人的内心世界的外在表达方式，包括肢体、语言、动作、态度、声音。情绪一般有：喜、怒、哀、乐、愁。宋代晏几道的《梁州令》中有云：“南桥杨柳多情绪，不系行人住。”当代心理学家将情绪界定为一种复杂的身体和心理变化模式，包括主观体验、生理唤醒、认知解释和行为表达。这些反应都是针对个体认为具有个人意义的情境做出的。

【内容拓展】

许多优秀文学作品正是因为对人物的情绪描写生动细腻而显得饱满精彩。我们来看看《红楼梦》中对贾宝玉之父——贾政的一段情绪描写。曹雪芹通过贾政一系列的情绪表现，将贾政对贾宝玉大发雷霆的过程生动地呈现出来：由三分气上升到又惊又气，又由又惊又气上升到目瞪口呆，再由气得目瞪口呆上升到气得面如金纸，最后上升到见宝玉眼都红紫，要拿大棍来着实打死。书中，曹雪芹还细致描写了贾政的内心想法——也就是情绪认知的部分：贾政认为宝玉全无一点慷慨挥洒之谈吐，荒疏学业，在外游荡，结交优伶。这些生动而精彩的情绪描述，让贾政这个人鲜活了起来。

1. 主观体验

主观体验是指情绪的心理体验、内心的感受。我们常常用情绪词汇去命名它们，比如害怕、快乐、悲伤、惊讶等。心理学家普拉切克提出基本情绪有恐惧、惊讶、悲伤、厌恶、愤怒、期待、快乐和信任，每一种基本情绪根据强度高低可以进一步分化，比如愤怒这种基本情绪在强度高的时候是狂怒，在强度低的时候是生气。这些基本的情绪，可以像化学元素那样组合，每两种或多种基本情绪有可能混合产生复合情绪。

2. 生理唤醒

情绪与生理密不可分，是构筑在生理基础之上的，会唤起相应的大脑区域和自主神经系统。每一种情绪发生时，我们的身体都会发生相应的生理变化，这个生理变化有一些可以被我们觉察到。比如，前面说到强烈的害怕时，可能出现心跳加速，甚至面色苍白、嘴唇颤抖。这就是大脑中的杏仁核、丘脑、脑干综合反应的结果。同样，抑郁、焦虑等情绪都有其生理机制。经过近几十年的不断深入研究，这些重要情绪的神经回路被深入研究，甚至精确到了神经元，由此也奠定了抑郁症、焦虑症等神经症药物治疗的理论基础。

【内容拓展】

威廉·詹姆斯提出，情绪体验主要是身体变化造成的，卡尔·兰格几乎也在同时发表了相似的理论，因此该理论被称为“詹姆斯-兰格理论”。这一理论主张：当身体发生生理变化时，我们感受到这些变化，这就是情绪。该理论强调情绪的产生是自主神经系统活动的产物。

在通常的认识里，人们认为情绪激发行动，我们哭泣是因为难过，逃跑是因为害怕。詹姆斯-兰格理论则给出相反的解读：刺激引发自主神经系统活动，发生生理状态变化，生理上的反应导致情绪产生。该理论指出，情绪只是一种身体状态的感觉，它产生的原因纯粹是身体的。在詹姆斯看来，悲伤由哭泣引起，愤怒由打斗导致，恐惧由战栗而来，高兴由发笑而生。兰格特别强调情绪与血管变化的关系："情感，假如没有身体的属性，就不存在了。"兰格认为酒和某些药物都是引起情绪变化的因素，是因为饮酒、用药都能引起血管的活动，而血管的活动是受植物性神经系统控制的。

生理学家瓦尔特·坎农认为詹姆斯-兰格理论主要存在三个缺陷：

（1）身体刺激不会产生特别的情感。如果给人注射肾上腺素，那么人们会说，注射后虽然会觉得激动，但并没有特别的情感体验。

（2）身体反应的延迟。比如，如果说在冰冻的路面上开车打滑，我们会感到非常害怕，但后来进入安全路面，仍会感到心悸。

（3）生理变化通常很普遍，以致不能据此区别各种感情。在感到害怕的时候，心跳明显会加快，但是，在愤怒或者热恋的时候，也会产生同样的身体反应。

3. 认知解释

研究表明，认知过程是决定情绪性质的关键因素，认知过程对信息的评价会诱导情绪的产生。这个评价包括了对情境的评价、对事件的评价和对自己的评价。比如，当我们看见黑白相间、卖萌的大熊猫"滚滚"，我们的第一反应可能是兴奋、开心，会感叹"好可爱"。虽然大熊猫性情温和，但战斗力惊人，有人叫它"食铁兽"。如果我们看见大熊猫"滚滚"的地方不是在动物园，而是在野外，那我们可能不会那么愉快地高呼"好可爱"，除了兴奋，同时也会感到警惕、恐惧。由此可见，产生情绪的差异正是因为我们对情境、事件和自己的评价不同。

4. 行为表达

情绪包括内部的主观体验，同时又伴随着某些外部表现。这种外部表现也就是可以观察到的某些行为特征。

（1）面部表情。

面部表情是指通过眼部肌肉、颜面肌肉和口部肌肉的变化来表现各种情绪状态。人的眼睛是最善于传达情绪的，不同的眼神可以表达人的各种不同的情绪和情感。例如，高兴和兴奋时"眉开眼笑"，气愤时"怒目而视"，恐惧时"目瞪口呆"，悲伤时"两眼无光"，惊奇时"双目凝视"等。眼睛不仅能传达感情，而且可以交流思想。通过观察人的眼神，我们可以了解他的内心思想和愿望，推知他的态度。

口部肌肉的变化也是表现情绪的重要线索。例如，憎恨时"咬牙切齿"，紧张时"张口结舌"等，都是通过口部肌肉的变化来表现某种情绪的。

相关实验表明，人脸的不同部位具有不同的表情作用。例如，眼睛对表达忧伤最重要，口部对表达快乐与厌恶最重要，而前额能提供惊奇的信号，等等。

（2）姿态表情。

姿态表情可分成身体表情和手势表情两种。人在不同的情绪状态下，身体姿态会发生变化，如高兴时"捧腹大笑"，恐惧时"紧缩双肩"，紧张时"坐立不安"等。

手势通常和言语一起使用，也可以单独用来表达情感、思想或做出指示。"振臂高呼”“双手一摊”“手舞足蹈”等分别表达了个人的激愤、无可奈何、高兴等情绪。心理学家的研究表明，手势表情是通过学习得来的。它不仅存在个别差异，而且存在民族或团体的差异。同一种手势在不同的民族中用来表达不同的情绪。

(3) 语调表情。

语调表情也是表达情绪的重要形式。朗朗笑声表达了愉快的情绪，而呻吟表达了痛苦的情绪。语音的高低、强弱、抑扬顿挫等，也是表达说话者情绪的手段。例如，当播音员转播乒乓球的比赛实况时，他的声音尖锐、急促、声嘶力竭，表达了一种紧张而兴奋的情绪。

(4) 感觉反馈。

人们的情绪是通过面部肌肉、骨骼肌肉系统的活动来表达的。近几十年来，人们发现通过身体的反馈活动可以改变情绪体验。比如身体姿势能提供感觉反馈，并影响人的情绪。伸展姿势能振奋精神，收缩姿势会降低活力。

二、情绪状态的分类

按强度和持续时间的不同，情绪可以分为心境、激情和应激。

1. 心境

心境是一种微弱、平静和持久的情绪状态。它没有特定的指向性，不指某一特定对象，而是指使人们的整个生活都染上某种情绪色彩。心境具有弥散性和长期性的特点。弥散性是指当人具有了某种心境时，这种心境表现出的态度体验会朝向周围的一切事物。比如说，人逢喜事精神爽。当人遇到开心的事情时，看待其他事物都会带着积极的心态。再比如“感时花溅泪，恨别鸟惊心”。当人伤感的时候，看到花朵上的露珠都以为是花的眼泪，这就是把自己的情绪弥散到了其他事物上。长期性是指心境产生后要在相当长的时间内主导人的情绪。也就是说，心境持续的时间是比较长的，可以是几天，也可以是几个月。比如，小明拿到大学录取通知书已经两个月了，但是心情还是很开心。心境的特点是持续时间比较长，有弥散性，强度比较小，没有大的起伏。

2. 激情

激情是一种强烈的、爆发式的、短暂的情绪状态。激情状态通常是由对个人有重大意义的事件引起的，往往带有特定的指向性，伴随着生理变化和明显的外部行为表现。比如，范进中举。范进久考不中，突然听到自己考上的消息，马上行为癫狂，差点疯掉，就是处在一种激情状态中。处于激情状态时，人的认识范围狭窄，理智分析能力受到限制，控制自己的能力减弱，不能正确地评价自己的行动的意义和结果。然而，激情并不总是消极的，激情有时可以成为激励人们积极行动的巨大动力。一般来说，考试中选择激情的情况，无外乎狂喜、狂悲、绝望。

3. 应激

应激是出乎意料的紧迫情况所引起的急速而高度紧张的情绪状态。比如，司机在行驶中，看到前面忽然窜出个人来，从而紧急刹车，这就是一种高度紧张的应激状态。个体在应激状态下的反应有积极和消极之分。积极的反应表现为急中生智，及时摆脱危险境地，做出平时几乎不可能做到的事情。消极的反应则表现为惊慌失措、意识狭窄、正常处事能力大幅度下降。

三、情绪的功能

情绪分为积极和消极两类。积极的情绪就是快乐等让我们想要趋近的情绪，而消极情绪是愤怒、恐惧、悲伤等让我们想要回避的情绪。情绪是有功能的，每一种看起来消极的情绪都具有很积极的意义。比如最常见的愤怒。我们一般会在什么时候感到愤怒？我们常常会在别人的行为触及我们的利益、底线的时候感到愤怒，这个情绪能够让我们保护自己的权益。

宋代岳飞的《满江红·写怀》里的愤怒，饱含了词人收复故土的热切情怀："怒发冲冠，凭栏处、潇潇雨歇。抬望眼，仰天长啸，壮怀激烈。三十功名尘与土，八千里路云和月。莫等闲，白了少年头，空悲切！"如果片面认为消极情绪是糟糕的，是要逃离的，那我们不但看不到这些生动的文学作品，甚至连人性中最美好、光明的部分也会变得暗淡。

情绪如同身体的信号灯。如："害怕"是在提醒我们需要警惕危险；"焦虑"是在促使我们对即将来临的事情多做准备；"疲惫"是在促使我们停下来休息一会儿；"无聊"是在提示我们的需求没有得到满足；"失望"是在提醒我们放下期待，自我接纳；"悲伤"是在传递需要支持和安慰；"痛苦"是在指引我们朝着一个有价值的方向去改变。所以，积极探索消极情绪背后的功能有着十分重要的意义。

四、情绪的表达

在不同文化中，情绪的表达具有相当的一致性。保罗·艾克曼是一位研究表情属性的杰出学者。根据他的观点，所有人都拥有共同的"表情语言"。艾克曼和他的助手已经证明了达尔文最初的假设——存在一系列对于人类种系具有普遍性的情绪表达，可能因为它们是我们演化过程中与生俱来的成分。相当多的证据证明，这七种表情的识别具有世界普遍性，它们是快乐、惊奇、愤怒、厌恶、恐惧、悲伤和轻蔑。跨文化研究者要求来自不同文化的人们对标准化照片中的表情所表达的情绪进行识别，结果发现人们通常可以识别这七种情绪相应的表情。一个普遍的结论是，全世界的人们都会以相同的方式表达基本情绪，不管文化、种族、性别或教育的差异。

然而，艾克曼和他的同事并不认为所有的表情都具有普遍性，也不认为所有文化都以同样的方式表达所有情绪。实际上，情绪的表达受到脑和文化的共同影响。当一种特定情绪被唤醒时，大脑控制相应的面部肌肉做出特定表情。然而，在普遍的生物学之外，不同的文化会施加各自的影响。例如，日本人识别愤怒的能力要比美国人、匈牙利人、波兰人和越南人差。越南人在识别厌恶表情时要比其他国家的人差。文化建立起社会规范，以规定人们应该有哪些特定的情绪反应，以及特定成员的哪些情绪表达具有社会适应性。

【小结】

当代心理学家将情绪界定为一种躯体和精神上的复杂的变化模式，包括主观体验、生理唤醒、认知解释，以及行为表达。情绪具有心理和生理反应的特征。情绪是有功能的，每一种看起来消极的情绪都具有很积极的意义。积极探索消极情绪背后的功能有着十分重要的意义。当压抑某一种情绪的行为表达时，身体会承受着更大的冲击。压抑情绪不但不会让这个情绪消失，反而会让我们承受更多的情绪冲击。其实，情绪本身没有好坏、对错之分，它更多的是适应进化发展而来，是为了帮助人类生存。

大学生应该学习了解情绪，理解情绪的功能和意义。不抗拒每一种情绪，就不会因为愤怒、恐惧而自责，也不会过度压抑消极情绪。只有从抑郁情绪中看到正面的意义，才能真正放下并接纳自己，迈向健康和快乐。

【习题】

1. 根据心境的内涵，和好友分享一下自己最近的心境。

2. 观察你某位好友或室友的情绪状态，试着用主观体验、生理唤醒、认知解释和行为表达来描述。

第二节　大学生常见情绪

【导入】

中国自古以来就有关于情绪的讨论，可以概括为“情志学”。所谓“情志”，主要包括“五志”与“七情”。其中，“五志”是指“喜、怒、思、忧、恐”。《内经·素问》在《天元纪大论》中曰：“人有五藏，化五气，以生喜怒思忧恐。”“七情”由《内经》“五志”衍变而来。

关于“情”，不同的理论家给出了不同的解释。荀子最早对“情”做出理论界定，“性之好恶喜怒哀乐谓之情”。孔子在《礼记·礼运》中则将“情”划分为七种，曰：“何谓人情？喜、怒、哀、惧、爱、恶、欲，七情弗学而能。”而对情志与心身健康的关系，也出现了文献记载。《左传·庄公二十年》中有云：“哀乐失时，殃咎必至。”《管子·内业篇》也提出：“忧郁生疾。”这些论述可以认为是情志学说的零星散载，是情志学说发展形成的沃土。“怒伤肝，悲胜怒；喜伤心，恐胜喜；思伤脾，怒胜思；忧伤肺，喜胜忧；恐伤肾，思胜恐。”

情志学说在中国传统文化的影响下，运用朴素的古代哲学思想，在实践运用的基础上，形成了独具特色的系统理论和方法。

【互动设计】

题目：海浪与水草。

步骤 1：教师让学生两人一组，一人扮演海浪，一人扮演水草。海浪代表外在环境的力量，水草代表个人对环境作用的反应。海浪用手掌发力，冲向水草，水草随着波浪的力量摇摆。海浪可以尝试发出不同强度的力量，水草跟随海浪的力量体验外在力量带来的冲击。之后，两人可以互相交换角色体验。

步骤 2：教师引导：“环境常常不受我们控制，每天可能会遇到大大小小的外在冲击。大学生常常由于环境的改变和情感的挫折产生困惑，有时会陷入难过、悲伤的情绪。所以，学会表达情绪、转化情绪，用适合自己的方式来平衡情绪对大学生的心理健康尤为重要。首先，我们需要了解自己有哪些情绪，并如何影响着我们的生活。”

一、快乐

1. 快乐的定义

自从美国心理学家、积极心理学创始人塞利格曼认为过去几十年心理学充分研究了焦虑、抑郁、恐惧等消极情绪的病理模式，忽略了对积极情绪的研究和理解后，心理学迅速进入“积极时代”。心理学开始更多地关注积极情绪带来的益处。快乐是一种最常见的积极情绪。当一个人的需求、愿望得到满足，或者身心感受到舒适时，心理的紧迫感和紧张感解除，就会感受到快乐。快乐有强度的差异，开心、高兴、快活、愉悦、开怀、欢喜、欣喜若狂都是与快乐相关的积极情绪。

康奈尔大学的心理学家艾丽斯·伊森发现，当体验到积极情绪时，我们可能帮助他人，思维更具有灵活性，能想出问题的解决办法。

【内容拓展】

关于个体的心境对亲社会行为的影响研究有以下三种：

研究一：研究者在公用电话的找零处放置硬币，实验组放置了硬币，对照组没有放置。结果发现，发现了硬币的参与者更可能帮助他人拿书或者帮助他人捡起掉落的论文。积极情绪产生认知灵活性和创造性。

研究二：给来访者播放电影短片，这些短片可以分别唤起快乐、满足、愤怒、恐惧和中性条件，然后要求他们列出此刻想做的每件事情。结果发现，体验到快乐或满足的参与者，比中性和消极情绪条件下的参与者列出了更多想做的事情。积极情绪让我们有许多新的思想和行动，而消极情绪抑制我们的思想和行动。

研究三：弗雷德里克森和同事托马斯·乔伊纳，在相距5周的两个时间点、两个不同的场合，评估参与者的积极情绪和消极情绪。他们发现积极情绪可以帮助获取资源，保持一种活力，创造更多的资源。

2. 快乐的基础

快乐，往往是源于我们获得了一些满足。研究表明，多巴胺与快乐情绪有关。在一个实验中，研究者让猴子完成一系列实验任务。任务结束后，实验者会给猴子几滴果汁作为奖赏。此时，它们的神经元会分泌大量的多巴胺，猴子们很快乐。研究者在滴果汁之前给予一个灯光刺激，久而久之，猴子们会把果汁和灯光建立起条件反射的联系。只要灯光一出现，猴子的神经元就已经开始剧烈分泌多巴胺，而在真的果汁到来时，神经元的工作反而没有那么猛烈了。猴子们从对即将到来的果汁的向往中体验到的快乐甚于真正得到果汁的快乐！

我们对快乐事件的预期让我们更快乐。在现实生活中，你和喜欢的人约好了要见面，你可能感到非常开心、兴奋，在见面前，你的快乐已经达到峰值，见面后，反而快乐没有那么强烈。所以，这也让我们学习到，过程非常重要。追梦的过程也许比追寻到了梦更加让人回味。也许，我们对魂牵梦萦、念念不忘的人和事，不断去努力追逐，这个过程是最美、最快乐的。

【内容拓展】

享乐适应是指人们会逐渐习惯生活中的美好事物，恢复到平常的快乐水平。例如，让一群人来评估自己的快乐程度，这群人中包括了一年中获得5万元到100万元奖金的彩票中奖者。最终调查结果发现，彩票中奖者在中奖一开始比一般人快乐，但很快快乐水平就会恢复到正常水平。类似享乐适应的，还有满足适应。对于千辛万苦做出的选择，人们很快就会适应，觉得不过如此。这可能是一种保护机制，防止外部刺激对我们的内部状态产生太大影响。运用此效应可以解释很多现象。如果要有意识地延长快乐，我们就要保持感恩和多样化。感恩，即有意识地让自己心怀感激、感谢；多样化是指尝试不同的事情。

3. 快乐的功能

快乐对我们的好处多多，但并不提倡无时无刻去制造高浓度的快乐。在更多的时候，轻微的愉悦、满足、平静更能够让我们专注于工作和学习。有的学生会担心，追求快乐是不是享乐主义。中国古话说乐极生悲，大概就是指过度的快乐可能会导致得意忘形，做出不利的判断。享乐主义只在意当下的快乐，比如每天花很长时间打游戏，到了期末发现荒废了学业。因此，不能只看当下的、短暂的快乐，而应该追求长久的、深远的快乐。什么是长久、深远的快乐呢？是意义和快乐的组合。

比如一些学生做志愿者工作，整个过程并不是只充斥着快乐，而是有辛劳、挫折感等各种滋味。但是志愿者工作带来的意义不同于玩一个游戏、看一个剧，它会带来一些意义深远的成长。所以很多学生在回想自己的志愿者生涯时，会由衷地感到快乐，但是在回想自己昨天玩游戏的过程，却没有快乐的感觉，甚至在结束游戏的那一刻，还会体验到空虚和内疚。

对于快乐，大学生要看到它的积极效益。同时，大学生也要明白不能为快乐而放弃其他美好的东西，比如对意义感的追求。对于大学生来说，学会从自我提升中、从意义的升华中、从助人中获得更深层次的快乐，是我们成长的重要方面。

二、抑郁

1. 抑郁的定义

抑郁是一种持续的、弥散的情绪低落，甚至伴有一些“没意思”“不感兴趣”“没劲”的想法。目前，流行的“丧文化”和抑郁情绪有类似之处，指消极、没精神、懒散的状态。

比如，黛玉、宝钗和宝玉是同一个班级的大学生。某天，黛玉一人走在路上，看到宝玉迎面走来，黛玉开心地想跟宝玉打个招呼，结果发现宝玉四处张望，视线扫过自己，然后左转、拐弯了。黛玉感受到了失落，不断纠结：宝玉怎么假装没看到自己呢？是不是我不招人喜欢？还是我做错了什么？宝玉厌弃我了？如果换作宝钗，她估计会想：难道宝玉又睡懵了吗？

黛玉体验到的失落就是一种抑郁情绪，抑郁情绪的主观体验并不单一，包含着悲伤、忧郁、消沉、悲惨、沮丧、低落，甚至与焦虑、恐惧、愤怒、烦躁、绝望相伴。生理上，大脑中神经递质的水平降低了。在认识解释上，黛玉把宝玉的反应归咎于自己。在行为上，黛玉会哭泣，她的食欲、睡眠会受到一定的影响。

【内容拓展】

神经成像研究发现，抑郁者至少有四个脑区的变化：前额叶皮层、前扣带回、海马和杏仁核。

许多研究表明，重度抑郁者的前额叶，尤其是左侧前额叶，新陈代谢水平降低，灰质体积减小，且左侧前额叶皮质脑波活动较低。前额叶皮质与注意、短时记忆、计划和新问题解决有关，左侧前额叶皮质与目标导向及动机有关。前扣带回是前额叶皮层的一个分区，与应激反应、情绪表达、社交行为等有关。

海马与记忆、恐惧等情绪有关。抑郁症患者的海马体积较小、新陈代谢活动水平低。心境障碍者的杏仁核增大，活动水平增加，可能导致人们将注意力集中于负性的或导致情绪唤起的信息，并反复思考消极记忆和环境的负性方面。

抑郁障碍个体大多皮质醇和促肾上腺素皮质激素释放水平偏高，并且在应激源发生后难以回到正常功能水平。长期暴露在过度的皮质醇中可能是造成抑郁者海马、前额叶皮层和杏仁核体积减小的原因之一。去甲肾上腺素、5-羟色胺以及影响程度较低的多巴胺，集中于影响睡眠、食欲及情绪加工有关的边缘系统，对抑郁的影响较为复杂。

2. 抑郁情绪与抑郁症

抑郁情绪是一种可以自我恢复的情绪低落状态，几乎会在我们每一个人身上出现。我们在遭遇挫折时，可能会在一段时间持续地感到悲伤、难过甚至自责、懊恼，感到抑郁。抑郁情绪也会起到自我保护的功能。比如，小林只要放假回家就会不洗脸、不换衣服，什么都不想做，情绪也会莫名低落，对什么事情都不感兴趣。但小林只要在学校，就会非常自律地安排自己的学习和生活，会把在校时间排得满满的。其实，小林假期里类似抑郁的状态，是一种自我保护，就像手机的节能模式。生活中一些看起来“不重要”“非必须”的休闲活动，却是让我们快乐、“充能”的事情。倘若生活总是干巴巴的状态，快乐越来越少，就可能从抑郁的情绪滑向抑郁症。如果你因为持久、长期的抑郁状态担忧自己是否得了抑郁症，就需要去医院的精神科或者心理门诊进行诊断，一旦确诊就需要积极地去接受科学的药物治疗和心理治疗。

【内容拓展】

在诊断标准中并没有“微笑抑郁症”的分类，然而近年来，这个提法被大众广泛接受和认可。微笑抑郁症是患者表面上看上去快乐、愉快，但是内心感到抑郁。与一般抑郁症相比，微笑抑郁症重点强调患者社会功能良好，患者将内心真实的体验、感受甚至痛苦隐藏起来，以“微笑”“快乐”的表现应对外界，朋友、亲人可能无法觉察和理解患者内心真实的痛苦。常见的观点包括：个体因为社会期待不得不保持微笑的状态，像带上了微笑的面具；个体习惯于讨好别人，压抑自己的需要和真实的感受；个体在独处时感受到持续的抑郁。

【内容拓展】

每年只有大约60%的抑郁症患者会寻求治疗，且往往都会在症状开始后才寻求就医。抑郁症的生物治疗大部分为药物治疗，同时也有部分人会接受电休克治疗（ECT）。药物治疗常用药物包括：选择性5-羟色胺再摄取抑制剂，如百忧解；选择性5-羟色胺-去甲肾上腺素再摄取抑制剂，如欣百达；去甲肾上腺素-多巴胺再摄取抑制剂，如安非他酮；三环类抗抑郁药，如安拿芬妮；单胺氧化酶抑制剂。选择使用哪种药物取决于医生的职业判断和患者对副作用的承受程度。

抑郁症的心理治疗包括行为治疗、认知行为治疗、人际治疗、人际和社会节奏疗法，以及家庭焦点疗法等。有研究发现，不同的疗法差别较大，但是疗效差异不大。更好的效果预期是将心理治疗和药物治疗相结合的方法。在持续性抑郁障碍、抑郁症复发等相关的研究中，这一预期得到了验证。

三、焦虑

1. 焦虑的定义

焦虑通常是指对不确定的对象担忧、恐惧引起的一系列身心反应。焦虑的人会感到心跳加速，可能还会有胸闷、手心出汗、肠胃不舒服、身体僵硬等生理上的不适。焦虑也不是单一的主观体验，可能由紧张、害怕、担忧、悲伤、愤怒、害羞、自责、兴趣、恐惧、羞愧等情绪混合而成。适度的焦虑是有益的，可以推动行为，警惕风险，同时能够促进人与人之间的分享和互动。一些学生喜欢观看紧张刺激的电影，或者体验攀岩、探险等活动，其实也是喜欢那种适度的紧张和恐惧感带来的身心活跃。然而，过高的、不符合实际的焦虑会给我们的身心带来负担，同时会阻碍我们前行。所以，我们需要科学地调节焦虑。

当焦虑是不现实的、过度的，且持续时间较长时，个体可能达到焦虑障碍的诊断标准。例如，时常担心自己患了重大疾病，反复去医院检查，就算医院检查不出问题，也无法消除自己的担忧时，这就是过度焦虑的问题，可能需要进行调整甚至治疗。

【内容拓展】

在面对威胁性应激源时，人类在进化过程中发展出了战斗或逃跑反应。这是一组生理和心理反应，有助于与威胁抗争或者逃跑。该反应的生理变化来源于下丘脑控制的自主神经系统和肾上腺-皮质系统两个系统的激活。

当威胁来临，下丘脑首先激活自主神经系统的交感神经，肝脏释放额外的糖分给肌肉供应能量，新陈代谢加快，心率、血压和呼吸频率上升，肌肉变紧张。下丘脑通过释放促肾上腺皮质激素释放因子激活肾上腺皮质系统，指示垂体分泌促肾上腺皮质激素，刺激肾上腺，分泌以皮质醇为主的30多种激素，每种激素在紧急情况下对身体调节起作用。当威胁消失后，激素指示海马抑制激烈的生理变化。

2. 焦虑的类型

对于大学生来说，最常见的焦虑应该是对考试的焦虑。考试焦虑是在考试这个特定情境中产生的一种焦虑状态，包括考前焦虑、临场焦虑和考后焦虑。如果焦虑十分强烈，还会伴随着生理反应，比如心悸心慌、手抖、胃肠道的反应、失眠等。适度的焦虑能够推动我们为考试做更充分的准备，促进我们为提升考试成绩而努力。但当焦虑超过一定的限度，会阻碍我们的现实表现。此时，我们需要对考试焦虑进行调整。考试焦虑的发生原因各有不同，包括考试失误、成绩不理想的过去经验，看重考试成绩，对考试焦虑本身的焦虑，家庭对我们的“期待”等。

另外，大学生常见的焦虑类型还包括社交焦虑，也就是人际交往会诱发紧张、担心。严重的时候，会导致社交回避，甚至影响正常上课。存在社交焦虑的个体往往对社会交往表现有很高的要求，例如：要求自己的社会交往表现受到所有人好评，关心交往中自己行为的消极方面，苛责评价自己的行为表现；倾向于留意潜在威胁的社交线索，并对这些线索进行自我挫败方式的错误理解。在行为上，存在社交焦虑的个体会采取一些“安全行为”来减少焦虑，比如回避目光接触或者回避社交互动；在社交互动前过度排练自己可能要说的话和遇到的情境。其实，几乎所有的大学生面对不熟悉的人，或当众发言时都会有点紧张和担忧。大家可以卸下心理包袱，不要因为一出现紧张就给自己贴上标签。同时，大家还应去除“聚光灯效应”带来的影响（简单来说，聚光灯效应就是指人们往往高估注意自己的人数），调整自己不合理的认知，从而越发从容。

四、愤怒

1. 愤怒的定义

愤怒也是大家经常体验到的情绪，可以说，既是老朋友，也是“敌人”。愤怒的体验大家想必也非常熟悉，比如在生理上，脸色发红，身体出汗，坐立不安，咬牙握拳，双肩发紧，呼吸变快，心跳加速，头胀头痛……具体到每个人身上，愤怒的体验又略有不同。形容蔺相如愤怒是怒发冲冠；形容黛玉的话，则是“只见林黛玉蹬着门槛子，嘴里咬着手帕子笑呢”——这个咬字，很生动地刻画出黛玉在生气时的状态。愤怒通常由失败、伤害、威胁或遭遇不公正引起。

2. 愤怒的功能

当愤怒到一定程度，可能会导致言行失控，甚至引起暴力，对环境、周围的物体、他人、关系带来破坏性的损害。但从情绪本身来看，愤怒没有好坏之分，重要的是我们用什么样的态度对待它，以及学会如何驾驭它。

研究发现：处于愤怒中，似乎让人们对未来抱有更多期待。处于愤怒状态的被试者更相信未来是可控的，凡事都会有好的结果，更相信冒险能够带来回报。所谓群情激愤，愤怒很容易让人们联合起来，共同去对抗、对峙不公正、不合理现象。辛亥革命、五四运动，其中一项推动的力量就是我们的先烈们对封建主义、帝国主义、殖民主义的愤怒。这使先烈们团结起来，为国家的独立、人民的幸福、共同理想的实现而反抗斗争。

【案例】

司马迁在《史记·廉颇蔺相如列传》中写蔺相如带和氏璧出使秦国，秦昭王妄图毁约时，“相如因持璧却立倚柱，怒发上冲冠”。后人由此总结出成语“怒发冲冠”，形容极端愤怒。这个故事很有意思，在大众的观点中，愤怒常常是和失控联系在一起的，好像在我们特别愤怒的时候，我们会无法控制自己的言行从而伤害他人或者自己。但是在这个故事里，蔺相如虽然怒发冲冠，但是很好地实现了自己的目的——逼迫秦昭王履行承诺。愤怒被蔺相如很好地运用了。

3. 愤怒的体验与表达

愤怒的体验和表达是两回事。对愤怒情绪的体验是主观的感受，可以用多种方式表达。比如，一般的情侣、夫妻因为愤怒而争吵得不可开交，可能会有损关系，但有的伴侣关系并不因争吵而被破坏，这是因为以适当的方式表达愤怒，反而会加深关系，促进彼此之间的理解。所以，合理的运用愤怒也是一种极为巧妙的方法。

那么怎么让愤怒的力量为我们所用，而不做出失控的行为呢？告诉自己“不要生气”、默念“我要把怒火憋住”等压抑的方法并无益处。研究发现，发怒和生闷气、压抑愤怒都会对健康造成严重后果，更容易患支气管炎和心脏病。因此，我们要用建设性的方法去疏导愤怒。

【互动设计】

讨论：愤怒时，我们会明显感受到身体的变化。那么，我们是否有可能通过改变身体感受来改变愤怒，例如调整呼吸、改变身体温度等方式？

4. 与愤怒共舞

首先，我们要觉察和理解自己的愤怒。其次，我们要给自己一些空间去释放愤怒，以问题解决为导向理性面对。愤怒时，热血上头，做出言语或行为上的攻击反应并不能解决问题。当意识到生气时，我们要有意识地停下来，花一点时间去体验这种情绪。或者我们可以暂时离开一会儿，等心情平复后再回来沟通。最后，对事不对人，不过度解读，不“加戏”。过度解读可能会导致看不清楚真实的状况。

总之，如何更好地面对自己的愤怒情绪，没有标准答案，需要我们在实践上不断探索，形成自己的方式。

【互动设计】

想象愤怒像一栋十层楼的房子，每一层代表了不同的强度。例如：一楼代表可以完全控制这种愤怒；十楼代表十分愤怒，完全失控。

回忆或设想一个遇到的情境，在这个情境中，你体会到愤怒。那么感受一下这个愤怒在大楼的第几层，在纸上画出你的表情，写下当时你想说的话，并思考以下问题：

（1）你当时是处于消极状态中，还是积极状态中？

（2）你说出这个话的目的是什么？

（3）要怎么做，你才能保持冷静，恰当地处理当时的情境？

写下你的方法并在组内进行分享。你可以邀请组内小伙伴一起来出主意，思考不同的方法是否会有不同的效果。

完成全部讨论后，小组派代表在班级中分享感受和体验。

【小结】

本节主要介绍了快乐、抑郁、焦虑和愤怒四种大学生的常见情绪。当我们对现状不满意、期待有更好发展时，可能会产生消极情绪。但每种情绪都有其适应性功能。所谓“过犹不及”，这几种情绪如果超出能够调节和应对的情况，就有可能转化为症状。

除了以上四种常见情绪，大学生还有许多其他情绪。管理情绪的第一步就是识别这些情绪，觉察它们出现和发展变化的规律。大学生应尽量发展自己，改善现状，适应环境，获得满足感、成就感以及内心的平静。

【习题】

1. 在日常生活中，你常常因何事而感到快乐？请重视快乐的价值，并罗列一份快乐清单。第一，这份快乐清单的事项不能超出你的能力范畴，最好是能够随时做的。第二，快乐清单的事项不能具有危害性的后果，比如喝酒。

2. 芳芳习惯早睡早起，总是在晚上 10 点半就寝，在早上 6 点半起床出门吃早饭、晨读。她的室友琳琳作息时间恰恰反过来，晚上 10 点多回寝室还会跟男朋友打视频电话。芳芳多次跟琳琳沟通，希望琳琳不要晚上在寝室打视频电话，然而琳琳表示，只有晚上 10 点以后才是她和男朋友都有空的时间。对此，芳芳非常愤怒，觉得琳琳完全不顾他人的感受、自私极了。一次，两人吵架，芳芳一怒之下把椅子推倒在地。冷静下来，芳芳觉得自己有点失控了。你如何理解芳芳的愤怒？该如何帮助她？

第三节　塑造积极健康的情绪

【导入】

致力于研究积极心理学的巴巴拉·弗雷德里克森教授提出关于积极情绪的扩展和建构理论。他认为积极情绪能够拓展人的瞬时知行能力，建构和增强人们的个人资源。“把你自己想象成春天里的一朵花，你的花瓣聚拢，紧紧围绕着你的脸。如果你确实还可以看到外面，也只有一点点光线。你无法欣赏发生在你身边的事情。然而，一旦你感受到阳光的温暖，情况就变了。你开始变得柔软。你的花瓣放松，并开始向外伸展，让你的脸露了出来，并拿掉了你精密的眼罩。你看见的越来越多，你的世界相当明确地扩展着，可能性不断展开。”这段富有诗意的话描述了作者的积极情绪的“扩展和建构”理论的核心内容，你的积极情绪如同那使得花开、使得花灿烂的阳光一样，给你的人生带来更多的可能性与开放性。

美国卡耐基梅隆大学的科恩博士进行了一项有趣的研究，他发现积极情绪可能提高人们对普通感冒的抵抗力。研究招募了 334 名身体健康的志愿者参加。首先，这些志愿者需要在 3 周之内在 7 个随机挑选的晚上接受电话访谈。志愿者在电话中向研究者描述他们这一整天的感受，描述对 3 类积极情绪——欢欣、舒适和平静，以及 3 类不良情绪——抑郁、焦虑和敌意的感受程度，并用“0~4”进行评定（0

表示完全没感觉，4 表示充分感受）。结果发现在积极情绪上得分低的人患感冒的可能性是得分高的人的 3 倍，而在不良情绪上得分的高低对是否患感冒没有影响。

经研究证实的引发愉快心情的因素有体育活动、音乐、接受礼物、良好的室内环境、好的天气、亲密的身体接触（如拥抱）、社交聊天。

【互动设计】

教师可以用《蛤蟆先生去看心理医生》中的一段描述，让学生了解什么是“情绪温度计”，并让学生用这种方法去量一量自己的情绪温度。这段描述如下：

苍鹭医生让蛤蟆先生想象一个“情绪温度计”。这个温度计有 10 个刻度，最低为 1，代表情绪最糟糕、绝望的程度；中间的 5 代表还可以；10 表示非常愉悦。蛤蟆先生选择了 1 和 2 之间。这已经非常糟糕了。在苍鹭医生的追问下，蛤蟆先生承认自己三个月前曾经想自杀。现在虽然好一点儿了，但总是感觉活着没意思，也没什么价值，一辈子混吃等死而已，甚至还是别人眼中的笑话！说着，蛤蟆先生突然抽泣起来。苍鹭医生用手按了一下他一起一伏的肩头，递给他一张纸巾。蛤蟆先生用纸巾擦了一下眼泪，抑制住哭泣，接着说：“有时候我的情绪也会好起来，想做点什么，但很快情绪又低落下来，陷入悲伤沮丧之中，我根本无法控制。”

教师总结：“这本书可以让大家较好地了解心理咨询是怎么回事。其中提到的情绪温度计是一个好方法，如同我们每个人家里会备一支体温计，我们不妨把情绪温度计也放在心中，一旦感觉情绪‘发烧’了，赶紧拿出来量一量，看看自己的情绪刻度是多少。使用这个情绪温度计的目的是让我们有意识地把自己内心的感受真实呈现出来，这样有助于我们进一步了解自己，从而做出相应的调整。”

一、情绪的自我调适

大学阶段是人生的第二个“心理断乳期”，是一个非常关注自我，注重个性表达，情绪体验丰富，情绪波动起伏的时期。如果大学生能对情绪进行自我调适，将有利于提高自己身体的灵活性和心理的弹性。大学生情绪管理这个概念最初是由美国哈佛大学心理学博士丹尼·戈高尔曼在其重要著作《情绪智商》中提出的，具体是指通过研究个体与群体对自身情绪和他人情绪的认识、协调、引导、互动和控制，充分挖掘和培植个体与群体的情绪智商、培养驾驭情绪的能力，从而确保个体和群体保持良好的情绪状态，并由此产生良好管理效果的一种管理手段。情绪的自我调适包含以下几个步骤：

1. 识别情绪

在互联网盛行的今天，大部分人习惯了用笼统的形容词来表达自己的感受，比如，“心情不好”“有点迷”“丧”，或者干脆用外在行为反应来替代情绪感受。还有很多人习惯于说自己的想法，而不是感受。

当人们可以准确地识别出自己的情绪时，就是在运用大脑皮层整合来自更原始的信息。古话说：“一朝被蛇咬，十年怕井绳。”井绳这个视觉图像瞬间传入大脑时，诱发的恐惧情绪可以让我们在没有意识的情况下做出反应。我们可能会跑开或者跳起来。这种迅速的、无意识的反应可以给我们最大的求生机会，但在现代社会会给我们造成很大的情绪困扰。由于缺乏对情绪清晰的认识，我们很容易被情绪淹没、裹挟、控制。当我们能够更好地识别出自己细微的情绪并能面对这些情绪时，大脑皮层会帮助我们整合，平衡我们原始的反应。

在生活中，很多人都有这样的体会。当我们被一股强烈的情绪淹没时，如果能仔细地把自己的体验识别出来，并能对别人清楚地讲出来，比如“我觉得很难受”“我感到胸口被一块石头压住”，我们就会感到释放。哪怕对方什么都不说，我们也会觉得感觉好多了。

大学生还可以通过对情绪的强度进行评分，用量化的方式来精确地识别和评估自己的情绪感受。比如，明天要参加一个面试，你感觉很焦虑。你可以用 0~10 分进行评分，0 分代表完全没有任何焦虑，10 分代表最强烈的程度。你可以通过评分加强识别的准确性。

2. 接纳情绪

一个小孩子摔了一跤，很痛、很害怕，他很想哭。这个时候，父母会说：“哎呀，不哭不哭，不痛不痛，我是个勇敢的孩子。”孩子可能会想：可是，明明就很痛，明明很想哭，但父母要我勇敢。这时，孩子内心真正的感受和情绪是不被接纳的，他的心里就会产生迷茫和感到不被理解。

接纳情绪就是被理解、被认可、被鼓励。在被别人理解之前，我们应先了解自己的情绪，认可自己的情绪。情绪如水，我们希望不沉溺于“情绪”，能在“情绪”中自由活动，那么就要信任和接纳情绪。越是抵抗，就越会被淹没。比如，明天要演讲，而你对公开演讲感到恐惧，往往就会抗拒这样的情绪。在恐惧情绪里，你会对自己的恐惧生气、厌恶，甚至想要不顾一切地消除这种情绪，包括通过吃东西、转移注意力等各种方式来消除它。你还会打击自己，责怪自己为什么会恐惧。越和恐惧“打架”，就越精疲力竭。所以，对待情绪，需要放松和接纳。我们应允许自己体验任何情绪，慢慢放松下去，去看看情绪传达了什么信息，不被情绪淹没。

3. 调整不合理的认知

认知对情绪有很大的影响。“退一步海阔天空”就是在讲思维方式对人情绪状态的影响。美国心理学家埃利斯创建的情绪 ABC 理论，是对认知如何影响情绪的系统论述。埃利斯认为激发事件 A（activating event 的第一个英文字母）只是引发情绪和行为后果 C（consequence 的第一个英文字母）的间接原因，而引起 C 的直接原因则是个体对激发事件 A 的认知和评价而产生的信念 B（belief 的第一个英文字母），即人的消极情绪和行为结果（C）不是由于某一激发事件（A）直接引发的，而是由于经受这一事件的个体对它不正确的认知和评价所产生的不合理信念（B）直接引起的。

在现实中我们可以发现，当一个人的观念、想法比较极端、非黑即白的时候，他的情绪可能也会大起大落。中国文化讲求中庸、中正平和。这恰恰是我们调整情绪的一个非常重要的方法。不合理的认知大体可以分为以下九类：

（1）非黑即白：绝对化的思想，用二分法看待事物。有这种思维陷阱的个体认为事情只有一个绝对的结果，只有对与错、是与不是，不存在中间状况或其他可能性。

（举例：我没有获得一等奖学金，我什么也不是，我很失败。）

（2）选择性提取信息：在评价他人、自身或一件事时，仅看到事物的消极面，忽视其他正性或中性信息。有这种思维陷阱的个体将注意力过分集中在消极事物上，不看整体。

（举例：我身材不好，学业成绩不突出，朋友不多。我没有一样值得骄傲的东西。）

（3）以偏概全：在对人对事做判断和推论时，以局部代替整体，不是“就事论事”，而是“就事论人”。有这种思维陷阱的个体，往往在依据不足的情况下就得出一个广泛的消极结论，该结论远远超过事情本身。

（举例：我问室友要一门课的复习资料，他没有发给我。我觉得他太自私了，大学里的人际交往都是功利的。）

（4）贬低正性信息：在评价他人、自身或一件事不合理地缩小积极面，对正性信息总会打个折扣。有这种思维陷阱的个体常常倾向于把成功或正性经验归因于他人或外在，会认为不值一提。

（举例：这个项目做得好，只是因为我运气好，其他人配合。）

（5）揽责上身：认为别人感觉不好或事情进展不顺都是因为自己的原因，觉得自己应该负责任。有这种思维陷阱的个体在问题出现时，都会认为是自己的错，而不考虑和分析事情的始末和多种因素的影响。

（举例：他生我的气都是因为我做得不好。）

（6）“读心术”：在没有获得更多信息时，就相信自己知道别人内心的想法，认为自己懂别人的心思，不去考虑其他可能性。有这种思维陷阱的个体往往会负面揣测他人对自己的评价或他人的动机等。

（举例：课堂发言时，你认为自己有回答错误的地方，就认为“同学们心里肯定在嘲笑我，觉得我很傻”。）

（7）灾难化未来：不考虑其他可能性就消极地预测未来，认为事情会变得更糟。有这种思维陷阱的个体在碰到不如意时，第一个念头就往坏的方向想，并把事情的严重程度夸大至“灾难化”的地步。

（举例：我这门课考试不及格，我的大学没希望了，我整个人生都完了。）

（8）绝对化的要求：对自己或别人设定了应该或必须怎么做的规则。有这种思维陷阱的个体在对待自己和他人的要求方面常常缺乏弹性，不够灵活，也不能因情境变化而变通。

（举例：我对朋友肝胆相照，朋友也应该如此对待我。）

（9）贴标签：不顾实际情况如何，给自己或别人下确定的、概括化的结论。

（举例：那个人一无是处。）

学生通过学习以上不合理认知的类型，可以帮助自己学会反思，回归客观现实，能多角度、多方位地理解问题；联系马克思主义哲学，用更加辩证的方式看待问题，用整体而非割裂的方式看问题，理解事件的发生是多因素综合作用的结果，寻找解决问题的出路，进而消除消极情绪。

【课程思政】

中庸是中国古代哲学思想上的一个重要内容。孔子说："中庸之为德也，其至矣乎。"作为标准的"中"不是一成不变的，而是随着时间和条件的变化而变化的。不少哲学家在用"中"时，所采取的方法是"叩其两端"，并通过这个手段，达到用中道的目的。

中庸思想主张维持质的稳定性，并不是我们所谓的折中主义。中庸的中心思想并非现代人所普遍理解的中立、平庸，而在于修养人性。中庸思想涉及学习的方式：博学之，审问之，慎思之，明辨之，笃行之。中庸思想涉及儒家做人的规范，如"五达道"（君臣也，父子也，夫妇也，兄弟也，朋友之交也）和"三达德"（智、仁、勇）等。中庸之道的总原则：恪守中道，坚持原则，不偏不倚，无过无不及。中庸所追求的修养的最高境界是至诚或称至德。当然，古代推崇的中庸思想也存在时代的局限性，在一定程度上把人们的行动与言行束缚在等级制度和道德模式中，要求既无过也无不及。

当代大学生学习中庸思想中的一些原理，可以很好地化解极端化、片面化思维，而中庸之道所提倡的慎思、明辨、笃行和本节所涉及的自我反思、调整不合理认知、调整不良行为是一致的。

4. 改变不良行为

不良行为会对情绪健康造成危害。比如长期熬夜会导致易怒，暴饮暴食会容易让人有自我厌恶的情绪。大量的个案研究显示，长期沉迷于网络游戏的学生，会体验到很深的内疚感。但由于想要回避这种情绪，他们又会通过打游戏来逃避内疚感，进而形成恶性循环。大学生涯非常宝贵，学生要积极养成良好的行为习惯，不断改善不良的习惯，让自己的行为习惯和情绪处于良性循环。行为的改变也会影响内在的体验。学生需要不断地练习，夯实新的情绪反应模式，形成更健康的情绪应对方式。

改变不良行为的一个好办法是用良好的行为替代不良的行为。学生可以建立一个活动安排表，为自己添加一些健康的、令人愉悦的、有意义的活动，并有意识地减少那些让自己健康状况变差、抑郁和焦躁程度增加的活动，比如逃课睡懒觉、长时间玩手机、坐着发呆等。学生通过有意识地增加良好的行为，就能夯实情绪的基础，不仅改善了情绪，还可以增强掌控感和自我效能感。

需要注意的是，有些活动虽然可以暂时让人愉快，但从长期的角度来看有损身心健康；有些活动可能会让人有些抵触，比如有氧运动，但只要坚持做就会产生快乐的感觉，达到身心放松的效果；有些活动虽然很好，但做得太久也会耗费心神，比如伏案读书。所以，学生可以从愉悦程度、健康程度和意义程度分别进行评估，并根据自己的实际情况进行安排。不同类型的活动可以交错着进行，比如繁重的学习任务和放松休息。

二、积极情绪的培养

情绪对我们生活的影响无处不在，影响我们的身体健康、工作和学习的状态，也影响我们与他人的关系。“积极心理学之父”马丁·塞利格曼在《持续的幸福》一书中提出的 PERMA 理论就谈到幸福有 5 个元素：积极情绪（positive emotions）、身心的投入（engagement）、人际关系（relationship）、有意义的生活（meaning and purpose）、成就（achievement）。其中，积极情绪就是构成幸福的重要元素之一。积极心理学认为，积极情绪也可以通过一些方法来创造。

积极情绪是快乐（或愉悦）的元素，包含了主观幸福感的所有常见因素：高兴、狂喜、舒适、温暖等。人的思维能力是受情绪影响的。同样，思维能力也是情绪的外在反映。比如，同等智商水平的学生，根据出示卡片上的名称，选择按下相应的物体按钮，情绪好的学生的反应速度更快。这说明积极的情绪有助于激发人的思维能力，从而有助于创造力、想象力的培养。

北卡罗来纳大学心理学教授芭芭拉·弗雷德里克森在她的专著《积极情绪的力量》中列出了积极情绪的 10 种形式：喜悦、感激、宁静、兴趣、希望、自豪、逗趣、激励、敬佩、爱。她专门探讨了增加由衷的积极情绪的 5 种方法。具体如下：

1. 找到生命的意义

在你的日常生活中，要更加频繁地寻找积极的意义。在生活中发现好的方面以及由衷地强调积极意义的机会，是始终存在的。消极情绪并非来自人们遭遇的不幸，而是来自人们如何看待不幸。当你将不愉快甚至是悲惨的境况以积极的方式重新定义时，你就提高了自己的积极情绪。

研究亲人亡故后人们的情绪波动的科学家发现，体验到交织在悲伤中的某些积极情绪的人们从悲伤中恢复得更快。有的人通过回顾亡故的亲人的良好品质来培育自己的积极情绪，有的人通过珍惜来自健在的亲人的关照来提升自己的积极情绪，有的人则通过恢复自己的日常生活或帮助他人来重新点燃自己的积极情绪。

2. 梦想未来

提高积极情绪的简单方法之一，就是更加频繁地梦想你的未来。为自己构想最好的将来，将美好未来形象化，能够让你把自己每天的目标和动机与自己的梦想相契合。

3. 利用优势

调查结果表明，每天都有机会做自己最擅长的事情的人，更容易在工作与生活中取得成功。确定自己的优势，并据此重新制定你的工作与日常生活流程，重塑自己。由此产生的积极情绪的提升，既明显又持久。这是积极心理学早期的重大研究成果之一。

4. 与他人在一起

没有人能孤立地发挥自己的全部潜能。人们通过与他人相处，可以获得更多的积极情绪。每个积极的人都与密友及家人有着温馨又可信赖的关系。与消极的人相比，积极的人每天与自己亲近的人相处的时间更多。

无论你是否性格外向，每天都要与他人建立联系。科学实验表明，当你和别人在一起的时候，即使你只是假装外向，也会表现得更大胆、健谈、自信、充满活力，你就能从中获得积极情绪。科学研究还表明，培养对他人的关爱，培养自己的温和性情和同情心，你也会从中获得更多的积极情绪。

5. 享受自然环境

在一个人获得积极情绪的环境因素中，自然环境可能与社会环境一样重要。因此，在明媚的好天气外出也是提高你的积极情绪的简单方法。在春季和初夏，每一个在好天气里在户外至少待上20分钟的人，积极情绪都不同程度地增加了。

全球心理学研究机构的大量数据表明，人类的情绪会触动和改变他们生活中的许多方面。人类所拥有的对自身情绪的控制能力远超过自己的想象，所以，人们有能力促进自身的成长，使自己达到较佳的机能水平，并按照自己选择的方向来掌握和驾驭自己的生活。

【互动设计】

题目：感恩拜访练习。

目的：感恩让生活更幸福，更满足。对人生中美好事物的回忆能让我们身心获益。同时，表达感激之情会加深人与人之间的关系。这个练习将引导学生体验表达感激之情的方式和历程。

步骤1：教师让学生闭上眼睛，想出一个依然健在、言行让他们的人生变得美好的人；邀请学生给这个人写一封感谢信。在信中，要明确地回顾他为你做过的事，以及这件事如何影响到你的人生；让他知道你的现状，并提到你是如何经常想到他的言行的；尽量写得真诚、动人。

写完这封感谢信后，教师可以引导学生试着把信的内容通过电话或者登门拜访的方式告诉他，以充分表达感谢之情。在这个过程中，学生应留意自己的反应。

步骤2：在下次课的时候，小组分享彼此的感受。

【小结】

情绪的自我调适是指通过研究个体与群体对自身情绪和他人情绪的认识、协调、引导、互动和控制，充分挖掘和培植个体与群体的情绪智商、培养驾驭情绪的能力，从而确保个体和群体保持良好的情绪状态，并由此产生良好管理效果的一种管理手段。情绪的自我调适方法包含识别情绪、接纳情绪、调整不合理的认知、改变不良行为四个步骤。幸福不仅仅是一种感觉，也不是一种简单的快乐，它有更为丰富的内涵。北卡罗来纳大学心理学教授芭芭拉·弗雷德里克森在她的专著《积极情绪的力量》中列出了积极情绪的10种形式：喜悦、感激、宁静、兴趣、希望、自豪、逗趣、激励、敬佩、爱。她专门探讨了增加由衷的积极情绪的5种方法。

大学生会经历很多事情，这些事情或多或少会让他们体验到情绪的变化。大学生有能力促进自身的成长，使自己达到较佳的机能水平，并按照自己选择的方向来掌握和驾驭自己的生活。其实，任何情绪调节的方法是否能够起到作用，还需要我们不断坚持练习，将新的方法整合到我们的知识体系中，形成新的自动化反应。

【习题】

1. 花花是大一新生，进校一个月后，在加入社团的过程中遭遇了波折。在学生会、心理联盟的面试中，接连被拒，花花开始怀疑自己，觉得自己比不上其他同学，面试都通不过。她越来越沮丧、绝望。她被这些情绪压垮了，什么都做不了。在这个案例里，花花产生了哪些想法？谈谈你将如何帮助她更综合、辩证地看待问题？

2. ①在一个星期的每天晚上，都请你在睡觉之前花 10 分钟写下今天的 3 件好事，以及它们发生的原因。不一定要惊天动地，也可以是很重要的事情。在每件好事的下面，都写清楚"它为什么会发生"。在坚持一段时间后，总结每天记录的感受、体验。②每天和一个不太熟悉的人交流 15 分钟。坚持一段时间后，总结自己的感受、体验。

【参考文献】

［1］陈富，王思瑶. 大学生学业情绪与学习适应关系研究［J］. 湖北成人教育学院学报，2021（1）：45-51.

［2］米策尔. 心理学入门［M］. 张凤凤，金建，译. 北京：中央编译出版社，2015.

［3］JELENA V. Film Costume as a Visual Narrative Element; Defining the Abstract Emotions of the Film Viewer via Plutchik's Wheel of Emotions［J］. Textile & Leather Review，2020，3（2）：92-100.

［4］刘倩倩. 积极心理学视阈下大学生情绪管理训练课程探索［J］. 科教导刊，2020（33）：181-183.

［5］李志艳. 情绪先生的港湾：高一年级心理辅导课教学设计［J］. 江苏教育，2021（59）：153-157.

［6］刘雨彤，禹玉兰. 性格优势干预对大学生心理成长及情绪的影响［J］. 心理学进展，2021（9）：20-25.

［7］毛琳. "情绪轮"在信息技术教育教学中的应用［J］. 新课程（中），2018（12）：142.

［8］俞国良，董妍. 学业情绪研究及其对学生发展的意义［J］. 教育研究，2005（10）：39- 43.

［9］申继亮，陈英和. 中国教育心理测评手册［M］. 北京：高等教育出版社，2014.

［10］张世晶，黎嘉焮，张旭东. 大学生学业情绪现状及其与积极心理品质的关系［J］. 东北师范大学学报（哲学社会科学版），2016（5）：218-222.

［11］陈富，王思瑶. 大学生学业情绪与学习适应关系研究［J］. 湖北成人教育学院学报，2021（1）：45-51.

［12］高明. 学业情绪在大学适应与学习倦怠间的中介作用［J］. 中国临床心理学杂志，2014（3）：537-539.

［13］张金秀. 积极事件的不确定性对情绪影响的实验研究［D］. 重庆：西南大学，2006.

［14］王琦. 认知重评的创造性对大学生情绪调节效果的影响［D］. 天津：天津师范大学，2020.

［15］剑虹. 积极心理学在大学生情绪管理团体辅导中的应用研究［J］. 安徽职业技术学院学报，2016（2）：78-80.

［16］唐子璐，万柳辛，庄静，等. 大学生情绪管理影响因素及改进策略研究

[J]. 卫生职业教育，2019（17）：38-39.

[17] 孔芳.《内经》情志学说的情绪调节思想探析 [D]. 济南：山东师范大学，2007.

[18] 高正亮，童辉杰. 积极情绪的作用：拓展-建构理论 [J]. 中国健康心理学，2010（2）：246-248.

[19] SILVERMAN D. The electroencephalogram of criminals：analysis of four hundred and eleven cases [J]. Archives of Neurology and Psychiatry，1944，52：38-42.

[20] 罗娟. 积极心理学视角下大学生积极情绪培养对策分析 [J]. 科技经济导刊，2019（13）：142-143.

[21] 段文杰，卜禾. 积极心理干预是"新瓶装旧酒"吗？[J]. 心理科学进展，2018（10）：1831-1843.

[22] 汤冬玲，董妍，俞国良，等. 情绪调节自我效能感：一个新的研究主题 [J]. 心理科学进展，2010（4）：598-604.

[23] 朱伟方，田学英，黄洪基. 大学生情调节自我效能感：现状调查及教育启示 [J]. 中国青年研究，2012（9）：104-107.

[24] 吕勇，张维维. 大学生情绪调节自我效能感量表的编制 [J]. 中国健康心理学杂志，2013（9）：1426-1428.

[25] 窦凯，聂衍刚，王玉洁，等. 青少年情绪调节自我效能感与心理健康的关系 [J]. 中国学校卫生，2012（10）：1195-2000.

[26] 曹洪艳. 大学生情绪调节自我效能感与人格特质、应对方式的关系 [J]. 渭南师范学院学报，2014（7）：44-47.

第十二章　大学生压力与应对

第一节　压力的概念

【导入】

有一位讲师在一场关于压力管理的课堂上拿起一杯水，并向学员提问：“各位认为这杯水有多重?”有的学员说200克，有的学员说500克，答案不一。讲师则说：“这杯水的重量并不重要，重要的是你能拿多久？拿一分钟，各位一定觉得没问题。拿一个小时，可能觉得手酸。拿一天，可能得叫救护车了。其实这杯水的重量是一样的，但是你拿得越久，就会觉得越沉重。这就像我们所承担的压力一样。如果我们一直把压力放在身上，到最后就会觉得压力越来越沉重而无法承担。我们要做的是：放下这杯水，休息一下再拿起这杯水，这样我们才能拿得更久。所以，各位可适时地将所承担的压力放下并好好休息一下，然后再重新拿起来。如此，才可以承担得更久。”

当今社会竞争如此激烈，会让大家觉得很累，但为什么有的人能够应付自如呢？上面的故事或许会给我们启示：一杯水不是压力，但一杯水拿上一天，就变成不堪承受的压力。重量没有变化，为什么我们会变得不堪忍受呢？那是因为我们长时间背负这个轻轻的水杯，这样它就会变成压力。

感悟：这就像大学生的学习压力，如果像拿起杯子一样拿起它而不放下，即使只有一点点压力也会让我们不堪重负，但如果我们将学习上的压力轻轻放下，好好休息调整，明天再拿起压力，这样的话，哪怕再大的压力也不会让人觉得辛苦，甚至会把这种压力转化为一种动力！

【互动设计】

题目：认识压力。

步骤1：教师让学生面对面站立，指定其中一位是A，另一位是B。

步骤2：教师让A学生的手掌与B学生的手掌相抵，让双方都尽可能用力推对方。

步骤3：教师告诉A学生在不提示B学生的情况下，把力量收回。

步骤4：而后，教师让学生进行角色互换。

步骤5：教师向B学生提问：“在A学生收力时有什么感觉?”“当对方没有反抗

而你仍然给对方压力时有什么感觉?”“制造压力有时可能会起到相反作用，你的认识是什么?”

一、何为压力

压力原是物理学的一个概念。加拿大生理学家汉斯·塞利（Hans Selye）在20世纪中叶首先将压力的理论运用到医学和心理学上。此时，压力被理解为“应激”“紧张”。压力是指当一个人的身体和精神感觉受到威胁时产生的紧张状态。压力反应是个体对压力状况或压力事件的认知评估的结果。心理压力主要是指个体在日常生活中面对各种生活事件、突发创伤经历、慢性压力（工作压力、家庭压力）和其他压力时产生的心理压力状态。我国学者黄希庭认为，心理学上所说的压力有3种含义：一是现实存在的具有威胁性的刺激，即压力源；二是人对压力事件的反应，即压力反应；三是威胁性刺激带来的一种被压迫的主观感受，即压力感。

当面临压力时，人们会产生一连串生理、心理和行为反应，称为压力反应。在一定层面上，这些反应是身心积极适应环境变化所必需的。它能激发和发挥身体潜能，增强抗压能力和抗病能力。心理压力不仅有积极的作用，也有消极的影响，关键在于对压力的认知与反应。

【内容拓展】

美国《预防》杂志刊出美国拉什大学医学中心行为科学部主任斯泰万·E. 霍博佛尔博士总结出的压力的“十种无声信号”。具体如下：

（1）周末头痛。华盛顿大学头痛研究中心主任托德·施韦特博士表示，从高压力状态下突然放松会诱发偏头痛。

（2）痛经。哈佛大学研究发现，压力太大的女性发生痛经的概率是一般女性的两倍。

（3）口腔疼痛。美国牙科协会消费顾问马修·米斯纳博士表示，口腔上颚部疼痛可能是夜间磨牙所致，而压力会加重磨牙症状。

（4）怪梦。压力过大会导致睡眠中多次惊醒，干扰“好梦”后还可能出现不愉快的怪梦。

（5）牙龈出血。压力大的人罹患牙周病的风险更大。

（6）突然出现痤疮。维克森林大学皮肤病学教授吉尔·尤斯帕维齐表示，压力会增加患痤疮炎症的概率。

（7）偏爱甜食。宾夕法尼亚大学的研究发现，压力更可能是人们偏爱巧克力等甜食的诱因。

（8）皮肤瘙痒。日本一项涉及2 000多人的研究发现，身体长期瘙痒者比正常人发生压力过大的概率高两倍。

（9）过敏加重。美国俄亥俄州立大学医学院的实验发现，过敏患者产生焦虑后，症状更严重。

（10）肚子痛。一项涉及1 953名男女参试者的研究发现，压力水平高的人比放松的人发生肚子痛的概率高3倍。

二、正确看待压力

大多数人认为压力是令人不舒服的，并且通常会把压力和痛苦联系起来。但是，如果没有了压力，人们的生活是否会好些呢？1954 年，心理学家贝克斯顿等人做过一个感觉剥夺实验：让被试者处于没有任何刺激的空间中，并观察他们的反应。被试者所处的空间如图 12-1 所示。

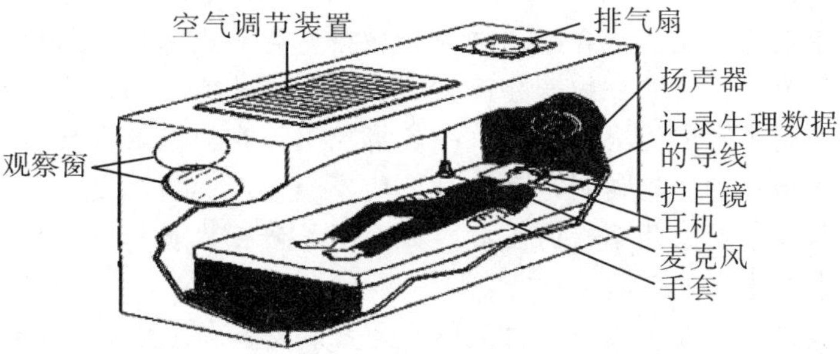

图 12-1　感觉剥夺实验中被试者所处的空间

初期，这些被试者觉得在一个恒温、密闭、隔音、安静、不被打搅的房间里面睡觉，还可以拿到一笔酬劳，是一件快乐的事。但当这些被试者睡了一段时间以后，便出现了厌倦不安的情绪。一定时间后，被试者开始出现幻觉，如自己和自己对话、聊天。实验结束后的几天里，被试者依然表现出注意力涣散、思维受到干扰等情况。

2020 年年初新冠肺炎疫情暴发期间，不少人在家也体验到了这种无聊、烦躁的感觉。长期闭门不出，大多数人都会觉得无聊，想回到以前忙碌充实的生活中去，甚至有一些人开始想念过去早高峰堵车的情况。

【内容拓展】

哈佛大学埃伦·朗格（Ellen Langer）做过一个研究，她将一个养老院中的老人随机分为两组。第一组中的老人不需要承受任何压力，所有需要都能得到满足，他们想吃什么就能吃什么，所有事情都无须他们动手。而第二组中的老人不能像第一组中的老人那样衣来伸手饭来张口，很多事情需要自己动手，自己规划每天做的事，如必须自己浇花。他们享受的服务也没有第一组那么周到，他们需要什么的话必须告诉养老院的员工。一年半后，第二组自己动手、自己照顾自己的老人，跟第一组的老人比起来，反而更快乐、更有活力、更独立、更健康。

人类的生活需要承受一定程度的压力才能保持健康。人类身体需要体内平衡或生理的平静，也需要一定程度的生理唤醒来保证身体器官处于最佳功能状态。压力实际上培养了人们的耐性、力量，从长远来讲，压力也让人更快乐、更幸福。过于轻松不一定是件好事，没有压力的生活也就没有了挑战，没有了困难去克服，没有了新的领域去开拓，没有了加速运转我们的头脑或提高我们能力的理由。

很多人会羡慕如田园诗一般的生活，感叹自己无法做到“日出而作，日落而息”，但如果真的在一个安静的农村生活，几天还好，时间长了可能就会无聊。我们的心理很难适应一个完全没有压力的环境。在许多情况下，压力给生活带来了积极的改变，那些被称为压力的情形经常给我们带来益处。它使我们聚焦在压力事件上直面问题、解决问题，从而实现生存和发展。

【内容拓展】

美国阿默斯特学院进行过一项很有趣的实验。研究者用铁圈将一个小南瓜箍住，观察南瓜逐渐长大时对铁圈产生的压力有多大。最初，研究者估计，南瓜最大能够承受大约500磅[①]的压力。在实验的第一个月，南瓜承受了500磅的压力。在第二个月，南瓜承受了约1 500磅的压力。研究结束时，南瓜承受了超过5 000磅的压力后瓜皮才破裂。南瓜已经无法再食用，它的心和根变得无比坚实，中间充满了坚韧牢固的层层纤维。为了吸收充分的养分而突破限制它成长的铁圈，它的根须往不同方向伸展，几乎控制了附近的全部土壤。一般情况下，我们多数人会认为南瓜在铁圈面前处于弱势，南瓜被金属切割是理所当然的事。而实际情况是，这样一个看似不堪一击的南瓜居然承受了几千磅的压力。如果不是研究人员持续加固铁圈，也许南瓜会是最终的胜利者。

毛毛虫变成蝴蝶、丑小鸭变成白天鹅不是童话故事，而是生命必经的一段历程，正是这种生命本身给予的考验，让它们得以蜕变，成就它们自身的美丽。对大学生而言，压力是我们成长路上的必修课。压力并不可怕，对待压力，我们要像对待一位朋友，学习与之相处，教会自己去享受它，而不是消灭它。

三、压力的分类

压力可分为负性压力、正性压力和中性压力。

1. 负性压力

负性压力是指真实的或想象中的威胁性事件所带来的压力，个体对它的解释和感受是消极、负面的，这种压力往往也会导致不好的结果。比如，有些学生在高考前夜会失眠，有些学生在考试期间出现肚子疼等反应。这些压力对个体没有起到促进作用，反而损害了个体的身心健康，这就是负性压力。

我们要辩证地看待压力，因为正性、负性不是一个绝对的概念，是可以相互转换的。如部分学生可能会觉得军训时在太阳下暴晒、训练是受苦，少数学生会出现一些身心不适应的反应。从表现来看，这是负性压力。但是，如果不抱怨、不放弃，在照顾好自己的同时能够让自己多“吃点苦”，耐受一些身体的疼痛和辛苦，慢慢提升自己的承受能力，磨炼自己的性格，那么这种表面的负性压力又会转化为正性压力。

2. 正性压力

正性压力产生于个体被激发和鼓舞的情境中，会激发个体向成就或健康的理想水平迈进。如，坠入爱河是一种正性压力，邂逅喜欢的电影明星或运动员也是一种正性压力。

如果没有压力，一个人无法迈出自己的舒适区，无法发挥潜能，无法自我提升。女子虽弱，为母则刚，养育一个孩子需要承受很多压力，这些压力让很多妈妈变成“超人”。对于大学生来说，第一次成为小组长或社团干部，承担着一个团体的期待

① 1磅约等于453. 59克。

也是相当有压力的事情。一些曾经有社交焦虑的学生，通过承受压力去独立面对一些困难的任务，把自己磨炼成落落大方、谈吐得体、自信的“学长或学姐”。当被投以崇拜的眼光时，他们常常会说“都是被逼出来的”“人的潜能很大”，如果当初没有顶着压力迎难而上，就没有现在的自信和能力。

3. 中性压力

中性压力被认为是无关紧要或无所谓的信息或感官刺激，不会引发后续效应的感官刺激，既不会损害身心健康带来负面的结果，又不会激发潜能、带来成就感等。例如，数学老师在课后布置了作业，这个作业并没有很困难，你在截止时间前完成了作业，后续没有更多的体验，这属于中性压力。

总之，正性压力具有一定的张力，它在我们的最佳承受限度内。从结果来看，正性压力能够最大化地激发我们的潜能，属于最佳压力区。

【内容拓展】

压力对健康影响的实验如下：

实验一：不同类型动物的压力反应差异。芝加哥大学伊利诺伊分校的研究者在研究灵长类动物时发现，面对同样的压力刺激时，动物的反应有很大的不同。研究者决定用老鼠来研究害怕新鲜事物这种心态给健康带来的影响。研究人员在实验中根据实验对象的特点，将 14 窝老鼠平均分到了不同的组中。跟踪检测显示，在经历一次新鲜体验之后，胆小的老鼠血液中的压力激素的水平比胆大的高 20%。而最终实验结果表明，胆小组的老鼠平均寿命为 599 天，胆大组的老鼠则多活了 102 天，胆小的老鼠比胆大的老鼠死亡率高 60%。

实验二：压力对生物身体机能的影响。美国科学家把刚刚断奶的幼鼠分为两组。第一组给予最优惠的待遇，尽可能向它们提供充足的食物和安逸的环境。第二组只能享用相当于第一组 60% 的食物，它们必须和同伴进行争夺才不会挨饿。结果出人预料：第一组老鼠的平均寿命不到 3 年，而第二组老鼠的平均寿命超过了 5 年，而且皮毛光滑、反应敏捷、免疫功能和性功能均明显高于第一组。随后，科学家将实验范围扩大到细菌、苍蝇、海洋生物乃至人类，发现结果惊人地相似。

实验三：压力与行为的关系。美国科学家将一只消除了压力基因的小白鼠放进一个 500 平方米的仿真实验室里，同时再放进一只普通的小白鼠。没有压力基因的小白鼠十分活跃，行动时完全没有老鼠那种躲躲藏藏的习性，它在一天内就把整个实验室走了一遍。而那只普通小白鼠行动十分谨慎，用了四天时间才基本熟悉了这个 500 平方米的地方。它们的活动空间里有一座十几米高的假山，失去压力基因的小白鼠毫不犹豫地在假山上窜来窜去。在实验的第三天，这只勇敢的小白鼠在爬一根吊绳时不慎跌落，当场摔死。而那只普通的小白鼠在爬假山寻找食物时总是要把地形摸熟之后才开始行动，它完全按照老鼠的习性生活，始终保持着老鼠特有的危机感，平安度过了整个实验期。

四、压力绩效

压力绩效图如图 12-2 所示，我们可根据压力绩效图来调整学习和工作。如果你经常觉得很乏味、没有干劲，可能是你生活中的事件带来的压力在乏味区。比如让一个大学生去做小学生的题，或让一个游戏高手重复玩一个简单的单机游戏，时间久了，都会觉得十分无趣，没有成就感。如果一个人常常处于这样的状态，可以考虑增加一些新的学习任务或加大学习难度。一些语言能力比较强的学生可以自学第二门甚至第三门外语，有些数学能力很强的学生可以通过当志愿者辅导一些基础弱的同学来增加自己的成就感。我们通过给自己增加压力的方式让自己处于"理想压力水平"。保持适度紧张的状态，不仅不会让我们痛苦，反而会增添我们生活和学习的动力，使我们不断得到提升。

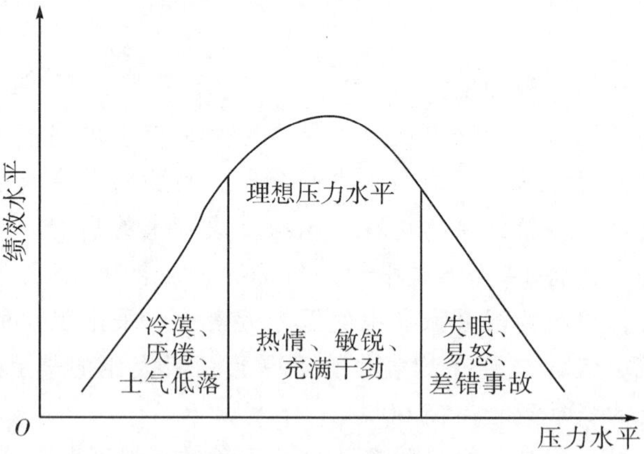

图 12-2　压力绩效图

压力要适度，如果一味地给自己加压，也会导致不良的结果。如图 12-2 所示，当人承受的压力超过了理想压力水平的边界线，人就会逐渐出现疲劳、耗竭、崩溃的情况。一些出现心理问题的学生就是因为不断给自己加压、在压力管理方面缺乏适度性。有的学生上了一整天课，到了晚上仍然做很多事情并且经常熬夜，如稍微放松一点，还会对自己进行严苛的批评。长期累积，身体越发疲劳而力不从心，最后会有一种精力枯竭的感觉。这是机体启动了自发性的调节，它通过罢工、不听使唤、生病等形式强制让人休息，释放过大的压力。

当压力过大的时候，我们需要予以重视并适当进行调整。我们可以根据压力绩效图去寻找属于自己的理想压力水平，让自己身心充满活力。

【小结】

压力是产生于个人无能力、无资源应对"外在需求"时的一种非特定的生理反应。我国学者黄希庭认为，心理学上所说的压力有 3 种含义：一是现实存在的具有威胁性的刺激，即压力源；二是人对压力事件的反应，即压力反应；三是威胁性刺激带来的一种被压迫的主观感受，即压力感。人在压力状态下，会出现一定的生理反应和心理反应，这些身体和心理反应提示人们要关注自己的压力水平。我们要正确地看待压力，压力是保持健康的基础。压力分为正性压力、负性压力和中性压力。大学应根据压力绩效图去寻找属于自己的理想压力水平，让自己身心充满活力。

【习题】

1. 教授向他的听众讲述如何正确对待压力。他举起一杯水，问道："这杯水有多重？"从20克到500克，回答各异。"其实具体多重并非关键，关键在于你举杯的时间。如果你举了一分钟，即使杯子重500克也不是问题。如果你举杯一个小时，20克的杯子也会让你手臂痛。如果举杯一天，恐怕谁也无法做到。同一个杯子，举的时间越长，会感觉它越重。"谈谈你从这个案例中对压力的体验和学习。

2. 大学新生在从高中过渡到大学生活的过程中，会经历很大的挑战。谈谈你在这个过程中面临哪些压力，以及你是如何应对的。

第二节　压力源及压力反应

【导入】

有一位经验丰富的老船长，当他的货轮卸货后在浩瀚的大海上返航时，突然遭遇了可怕的风暴，水手们惊慌失措。老船长果断地命令水手们立刻打开货舱，往里面灌水。"船长是不是疯了，往船舱里灌水只会增加船的压力，使船下沉，这不是自寻死路吗？"一个年轻的水手嘟囔着。看到船长严厉的脸，水手们还是照做了。随着货舱里的水位越升越高，船一寸一寸地下沉，依旧猛烈的狂风巨浪对船的威胁一点一点地减少，货轮渐渐平稳了。船长望着松了一口气的水手们说："上万吨的巨轮很少有被打翻的，被打翻的常常是根基浅的小船。船在负重的时候，是最安全的；而在空船时，则是最危险的。"

这就是"压力效应"。那些得过且过，没有一点压力，做一天和尚撞一天钟的人，就像风暴中没有载货的船，往往一场人生的狂风巨浪便会把他们打翻。

压力能使人在思想感情上受到多方撞击，从中感悟人生的真谛，从而自觉把握人生的走向。

【互动设计】

题目：我的压力圈。

步骤1：教师让学生画压力圈（见图12-3），并在圈内写下各种压力（大圈代表大压力，小圈代表小压力）。

步骤2：

教师让学生分享与交流：你的压力源有哪些？它为什么给你带来这么大的压力？每个压力圈给你的感觉是什么？

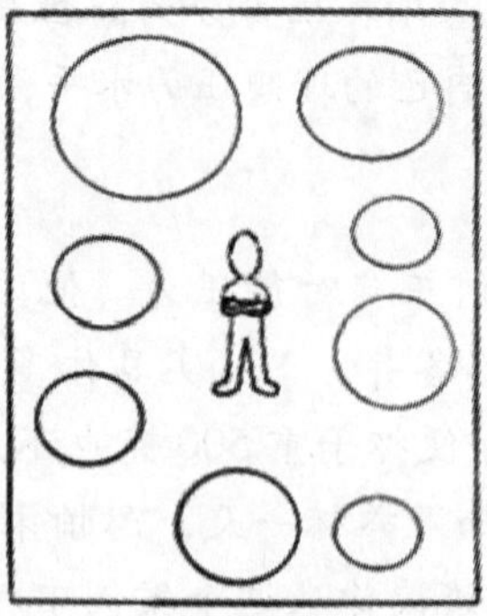

图 12-3　压力圈示意图

一、何为压力源

压力源是压力的来源，是指引起机体产生压力反应的刺激物、威胁的情境等。任何内外因素，任何有威胁的真实的或想象的情境、环境或刺激，只要达到一定强度并能够引起应激反应，都可以成为压力源。比如，一个自行车骑手在你的车前猛拐，你的老师提前了交期末论文的日期，等等。这些应激事件要求我们做出适应性的反应，包括生理上、行为上、情绪上和认知上的多种反应。

二、压力源的分类

压力源有可见的、有形的，还有无形的。压力源分为生理性压力源、心理性压力源、社会性压力源和文化性压力源四种。

1. 生理性压力源

生理性压力源又叫躯体性压力源，是直接作用于躯体而产生应激反应的刺激，如阳光、重力、温度等。盛夏，自习室里的空调坏掉了，非常闷热，我们会逐渐烦躁，这个让人感到闷热的室温就是压力源。北极圈附近的居民容易罹患季节性情绪障碍，是因为这一区域的人每年有很长一段时间无法见到阳光，持续性的极夜让人变得抑郁，极夜是压力源。舒适的环境、衣着，可以减少生理性压力源，这是一些身心疾病通过静养就可以得到缓解的原因。

2. 心理性压力源

一些上班族在舒适的环境下办公依然会感到压力很大。虽然没有生理性压力源，但工作任务让他们神经紧绷，这种作用于心理感受的刺激物，就是心理性压力源。心理性压力源在当今社会人群中的占比最大，因为生理刺激容易调整，但心理上受到的刺激难以控制。对大学生来说，考试造成的心理紧张，恋爱中的猜忌带来的担忧，都是心理性压力源。

3. 社会性压力源

社会性压力源是与社会事件、社会角色相关的刺激。人们进入工作领域，无论是作为领导，还是普通员工，都会遇到相应的社会角色带来的期待压力。结婚后，一个人要扮演妻子或丈夫的角色，这些角色有相应的要求。人们内心期待得到社会认可和社会支持，会按照社会的期许履行职责并承担由此带来的压力。例如，公众人物在公开场合需要非常谨慎，要考虑自己的言行会对公众产生什么样的影响并接受舆论的监督，这种社会舆论与监督就是一种社会性压力源。

社会性压力源和心理性压力源有重叠的地方，即它们不会像生理性压力源（如光、噪音）那样直接作用于人的躯体，但它们都能通过作用于人的心理而带来压力。一个人的心理状态如果是封闭的、异常的，就不会感受到心理或社会性压力源，或以一种扭曲的方式来感知。人在沉睡不醒、烂醉如泥或沉迷于网络游戏的时候是暂时感受不到压力的。社会性压力源和心理性压力源的区别并不那么绝对，心理性压力源多数时候从个人层面来考量，社会性压力源侧重从社会环境、社会角色和责任来考量。

【内容拓展】

对于大多数人而言，压力不是来自突然的灾难事件，而是来自我们社会、文化和经济环境中的社会性压力源。社会性压力源通常来自在家庭中、工作中、学校里面的一些不断重现或持续的难题，包括失业、贫穷、偏见以及其他因为社会群体或地位而使个人受到妨碍或压迫的情境。

一项关于压力和健康的研究表明，相对于拥有工作的人而言，失业人会体验到更多的抑郁、焦虑。当失业者找到工作后，这些症状通常会消失。

4. 文化性压力源

文化性压力源是一种和地域、文化相关的压力源。一个人从熟悉的生活环境迁移到陌生的环境时，身心会发生一些变化。读大学时，我们从熟悉的家乡来到大学，来到陌生的教室和陌生的宿舍，见到陌生的同学，吃着陌生口味的饭菜，这些改变都会带来压力。

【内容拓展】

在异国他乡做一个人们眼中的陌生人，需要承受压力。移民来到外国后，需要适应语言、服饰、价值观和社会风俗等方面的巨大变化。在文化适应压力下，人们很容易出现焦虑、敌意、压抑、生理疾病或认同混乱。对许多年轻的移民者而言，文化适应压力是产生精神健康问题的主要因素。

文化适应压力与个体对新文化的适应方式有关，包括四种类型：①整合型，是指保持自己对原有文化的认同，但同时也走入新文化之中。②分离型，是指保持自己对原有文化的认同，避免与新文化接触。③同化型，是指把新文化当作自己的文化来吸收，并与新文化中的人保持接触。④边缘型，是指拒绝认同自己的原有文化，但同时自己又被新文化排斥在外。

总的来说，那些属于边缘型和分离型的人会感到文化适应压力较大，整合型的人会感到压力较小，同化型的人很少经历社交困难。

三、压力反应

压力源所触发的我们的身心反应，就是压力反应。压力反应分为生理反应和心理反应。

1. 生理反应

生理反应是面对压力时我们的身体所产生的反应。当感受到轻微的压力时，我们的身体会出现不太明显的体温上升、心跳加速；当感受到较大或突如其来的压力时，我们的身体会出现较为明显的体温上升、心跳加速、肾上腺素分泌增加、频繁呼吸、胃痉挛、昏厥等。比如，在你散步时，一辆车突然在你面前飞驰而过，你会在大脑还没有反应过来时身体先一步行动，以避免受伤。

1914 年，哈佛大学心理学家沃尔特·坎农通过一系列动物实验发现，人类的身体面对危险时会出现一系列神经和腺体反应，这些反应使身体做好防御、挣扎或逃跑的准备。坎农将这种双重的应激反应称为战斗或逃跑反应。对于在校学生而言，一听到考试可能就开始紧张想要逃避，这也是被触发了战斗或逃跑的反应。

2. 心理反应

压力的心理反应往往依赖于人们对世界的知觉和解释，包括认知反应、情绪反应和行为反应三种。

(1) 认知反应。

认知反应是指人们的注意力、逻辑思考能力会随着压力的改变而发生改变。《中华人民共和国道路安全法实施条例》第六十二条规定了驾驶机动车不得出现的行为，其中一条是“连续驾驶机动车超过 4 小时未停车休息或停车休息时间少于 20 分钟”。若是司机眼睛一直盯着前方长时间驾驶，认知知觉的速度和精准度变差，视觉的鉴别能力明显降低，会出现“视而不见”或“充耳不闻”的情况，极易导致交通事故。我们如果在考试中压力过大，会出现大脑一片空白的情况。如果压力适中，思维可能会更加活跃，出现超越平时水平发挥的情况。

所有人在日常生活中都会遭遇压力情境，生活事件、日常压力对不同的人所造成的影响是不同的。有些情况给你造成了压力，你的朋友却没事。同样是遇到了堵车，有的人会发怒，有的人会抓住机会听听音乐、看看风景。

当面对应激源时，我们的解释或认知评价能影响我们感觉到的压力的有效性及等级。每个经历着压力的人对压力本身的解释都是独特的。

认知评价能调节压力对我们的影响。如果人们认为自己的生活充满压力，一些对刺激情境的重新评估可能会减少人们心理上的耗损。重新将每天所面临的压力、困难评价为更小的事情，能使人们保持好的身心状态和生产力。与自然接触、在公园或沙滩上散步、游泳、远足、骑行，都是有利于消除压力的。

(2) 情绪反应。

压力可能带给人们兴奋感。比如，当众做一个演讲，除了让人紧张，还会让人很兴奋。同时，压力也会带给人消极的情绪反应。比如，人们晚上在大街上遇到可疑的人，突然感到恐惧。

(3) 行为反应。

行为反应是心理反应的外显，表现为人们的言语、动作等。面对压力，有些人会喝酒、打游戏，这就是行为反应。与压力相关的行为反应包括逃避与回避行为、敌对或攻击行为、自怜行为、滥用物质行为、冷漠行为等。

面对这个瞬息万变、充满压力的社会，我们要做的不是去消除所有的压力源，而是要学会如何以更科学、更有效的方法调整自己，如何更好地与压力相处，如何化压力为动力并让压力助力我们成长。

3. 一般性适应综合征模型

当一个人持续或频繁承受压力时，就会出现一般性适应综合征，即在压力状态下，有机体为了适应新的状态而进行调整。塞利的一般性适应综合征模型描述了面对威胁时有机体产生反应的三个阶段：警觉阶段、阻抗阶段和枯竭阶段。

（1）警觉阶段。

在这一阶段，身体的警报系统被激活，并开始调动资源去抵抗应激源。这个阶段的功能是使有机体战胜危险或逃离危险。

（2）阻抗阶段。

在这一阶段，所有警觉阶段的生理改变都还在发挥着作用，并试图去抵抗应激源的影响，免疫系统也处于高度运转中。但是，身体在这一阶段表现出的抵抗只适用于原来的应激源。塞利在她的研究中发现，如果实验中的动物适应了一种应激源，当第二种应激源被引入后，这只动物很快就死亡了。动物身上的资源很明显被过度消耗，以至于无法再调动资源去抵抗新的危险。阻抗阶段是身体对抗应激源所做的最后努力，如果压力情境还是没有得到改善，那么身体将无法再保持强烈的生理抵抗。

（3）枯竭阶段。

在这一阶段，身体机能重新回到正常的范围，而后降到正常水平之下。身体需要休息并恢复过来，使我们的生理机能回归到可接受的水平。如果身体无法得到缓解，那些适应于前两个阶段的反应会导致身体在第三阶段陷入生病的危险，可能会导致生理和心理状况的恶化。比如，血压的升高会在短时间内导致头痛，如果持续下去的话会导致中风和冠心病。还有一些危险潜伏在被耗损的免疫系统中，使个体极易感染传染病或其他疾病。此外，长期或重复的压力会引发抑郁。应激激素也会干扰大脑细胞再生的能力，导致危险的恶化。

一般性适应综合征模型不仅可以解释压力如何导致最初的战斗或逃跑反应，还可以解释长期的压力如何危害健康。

【小结】

压力源是压力的来源，是指引起机体产生压力反应的刺激物、威胁的情境等。任何内外因素，任何有威胁的真实的或想象的情境、环境或刺激，只要达到一定强度并能够引起应激反应，都可以成为压力源。压力源分为生理性压力源、心理性压力源、社会性压力源和文化性压力源四种。压力源所触发的我们的身心反应，就是压力反应。压力反应分为生理反应和心理反应。当一个人持续或频繁承受压力时，就会出现一般性适应综合征，即在压力状态下，有机体为了适应新的状态而进行调整，身体会经历警觉、阻抗、枯竭三个阶段。人的生理应激反应通常是自动的、可预期的、无法用意识加以控制的内置反应。然而，许多心理反应是习得的，它们依赖于人们对世界的知觉和解释。压力的心理反应包括认知反应、情绪反应和行为反应三种。

面对这个瞬息万变、充满压力的社会，大学生遇到压力是不可避免的。我们要做的不是去消除所有的压力源，而是要学会如何以更科学、更有效的方法调整自己，如何更好地与压力相处，如何化压力为动力并让压力助力我们成长。

【习题】

1. 狐狸看到了葡萄架上高高挂着的葡萄，但摘不到葡萄，品尝不到美味。第一只狐狸感到非常愤怒、烦躁、焦虑，心里想："我吃不到，别的狐狸也别想吃到。"它放了一把火把这个葡萄架给烧了。第二只狐狸觉得："我怎么就这么笨！我连一串葡萄都吃不到嘴里。"它郁郁寡欢、非常愤懑。第三只狐狸心里想："这个葡萄肯定是酸的，不吃也罢。"它吹着口哨就走了。第四只狐狸想："我怎么着也得把这葡萄摘下来，我得去找梯子。"最终它吃到了葡萄。根据这个故事，结合压力的认知理论，谈谈每只狐狸在面对同一件事情时，为什么会有不一样的行为？它们的认知分别是什么？这个故事对你的启发是什么？

2. 小李刚刚结束期末考试。这一周她睡眠不足，日夜学习。现在考试结束了，她想着可以放松和休息了。此时，电话响了：那是她期盼已久的恋人的声音。在小李告诉他自己如何艰难地挺过期末考试之前，恋人说："我不知道怎么和你说，但我们还是应该好好谈一谈……"可能预示着一些严重的问题甚至是分手。结合压力反应的理论谈谈小李可能会出现的情况，以及产生的原因。你将如何帮助小李有效地处理这个情况？

第三节　压力应对策略

【导入】

在一次越野马拉松赛上，一位名不见经传的选手居然以绝对优势摘取了金牌。无论是观众，还是裁判都震惊不已，根本不相信眼前的事实。

面对众多媒体的追问，这位选手不好意思地揭开了谜底。原来，在比赛途中，他本来落后于许多选手，甚至想过放弃，但意外的情况出现了，不知从什么地方忽然蹿出了一只土狼，杀气腾腾地向他扑来。他惊慌失措，只得拼了命狂奔，而那只土狼也像疯了一样，死追不放。就这样，狼疯狂地追，他拼了命狂奔，最后稀里糊涂地第一个抵达终点，获得冠军。

因为一只狼的威胁，选手在求生本能的驱使下，爆发出超常的力量，创造了奇迹。所以，对于生活中的每一个人来说，有压力不一定是件坏事。

正所谓"井无压力不出油，人无压力不成材"。很多时候，我们最需要的就是学会给自己施加一些压力，并努力把这份压力化作向目标冲刺的动力。只要坚持这么做，成功终将到来。

【互动设计】

题目：从我"不得不"到我"选择"。

目的：从"不得不"到"我选择"的句式变化，引导学生体验不同的认知方式对压力感知的影响。

步骤1：教师让学生写出几个必须做但并不想做的事情，必须以“我不得不……”开始，例如，“我不得不早上5点钟起床”。

步骤2：教师让学生把“我不得不……”改成“我选择……”，例如，“我选择早上5点钟起床”。

步骤3：当把“我不得不……”改成“我选择……”时，学生体会一下自己的心情有哪些变化。

步骤4：教师请每位学生分享自己所写的内容，以及两种表达方式给自己带来的不同感受。

小结：当大学生发现自身力量，主动选择自己的生活和学习方式时，主观感受会变得更加积极，应对压力也会更加轻松自如。

一、何为压力应对策略

巴尔扎克有句名言：苦难对于天才是一块垫脚石，对于能干的人是一笔财富，对于弱者是一个万丈深渊。大学生在面对压力时，如果能选择合适的方式和策略来积极应对，就显得十分重要。如，很多学生会通过跑步来调节压力，但更多的时候，人们并没有策略，只是习惯性地做出反应。人们应对压力的反应受到家人的影响。更科学地掌握压力应对策略，需要先了解自己既有的方式。试着写一写自己在面对不同压力事件时会采用何种压力应对方式，从而看到自己应对压力的反应如何，并可以分析这些应对方式的优势与不足。

例如，面对繁重的学业压力，如果你平时松散、考前熬夜复习，从眼前的结果来看也许成绩不错，但从长远来看，可能并未牢固掌握知识，且在一定程度上损害了身体健康。有效的应对策略是客观评估学业的压力和自己的能力，找到适合自己的方式，把压力分散到日常的每一天。一些学生面对繁重的学业感到焦虑，无法把压力转化为动力时，会通过打游戏、看电视剧等方式逃避压力。在打游戏的当下，暂时屏蔽了压力，可以暂时获得愉悦和放松，但一旦面对现实，压力还会卷土重来，而且随着考试临近学习时间减少，压力还会加剧，让人更加恐慌和内疚，危害着大学生的学业和身心健康。

【内容拓展】

有心理学家设计了一套用以测量区分那些习惯将事情拖后的拖沓者和那些不这样做的非拖沓者的量表，称为一般拖延量表。两位研究者在心理学课程上布置了一篇学期末论文，用这套量表测量学生的反应。学生被要求在学期初和学期末报告他们体验到了多少身体不适的症状。结果显示，在学期初，拖沓者报告的症状少于不拖沓者报告的症状。在学期末，所有学生的症状都表现明显，但拖沓者所报告的症状明显多于不拖沓者。拖沓者交论文的平均时间晚于不拖沓者，得分也普遍偏低。

从这个研究中可以看出，不拖沓者喜欢马上将工作做完，因此在学期初体会到了更多的压力。然而，那些在学期初躲避压力的拖沓者会在期末体验到更多的生理病痛。大学生在制订每个学期的计划时，可以参考这个研究结果。如果是一个习惯性的拖沓者，可寻求帮助改变行为。

二、压力应对策略的分类

压力应对策略分为以感受（情绪）为中心的策略、以事件为中心的策略、以思维为中心的策略、以社会支持作为应对策略四种。

1. 以感受（情绪）中心的策略

以感受（情绪）中心的策略，是指通过了解自己的感受、关注和应对这些感受来调节对应激源的情绪反应的一些努力，即当人们感觉压力大的时候，积极关注自己的情绪、感受和身体反应，通过调整、释放自己的感受来缓解压力。如，缓慢深长地呼吸、跑步、洗热水澡、和好友聊天、逛街、看综艺节目、找心理咨询师谈自己的压力等，这些方式都可以帮助我们放松下来。

有效的以感受（情绪）为中心的策略必须和沉思区分开来，沉思是沉浸于消极的想法而不是情绪中。有研究发现，沉思会伤害我们的免疫系统，而不能帮助我们获得好的感觉。以感受（情绪）为中心的策略包括以下两种方式：

（1）正念身体扫描。

正念身体扫描是意识有条不紊地从身体的这个部位到那个部位，是对身体每一片刻体验的深入。我们可通过正念身体扫描的方式探索身体的感受，唤醒对身体的觉知。在练习的过程中，不分析或控制自己的身体，只是感觉和承认自己身体当下的感受：痒、疼、瘙痒、轻盈、沉重、温暖、寒冷，或是没有特别的感觉。有时候，有些感觉可能还会伴随着一些想法和情绪。我们通过练习把意识和觉知带入对身体的感觉中，可以从忧虑和重复的思维模式转变为对身体当下的体验，完全接受而非抵抗这些反应从而让这些反应自然消失，以缓解我们的压力。

（2）呼吸放松法。

呼吸放松法是一种通过调节呼吸来缓解紧张情绪的方法。具体操作方式：自然而然地吸气呼气，想象着将紧张的感觉释放出来，注意放松的节拍和速度，肩膀、胸、膈肌等部位都感到轻松舒适；缓慢吸气，按一定节奏缓慢、均匀、深深地吸气，停顿 4 秒钟使空气充满胸部；空气吸入后稍加停顿，让身体感到轻松、舒适；自然而然地呼气，慢慢地把肺底的空气呼出来，有一种全身打开的感觉，此时人进入一种很放松的状态。此外，我们还可以通过腹式呼吸来放松。

【扩展阅读】

引导想象技术是指人们通过想象一些有益的视觉形象使自己产生平静的、放松的感觉的放松技术。具体应用如下：首先，为自己选择几个觉得安全、宁静和惬意的场景，如海滨、湖泊、树林或静静地躺在一大片阳光照耀的草地上；其次，想象自己独自一个人置身于一个安静的环境里，把自己的身体放在一个舒服的位置上，试着去感觉、品尝、呼吸或倾听，找到真正处于这个场景中的感觉，逐渐放松下来。每天试着想象几次，每次 5 分钟，当这些场景变得熟悉和具体的时候，就可以帮助我们减轻焦虑和放松下来。想象挚友或宠物陪伴着我们，也有助于缓解紧张和焦虑。

2. 以事件为中心的策略

以事件为中心的策略，是指通过直接聚焦于压力事件找出压力源解决问题的压力应对策略。闷热时，我们可以开空调或去荫凉的地方来消除不适感。寝室室友之间作息不一致，可以通过协商的方式来调整作息时间。学业压力大，我们可以通过制订学习计划、投入更多的学习时间、请同学帮忙辅导等方式化解压力。在这个过程中，我们需要不断去学习优化自己解决问题的能力。凡事做好充分的计划、准备是应对压力的有效办法。如，当你为进入新学校而感到紧张时，可以提前去了解学校及周边环境，或和老师、同学交流来获取支持，从而减轻焦虑。

“迎难而上”通常被用来描述这种直面问题的策略，包括了所有直接应对压力源的策略。采取具体行动解决问题而不是简单地纠结在自己的情绪反应上，制定和实现真实的目标，等等，这些努力对于那些可控压力源通常是有效的。

如果你因为没准备好一个重要的数学考试而感到压力重重，去参加一些有趣的活动、聚会等，在短时间内你少了一些担心、不舒服或痛苦的症状，但问题并没有消失——考试依旧存在。健康的压力应对方式指的是采取行动去减少或消除导致压力的原因，而不只是暂时消除压力的症状。直面压力，辨认出压力源，并找出方法去解决问题或降低它带来的坏处，能改善整个压力情境。

为了应对迫近的高数考试，你必须：意识到自己还未为考试做好准备；找出为考试学习的有效策略，并及时实施策略；去考试。通过这些努力，你会降低焦虑，并做好准备。有趣的事情可以延迟到考试之后再做，那时你会更加愉悦。

当学生必须接受一个情境，或需要克服不良情绪使自己清楚地思考并做出理性行动时，以感受为中心的策略能够及时地帮助我们。有时候，两种应对策略一起使用是最好的。如：在你走上讲台发表演讲之前，深呼吸几下降低自己的焦虑使自己感觉好一些；然后再查看补充材料，这将使你的演讲更为充实，也使你变得更自信。

一般情况下，当遇到的压力源是可控的，采取以事件为中心的策略在很多时候都是有效的。当遇到的压力源是不可控的，则需要采用其他方式。如，寝室外面是街道，晚上很吵，有的学生会买防噪音耳塞，有的学生会想从寝室搬出去租房子。用耳塞降低噪音的办法可取，搬出去在外租房子不符合学校的管理规定。当我们无法用问题解决的方式来应对压力时，需要采取以感受为中心的策略让自己身心放松下来，接着，可以调整我们的思维即采用以思维为中心的策略。

3. 以思维为中心的策略

以思维为中心的策略，是指在基于每个人都有自己的思维习惯的情况下，人们通过调整改变自己的一些非理性思维习惯来缓解压力的策略。如，把成绩看作对我们整个人的评判，考差意味着我们这个人很糟糕。这种非理性思维会让我们被压力笼罩，无法集中注意力复习。所以，除了使用以事件为中心的策略外，我们还需要觉察自己的思维模式，觉察自己对压力事件的想法是否合理。如，你要参加一次考试，没有充分的准备时间，此时你也许会对自己说：“麻烦大了！我完了！”身体可能会出现流汗、紧张等情况。如果你换个方式想：“早点开始复习就好了，现在干着急也无济于事。我尽量准备，争取最好的结果就是了。”如此一来，你的压力水平会相对降低。

压力在很大程度上受我们对事件看法的影响，后悔或其他消极想法只会加剧生理上的紧张，做出错误决策的可能性也随之增加。如，你已经非常抑郁或焦虑了，这时朋友告诉你她想取消一起去看电影的约定，你很有可能会误认为她不愿意跟你一起，即使真相是她真的有事不能赴约。当心情不好的时候，我们会更倾向于对所发生的一切得出消极的结论，而不是通过更平和或更积极乐观的方式去看待这一切。

【内容拓展】

1. 乐观地思考可以减轻压力

塞利格曼及其同事（2002）在一个长期研究项目中提出，人们乐观的思考风格会对压力事件做出三个特殊的设想或归因。具体如下：

（1）压力事件是由特定原因导致的结果，而不是整体问题。如，“在最近的数学考试中我分数很低”，而不是“我在学校中做得不好”。

（2）压力事件是情境问题，而不是个人问题。如，“我错过了那节考前复习课了，可能因此才分数低”，而不是“我一直都不够聪明”。

（3）压力事件是暂时的，而非永久的。如，“如果我再也不在课堂上缺席，那么我会在下次考试中考得更好”，而不是“我不能从低分中弥补过来”。

塞利格曼认为，乐观能够通过人们在思考、自我评价和行动计划方面采取建设型风格来培养。学着更加乐观地思考，更加坚韧地面对压力和困难，改变对潜在压力源的解释，能够降低感知到的压力水平。

2. 写作：一种缓解压力的方式

想象你刚刚经历了一次失去，你很想表达自己的想法和感受，但不确定去哪里可以向谁倾诉。那么你可以把它写出来，在写的过程中你会了解到自己更多的心理状态。

为什么要写呢？为什么不咆哮和狂骂呢？首先，强烈地发泄情绪不足以释放压力或支撑健康，甚至会导致健康恶化。其次，写下害怕、担忧和失去，有利于情绪健康，帮助我们对压力产生免疫。当写下自己的想法和感受时，是在对自己也是在为自己说话，不需要任何解释；也可使用非语言来增加表达，如画画或涂鸦。

选择一个主题，写下自己的想法和感受，发现经历的意义。我们可能不知道答案，但可以想象。治疗性的写作或对话可以帮助我们实现成长和改变。

设定一个目标，在空闲时写作，如每周写多少页。尝试多些形式的写作，培养写作的习惯，并坚持写下去。写作是为了提高感知压力源的能力，了解遇到压力时的反应和应对模式，从压力中得到恢复。写作，就是对自己诉说、和自己相处、认识自己的一个过程，不是一项使人紧张的任务。

4. 以社会支持作为应对策略

社会支持是指他人或社会组织向我们提供所需要的资源，使我们知道是被爱、被关心、被尊重的。社会支持网络常常由家庭和亲密朋友组成，但一些支持小组或社团也能提供所需要的支持和帮助。任何一个与我们有着明显社会关系的人，如家庭成员、朋友、邻居和同事，都可以成为我们社会支持网络的一部分。来自陌生人、视频的支持也能降低生理唤醒，甚至一只宠物的支持也是有益的。当社会支持没有出现时，简单地想象有爱人或朋友在身边也能起到支持的作用。

研究发现，那些遭遇重大生活压力的人，如失去伴侣或工作，如果有朋友或家人给予支持，那么他们会体验到较少的生理或心理不适，会较少地感冒、有着更低的抑郁或焦虑风险。

【内容拓展】

社会支持为什么有利于身体健康呢？研究发现，当人们想到社会支持时，情绪上的支持会立马出现在人们的脑海中。当我们在艰难时期时有可以依靠的朋友和爱人时，我们可以感受到无限的安慰。人们可提供的一些具体的援助，也可以帮助我们更好地了解压力源的本质和可以使用的资源。

社会支持减少了人们战斗或逃跑反应相关唤醒的强度和持续时间。在一项实证研究中，实验人员给予参与者一个应激源，然后在有社会支持或独自一人两种情况下测量参与者的心率、血压和压力激素水平。结果发现，有社会支持的参与者的心率、血压和压力激素水平明显地更好。另外一项研究发现，当人们面对压力源时，和可信赖的伴侣身体接触，如拥抱、拉手和触摸，能提高催产素水平，降低我们的焦虑和压力水平。

与他人分享好消息、幸福的事情，如结婚、生子、毕业和生日等，可以对健康产生积极的影响。有研究表明，那些对朋友、亲戚和邻居给予支持和帮助的人，会拥有更多的健康和快乐。

人类是社会生物，依靠彼此生存。成为有效的社会支持网络的一部分，意味着相信在我们需要帮助时，他人会给我们提供帮助。要使自己成为社会支持网络的一部分，就需要结交一些好朋友，同他们分享自己的快乐和忧虑，发展、保持和拓展我们的社会支持网络，不让自己与社会孤立起来。

【内容拓展】

每个人都有压力大到不知所措的时候，有时甚至感到压抑。也许有一个同事让我们咬牙切齿，也许自己或所爱的人生病了……在面对这些压力情景时，以下方法可以帮助我们：

（1）勤锻炼。

减压和降低焦虑的方法之一就是运动。加入健身俱乐部或在卧室或户外锻炼，甚至只散一会儿步，运动时分泌出来的内酚酞让人更快乐、更平静。

（2）常微笑。

微笑和大笑都是让人放松情绪的途径之一。与朋友开玩笑，看一部优秀的电影或明媚的阳光都能让我们微笑。

（3）多听音乐。

倾听音乐是放松减压的好方式。安静的音乐对舒缓压力非常有效，听音乐能使人感到放松、平和。

（4）爱阅读。

选读一本轻快、幽默、浪漫的书，任何让人以积极健康的态度看待世界的书能使人感觉良好和放松。

（5）尝试冥想。

焦躁不安时，冥想吧，想象水流洗涤污垢，想象一望无垠的大草原或广袤的沙漠，打开你所有的感官去体验：嗅一嗅空气中弥漫的淡淡花香，听一听林间鸟儿的欢唱，感受清风拂面……

(6) 懂得感恩。

感到压力时，试着去细数幸福，把它们记录在你的感恩日记本里。当你怀有一颗感恩的心时，会发现我们的生活很美好。

(7) 深呼吸。

当你陷入伴随压力而来的强烈情绪中，甚至快被压垮时，停下来，深呼吸。

倡议行动：只需要一个方法，用上15分钟，把你的压力卸掉。

大学生在面对压力时，解决方法和应对资源是丰富多样、多元化的：主动打电话向朋友寻求支持，向学校心理健康教育中心的专业心理教师寻求支持，主动帮助他人，使自己成为社会支持网络的一部分……每一种方法都可以帮助我们有效应对压力。不论采用哪一种压力应对策略，其基本理念都是相同的，即大多数的心理压力是自我产生的，知道自己可以且有能力应对是应对压力的主要策略。我们通常会将几种压力应对策略结合起来使用。

【小结】

压力应对策略是当压力发生时，人们选择以何种方式应对，包括如何调整自己的身心反应，如何控制压力事件或刺激。压力应对策略分为以感受（情绪）为中心的应对策略、以问题为中心的应对策略、以事件为中心的应对策略，以及以社会支持作为应对策略。每一种方法都可以帮助我们有效应对压力。不论采用哪一种压力应对策略，其基本理念都是相同的，即大多数的心理压力是自我产生的，知道自己可以且有能力应对是应对压力的主要策略。

有效的压力应对策略能够减少压力对我们的消极影响，良好的生活习惯可以增强生理、心理健康，使我们体验到更多的幸福感。大学生在面对压力时，解决方法和应对资源是丰富多样、多元化的，希望大学生都能形成自己的压力应对策略，让自己的生活、学习、工作和人际关系越来越美好。

【习题】

1. 每当期末考试来临，小明总是感到极度紧张。结合本节内容，给小明提出应对压力的建议。

2. 通过观察，谈谈你的父母或家人是如何应对压力的？在有压力的情况下他们会做什么？你有何反思？

第四节　挫折教育

【导入】

“继静安绝学，贯中西文脉。你是诗词的女儿，你是风雅的先生。”叶嘉莹获得2020年度感动中国人物，组委会给予她的颁奖词如是说。

生于乱世，21 岁便开始教学生涯，从中国到美国、到加拿大，再到回国，执教 70 余年来，叶嘉莹播撒着中国诗词的种子，一生与中国古典诗词“恋爱”。

她说：“我平生志意，就是要把美好的诗词传给下一代人。”

作为中华古典诗词大家、南开大学中华古典文化研究所所长，面对漂泊动乱也好，人生苦痛也罢，叶嘉莹都用整个生命吟诗、写诗、传诗，并用曾经支撑自己走过苦难的诗词来反哺自己的民族和文化。

1924 年，叶嘉莹出生于北京察院胡同一个书香世家，她名字中的“叶”来自“叶赫那拉”。叶嘉莹虽生于乱世，却从小受到良好的中华传统文化教育。白先勇评价叶先生身上拥有一种“天生的华丽”。

在她读初二那年，七七事变爆发。尔后，年少的叶嘉莹经历了丧母之痛，一连写下八首《哭母诗》。叶嘉莹在辅仁大学就读时，师从诗词大家顾随先生，从此与诗词结下了深深的情缘。1948 年冬，叶嘉莹结婚，并随丈夫前往台湾。“那时候我以为很快就可以回来，所以随身只带了简单的行李。”想不到，这一走，却别离故土几十载。

后来，叶嘉莹开始在台湾大学、淡江大学、辅仁大学等高校执教，白先勇、席慕蓉等一批现代著名作家、诗人成为她的学生。

20 世纪 60 年代，叶嘉莹前往美国密歇根大学、哈佛大学讲学，与哈佛大学著名的汉学家海陶玮教授合作研译中国诗词。至 20 世纪 60 年代末，叶嘉莹到加拿大温哥华，成为不列颠哥伦比亚大学的终身教授。

然而，本以为可以安度此生的叶嘉莹却再次遭遇不幸：1976 年，她的大女儿与女婿在一次车祸中罹难。叶嘉莹含泪写道：“平生几度有颜开，风雨逼人一世来。”丧女锥心后，叶嘉莹开始寻求还乡之路。

1978 年暮春，叶嘉莹给国家教委写了一封申请信，希望不要任何报酬回国教书。一年后，她的申请得到批准，受时任南开大学外文系主任李霁野的邀请到该校执教。叶嘉莹在长诗《祖国行》里写道：“卅年离家几万里，思乡情在无时已。”

之后的几十年间，叶嘉莹以诗为约，与中国求诗若渴的年轻人一道探索古典美的殿堂。如今，90 多岁高龄的叶先生仍未停下爱诗的脚步，还捐出 3 500 多万元支持中华优秀传统文化研究。她用一生培养了大批中国传统文化和古典文学人才，也正如她所说：“我要把自己的一生交给诗词。”

叶嘉莹说，诗歌的价值在于滋养精神和文化，“中国古代伟大诗人往往是用生命谱写诗篇、用生活实践诗篇，他们把自己内心的感动写了出来，千百年后的我们依然能够体会到同样的感动，这就是中国古典诗词的生命力。古典诗词凝聚着中华文化的理念、志趣、气度、神韵，是中华民族的血脉、中华儿女的精神家园”。从这个精神家园中，她获得了力量。因而在颠沛飘零，甚至动荡离乱中，她依然坦然面对人生。并且，她还将这种精神传递给了更多的人。

叶嘉莹先生的助手、南开大学中华古典文化研究所副所长张静说，叶先生不仅是一位女性的代表，也不仅是一位教师的代表，更重要的是她唤起我们每一个人对自己生存观的反思。叶嘉莹身体力行的“弱德之美”，影响了很多人，真可谓是

"好将一点红炉雪，散作人间照夜灯"。

"先生作为一个柔弱的女性，她如何活出自己来？我觉得是很具有典型性、经典性、榜样性的。"张静说，"希望更多的人能够像先生那样，通过诗词找到自己思想灵魂的精神支柱，无论什么境遇，都能像叶先生那样活出自己来。"（选自《中国故事工作坊》）

【互动设计】

题目：挖掘挫折的正面意义。

步骤1：在小组里，每个学生在纸条上写出自己目前面临的最大挫折，然后将纸条传递给同组的小伙伴。大家看过之后依次从正面的角度谈谈对挫折的理解，可以换一个视角看待挫折，也可以说说挫折带来的积极影响。学生可以打开思维，只要是从积极的角度都可以。

步骤2：教师引导："挫折和失败在人生的道路上不可避免。孟子说：故天将降大任于斯人也，必先苦其心志，劳其筋骨，饿其体肤，空乏其身，行拂乱其所为，所以动心忍性，增益其所不能。挫折并不可怕，挫折也并不完全是糟糕的事情，当我们能够从挫折中学习时，我们会发现挫折带来的积极意义和力量是很大的。"

步骤3：教师可以举一个自己的实际例子，和学生分享自己如何从挫折中成长。

一、何为挫折

《现代汉语词典》对挫折的解释是"失败""失利"，《辞海》对挫折的解释是"失利""挫败"。挫折指一种情绪状态，是指人们在某种动机的推动下，为实现目标而采取的行动遭遇到无法逾越的障碍时，所产生的一种紧张、消极的情绪反应和情绪体验。挫折包含以下三种成分：

1. 挫折情境

挫折情境，即阻碍个人行为的情境，比如考研失利、笔记本电脑被偷、受讽刺打击等。

2. 挫折认知

挫折认知，即个人对挫折情境的认知、态度和评价。比如有的人认为失败乃成功之母；有的人却认为失败了就说明自己是一个失败的人，以后也不会成功。

3. 挫折反应

挫折反应是指个人在挫折情境下所产生的烦恼、困惑、焦虑、愤怒等负面情绪交织而成的心理感受，即挫折感。挫折认知是核心成分，挫折反应的性质及程度主要取决于个人对挫折情境的认知。一般来说，挫折情境越严重，挫折反应就越强烈。但是，只有当挫折情境被个体感知时，个体才会产生挫折反应。如果出现了挫折情境，而个人没有意识到，或者虽然意识到了但并不认为很严重，那么也不会产生挫折反应，或者只产生轻微的挫折反应。挫折的反应机制如图12-4所示。

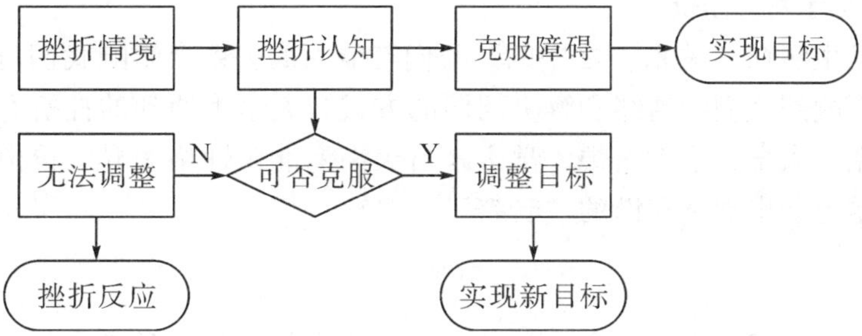

图 12-4　挫折的反应机制

【互动设计】

题目：我的挫折。

请根据自己的实际情况，填写表 12-1，仔细分析自己面对的挫折。

表 12-1　挫折分析

挫折情境	挫折认知	挫折感受	改变后的挫折认知	改变后的挫折感受
期中考试有 1 门不及格	真倒霉	沮丧	没有复习好	平静

二、挫折的种类

大学生常见的挫折有很多，根据来源的不同，挫折可分为与自我有关的挫折、与他人有关的挫折、与环境有关的挫折。

1. 与自我有关的挫折

大学生遇到的挫折往往来源于理想的我和现实的我的冲突。理想的我是坚强的，现实的我很爱哭；理想的我是乐观向上的，现实的我是有点抑郁的；理想的我是卓越出众的，现实的我是失败的。如果说理想是一朵盛开的美丽的花，现实就是被太阳暴晒后的样子。

【成长案例】

小张是 6 月份毕业的大学生，选读土木工程专业。家人认为这个专业毕业后容易就业，但他对专业没有太多的想法。入学后，伴随着系内学科入门指导讲座的开展和课业的修读，小张对土木工程专业逐步有了直观的认识，用他自己的话说，“可以接受，但不喜欢”。一转眼，小张到了毕业学年，是就业还是考研，难以抉择。若选择前者，在父母的帮助下，可以很轻松地找到工作，但小张觉得自己的性格并不适合在此行业发展。若选择后者，随之而来的风险和不确定性太高，首先不知能否考上，如果考上能否做自己喜欢做的事情？为此，小张自大四上学期就开始纠结，经常和家里发生争吵。

2. 与他人有关的挫折

我们都是生活在“关系”之中的，我们与他人的关系会影响我们对世界的认知方式，更会影响到我们的情绪和解决问题的方式。大学生遇到的挫折有的来源于与周围人的关系。大学是个大熔炉，学生来自天南海北。性格迥异、价值观不同的个体在相处中难免会出现不和谐的“音符”。

【成长案例】

王慧是一名大四学生，刚上大学时对自己的大学生活有很多美好的期待。在四年的学习生活中，王慧与同学相处时常有摩擦，最近与相处两年的男朋友不欢而散。她觉得自己很没用，活着很累，但想到父母养育自己不容易，应该好好地活着，因此，她向心理医生寻求帮助。心理医生诊断，王慧处于抑郁和焦虑的状态，需要通过专业帮助改善现在的情况。

3. 与环境有关的挫折

大学生活伊始，学生步入一个全新的环境。大学生活相对独立，却又充满未知，易产生一些适应性问题。这是需要慢慢过渡的。比如饮食、集体活动、理想与现实的落差等。外在环境带来的挫折很多时候是不可控的，也是最让人感觉无助的，这非常考验一个人应对挫折的能力。

【成长案例】

阿勇是一个踏实、肯干、爱学习的学生，不仅学习成绩优秀，而且每年的社会实践他都积极带队。大三的时候，大部分学生还在享受大学的美好时光，他已经到一家小有名气的企业实习了。4 年下来，阿勇在专业上打下了扎实的基础。在就业竞争激烈的情况下，大家都是“广泛撒网，重点捕鱼”。阿勇对自己很有信心。参加了一家知名企业的面试后，阿勇认为自己一定会被聘用，便不再四处找工作，而是等这家企业通知签约。阿勇想到未来工作的场景还是有一些小兴奋，毕竟要告别学生时代，转变为职场新人。时间总是在美好的畅想中流逝，一转眼到了 6 月中旬，身边同学的工作一个个尘埃落定，阿勇有些着急了：那家企业怎么迟迟不通知签约呢？阿勇终于接到了人力资源部打来的电话，却被告知没有名额了。这个消息来得有些令人措手不及，阿勇尝到了天有不测风云的滋味。

三、积极应对挫折

积极应对挫折就要求我们正视挫折，承认挫折，正确分析挫折产生的主客观原因，总结经验教训。具体包括以下几种方式：

1. 升华

升华认知是指遇到挫折或打击时，不悲观失望，不气馁，把它变成动力，并升华到干一番事业上来。比如一个学生好胜心强，看到别人比自己成绩好而深感挫败，于是他通过发奋学习来试图超过对手。

【成长案例】

小朱自小就是个伶牙俐齿的姑娘，经常与人发生争论，甚至吵架斗嘴，每次争论都不落下风。后来的她考取了法律专业，通过不懈努力成为一名律师，并且经常在法庭展现自己的口才以赢得掌声。

小虎从小顽皮淘气，经常旷课、打架，可以说是一个相当恶劣的不良少年，但这些现象恰恰表明其具有运动天赋。在运动会上，总是会有他的身影。后来，小虎上了一所体校，练习散打且成绩优异。

2. 补偿

补偿是指人们因其生理或心理缺点，而企图用种种方法来弥补这些缺点，以减轻挫折感。正所谓“失之东隅，收之桑榆”，就是这种补偿作用。有的人觉得自己的身体素质欠佳，不能在运动场上骁勇称霸，于是在学习上拼命用功，在考场上夺冠折桂；有的人功课不好，便在社交场合大出风头；有的人有视力障碍，但触觉和听觉异常敏锐。

【内容拓展】

心理学家阿尔弗雷德·阿德勒提出，当人们体验到自卑感时，他们可能会自动地体验到一种补偿性需求。因此，人们会强迫自己克服弱点，实现自己的目标。

例如，假设一个小男孩有自卑感，因为他在打篮球时不能像同龄人那样投进很多球。由于这些不足，他努力克服这一弱点。他报名参加篮球练习，并在放学后每天自己练习，最终，他成了一名篮球运动员。

但是，补偿也可以防止人们尝试新事物或试图克服缺点。

例如，让我们想象一个年轻的大学生因为很少有亲密朋友而经历自卑的感觉。她到处走，她看到同龄人与他们的朋友进行生动的对话。她对自己说：“我可能没有很多密友，但我的成绩很好!”她没有寻求社交关系，而是投入学业，很少花时间去玩耍或参加社交活动。在这种情况下，补偿实际上阻止了她克服自卑感。

3. 幽默

当一个人处境困难或陷于尴尬境地时，有时可使用幽默来化险为夷；或者通过幽默间接表达意图，在无伤大雅的情形中处理问题。

4. 认同

认同是指个人在现实生活中无法获得成功时，将自己比拟为某一成功者，借以在心里减轻挫折产生的痛苦；或者迎合能满足自己需要的人，按照他们的希望去支配自己的思想、行动，从而冲淡自己的挫折感，并以此求得内心的满足。例如，大学生常以一些历史名人、科学家、小说中所欣赏的人物、老师甚至同学作为自己效仿的对象，建立自己心中的榜样，并依照榜样进行自我激励与自我暗示。

5. 宣泄

在心情烦躁，用理智控制不了自己的情绪时，我们可以通过语言宣泄情绪。如，可及时找家长、老师、好朋友，尽情倾诉一下自己的苦衷、愤怒和不平，获取别人的理解和同情，以减轻自己的烦恼，把自己内心破坏性的能量都释放出来，再冷静地处理问题。但要注意场合、时间和尺度。

6. 调整认知

挫折是一把双刃剑，挫折对个人的影响与个人对挫折的认识有很大关系。《自控力：和压力做朋友》一书介绍了一项盖洛普世界民意调查，该调查在 121 个国家访谈了 125 000 多人，针对挫折和幸福感指数两个指标进行调查。研究结果令人诧异：挫折指数越高，幸福度也越高。挫折可以激发人的潜能，带来动力和挑战。

然而，任何积极的方式如果过度，或者以不恰当的方式出现，也可能会造成消极的结果。比如肆无忌惮地宣泄自己的挫败感，可能会导致人际关系的问题。学生在使用积极的应对方式时，还要注意时机和适度的原则。

四、提升心理复原力

复原力是指个人面对逆境、创伤、悲剧、威胁或其他重大压力时的良好适应过程，也就是对困难经历的反弹能力，它是一个人心理的免疫系统。这种能力，可以让一个人很快接受事实、适应环境，能够利用现有的资源化解危机。

《面对困境：“复原力”的密码》中提到，复原力具有三个基本特征：直面现实，冷静接受眼前的事实；寻找意义，价值观坚定，在艰难时期依然能找到生活的意义；灵活变通，有惊人的临场应变能力，擅长利用手中的一切资源。

1. 影响心理复原力的因素

影响心理复原力的因素主要包括内在保护因素和外在保护因素。

（1）内在保护因素。

内在保护因素是指个体自身所具备的某些特质，能调节或缓和危机所带来的影响，如情绪的稳定性、性格的内外倾向等、自我效能感等。

①情绪的稳定性：情绪稳定的人有较好的自我控制能力，通常不会采用偏激的方式处理问题，从而增加了复原的可能；相反，情绪不稳定的个体容易激动，易采取偏激的行为，使得解决问题的难度增加。

②性格的内外倾向：具有外向性格的人热爱交际，社交面广，当这类人遇到困难时容易得到更多朋友的帮助和支持，增加了复原的可能；而内向性格的人比较沉默，不善于交流，这类人得到的支持和帮助较少，从而降低了复原的可能。

③自我效能感：是指个体对自己是否有能力完成某一行为所拥有的推测与判断。自我效能感强的人，在面对失败时，比自我效能感弱的人有更强的信心，他相信自己有能力“东山再起”。

（2）外在保护因素。

外在保护因素是指个体所处的环境具有能够促进个体成功调适，并改善危机所带来的影响的因子，包括家族因素、社会因素等。

①家庭因素：家庭是最主要的外在保护因素。父母的教养方式与一个人的心理复原力有着密切关系，积极的教养方式更有利于子女的心理复原力的发展。家庭环境中温暖的亲子关系，高家庭凝聚力等都有利于心理复原力的培养和提升。

②社会因素：是指家庭以外的人际关系，包括朋友、同事、社区组织等支持因素。如果个体有良好的人际关系并且能够很好地利用这些支持资源，那么个体主观

感受到的社会支持程度会更高，从而有更好的心理复原力。

2. 如何增强心理复原力

（1）接受现实，解决当下的问题。

我们应直面现实，不逃避现实，以实事求是的态度面对目前的艰难处境。当灾难来袭，尽可能利用身边一切资源应对困境，先解决问题。当问题的结果已经产生时，我们应想想有什么更好的应对措施或补救办法。在问题处理完之后，我们应想想可以改善和优化的地方，以避免下一次的失败。

（2）调节身心状态，释放压力。

我们应照顾好自己的身体，摄入适当的营养，适度运动和休息。写日记、画画、冥想、与大自然亲近都是不错的释放压力的方式。与朋友的倾诉、谈话或商讨都对宣泄情绪，缓解压力有帮助。

（3）培养成长型思维。

我们应用成长型思维和发展心态来看待问题，避免非黑即白、绝对化的思维方式。心理复原力强的人普遍具备成长型思维模式。拥有成长型思维模式的人相信他们的能力会通过辛勤的努力与奉献得到提升，拥有封闭型思维模式的人则认为人的能力是不变的。

在遭遇失败时，拥有封闭型思维的人把失败定义为自身能力不足，会把自己局限在过去的能力里。而拥有成长型思维的人把失败看成生存体系的反馈。比如，经历了一次考试失败之后，拥有成长型思维的人会开始自我评估；而拥有封闭型思维的人会认为自己不够聪明，进而停止努力，因为他们认为智商不会改变，所以没有必要再努力。失败并不代表一辈子失败，挫折也不代表你永远都做不好。

（4）增强自我效能感。

增强自我效能感有助于增强心理复原力。《心理韧性的力量》一书认为，增强自我效能感的最有效方法是：发现心理优势，并在工作和生活中充分运用它们。研究者发现，使用心理优势会带来更少的压力、更高的自尊和更高水平的积极情绪。

（5）寻找意义感。

当困难来袭，我们可能会将自己视为受害者："为什么是我？"但是，困苦中蕴含着生机，挫折中蕴藏着启示，我们需要从失败中发现意义，让自己和他人从中受益。在艰难的时候，支撑人克服眼前困难和继续往前走的，是意义感。寻找意义感，能让我们将眼光放长远，将生命拉长，看到这些挫折和失败不过是人生长河中的涟漪，从而获得力量和平静。

（6）寻找社会支持。

社会支持来自家庭成员、朋友、同事、团体、组织或社区等。如果你身边有值得信赖的伙伴或可信赖的团体，你所遇到的阻碍、突发事件及灾难就显得没有那么可怕了。

【内容拓展】

美国临床心理学家布鲁克斯与戈尔兹坦博士在《挫折复原力》一书中提出人拥有挫折复原力的10个要素：

（1）改变生活：更改负面脚本。

（2）选择抗压，而不是被压力击垮。

（3）用别人的观点观察生活。

（4）有效沟通。

（5）接纳自己及他人。

（6）贴近他人及发挥怜悯心。

（7）有效处理错误。

（8）培养特长，欣然面对成功。

（9）训练自律及自制力。

（10）维持心智坚韧的生活形态。

【小结】

挫折指一种情绪状态，指人们在某种动机的推动下，为实现目标而采取的行动遭遇到无法逾越的障碍时，所产生的一种紧张、消极的情绪反应和情绪体验。挫折包含以下三种成分：挫折情境、挫折认知、挫折反应。大学生常见的挫折有很多，可以从3个不同的来源概括：与自我有关的挫折、与他人有关的挫折、与环境有关的挫折。在日常生活中，我们逐步学会用各种态度与方式对挫折做出反应，这些行为方式经过强化和重复，逐渐成为对待挫折的一定的习惯表现方式，即自我心理防御机制。积极的心理防御机制包括：升华、补偿、幽默、认同、宣泄、坚持。消极的心理防御机制包括：压抑、否定、退行、攻击行为、逆反、合理化。在挫折情境中许多不理智的反应、不正确的行动，都是与缺乏对挫折的正确认识有关的。我们要看到，挫折会给人以打击，带来损失和痛苦，但也能使人奋起、成熟，从中得到锻炼。挫折既有消极的一面，又有积极的一面。

为了更好地面对挫折，大学生要培养自己接受并战胜现实的能力、在危难时刻寻找生活真谛的能力、随机应变想出解决办法的能力、积极乐观的能力，能坦然面对大学生活中的各种挫折，提升学习生活的品质。

【习题】

1. 请你思考面对挫折时，你常常采用什么样的应对方式？哪些是积极的，哪些是消极的？

2. 清初，山东一个秀才四次应试举人，都落第了。但他并未因此而悲观失望，反而立志要写一部“孤愤之书”。他写了一副对联：有志者，事竟成，破釜沉舟，百二秦关终属楚；苦心人，天不负，卧薪尝胆，三千越甲可吞吴。他以此自勉，发奋读书，不断著述，终于写出了传世名著。这个落第秀才叫蒲松龄，写出的传世名著是《聊斋志异》。这个案例对你在大学期间遇到的挫折有什么启发？结合实际，谈谈如何增强大学生的心理复原力，提升抗挫折的能力。

【参考文献】

［1］王凌航. 新型冠状病毒感染的特征及应对［J］. 中华实验和临床感染病杂志，2020，14（1）：1-5.

［2］苏茜，郭蕾蕾. 压力负荷量表在中国护士群体中应用的信效度检验［J］.

中华护理杂志，2014，49（10）：1264-1268.
[3] 杨彩霞. 大学生复原力与压力事件、心理健康的关系［D］. 石家庄：河北师范大学，2007.
[4] 黄洁，张慧勇，商士杰. 心理弹性对大学生心理应激与心理健康关系的中介作用［J］. 心理与行为研究，2014，12（6）：813-818.
[5] 陈福侠，樊富珉. 大学新生学校适应、心理弹性与心理健康的关系［J］. 中国健康心理学杂志，2014，22（12）：1894-1896.
[6] 吴煜辉. 大学生自我分化在压力知觉与心理健康之间的调节作用［J］. 中国健康心理学杂志，2013，21（3）：1894-1896.
[7] 邓丽芳. 大学生的精神压力与心理健康关系的实证分析［J］. 国家教育行政学院学报，2009（3）：39-43.
[8] 赵晶，罗峥，王雪. 大学毕业生的心理弹性、积极情绪与心理健康的关系［J］. 中国健康心理学杂志，2010，18（9）：1078-1079.
[9] 王欣，王向东，王海洋. 不同年级大学生生活应激的比较研究［J］. 健康心理学杂志，1988，5（4）：411-413.
[10] 蒋苏芹. 大学生心理资本的内涵与结构研究［D］. 南昌：南昌大学，2010.
[11] 张阔，邹洋，汪建新. 心理资本在工作压力源和压力反应间的作用：调节还是中介?［J］. 心理学探新，2013，33（6）：532-536.
[12] 曾祥岚，王惠惠. 认知评价对青少年地震应激反应的中介作用［J］. 中国学校卫生，2010，31（4）：408-410.
[13] 吴洪辉. 大学生生活应激、一般自我效能感和生活满意度的相关研究［J］. 长春工业大学学报（高教研究版），2013，34（2）：138-141.
[14] 刘在花. 学习倦怠对在职研究生学校幸福感和学业羞愧情绪的影响［J］. 中国特殊教育，2013，11（12）：79-83.
[15] 龚小虹，刘燊. 自我评价和人生意义在应付方式影响学习动机中的链式中介效应［J］. 宁波大学学报（教育科学版），2016，10（1）：11-16.
[16] 解琪. 大学生心理幸福感：对生活应激源与应激反应的中介作用［D］. 西安：陕西师范大学，2015.
[17] 库恩. 心理学之旅：5版［M］. 郑钢，等译. 北京：中国轻工业出版社，2015.
[18] 夏翠翠. 大学生心理健康教育［M］. 北京：人民邮电出版社，2017.
[19] 津巴多，约翰逊，麦卡恩. 津巴多普通心理学：7版［M］. 邹智敏，等译. 北京：中国轻工业出版社，2017.
[20] 格里格，津巴多. 心理学与生活：19版［M］. 王垒，等译. 北京：人民邮电出版社，2016.
[21] 迈尔斯. 社会心理学：11版［M］. 侯玉波，等译. 北京：人民邮电出版社，2016.
[22] 蔺桂瑞. 大学生心理健康与人生发展：成长从关爱心灵开始［M］. 北京：

高等教育出版社，2010.

［23］刘洋. 积极心理学与思想政治教育之间的契合研究［J］. 教学研究，2018（12）：71.

［24］张美红. 习近平网络意识形态安全观对高校思想政治教育的启示［J］. 汉字文化，2018（22）：152-153.

［25］包兴敏. 大学生挫折教育存在的问题及其对策探究［J］. 教育探索，2012（12）：135-136.

［26］范正平，唐晓英. 谈加强当代大学生挫折教育的必要性［J］. 中国成人教育，2013（2）：68-70.

［27］陈悦，钱俊华. 对高校当前思想政治教育任务的思考［J］. 江苏高教，2013（4）：109-110.

［28］刘昕. 当代大学生挫折教育的误区及对策建议［J］. 前沿，2013（6）：189-190.

［29］胡宇南，罗映光. 大学生挫折教育及阳光心态培育研究［J］. 思想理论教育导刊，2015（1）：110-113.

［30］刘广远. 读《思想政治教育视域下大学生挫折教育研究》［J］. 中国健康心理学杂志，2018（3）：316.

第十三章　生命教育

第一节　健康的生死观

【导入】

生与死是我们每个人都要面临的功课。学习这门功课起点相同，终点相同，不同的则是中间的过程。在这个过程中，拥有不同的生死观的个体会活出不同的生命状态。那么究竟什么是生死观呢？简单来说，生死观就是指人们对生命和死亡的根本看法和态度，也是人生观的重要组成部分。

【互动设计】

题目：人生倒计时。

目的：学生通过这个活动可以更好地体会生命的意义，了解生命的真谛。

步骤1：假如现在你得了一种疾病，没有药能够医好你的病，你的生命只剩下一个月，你会在这一个月的时间里做什么？请将你要做的事情写下来。

步骤2：5分钟后，假如医生告诉你一个好消息，目前新研制出来一种药可以延长你的生命时间，医生说你还可以活半年。如果你的生命只剩下半年时间，你会做什么？请将你要做的事情写下来。

步骤3：5分钟后，假如医生又告诉你一个好消息，新研制出来的药效果很好，可以将你的生命延长两年，你会在这剩下的两年的时间里做些什么？请将你要做的事情写下来。

步骤4：5分钟后，学生以5~6人为一组，分享当生命剩下一个月、半年和两年的时候自己的想法和感受。

小结：人在觉得自己有很多时间的时候，通常不懂得珍惜时间，也经常会为一些不重要的事情而烦恼，而在有限的生命时间里更能够了解自己生命的价值和意义。在整个活动过程中，教师可以引导学生分享自己的感受，帮助学生探索自生命的价值和意义。

一、什么是生命

生命是我们日常生活再熟悉不过的存在，没有生命，一切的成长和发展都无从谈起。从广义来看，生命是指一切具有新陈代谢、繁殖力、生长力和环境适应力的生物体。在这里，我们主要探讨的是人的生命。人的生命又主要由三个要素构成，它们分别是生理生命、心理生命和社会生命。

【内容拓展】

生物学中所讲的生命泛指有机物和水构成的一个或多个细胞组成的一类具有稳定的物质和能量代谢现象（能够稳定地从外界获取物质和能量并将体内产生的废物和多余的热量排放到外界）、能回应刺激、能进行自我复制（繁殖）的半开放物质系统。生命个体通常都要经历出生、成长和死亡。心理学中所讲的生命的内涵比生物学要丰富得多。人不是植物，也不是动物，而是一个复杂的生命体。动物的生存是为了繁衍，而人的生存的目的和意义比繁衍后代要丰富得多，人有更多的心理需求。人的生命全过程就是由一次次的生命活动组成。一次次生命活动的质量决定了生命全过程的质量，个体重视每一次生命活动的质量就是重视生命全过程的质量。

1. 生理生命

人首先是作为一个生理性的肉体而自然存在着，由水、蛋白质、脂肪、无机质四种成分构成。因此，人会有生存的物质需求，比如吃、穿、住、行等，这是人的生命得以存在的必要前提。

2. 心理生命

心理生命也指人的精神生命，是对生理生命的超越。正如马斯洛的需求层次理论指出的那样，人还有安全需求、社交需求、尊重需求和自我实现需求，而这些需求的满足，就是心理生命的呈现，也是向内探寻的关键。

3. 社会生命

社会生命是指生命是一种社会关系的存在。马克思认为，人是社会存在物，人的本质是“一切社会关系的总和”。每个人都处在复杂的社会关系中，既受社会关系的影响，又影响着社会关系，并在这个过程中成长为独特的个体。新时代大学生不仅要满足自己生理、心理的需要，体验到自己的存在，更要体验到自己是社会的一员，与国家、民族是一体的。当我们把这样的体验纳入自己的日常生活和思想中，就会脱离自我享乐。

生命的三个要素中，生理生命是生命的基础和前提，是生命活动得以进行的根本保证；心理生命为我们提供内在的精神空间；社会生命则帮助我们拓展外在的成长可能。三者之间是相互促进的，个体应兼顾对三者的发展。然而，现实生活中，一些人忽略了生命的系统性，只追求单一的发展。比如，有的人只注重生理生命的质量，过度关注外在形象和物质基础；有的人完全被外界的关系绑架，丝毫没有自我探索的空间，这些都容易造成我们的遗憾和缺失。大学生应该从这三个维度来完善自己的生命，让生命的潜能得到充分发展。

二、不同的生命观

古往今来对生命的看法都呈现出不同民族、不同地域、不同历史时期的特点。生命观深深影响着我们的日常生活。以下列举几种重要的生命观。

1. 儒家文化中的生命观

儒家文化对生命的认识首先来自对宇宙自然的认识，探讨自然本体的奥妙，可以推天及人，以达天人合一。儒家认为天不仅决定时空而且决定人事。孔子说："君子有三畏，畏天命，畏大人，畏圣人之言。"畏命、知命不仅表达了对未知而强大自然力的敬畏与恐惧，还流露出对天创生万物这一客观必然的肯定与尊重。儒家的生命观告知世人，作为现世意义中的生命个体，生死是必然的，孔子将之归结为"天命"。"死"作为人现实存在的必然，规定了生命的有限性和局限性，而"生"体现了个体生命的积极性和能动性，是对生命存在的超越。因此，天行健，君子以自强不息。作为大学生，我们从中能学习到，对生命、自然充满敬畏，坦然接受现实的局限性的同时，又积极能动地创造属于自己的精彩。

2. 道家文化中的生命观

与儒家文化不同的是，道家文化是一种将生命之流从现实生命中拉出，引向原始的自然状态中的虚极静笃的生命观。"含德之厚，比于赤子。"人的生命本如赤子，只因陷于俗世欲求之中不能自拔，才致使犹如婴儿般的生命被扰乱，而无法实现生命的延伸。道家文化认为，只有顺应自然，回归生命之始的纯真境界，才能在瞬息万变的无常变易中把握生命的永恒与无限。总之，道家的生命观，是通过"不盈""不争"的行为方式，挣脱外在形式的束缚，除去表面的偏见、欲望和错误，以期达到个体生命与无限宇宙生命的契合。道家文化中的生命观在当今消费欲望膨胀、人心浮躁的时代很具有现实意义。如果我们可以通过道家生命观反思自己，沉淀自己，把膨胀的欲望收回来，把浮躁的心静下来，就能活得更自在。很多大学生会说，童年虽然很简单，但很快乐。快乐恰好就是因为我们没有那么多的期待和欲求，一根棒棒糖、一个皮球就是美好时光。

【内容拓展】

道家生命思想的主旨在于使现实世界中个体存在的自然生命得以保全和安顿，强调"全身避害""安顿生命"，并在此基础上，通过"道"的引导使个体生命的精神、灵魂超越于世俗繁杂的束缚和肉体生命的生死限制，进而达到在与天地宇宙的沟通和感悟中，体验生命的快乐。总的来看，道、儒两家都以生命的价值立论，都认为生命价值的实现会使人绝对的自由和快乐，都将生命之心和认知之心作为实现生命的价值的途径。无论是儒家从修身、齐家、治国、平天下的思想出发来实现生命的价值，还是道家通过保全个体的自然生命来实现对生理生命的超越，它们都强调了生命的珍贵。人必须保护自然生命，在此前提下，才谈得上人的道德、精神、灵魂方面的陶冶和升华。

3. 西方文化中的生命感悟

古希腊哲学家苏格拉底重视对人心灵的观照。柏拉图继承了老师苏格拉底的思想，进一步将人分为灵魂和身体两个独立实体，认为肉体所感知到的只是事物的影像，是理念的摹本，是虚幻的。因此，人的生命对整个世界的认识创造历程就是回忆理念并用其来指导生命所有活动以趋向"善"的一个过程。总之，苏格拉底和柏拉图把人的生命成长归结为德行发展、灵魂的回忆与学习。

4. 社会主义核心价值观视阈下的生命观

社会主义核心价值观视阈下的生命观，体现了以人为本的科学内涵。按照辩证唯物主义和历史唯物主义的观点，人是自然界演化到一定历史阶段的物质运动的特殊形态的产物，是肉体的、有自然力的、有生命的、现实的、感性的、对象性的存在物，是唯一由于劳动而摆脱纯粹动物状态的"类"的存在。人作为直接的自然存在物的"每个人"，具有一定的偶然性；但作为类存在物中的每个偶然性存在着的人的集合体，则是物质运动到一定历史阶段的必然结果。没有一个个有生命的个体，也就没有整个人类、人类社会和人类历史；但人的普遍性存在方式，则是现实的个人以及他们的活动和他们的物质生活条件。新冠肺炎疫情暴发后，我国举国倾力、不惜代价去救助患者，就是以人为本生命观的充分展现。每一个生命个体都值得倾尽全力，而没有祖国社会的繁荣昌盛，个体生命的价值也得不到保障。

三、什么是死亡

1. 死亡的定义

我们常常会听到"脑死亡"和"心肺死亡"两个不同的名词。关于脑死亡，目前的定义是：包括脑干在内全脑机能完全、不可逆转地停止，而不管脊髓和心脏机能是否存在。或者定义为：脑死亡是脑细胞广泛、永久地丧失了全部功能，范围涉及大脑、小脑、脑桥和延髓。即发生全脑死亡后，虽心跳尚存，但脑复苏已不可能，个体死亡已经发生且不可避免。而心肺死亡指的是普通的传统临床死亡标准，我国现在沿用心肺死亡的标准定义死亡，即心跳和呼吸停止。死亡在社会学上的解释是人类有意义生命的消失，即没有思想、没有感觉。

2. 死亡的特性

（1）死亡的必然性。

生命是一个有机体新陈代谢的过程。凡是生命都存在死亡的必然性。尽管人们梦想着"长生不老""万寿无疆"，但生命总有它的自然规律，有生就有死，死亡是必然到来的，因为死亡是生命的重要组成部分。

（2）死亡的不可抗拒性。死亡来临时，人无法自己选择。俗话说"黄泉路上无老少"。无论你的年龄是多少，无论你的地位高低，无论你的学识多少，死亡都是不可抗拒的，人最多能做到的是延缓死亡，但不可能抗拒死亡的最终到来。

（3）死亡的偶然性。死亡是必然的，但一个人具体在什么时间死、以什么方式死是偶然的。一个人或许死于疾病；或许死于自然灾害，如地震、洪水、雷电、台风、海啸；或许死于战争、人与人之间的争斗、偶然的交通事故……人无法预料自己在什么时候遇到什么危机事件从而丧失生命。死亡的偶然性提示了我们生命的脆弱性。

【内容拓展】

心理学上有一个专门的词描述人对死亡的恐惧：死亡焦虑。

死亡焦虑的表现形式不一定是"怕死"，不少影响我们情绪的心理问题的背后都是死亡焦虑。

心理分析师罗伯特·约瑟夫·朗斯指出，死亡焦虑有三种形式：掠夺性死亡焦虑、捕食者死亡焦虑和存在性死亡焦虑。其中，存在性死亡焦虑是人类特有的，也是影响最为持久的一种。存在性死亡焦虑，就是一旦知道“我总有一天会死的”，这种对死亡的恐惧会潜移默化地影响你的每一天。朗斯说它是“死亡焦虑最强大的形式”，这种对死亡的担忧几乎跟每一种情绪障碍都有重要关系。

年龄焦虑可能是死亡焦虑，比如青年危机和中年危机。欧文·亚隆指出，感到人生虚度跟死亡焦虑紧密相关。“我都这么大了，还能过上我想要的生活吗?”这种自我怀疑也是死亡焦虑。“工作狂”也很可能是因为死亡焦虑。研究者发现，人们会通过对权力和财富的极端追求找到控制感，从而感觉自己可以超越死亡的影响。

克服死亡焦虑的6个方法：

(1) 思考你希望给别人带来什么样的影响？希望人们用怎样的方式记住你？知道自己想留下怎样的影响，我们就可以在生活中更主动地创造它。

(2) 给一个依然在世、你一直想感谢却从没表达过感谢的人写感谢信。

(3) 找个人聊聊你的死亡焦虑。跟朋友互相倾诉死亡焦虑、进行深入的情感表达可以帮助我们克服死亡焦虑。

(4) 遗憾练习：想象一年之后、五年之后、十年之后，自己最大的遗憾可能是什么？如何才能避免?

(5) 写遗嘱和墓志铭：你想在自己的墓志铭上写什么？它可能是你最看重的价值、特质，最想传递给世界的声音，你最鲜明的性格体现。思考这个问题本身就是一个深层自我探索的机会。

(6) 找到自己的心流和天赋。“心流”是积极心理学奠基人之一米哈里·契可森米哈赖提出的概念，指一个人全身心投入地做一件事，伴随着高度的兴奋和充实感，会完全忘记时间的流逝。

四、古今中外的死亡观

人人都会有着某种死亡观。生、老、病、死是无法回避的自然规律。有些人长命百岁，有些人突发脑出血抢救无效而丧失生命。生死之间可以宽阔无边，也可能是一夜之间。不同的人生经历可能造成截然不同的死亡观。比如，一些人长期陪伴重症患者，就会对生与死有更多的体验和思考。

1. 儒家的死亡观

在我国传统儒家思想中，有一句很出名的话：“未知生，焉知死。”从这句话来看，儒家重视此生，不论及“死后”的世界。但孔子并不是不重视死亡这件事，也不是否定死亡的价值。从孔子的“朝闻道夕死可矣”“杀身成仁”，到孟子的“舍身取义”，可以看出儒家把道义放在生死之上。

2. 道家的死亡观

中国道家对死亡的观念与儒家不一样。《庄子》书中云：“死，无君于上，无臣于下；亦无四时之事，从然以天地为春秋，虽南面王乐，不能过也。”这段话的意识是，死了以后，在上则没有君主，在下则没有臣僚，无君无臣，脱离了世俗的桎梏，这是庄子逍遥的思想。在这种观念下，死亡似乎不是那么可怕。

3. 西方哲学家对死亡的讨论

西方哲学家海德格尔提出“向死而生”，他认为死和亡是两种不同的存在概念。

死，可以指一个过程，就好比人从一出生就在走向死的边缘，我们过的每一年、每一天、每一个小时，甚至每一分钟，都是走向死的过程，在这个意义上人的存在就是向死而生的过程。而亡，指的是亡故，是指一个人生理意义上的消亡，是一个人走向死的过程的结束。海德格尔的死亡观，让我们把生和死看作一个连续谱，而不是两个不相干、截然分开的现象。

古希腊哲学家伊壁鸠鲁非常重视对死亡问题的阐述，他认为没有神在控制着人们的生死，人生只是原子的聚散而已，所以死亡并不可怕。因为在他看来，死亡仅仅是感觉的消失。“要习惯于相信死亡与我们无关，因为一切的好与坏都在感觉之中，而死亡是感觉的剥夺。”在这样的观念里，死亡成了与我们不相干的现象。因为我们活着的时候，死亡必然还未来临。而死亡存在的时候，我们就已不存在。虽然这个说法在逻辑上很精妙，但对于追求发展的人类来说，死亡并不是于己无关的事情，而是需要重视和学习的一个功课。只有不逃避死亡，直面我们终有一死的事实，才能够更好地实现自我发展。

【互动设计】

教师引导学生思考：如果没有死亡，这个世界会是怎样？这个世界会美好吗？

五、正确面对死亡

这个世界正是因为生死交替，春去秋来，才呈现出欣欣向荣之态。所以在这个充满了生机的地球，死亡也是必然的组成部分。对我们每一个个体，尤其是大学生来说，死亡的意义有以下几点：

1. 因为死亡的存在，我们才有生命的紧迫感，时间也变得宝贵

颜真卿有诗云：三更灯火五更鸡，正是男儿读书时。黑发不知勤学早，白发方悔读书迟。假如时间是无限的，也就不存在还要头悬梁、锥刺股般用功，也没有逝者如斯夫的感慨了。或者说，因为死亡的存在，我们才会迫切地想要追求什么，因为不想错过。若没有死亡，追求没有了期限的限制，一切没有了截止日期，我们又为什么要奋斗呢？或许社会就没有发展的动力了，这个世界可能会变得死气沉沉。

2. 因为死亡的存在，我们更能坚守自己的生活和追求

美国堪萨斯大学的格林伯格教授做过这样一个实验。他把法官随机分成两组。第一组法官被指示去想象他们即将死去，并写下遗书；最后，这些法官再写下自己面对死亡的感受。而第二组法官则什么都不用想，就像他们平时判案一样。格林伯格教授想知道，通过打击犯罪来维护社会正义的法官，会不会在面临死亡恐惧的时候，对那些破坏社会的行为做出更为严厉的打击。实验结果证明了格林伯格教授的推测。第一组法官在审理一起案件时，判处罪犯的平均保释金为455美元。而第二组法官在审理完全一样的案件时，判处罪犯的平均保证金只有50美元，差不多只有第一组法官的九分之一。显然，当这些法官面对死亡恐惧的时候，他们更不能原谅那些不符合正义和公理的行为。

3. 因为死亡的存在，我们更能够体会到生的美好

2020年年初新冠肺炎疫情暴发，让很多人第一次真切地感受到生命的价值和意

义。一些人甚至会想念周一早高峰时拥挤的地铁。但如果没有死亡带来的反思机会，我们不会感到活着就是一件幸福、珍贵的事情。这就是死亡带给我们的意义。

【延伸阅读】

死亡可能给人带来“觉醒体验”，使人产生“积极而深远的改变”，心智变得更加成熟。正如欧文·亚隆所说，死亡是骄阳，与其背过身活在它的阴影中，不如直面骄阳；只有看到死亡，才能去处理、超越它，找到和它共处的方式。很多有濒死经历的人往往会产生一种“觉醒体验”，这可能会带来情感、认知甚至价值观的重大变化：更有利他精神；重新安排生活的重心，放弃无关紧要的琐碎之事，不做违背心意的事情；花更多时间和爱的人在一起；对季节的变化和大自然更加敏感；更有勇气去冒险，更少担心被拒绝。欧文·亚隆指出，一些重大事件或生命历程的转折点会触发“觉醒体验”：重要亲人的离世；患上严重疾病；遭遇重大创伤，如灾难、亲密关系破裂等；重要的生命里程碑；子女离家后的空巢期；失业或更换职业；退休；能够传达内心深处信息的、有影响力的梦。

【互动设计】

在人的一生中，总会面对至亲的逝去、好友的离开、自己生命的结束。我们要如何面对死亡呢？在面对死亡时，要思考些什么呢？也许有人会说：“我不要想这么多，死亡离我和身边的人远着呢。”但这是每个人都避不开的话题，也是每个人都不能完全把控的事情。请思考下面两个问题：

（1）当我们挚爱的亲人患了危及生命的疾病时，谁有权决定他是否应该治疗，应该进行怎样的治疗？对当事人隐瞒病情，是不尊重他的权利吗？

（2）当事人已经处于生命末期，无论采用什么方法都要让当事人活下去，一定是正确的选择吗？这种选择的背后，个人的驱动力是什么？社会文化又产生着怎样的影响？

【内容拓展】

安宁疗护（又称姑息治疗）是指通过由医生、护士、志愿者、社会工作者、理疗师及心理师等人员组成的团队服务，为患者及其家庭提供帮助，在减少患者身体疼痛的同时，更关注患者的内心感受，让患者有尊严地走完人生最后一段旅程。

【小结】

生命是我们日常生活再熟悉不过的存在，没有生命，一切的成长和发展都无从谈起。人的生命又主要由三个要素构成，它们分别是生理生命、心理生命和社会生命。古往今来对生命的看法都呈现出不同民族、不同地域、不同历史时期的特点。生命观深深影响着我们的日常生活。死亡在社会学上的解释是指人类有意义生命的消失，即没有思想、没有感觉。死亡有必然性、不可抗拒性、偶然性。不同的人生经历可能造成截然不同的死亡观。死亡是生命的导师，有了死亡，我们才有了对生命的思考和敬畏；有了终结，过程才显得尤其重要；因为死亡的必然性，生命才显得难能可贵。

大学生要充分认识生命与死亡的价值，带着乐观和积极的心态，不轻视生死，不惶惶终日，活出精彩的人生。

【习题】

1. 地震发生后72小时是国际公认的“黄金救援”时间，然而生命的极限却一再被改写。2008年5月18日9时，四川省彭州市龙门山镇两名因地震被困长达139小时的遇险老人被原济南军区某部官兵成功救出。请思考：支撑他们坚持下来的是什么？你对生命有什么样的感触？

2. 妮妮的一个亲戚因病去世了，据说那种病是家族遗传病，这让她有了一定的焦虑，甚至一度怀疑自己就是这一代被遗传的人，开始担心自己的身体，甚至怕自己会突然离世连基本的安排都来不及跟家人交代。对此，你的体验和感受是什么？结合死亡的阶段和特点谈谈该如何面对死亡。

第二节 生命的意义

【导入】

“因为老穿破鞋，我的脚伤得很重。有一天，脚疼得厉害，我一瘸一拐地跟着大家走了几千米，从集中营到工地去干活。那天非常冷，寒风刺骨。我不停地想着悲惨生活中的琐碎之事。今晚吃什么？要是能意外得到一根香肠，要不要拿它去换一片面包呢？要不要用最后一根香烟去换一碗汤喝？去哪里弄一根好点儿的鞋带？到工地后是跟原来的小队一起干活呢，还是会被派到其他凶恶监工的小队去？怎样跟囚头搞好关系，让他帮我在营里找个活干，而不用走那么远的路到工地上？我对时时刻刻想着这些琐事的情况感到厌烦了，就迫使自己去想别的事。突然，我看到自己站在明亮、温暖而欢快的讲台上，面前坐着专注的听众。我在给他们讲授集中营心理学！那一刻，我从科学的角度客观地观察和描述着折磨我的一切。通过这个办法，我成功地超脱出当时的境遇和苦难，好像所有这些都成为过去。我和我的痛苦都成为自己心理学研究的有趣对象。斯宾诺莎在《伦理学》中谈道，作为痛苦的激情，一旦我们对它有了清晰而明确的认识，就不再感到痛苦了。”这是从纳粹集中营生还的心理学家——维克多·弗兰克尔在其《生命的意义》一书中的描述。维克多·弗兰克尔是享有盛誉的存在主义心理学家。他所发明的意义心理治疗方法是西方心理治疗的重要流派。在第二次世界大战爆发后，他和家人都被德国纳粹抓进了集中营。在集中营里，他的父母、新婚7个月的妻子及兄弟姐妹全部遇难，只有他得以生还。第二次世界大战结束后，他被救出来，创立了意义心理治疗的方法。他以自己的亲身经历，指导人们寻找生命的意义，使很多人获益。

早在1926年，弗兰克尔就通过自己的心理治疗实践，提出了“意义疗法”的概念。但在集中营里，他已经写完而尚未出版的书稿被没收了。他说：“那时我最深的心愿是再次写出这本书，而这竟帮助我活着度过了集中营的严酷时光。”正是对光明未来的想象，让维克多·弗兰克尔获得了在集中营的绝境中一定要努力活下去的勇气。同时，我们也从他身上看到，一个知道自己人生使命的人，一个拥有生活目标的人，一个了解自身价值的人，才是一个能够战胜困境的人。

【互动设计】

题目：生命线。

步骤1：教师让学生以出生为起点，画一条线，箭头朝向死亡，以死亡为终点；从出生开始，以时间点为横坐标，标注出具有重大意义的生活事件。生活年表的内容包括家庭中和世界上发生的事，如出生、疾病、离婚、迁徙、死亡、离别、升学、挫败、初恋、失恋、战争、饥荒等。如果能把具体的日期写下来就更好了。

标注好之后，学生可以在每个时间点上，先是朝 y 轴向下画一个带方向的线头，标注出每个时间点发生的生活事件对他来说丧失了什么。

写完之后，学生在每个时间点上再朝 y 轴向上画一个方向的线头，标注出这个生活事件对他来说获得了什么。

步骤2：当这些都完成之后，就进入小组讨论环节。教师让学生与小组成员分享自己的生命线，同时也倾听别人的生命线。

小结：在完成了这么多的讨论、分享的基础上，你对生命教育有着什么样的期待呢？就生命个体本身两个关键问题展开讨论：选择力对生命的影响、物化对生命的影响。

一、对生命意义的思考

研究表明，我们的心理健康程度与意义感正相关。一个人越觉得自己的生命是有意义的，心理健康水平可能就越高。而一些抑郁、成瘾等问题，也可能与丧失意义感有关。意义对我们的生命是至关重要的。诗人艾略特的诗《空心人》用优美的语句描绘出人无聊、空虚与焦虑并存的生活状态："生命如此漫长，在渴望和痉挛之间，在潜能和存在之间，这就是世界结束的方式，并非轰然落幕，而是郁郁而终。"这种心里空荡荡、茫茫然的状态，就是体验不到生命的意义的一个表现。

【内容拓展】

存在主义分析学者维克多·弗兰克尔将人们对人生意义、理想或目的的自觉探求看作心理健康的基本特征，并将"追求意义的意志"看作人的基本动力。他认为，人最基本的动机并不是自我实现，而是在存在中尽可能发现更多的意义并实现更多的价值。对于那些无法找寻到自己生活的意义和价值的人来说，他们会陷入一种"存在的空虚"。克伦博（Crumbaugh）编制了最早的人生意义感测量工具——生活目标测验（PIL），用于测量其所提出的"意义意志"，开始了实证研究的道路。

部分认为人生意义感对个体的心理健康状况具有积极作用，是主观幸福感的稳定预测指标和基本组成成分，能够促使个体在面对压力环境时采取更为有效的应对方式，以及作为个体治疗中成长的一个指标。

马晓燕在2009年以自编的"大学生人生意义感问卷"为测量工具，研究发现人生意义感及其各维度与心理健康水平存在显著性正相关。其中，抑郁因子与人生意义感及其各维度的相关程度最高，其余依次是人际关系敏感、焦虑、强迫症状、敌对，并且人生意义感及其各维度能够显著性预测个体的心理健康水平。

徐凯文在2016年对北京大学一年级新生做过统计研究。研究结果显示，有30.4%的学生厌恶学习，或者认为学习没有意义；还有40.4%的学生认为人生没有意义。他据此提出了“空心病”，认为这是一种“价值观缺陷所致心理障碍”，即优秀的年轻人，在成长过程中没有明显的创伤，生活条件优越，但内心无比空洞、迷茫、压抑。

二、大学生对生命问题的困惑

人与动物最大的不同在于人会寻找生命的意义和价值。我为什么而活着？我的存在价值在哪里？我要追求什么样的生活？人生的真谛是什么？这是大学生不停地求索，却总是解释不清、思考不透的问题。由此也带来了大学生对生命问题的诸多困惑。

1. 生命意义感的缺失

尽管大学生活多姿多彩，大学校园美丽如画，但是，仍有一些大学生找不到生活的意义、人生的价值，因此时常感到迷惘、困惑。曾经听到一位博士毕业生说：“我在上小学的时候，父母就让我好好读书，将来考一个好中学，于是我努力读书，考上了重点中学；上了中学后，父母又告诉我，要好好读书，将来考一个好大学，于是我努力读书，考上了重点大学；上了大学后，父母又告诉我，要继续努力读书，争取考取硕士研究生，于是我又努力读书，考上了硕士研究生；读了硕士研究生后，父母又告诉我，要努力读书，争取考取博士研究生。现在我博士毕业了，我还应该干点什么？我感到很迷惘、很困惑。”这个博士毕业生的话代表了相当一部分大学生的心理，从小到大，活着似乎永远是别人告诉我应当怎么活，自己从来没有思考过生活的意义。当生活失去了意义时，就倍感焦虑、迷惘，乃至痛苦。

2. 生命目标的缺失

目标是生活的动力，一些大学生不知道自己学习、生活是为了什么。为了国家的前途、民族的命运？这些目标看起来太大、太远，跟自己的现实联系不起来。为了个人的幸福、快乐？这些似乎太虚、太空，感受不到，把握不住。当找不到一个终极目标时，一些大学生在社会浮躁心理的诱惑下，追逐名利，把打工挣钱作为自己的主业，荒废了学业；有的人把恋爱视为人生的第一要义，把全部时间花费在了恋爱中，一旦爱情遭遇了危机，便也失去了人生的方向；有的人在现实生活中找不到目标，便在网上消磨时间、打发时光，从游戏中获得暂时的快乐，从虚拟中获得暂时的充实。

3. 生命价值感的欠缺

价值感是一个人生活的依据，是一个人生活动力的来源。一些大学生不能正确认识自我，接纳自我，他们很自卑。当他们看轻自己、觉得自己无价值时，生活上一遇挫折，便极易产生心理问题，甚至会放弃自己的生命。例如，当学习成绩不理想时，他们会倾向于否定自己的学习能力，对自己失去信心；当失恋特别是对方主动提出分手时，他们会倾向于认为“我不好，我不值得爱”；当找不到理想的工作时，他们会倾向于认为“我不行，人家不要我”。那些选择轻生的大学生，就是全然看不到自己存在的价值，认为自己的人生彻底失败，因而放弃了自己的生命。

4. 生命态度的倦怠

“内卷”是近年来的流行语，最初是以清华大学学生被拍到一边骑自行车一边使用笔记本电脑学习，由此引发外界对中国最高学府竞争如此激烈的感慨。如今，“内卷”的说法延伸到各个行业、各个领域，特别是在大学生的生活和学习中经常被议论起，或多或少对大学生心理产生了影响。在消极的生活心态的笼罩和侵蚀下，一些大学生不能积极乐观地面对现实生活，害怕和回避生活中的矛盾和冲突，消极度日，过一天算一天；有的人由一般的情绪困扰，发展成抑郁症，甚至走上了轻生的道路。

生命的意义究竟是什么呢？可以理解为生命的意义是人对自身生命价值、对人类社会存在和发展意义的认识和评价。因此，其核心仍然是回归对自我的认识与评价。也就是说，这个意义是相对的，人皆有不同，没有标准答案，并不只有功成名就、锦衣玉食的人生才有意义，正如一千个读者就有一千个哈姆雷特，我们一千个人也可以有一千种生命的意义。很多人觉得生命没有意义只是因为没有达到所谓的“标准上的优秀”，而忽略了自己独特的拥有。

三、大学生如何寻找生命的意义

对于大学生来说，我们可以从以下三个方面来追寻、体验生命的意义：

1. 用创造性开拓生命的意义

创造，一般而言，是指个体有意识地对世界进行探索性活动，将以前没有的事物生产或者造出来。生命是有限的，但创造是无限的。创造的类型也是多种多样的，比如作为代际传承的生命创造、造福社会的物体创造、启迪世人的思想创造等。这些创造之所以有意义是因为它通过我们的劳动，把一些新的东西带到这个世界上，而一旦它诞生了，就会独立于我们自身而存在，从而带来更持久的价值和意义。

我们在日常的生活中，所经历的活动主要就分为两类：一类是消费性活动，消费的是别人创造的产品，比如说玩手机、逛街等；另一类则是创造性活动，你在创造自己的产品，发挥自己的才能，比如写作、解决问题等。消费性活动通常只停留于表面上的感官刺激，而创造性活动则能满足深层的成就需求。这对大学生来说，具有很强的启发性。当我们把时间和精力更多地聚焦于创造性活动时，我们的生命的意义就被拓展和深化了，我们也会有更充实的体验。比如一些学生参加社会公益活动；或者利用所学的金融、经济学知识，给小学生上财商课。这些活动，不需要很大，哪怕就是一些微小的活动，也是创造性活动。比如女生寝室楼下的垃圾总是堆得很乱，就有女生在垃圾桶上贴着垃圾分类的纸条。这个小小的举动，就是一项创造。

2. 用爱与联结体验生命的意义

心理学里有一个著名的实验，叫“格兰特研究”，这是哈佛大学的阿列·博克等人，于 1938 年起历时 76 年，耗费 2 000 多万美元开展的一个宏大课题，目的是探寻影响一个人成功的关键因素，揭开人类幸福的真相。该研究跟踪了 268 名哈佛大学的本科生，每隔 2 年便全面了解他们的情况，如他们身体是否健康、婚姻质量如何、事业进展情况等。结果出人意料，真正影响成功的因素是：童年时被爱与理解，能尊重、共情他人，青年时能建立亲密关系等与“爱”有关的因素。数据显示，在“亲密关系”项目上得分最高的58个人要比得分最低的31人，年薪平均高出14万美元。这项研究最终告诉世人，爱与良好的关系让我们更快乐、更健康。

爱、温暖和亲密关系，帮助人类克服孤独感，并直接影响一个人面对意外和挫折的应对机制。一个活在爱里的人，在面对挫折时，可能通过和朋友一起运动、寻求家人的抚慰等方式，迅速进入积极健康的良性生活循环。作为大学生，我们不能狭隘地理解爱，更不能把它局限为爱情。固然，在大学里美好的爱情会让两个人相互支持、理解，让生命变得更加多彩而美妙。但除了爱情，我们也应该注重日常生活中一点一滴的“爱”。生病了，室友为自己带饭送药；放假了，楼管阿姨亲切告别；变天了，父母嘘寒问暖。让自己活在爱中，不是要去刻意寻找爱，而是要学会留意身边的温暖，当我们越来越能够去体验生活中微小的爱，我们也就越来越能感受到生命的美好与意义。

3. 用直面苦难感悟生命的意义

（1）认识苦难。

苦难是什么？弗兰克尔在《活出生命的意义》一书中说：“如果你发现经受磨难是命中注定的，那你就应当把经受磨难作为自己独特的任务。你必须承认，即使在经受磨难时，你也是独特的、孤独的一个人。没有人能够解除你的磨难，替代你的痛苦。你独特的机会就依存于自己承受重负的方式之中。”

苦难是生命中的一门必修课。没有谁的人生是一帆风顺的。如果把每个人的人生画成曲线图的话，起起伏伏、波峰波谷交替是常态，只不过幅度、频率、拐点等各不相同罢了。

苦难是生活中的双刃剑。你可以在它面前屈服，也可以在它面前坚强、迎难而上。正如尼采的名言——“那没能杀死我的，会让我更强壮”。

苦难是前行路上的长明灯，能让你在路途上清楚地看到什么是幸福，什么值得珍惜。越是灯火辉煌，越要留意角落里的警示；越是荆棘丛生，越要看到光芒。

（2）跨越苦难。

弗兰克尔说：“必须直面所有的苦难，不能软弱，眼泪是无用的，但也不必讳言流泪，因为眼泪见证了人们承受痛苦的巨大勇气。只有极少的人能意识到这一点。”

跨越苦难需要坚定的信念。弗兰克尔说的：“只要我们拥有自主选择如何应对处境的自由，我们就不会一无所有”。

跨越苦难需要积极的态度。弗兰克尔说：“人对待一切事情——不论是生死攸关的挑战还是日常琐事——积极态度有助于成就我们生命的意义。”古人常说“尽人事、知天命”，正所谓“你若盛开，清风自来”。

跨越苦难需要自主的行动。弗兰克尔认为：“人最终是自主决定的。他现在成为什么——在天赋与环境的限度内——都是自主决定的结果。”想要跨越苦难，最终需要的是我们的行动，我们应将坚定的信念、积极的态度转化为自主的行动。

（3）欣赏苦难。

弗兰克尔被奉为“人类灵魂的守夜人”，他不但从集中营中活下来，还让自己实现了思想的升华，即从面对苦难之后的震惊、失望，到自我封闭，再到小我消失、感性升华、重新爱世界。

苦难承载着人类的尊严。即使面对最糟糕的境遇、最沉重的打击，我们仍然拥有选择如何面对苦难、承受苦难、跨越苦难的自由。基于这种自由做出合适的选择，正是尊严的体现。

苦难承载着生活的责任。弗兰克尔说："我们自己必须回答生活向我们提出的那些问题，而要回答那些问题，我们就必须担负起生活的责任。"

苦难承载着生命的意义。弗兰克尔说："在任何情况下，人的生命都不会没有意义，而且生命的无限意义就包含着苦难、剥夺和死亡。"正是在极端困苦的环境下，人才有实现精神升华的机会。

大学生在面对苦难时，应更坦然地认识苦难、更坚强地跨越苦难，去感谢和欣赏所经历的苦难。

【案例】

"张桂梅：烂漫的山花中，我们发现你。自然击你以风雪，你报之以歌唱。命运置你于危崖，你馈人间以芬芳。不惧碾作尘，无意苦争春，以怒放的生命，向世界表达倔强。你是崖畔的桂，雪中的梅。"这是2020年感动中国组委会给改变山区女童命运的公益校长——张桂梅的颁奖词。张桂梅被称为"燃灯校长"，是云南省丽江市华坪女子高级中学党支部书记、校长。她致力于教育扶贫，扎根边疆教育一线40余年，推动创建了中国第一所公办免费女子高中，2008年建校以来帮助1 800多名女孩走出大山、走进大学。张桂梅身患多种疾病，但她拖着病体坚守三尺讲台，用爱心和智慧点亮万千乡村女孩的人生梦想。在2021年2月全国脱贫攻坚总结表彰大会上，张桂梅被授予"全国脱贫攻坚楷模"称号。张桂梅用有限的生命投入到无限的教育事业中，实现了生命的超越。弗兰克尔认为，生命的意义包括用爱体验生命的意义，用直面苦难感悟生命的意义，这两点在张桂梅的事迹中均有体现。当她遭遇生活重击时，她能直面这些痛苦并不退缩，用爱超越苦难，感悟到生命的价值。

【内容拓展】

感恩是个体源于积极主观经历而诱发的积极情绪和因他人帮助而获得的积极认知和积极人格。感恩包括特质感恩和状态感恩两类。特质感恩是指个体采用感激情绪体验和回报他人的帮助行为，并由此衍生出对日常生活心怀感激的积极人格特质，是个体成长的重要的韧性因子。状态感恩是指个体在受到恩惠时所产生的一种感激和喜悦的即时情绪感受和持续一段时间的心境。感恩也是中华民族的传统美德，如"滴水之恩，当涌泉相报""投我以木桃，报之以琼瑶""知恩不报非君子"等名言，都是中华传统文化崇尚感恩的典范。

丁凤琴等人于2018年通过研究发现感恩与主观幸福感、生活满意度、积极情感均呈显著正相关，与消极情感呈显著负相关，感恩的个体主观幸福感更强，二者之间的关系受感恩测量工具类型、被试群体、文化背景的影响。感恩对于人的身体和心理健康都有好处。罗伯特·埃蒙斯（RoBert Emmons）和麦克尔·麦卡龙（Micheal McCullough）做过很多类似的研究，他们把一些人随机分成四组：第一组每晚睡觉前写下至少五件让他们感激的事；第二组写下至少五件生活中遇到的坏事；第三组写下至少五件自己比别人优秀的事；第四组是对照组，可以写发生在自己身上的任何事。结果显示：第一组的人最快乐、最乐观，最有可能实现目标，对别人最大方、宽厚，也最健康；而第二组的人的结果是最差的。还有一些研究表明，当人感激时，副交感神经系统功能加强，使人变得平静，从而增强免疫力。

正如前面所说，感恩不止是一种状态，也是一种特质。大卫·斯坦德·拉斯特（David Steindl-Rast）认为培养感激需要经过一次又一次的练习，直到它变成一种第二天性。感激之心能衡量我们活得有多生动，让我们对习以为常的东西不是像死了一样没感觉。积极心理学家泰勒·本·沙哈尔（Tal Ben-Shahar）对于养成感恩的习惯提出以下几点建议：

（1）发现一两件日常会做的事情，有意专注于这些事情。这些事情可以是你早晨在餐厅喝豆浆，或者是你睡觉前闭着眼睛独自听音乐，花时间让自己成为生活的鉴赏家。

（2）每天练习感激。沙哈尔有个习惯就是每晚睡觉前写下自己感激的五个人或事。他认为要想养成感恩的性格，就要每天练习。

（3）变换角度感激。专注地体会生活，观察每件事、每个人的不同方面，有助于产生新鲜感。另外，养成感恩的习惯还意味着改变固有的不乐观的思维习惯。你可以通过观察与他人的对话、自己的日记等途径检查一下自己是否是乐观的人。另外，每天早晨醒来可以观察自己有什么情绪，有没有负面的情绪，如果有，这个时候要给自己叫个暂停，告诉自己该看到生活里好的方面。

在抗击新冠肺炎疫情的过程中，涌现了一大批优秀的医务工作者、社区工作者、公安民警、武警战士、人民解放军和志愿者，他们舍小家顾大家，义无反顾，冲锋在前，日夜坚守奋战在抗击疫情的第一线。他们身上闪耀的伟大抗议精神将永远铭刻在大家心中。大学生通过学习他们的事迹，学会感恩，在感恩中不断成长，从而寻找到自我生命的价值和意义。

【小结】

心理健康程度与生命意义感呈正相关，大学生对生命问题存在诸多困惑，如生命意义感的缺失、生命目标的缺失、生命价值感的欠缺、生命态度的倦怠等。对于大学生来说，可以从三个方面来追寻、体验生命的意义：用创造性开拓生命的意义，用爱与联结体验生命的意义，用直面苦难感悟生命的意义。大学生应该去充实地创造人生的每一刻，从容地享受生命中的爱与被爱，勇敢地面对生活中每一次苦难，活得充实、丰富与精彩。生命的意义是丰富的、多样的，甚是对同一个人不同的阶段也可以是不同的，但有一点是不变的，那就是任何时候我们都有机会和可能去重塑和丰富我们生命的意义。

【习题】

1. 你在海上旅行，不幸发生意外，流落荒岛数日，寻求救援无果，岛上食物已被吃完，生命只剩下最后一天的情况下，你会做哪些事情？为什么？

2. 在你生命即将结束时，当你回顾自己的人生，最让你感到幸福的是什么？

3. 电影《阿甘正传》中讲到阿甘是个有智力障碍的孩子。在学校里，为了躲避别的孩子的欺侮，他听从一个朋友珍妮的建议而开始“跑”。在中学时，他为了躲避别人而跑进了一所学校的橄榄球场，后被大学破格录取，并成了橄榄球巨星，受到了肯尼迪总统的接见。谈谈你对这部电影的感悟。

【参考文献】

[1] 李小红. 大学生生命教育体系的构建［J］. 牡丹江师范学院学报（哲学社会科学版），2015（6）：143-144.

[2] 张丹阳，樊荣. 大学生生命教育现状与生命异化归因分析［J］. 课程教育研究，2018（44）：199.

[3] 宫箭. 论大学生对生命意识的理解［J］. 沈阳师范大学学报（社会科学版），2012，36（3）：150-151.

[4] 弗格森. 道德哲学原理［M］. 孙飞宇，田耕，译. 上海：上海人民出版社，2005.

[5] 丁钢. 历史与现实之间：中国教育传统的理论探索［M］. 北京：教育科学出版社，2002.

[6] 鲁洁. 南京师范大学：一本用生命打开的教育学［J］. 南京师大学报（社会科学版），2002（4）：10-11.

[7] 张海霞，惠筱，郭成. 大学生日常烦心事和生命意义感与心理健康的关系［J］. 职业与健康，2016，32（21）：2991-2994.

[8] 向思雅，魏绮雯，郑少丹，等. 大学生社会性无聊感、生命意义感与自杀意念［J］. 中国健康心理学杂志，2016，24（4）：522-526.

[9] 叶华松. 大学生生命教育［M］. 杭州：浙江大学出版社，2011.

[10] 辜琮瑜. 最后一堂生死课［M］. 西安：世界图书集团出版公司，2011.

[11] 弗洛姆. 爱的艺术［M］. 李健鸣，译. 上海：上海译文出版社，2014.

[12] 弗兰克尔. 活出生命的意义［M］. 吕娜，译. 北京：华夏出版社，2017.

[13] 夏翠翠. 大学生心理健康教育（慕课版）［M］. 2 版. 北京：人民邮电出版社，2019.

[14] 张培. 大学生生命观问题调查与对策研究：基于河南省 7 所高校大学生生命观的问卷调查分析［J］. 河南大学学报（社会科学版），2021（3）：6.

[15] 格桑泽仁. 大学生心理健康［M］. 2 版. 成都：四川大学出版社，2019.

[16] 马晓燕. 大学生人生意义感及其与心理健康关系的研究［D］. 南京：南京师范大学，2009.

[17] 丁凤琴，赵虎英. 感恩的个体主观幸福感更强？——一项元分析［J］. 心理科学进展，2018（10）：1749-1764.

[18] 胡天强，龚玲，张茂杨，等. 大学生适应性与生活满意度的关系：生命意义的中介作用［J］. 西南师范大学学报（自然科学版），2014（4）：170-173.

第十四章　心理危机

第一节　心理危机概述

【导入】

中华文化悠远浩博，在瑰丽多彩的上古传说中，已经出现了危机应对的故事——“女娲补天”。据说最初的世界“天地混沌如鸡子”，是盘古开天辟地制造了一个天高海阔、山河秀丽的美好世界。然而，危机出现了。据《淮南子》记载，“昔者共工与颛顼争为帝，怒而触不周之山，天柱折，地维绝。天倾西北，故日月星辰移焉；地不满西南，故水潦尘埃归焉”。天都被捅了个大窟窿，这是人类一场很大的灾难，也是前所未有的危机。于是，女娲立即着手进行危机应对——“女娲炼五色石以补苍天”。危机处理过后，女娲经过评估发现，补天的五彩石还会有再次塌下来的可能，于是“断鳌足以立四极”。至此，对于补天的危机管理才算实施完毕。

被称为群经之首的《易经》上第一卦乾卦：“君子终日乾乾，夕惕若厉，无咎。”这句话的意思是君子白天小心谨慎，晚上反思警醒，就不会有什么灾难降临到自己身上。而在《易传·系辞下》中也有云：“危者，安其位者也；亡者，保其存者也；乱者，有其治者也。是故君子安而不忘危，存而不忘亡，治而不忘乱。是以身安而国家可保也。”

危机不可避免，作为大学生，如果我们能够正确地识别危机，防患于未然，并积极地面对危机，就可使危险转变为机遇，成为成长的契机。

【互动设计】

步骤1：情景再现，教师呈现主题情景（如新冠肺炎疫情）新闻以及视频资料等。

步骤2：

教师请学生分享当时自己的状态，包括印象深刻的感受和想法。教师引导：“疫情突如其来，许多学生在居家隔离期间，改变了传统的学习模式，可能会有很多困难和不适应；对于疫情的未知，许多学生也可能会产生种种焦虑和担心；等等。这个大环境的突变，给我们每一个人的生活和心理造成了影响。”

步骤3：

教师引入心理危机概念：“正如变幻莫测的外部环境一样，人在一生中总会遇到一些突然的、难以面对的困难，造成心理失衡——也就是心理危机。究竟什么是心理危机？大学生心理危机有哪些特点？大学生心理危机的产生机制是什么？”

一、什么是心理危机

在了解什么是心理危机之前，先了解“危机”一词的含义。

“危机”（crisis）是一个在很多领域被广泛使用的概念。《辞海》对“危机”的解释：“危机是一种紧急状态。”《韦伯词典》对“危机”的解释：“决定性或至关紧要的时间、阶段或事件。”在心理学范畴，危机有两个含义：一是指突发事件，如地震、水灾、空难、恐怖袭击、战争等；二是指人所处的紧急状态。当个体遭遇重大问题或变化发生使个体感到难以解决、难以把握时，平衡就会被打破，个体正常的生活会受到干扰，内心的紧张不断积蓄，继而出现无所适从甚至思维和行为的紊乱，进入一种失衡状态，这就是危机状态。

心理危机则是强调危机事件给人的心理带来的巨大冲击。1964 年，美国心理学家卡普兰首次提出了心理危机干预的理论，他将心理危机定义为“存在具有重大影响的心理事件，主要指一个人赖以生存和发展的基本需要和供给发生了改变，这种改变可能是负面的”。心理危机的产生不但与激发的事件有关，还取决于个人解决事件的有效资源。

从汉语“危机”一词来看，其包含两方面的内容：一方面是“危”，代表威胁或者危险；另一方面是“机”，代表机遇。可见，危机并不是一个纯负面的词。个人在遭遇心理危机时，不仅要看到“危险”，而且要看到改变的“机遇”。

【课程思政】

中国传统文化源远流长，自古以来中国人就非常重视危机管理，中国人言传身教代代相传的为人处世之道也充满了危机意识。比如说“思所以危则安矣，思所以乱则治矣，思所以亡则存矣”“长将有日思无日，莫等无时思有时”。《礼记》说：“凡事预则立，不预则废。”《淮南子·人间训》也说：“祸与福同门，利与害为邻，非神圣人，莫之能分。”时至今日，中国传统文化中危机管理的思想已经成为我们每个人思想的一部分，比如说：忧国忧民、防患未然、防微杜渐、福祸相依等。概括起来，主要有以下几种危机管理思想：

1. 预防为主的危机管理观

中国传统文化中提倡预先防范，有备无患。《诗经》有诗云：“迨天之未阴雨，彻彼桑土，绸缪牖户。”《中庸》言：“凡事预则立，不预则废。”

2. 主动面对的危机管理观

中国人在应对危机时不逃避、不退后、主动面对。《周易》说：君子以作事始谋。现代人认为：谋事在人成事也在人，信奉“我命由我不由天”。毛泽东说：“与天斗，与地斗，其乐无穷。”“斗”是说努力大胆去探索、掌握、驾驭、运用各种事物的规律；“乐”是指通过奋斗取得了收获的乐趣。充分发挥主观能动性，不畏惧、不退缩，这是一种积极乐观的精神面貌。

3. 全局至上的危机管理观

一般情况下，一个危机可能是由某个局部的突发事件引发的，但是危机的危害影响会扩散到全局。因此，在处理危机时，不能只考虑眼前的、局部的利益，而应该顾及长远的、全局的利益。

4. 善始善终的危机管理观

中国传统文化中的危机管理观包括了危机爆发前的“未雨绸缪”和危机发生后的“亡羊补牢”。《战国策》中有：“见兔而顾犬，未为晚也；亡羊而补牢，未为迟也。”《老子》第六十四章讲：“慎终如始，则无败事。”

二、心理危机的分类

根据危机刺激的来源分类，心理危机可分为以下三种：

1. 发展性危机

发展性危机也称内源性危机，是指个体正常成长和发展过程中的急剧变化引起的异常反应。按照埃里克森的社会心理发展阶段论，个体成长发展具有连续性、阶段性，在个体成长发展的每一个阶段都需要完成该阶段的发展任务，当个体原有的能力和品质无法应对下一阶段的挑战，而新的能力和品质尚未发展完成，就会有一定的可能陷入危机状态。这一类危机是有迹可循的，即便无法确定会在哪一类具体事件中被诱发，但是可以根据个体成长周期去预见其发生，从而采取相应的措施帮助个体度过危机，发展自我。

每一个阶段的发展性危机存在独特性，比如在青春期，身心发展的不平衡，急剧产生的角色冲突，激发出来的个体的叛逆、迷茫、压抑就是一种典型体现。再比如“中年危机”，不同的社会角色之间的冲突，多重压力源的叠加，激发出来的个体的无助、沮丧等也是一种典型体现。

大学生群体中潜在的发展性危机常见于初入大学阶段，很多学生在异乡求学，小到饮食起居，大到成绩排名，都需要去适应、去调整，需要花一段时间去找到自己的位置。有的学生如果遭遇学生会面试失利、比赛落后等情况，可能会陷入沮丧、失望，产生自我怀疑。因此，面对每个人成长中都潜在的发展性危机，我们要及时采取建设性的措施去解决问题，否则会因为无法达成发展任务，固着在某一发展阶段，阻碍未来的成长和发展。

【成长案例】

小松，男，18岁，大学一年级学生，是一个斯文有礼、有抱负的学生。他在中学阶段成绩非常优秀，也一直都是父母、师长的骄傲，同学的榜样。初入大学，小松发现身边的很多同学都非常优秀，有擅长吉他的，有擅长绘画的，有擅长演讲的，有擅长辩论的……相比之下，小松觉得自己的优势没那么明显。于是，他在心里暗自较劲儿，既然大家都有一技之长，自己就要把学习成绩的优势保持住。

一学期过去了，小松发现自己虽然努力学习但并没有取得理想的成绩，反而有些校园生活更丰富的同学取得了更好的成绩，这无疑使他更受打击，他更强烈地想把成绩搞上去。熬夜学习、早起背单词、提前占座，各种能够提升成绩的方法他都尽力尝试。可是，临到考试，小松却因为长期不规律作息，出现头晕、耳鸣、注意力不集中的情况，导致考试成绩更不如意。拿到成绩的那一刻，小松在寝室懊恼地哭泣。室友出于关心，刚准备问候两句，小松就开始发脾气，砸东西，场面一度失控。

该案例中的小松所遇到的是很典型的发展性心理危机，即在新的发展阶段、新的环境中被诱发的危机现象。

2. 境遇性危机

境遇性危机也称外源性危机，是指个体无法预测，且难以控制后果和无法应对的外部事件所引起的心理危机。提出了生态系统理论的心理学家布朗芬·布伦纳将人类生存系统分为微观系统、中间系统、外层系统、宏观系统和时序系统五大环境成分。当遭遇境遇性危机时，个体在各层级系统中会产生牵一发而动全身的情况。对于大学生群体而言，与个人生活最紧密的微观系统的资源丧失也可能造成境遇性心理危机，如以亲人亡故、失恋为代表的社会支持系统破坏。此外，典型的境遇性危机包括以肢体完整性丧失、疾病性功能丧失为代表的个人功能性破坏，以失业、撤职为代表的社会角色剥离等。

【成长案例】

小萍，女，20 岁，大学三年级学生。从小热爱舞蹈的她，励志成为一名职业舞者。她以为自己的人生都将在自己热爱的舞台和聚光灯下顺遂前行，直到一场意外车祸，使她脊柱受伤，从而再也无法像过去一样翩翩起舞。当小萍得知自己再也无法跳舞，无法站上舞台时，她伤心了很久，甚至几次出现抑郁状态，吃不下，睡不着。

境遇性危机突如其来，让人措手不及。当面对境遇性危机时，人们的生活是失衡的，情绪受到了强烈冲击，就像这个案例中的小萍一样，她需要时间和新的经验来整合，重新获得平衡。

3. 存在性危机

存在性危机是指伴随重要的人生议题，如生死、人生意义、责任、独立性、自由和承诺等出现的内部冲突和焦虑。无价值感和无望感是严重影响当代大学生身心健康的主要负面情绪，使人陷入虚无主义。如果一名大学生反复产生“学习并没有意义，更没有意思”“生活没有趣味，也没有奔头”这样的想法，并且持续出现精神消极萎靡、意志力薄弱、情绪低落等状态，就有一定的可能性是存在性危机初现端倪。但并非思考“人生议题”就会产生存在性危机。“我该如何存在”这样的问题是每个个体成长和发展历程中必然会经历的思考，思考本身并不是引起危机的原因，就像歌德曾经说的“没有在长夜痛苦过的人，不足以谈人生”。

往往引发存在性危机的原因在于个人的经历、扮演的角色与个人期望及社会预期之间的落差是否能被和谐地解决或合理地接纳。例如一个人到了 50 岁，不曾经历婚姻，不曾生养后代，在 18~50 岁历经成年个体两个发展阶段都没有实现亲密感和繁殖感的达成，但自己内心其实渴望婚姻、渴望家庭生活，那么他在回顾往昔时，这可能就会给他一种压倒性的感觉，以微弱、弥散的方式影响一个人的“存在”。

三、大学生心理危机的特点

1. 心理危机的时间性

人们遭遇危机问题后总会有爆发出来的一天，所以危机应该可以看作一种过渡状态。心理危机是具有时间性的，人们不会持续地停留在危机状态之中，心理危机的持续时间长短不因人而异。一般情况下，危机后期主观不适的感觉能够减轻；但如果心理危机未能得到及时解决的话，也可能恶化，导致精神疾病或出现自杀、攻击他人等过激行为，也有可能会转化为慢性状态，在相当长的时期内潜伏，在危险状况下可能爆发。

2. 心理危机的非病理性

很多人认为一旦出现心理失衡状态，就意味着得了精神疾病。事实上，产生心理危机是人们面对应激性刺激时的一种正常反应。心理危机的发生虽然使个体出现情绪不稳定、认知能力下降和行为方式的改变，但是这些改变可能是暂时的，并不完全符合精神疾病的诊断标准。很多种类的心理危机不需要医学机构的介入，只要抓住心理危机产生的原因，消除引起危机的原因或者提升当事人应对危机事件的能力，就可能帮助个体顺利度过危机，重新获得内心与外部环境的平衡。

3. 心理危机的风险性

危机事件发生后，人们原有的平衡状态被打破，由于心理承受能力较差，加上个性因素，有些学生就会出现思维不清、情感紊乱等情况，会放大自己所面临的问题。若个体不能够成功应对心理危机，则可能做出伤害自己或他人等极端和偏激的行为，这对当事人自己及其家人、对他人甚至整个社会都会造成伤害，因而具有一定的风险性。

4. 心理危机的复杂性

复杂性是指引起心理危机的原因可以是生理的，如生理成长与变化、疾病等；也可以是心理的，如需要、价值、个性等；还可以是社会性的，如社会变迁、文化变革与冲突等。心理危机可以是突发性的，由交通事故、地质灾害等原因引起，在人们的预料之外；也可以是生活事件日积月累的结果，如人际交往不良，各种生活打击接踵而来带来的压力。

5. 心理危机的成长性

虽然心理危机影响当事人的生活，给当事人带来威胁和痛苦，但是，心理危机的成功解决也是一个人成长的重要契机。在危机引起的心理失衡状态下，危机当事人会产生焦虑、抑郁等情绪，这种情绪所导致的不适会迫使当事人积极地寻求帮助，这也就为当事人适应这种变化提供了动力。如果个体能够成功地控制危机情境，或者能够及时有效地得到干预和帮助，那么他不但可以重新恢复心理平衡，还能对过去的冲突重新认识，从中学到更好的处理危机的应对策略和手段。心理危机也相应地会成为个体成长的重要机遇，使他们的身心得到更好的发展。

四、心理危机的发展阶段

危机从来不是突然发生的，个体陷入心理危机也是一个逐步发展的过程。心理危机是一个过程，当人们遭遇心理危机问题时，通常会经历以下四个阶段：

1. 冲击阶段

当一个人突然意识到自己的生活开始发生变化或预料到即将出现不同时，其内心原有的平衡系统被打破，会出现思想上的波动并产生异常的思想行为。他们开始采用自身原有的应对方式来做出反应，希望重新获得内心的平衡。在这一阶段，当事人一般都会着眼于自己努力，而没有产生向别人求助的想法。

2. 防御阶段

经过一段时间的努力后，个体发现以前自身所经常使用的策略方法没能解决问题，于是开始产生震惊、失望、紧张、不知所措等消极情绪。为了控制这些消极的情绪，重新恢复心理的平衡，个体开始尝试采取各种方式来解决心理危机问题。但在这一阶段当事人的思想行为多少会受到高度紧张的心理情绪的影响，从而会影响其行动的有效性。

3. 解决阶段

如果个体经过自身的努力，在尝试各种方法后仍未能有效地应对困难情境，未能减轻心理的不平衡状态，其会开始变得特别焦躁、恐慌，从而开始借助各种资源，想方设法地寻求新的解决办法，甚至不惜去尝试自己曾经认为荒唐的方式。在这一阶段，当事人求助他人的动机特别强烈，他们开始将眼光投向外界，寻找可以有效利用的社会支持系统，希望别人能够帮助他们走出困境。如果危机迟迟得不到解决，危机个体的情绪更加不稳定，他们的理性思考能力开始降低，“病急乱投医”，身边的任何一个人都可能成为他们求助的对象。

4. 成长阶段

一般情况下，经历了心理危机的种种后当事人会恢复心理上的平衡状态，而且还学会了应对心理危机的办法，心理素质得到提高，抵抗能力增强，变得更加成熟；但是如果当事人经过前三个阶段仍未能有效地解决问题，就会对自己失去信心，产生巨大的心理压力，产生不良情绪反应。强大的压力有可能激发以前未能完全解决的、被各种方式掩盖的内心深层的冲突矛盾，也正是在这个阶段会有很多人把问题扩大化，对自己及社会产生认知偏差，有的人甚至会因此而精神崩溃。

【小结】

危机通常指个人或群体无法利用现有资源和惯常应对机制加以处理的事件和遭遇。根据危机刺激的来源分类，心理危机分为发展性危机、境遇性危机、存在性危机。大学生心理危机的特点包括：时间性、非病理性、风险性、复杂性、成长性。危机是一种危险，因为它可能导致个体处于异常状态。与此同时，危机也是一种契机。客观合理地去认识危机事件和潜在的心理危机，是大学生顺利应对危机过程中极其重要的一步，也是我们在日常生活中预防危机的重要参考信息。大学生在对危机这个概念理解的基础上，应掌握心理危机的分类和特点，结合生活中的实际，辩证地看待危机，找到危机解决之道。

【习题】

1. 谈谈在新冠肺炎疫情期间，你在生活、学习中遇到了哪些危机？这些危机对你的影响有哪些？你是如何应对的？

2. 毛泽东说过：“长征是宣言书，长征是宣传队，长征是播种机。”结合危机的两面性，谈谈这句话对你生活中遇到的危机有什么样的启发，请举例说明。

第二节　心理危机的识别与应对

【导入】

大学生出现心理危机、经历心理危机，并不一定意味着心理有什么“问题”；相反，如果能积极面对心理危机，把它当作一次考验，就会将“危”转化为“机”，在人生的旅途上成长一大步。

小琳，女，某高校大一在读学生，由班主任介绍来到学校的心理咨询中心接受帮助。咨询师观察，小琳行动轻缓，坐下来时眼睛始终低头向前，比较拘谨，声音很低。

经咨询师询问，了解到小琳前一天晚上情绪极度低落，感到绝望，晚九点的时候在校园的湖边徘徊了很久，不知道如何排解心里的痛苦，脑海里甚至出现跳湖的想法，后来被同学找到，劝回了寝室。

在咨询师的关注和开导下，小琳说：“我不知道自己怎么了，从高中时每年都会这样子，就是4月左右心情特别不好，失眠严重。以前都是自己熬过去，慢慢会好转，但这次我和最好的朋友吵架了，她说了一些很过分的话，也不回电话。那晚我越想越委屈，觉得天都要塌下来了，自杀的念头就冒出来了。”

在充分倾听和共情了小琳的困难后，咨询师和小琳共同制定行动步骤。小琳曾担心父母不理解，一直默默承受这种困扰，现在才知道心理的困扰就像身体上的疾病一样，有时候需要通过专业的治疗和积极调整才能康复。在父母的关心和配合下，小琳请假一周调整状态，并去了专业心理卫生门诊就医。返校学习后，小琳也每周去学校心理咨询中心接受心理咨询。

三个月后，小琳和室友去学校湖边散步。小琳对室友说：“有时候我还是会睡不好，但是我不会再苛责自己，而是放松下来。当我不焦虑，就慢慢睡着了。”湖边回荡着她们的说笑声。

【互动设计】

教师让学生阅读一则有关危机的故事，然后让学生分小组谈谈自己的看法。之后，教师对故事中的要点进行提炼，引出本次课的重点和难点。

注意：第一，教师应引导学生正面看待心理危机，让学生认识到一个人在生命中出现心理危机是正常的，避免对心理危机贴上“脆弱”“懦弱”等标签。第二，教师应引导学生了解应对心理危机的方法，学会科学、正确地面对心理危机。

心理危机并不可怕，如果我们能够正确认识心理危机，科学掌握心理危机的早期征兆，做好积极应对措施，就可使危险转变为机遇，成为成长的契机。

一、心理危机的识别

心理危机在一个人的言语、行为等方面是有表现的。比如一些学生在遇到打击后，感觉自己有点“不对劲”，或者觉得某一个室友近段时间有点“怪怪的”。这种粗略的印象，其实是我们凭借经验对心理危机的判断。如果我们了解了心理危机的征兆，就可以更系统和自信地识别出心理危机，并及早应对。

1. 认知反应

当个体出现心理危机时，其想法会异于平常，或更加极端，或钻牛角尖，或偏激，或绝望等，如：容易产生他人不友好的感觉；出现记忆停滞或错乱的状态；不断重播危机事件发生的情况。

2. 情绪反应

当个体出现心理危机时，其出现高度焦虑、紧张、恐惧、低落等情绪反应，如：情绪失控、焦虑不安、无故哭泣、意识范围变窄、忧郁苦闷、喜怒无常、易被激怒、自制力减弱、自我评价降低、生活意义感缺失、学习兴趣下降等，严重者可能陷入抑郁状态。

3. 行为反应

当个体出现心理危机时，其无法专心学习工作，回避社会活动或反常地对社会活动很狂热，拒绝帮助他人或是强烈地黏着他人，个人卫生习惯变差；自制力减弱或丧失；无缘无故生气或与人敌对、人际交往明显减少；行为异常，如丢弃或损坏平时珍爱的物品；酒精或药物使用量增加；甚至会流露出自杀念头，与身边人谈论死亡或与死亡有关的话题。

4. 躯体反应

当个体出现心理危机时，其会出现身体不适反应，如失眠、头晕、食欲不振、体虚出汗、头痛、心跳加快、呼吸短促、胸口疼痛、手脚冰凉等。

【成长案例】

小王，男，大一学生。小王在初中时成绩非常出色，但高中时越来越感到力不从心。高考失利后，小王来到一所民办院校读书，心情沮丧。到了大学后，同宿舍同学小陈几次考试成绩都比他好很多，这更加使他备受打击。他上课越发吃力，甚至听到上课铃就感到害怕。上学期期末考试考砸后，他变得萎靡不振。

大一下学期期末考试前夕，小王变得非常紧张焦虑。他每天都复习到凌晨一两点钟，有时甚至通宵。一天，他和小陈因熄灯问题发生了冲突，他觉得这是小陈在践踏他。他越想越气，最后，终于无法控制自己，决定和小陈在操场决斗。幸亏辅导员及时得到消息赶来阻止，否则后果不堪设想。

案例中的小王有哪些和平常不太一样的表现？

第一，在躯体反应层面，小王有胸闷气短、食欲下降的表现。这是他出现心理危机的躯体反应。人的生理和心理是一体的，当心理出现不良状态的时候，身体也会有反应。

第二，在认知反应层面，根据案例中的描述，可以推测出小王可能是一个学习决定论者，他对待考试可能存在一些不合理的认知，有绝对化的倾向。

第三，在情绪反应层面，小王上课时对铃声有恐惧感，对考试有强烈的焦虑和恐惧感，因为与室友之间的矛盾而产生了极大的愤怒感，无法自我调节。这些都是小王情绪异常的表现。

第四，在行为反应层面，小王出现了比较典型的逃避、退缩的行为反应。他在学习上萎靡不振，后来又出现了攻击性行为，下挑战书，要跟室友决斗。

二、当自己遭遇心理危机时，如何应对？

在遭遇心理危机时，作为遭受危机的个体，无法保证理性平静对待这样的反常改变时，更要通过科学、正确的途径与方式去自我拯救。具体应对方式如下：

1. 正确看待

危机不可避免，大学生要记住困难是暂时的，明白挫折、困难、不幸是人生中谁也无法避免的。当有不良想法时，大学生应及时看到自己的念头，不让自己陷入在情绪的漩涡中无法自拔；看看自己还有没有其他可行的路径，如果想要得到自己想要的结果，怎么做才是好的。不要害怕丢面子，当压力过大，无法独自承担时，可以寻求帮助。

2. 寻求社会支持

没有人是一座孤岛，社会支持是一个人获得来自他人物质、精神的帮助和支援的重要途径。失去稳定社会支持的个体很容易在面对困境时，陷入孤立无援的状态。因此在遭遇心理危机时，个体可以选择重要他人作为关键阶段的社会支持来源。关键他人可以是父母、老师、朋友等。一方面，在具备信任的环境里，个体可以尽可能多地得到安全感；另一方面，足够的关注能够在个体遭遇危机而情绪崩溃、行为失控时及时给予其帮助。

【互动设计】

题目：蒙眼前行。

步骤1：教师将学生分为两组，一组蒙住双眼，一组牵引队友，两列纵队依次按照规定路线前进，走过提前设置好的路线。在安全的前提下，教师可设置一些路障，让学生在相互信任、相互协作的情境中完成任务。

步骤2：为增强体验，教师可使两个组别的学生交换角色体验。如人数较多或教室面积有限的情况下，教师可选择少量学生作为体验者，其余学生作为观察者。

小结：该活动一方面形象化无助、迷茫、慌张等陷入黑暗状态中的个人体验；另一方面形象化协作、互助等人际支持的力量感，使学生真实地感受到人际支持在危机中的重要作用。

3. 寻求专业帮助

心理危机持续时间较长，包含冲击阶段、防御阶段、解决阶段和成长阶段。身处不同阶段的个体，其心理危机表现存在差异。在冲击和防御阶段，个体可以通过合理的方式将深埋心中的情绪表露、宣泄出来，从而有利于自身状态的恢复。在解决阶段，个体要注意日常的积极关注、陪伴等，更需要专业的心理治疗、心理咨询来完成治疗和调整等。在成长阶段，个体可以通过积极行为塑造、错误信念调整等方式，为自己的积极心理品质发展赋能，给予自己更强力的应对未来生活事件，尤其是应对负性事件的心理资源。

三、当他人遭遇心理危机时，如何应对？

每个人都生活在关系中，关系是我们获得稳定的社会支持的重要来源。因此，当身边人遭遇心理危机时，我们作为他们身边重要的社会支持，需要了解、掌握当下我们需要做的事情。

1. 积极关注和陪伴

当他人遭遇心理危机时，我们能做的尽管十分有限，但也十分紧要。我们在他人遭遇危机的过程中可以通过积极关注、充分倾听、耐心陪伴等方式给予帮助。积极关注意味着以肯定的方式回应他人，包括点头、微笑或身体上的爱意；充分倾听意味着不评价、不批判、价值中立地倾听他人的表达，适当地给予情感反应等；耐心陪伴意味着不厌其烦，以包容、理解的状态营造一种包容性环境，让他人更充分地感受到柔软、安全。

【内容拓展】

同理心是一种参照他人的参考系去理解或感受他人的经历、感受的能力，换言之就是把自己摆在他人的位置上的能力。具体来说，是一种能够关心帮助他人的意愿、体验与他人情绪相一致的情感、辨识他人的想法或感觉，以及使自我与他人区别变小的能力。同理心又可以分为情感同理心、认知同理心、躯体同理心。

与其相近的概念之一是“同情心”，但二者各不相同。从概念上来看，同情心通常被理解为在他人需要帮助时所感受到的一种情绪，这种情绪促使人们实施助人行为。从二者的心理过程差异可以理解为：同情心是基于对事件的评价的感受，同理心是基于对他人对事件的感受。因此，同理心是一种能力，同情心可能是一种本能。另一相近概念是“情绪感染”，它指的是人们（尤其是婴儿或是在群体中）捕捉他人的情绪来感知周边人的情感变化，是一种人与人之间无意识地传递情感体验的过程。

【内容拓展】

悲伤者走出悲伤的方式如下：

(1) 悲伤者必须接纳死亡的事实。接纳死亡已经事实上发生，若否认死亡或死亡的意义，常会导致延长不健康的哀恸以及偶尔有病理学的哀恸出现。

(2) 悲伤者必须接纳哀恸是痛苦的。喝酒、服用药物（包括镇静剂），想办法避开愤怒、悔恨和悲哀的感觉，不需要的过度工作和学习等，都是悲伤者逃避哀恸痛苦的不健康策略。

(3) 悲伤者需要适应已无死者存在的环境。悲伤者应该面对现实，接纳新的角色改变，并承担以前死者所负担的责任。

(4) 悲伤者需要把过去投入在死者身上的情感转移到新的其他关系中去。这并非对死者的背叛，而是更有意义的追悼。

2. 安全第一，寻求帮助

在心理危机发生的过程中，他人可能正在经历心理动荡或心理异常的挑战。在这种焦虑不安、恐惧挣扎的状态下，人的破坏性可能诱发对内的自我伤害，如自伤、自杀等，或者对外的暴力行为，如伤人、打砸等。因此，对于遭遇危机的个体，我们除了陪伴、关注等外，还需要让专业人员或机构向其提供帮助。常见的心理援助手段包括心理咨询、心理治疗、心理援助热线、启动危机干预程序以保障他人的生命免遭伤害等。如果身边遭遇危机的他人正在实施或准备实施自伤、自杀等自我伤害行为或者违反道德、法律的伤害他人行为，在必要的情况下可拨打 120、110 协助阻止危机产生的重要后果。在校园环境中，向辅导员、心理健康教育中心、校医院、保卫处等求助，也是学生可以依赖的紧急危机干预途径。

3. 陪伴时的注意事项

深陷心理危机的个体是脆弱的、无助的，在对他们提供帮助、给予关爱的过程中，有许多值得注意的细节。

（1）提供帮助的有限性。

“我们可以做的”和“我们需要做的”之间的差异其实就是基于“助人者能力的有限性”，一般的助人者能够尽己所能提供自己的社会支持，但是基本上不具备专业能力去科学地帮助异常心理状态的个体走出困境，恢复健康。因此，助人者在充分认识到自己的助人价值的同时，也要理解自身的局限性，不能因为夸大自己的作用而耽误遭遇危机个体的疗愈契机。

（2）注意帮助他人的态度。

一是态度真诚。沟通过程中的言语、肢体、眼神、语气等都可能成为阻断支持的潜在因素，耐心、温柔都很重要。二是弱化评价。我们需要认识到，造成心理危机的危机事件很可能是导火索，背后还有个人经历的倾覆、情感的挑战、心理环境的破坏等，因此在这个过程中，规避由于个人价值体系、判断标准所带来的对事件、对当下、对他人的评价、反应，这对于真正做到共情、理解他人具有重要意义。

（3）注意保护他人隐私。

《中华人民共和国精神卫生法》中对精神疾病患者、心理咨询来访者的隐私保护进行了规范。尽管我们不是专业的从业者，但也要做到不把此事当谈资、不将此事做宣扬，尽可能在有限的范围内实现对他人的帮助。

（4）注意交谈的话题。

当深陷心理危机的个体提及有自杀念头，我们首先要认识到自杀不一定是他内心真实的想法，所以不要急于批判，例如“自杀是不对的，你对得起你的父母吗?”“生命多美好啊，自杀多不值得啊”等指向负面评价的表达。其次，我们应该去探讨“自杀”对于“此时此刻”意味着什么。在交谈时，我们应不去批判，引导当事人打开自己的认知空间，为他赋能。此外，很多人下意识地会用社会比较策略，但对于危机个体而言，此刻需要的是被理解，而不是被教导。

四、受危机事件影响群体的自我照顾

受危机事件影响群体是指危机事件的目击人、危机事件的相关人，如亲人、同学、室友。在心理学上有“替代创伤或次级创伤”这一概念，也就是说，与当事人有关联的人都有可能会受到影响。因此，危机事件发生时，被影响群体的自我照顾也很重要。

（1）接纳自己的感受。

危机事件现场的目击人，或者与危机当事人的社会交往较多的人，都会有较为强烈的情绪体验，如震惊、不敢相信、悲痛、失眠、噩梦等，甚至有可能表现出创伤后应激障碍的一些症状等。因此，受危机事件影响的群体要尊重和接纳自己受到事件冲击而表现出来的一些情绪、举动。

（2）注重情绪疏导。

受危机事件影响的群体应允许自己表达、宣泄由于事件诱发的各种情绪。情绪得到充分疏导后，他们才能进行理性思考，比如接受逝者已逝的事实。如果自己处理不了，还可以向专业人士求助。

（3）相互支持。

如果受危机事件影响的是同一个群体，比如同宿舍的室友、同学，那么大家可以建立起相互支持的联盟，比如共同缅怀逝去的同学，在面对悲恸时相互给予支持，互相照顾彼此的生活等。

【小结】

人的一生是短暂的，每个人都是时间的过客。人的一生也是漫长的，漫步人生旅程，多少会遇到需要淌过的人生泥淖。我们可以从认知反应、情绪反应、行为反应和躯体反应等方面去识别心理危机。大学生需要做好心理危机的自我保健和预防，当自己遭遇心理危机时，应正确看待心理危机，寻求社会支持和专业帮助。当他人遭遇心理危机时，我们要积极关注和陪伴；在安全第一的前提下，寻求帮助；等等。深陷心理危机的个体是脆弱的，无助的，在对他们提供帮助、给予关爱的过程中，我们要注意提供帮助的有限性，注意帮助他人的态度，注重保护他人隐私，注意交谈的话题。同时，受危机事件影响群体要学会自我照顾。

积极的心理品质、稳定的社会支持、科学的应对方式都是度过心理危机的重要保护性因素。大学生可以通过学习、了解、掌握科学适宜的面对危机时的“可为”之处，为自己和身边人筑起更坚实的心理防护。

【习题】

1. 汶川大地震发生后，被压在废墟下的人的生还极限为 72 小时，这是国际公认的“黄金救援”时间，然而生命的奇迹却一再被改写。每一个活下来的生命，都带给了我们感动与惊喜，同时也是他们创造了一个又一个生命的奇迹。请你思考：支撑他们坚持下来的是什么？你有什么感触？谈谈当身边有人遭遇心理危机时，你有什么方法来帮助他们应对？举例说明三项可以积极应对心理危机的做法。

2. 辨析：我们不应该和遭遇心理危机的个体探讨自杀话题。

【参考文献】

［1］陈晓伟．大学生心理危机成因及预防策略［J］．开封教育学院学报，2017（2）：185-186.

［2］陈玉君，杨四海．大学生心理危机的识别与干预对策研究［J］．教育与职业，2007（26）：98-100.

[3] 张运红. 大学生心理危机与心理弹性的关系 [J]. 中国健康心理学杂志, 2014 (3): 413-415.

[4] 何元庆, 姚本先. 构建高校大学生心理危机干预系统初探 [J]. 教育与职业, 2005, 5 (88): 55-57.

[5] 彭香萍. 大学生心理危机及自救策略 [J]. 中国临床康复, 2006 (10): 131-133.

[6] 王晓刚. 高校学生心理危机的调查分析 [J]. 中国预防医学杂志, 2009 (10): 602-604.

[7] 刘薇薇. 中国传统文化中的危机管理观 [D]. 广州: 华南理工大学, 2011.

[8] 赵鑫. 大学生心理危机及其防范措施研究 [D]. 沈阳: 辽宁大学, 2013.

[9] 詹姆斯. 危机干预策略: 7 版 [M]. 肖水源, 周亮, 译. 北京: 中国轻工业出版社, 2021.

[10] 张继明, 王东升. 大学生心理危机干预辅导员手册 [M]. 北京: 北京师范大学出版社, 2018.

[11] 李明军, 朱金卫. 高校学生心理危机管理机制的建构 [J]. 陕西教育学院学报, 2011 (1): 1-5.

[12] 徐静英, 王继东. 大学生心理危机与干预 [J]. 中国成人教育, 2006 (7): 46-47.

[13] 王玲. 大学生心理危机干预机制探析 [D]. 湘潭: 湘潭大学, 2012.

[14] 黄明芳. 依托朋辈开展"三困生"发展性心理辅导的路径探索 [J]. 辽宁医学院学报 (社会科学版), 2016 (4): 67-70.

[15] 贲杨. 高校大学生心理危机干预体系构建研究 [J]. 湖北广播电视大学学报, 2013 (10): 49-50.

[16] 刘玉凤, 能有爱. 高校公共卫生危机事件对大学生心理和行为的影响分析 [J]. 考试周刊, 2012 (95): 166-167.

[17] 李靖. 当代大学生突发事件外部环境研究 [J]. 科教导刊, 2012 (25): 211-212.

[18] 昌敬惠, 袁愈新, 王冬. 新型冠状病毒肺炎疫情下大学生心理健康状况及影响因素分析 [J]. 南方医科大学报, 2020 (2): 171-176.

[19] 王亚. 疫情防控期间大学生焦虑水平及其影响因素研究 [J]. 教师教育学报, 2020 (3): 76-83.